图解 新能源 汽车

原理·构造 诊断·维修

周晓飞 —————— 主编

U0314153

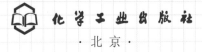

化学工业出版社

·北京·

内容简介

本书主要介绍新能源汽车维修的基本知识和操作技能，涉及新能源汽车的基本原理、结构特点、维修方法和要领以及相关维修故障诊断案例。

全书内容涵盖新能源汽车的维护和新能源汽车的各大总成部件和系统，如动力电池、充电系统、配电系统、驱动电机系统、高度集成智能驱动系统、空调和热管理系统、减速器、电动化整车控制系统的原理、构造、诊断维修。

本书图文并茂，由浅入深、循序渐进地进行介绍，涉及复杂操作的内容配套二维码操作视频讲解，直观易懂，实用性强。并利用新颖的纸电同步技术，超值赠送全套电子书，纸书和电子书相结合，互相取长补短，学习效率事半功倍。

本书适合汽车维修技术人员使用，可供职业技术院校汽车相关专业师生参考，也可作为相关企业培训机构的智能网联汽车维修技术培训教材。

图书在版编目（CIP）数据

图解新能源汽车：原理·构造·诊断·维修 / 周晓飞主编. —北京：化学工业出版社，2022.10
ISBN 978-7-122-41660-5

Ⅰ. ①图… Ⅱ. ①周… Ⅲ. ①新能源 - 汽车 - 图解 Ⅳ. ① U469.7-64

中国版本图书馆 CIP 数据核字（2022）第 100348 号

责任编辑：黄　滢　　　　　　　　　　　　　装帧设计：王晓宇
责任校对：王　静

出版发行：化学工业出版社（北京市东城区青年湖南街13号　邮政编码100011）
印　　装：北京瑞禾彩色印刷有限公司
787mm×1092mm　1/16　印张24　字数675千字　2023年1月北京第1版第1次印刷

购书咨询：010-64518888　　　　　　　　　售后服务：010-64518899
网　　址：http://www.cip.com.cn
凡购买本书，如有缺损质量问题，本社销售中心负责调换。

定　　价：128.00元

　　暂且不说新能源汽车会不会完全代替传统的燃油汽车，有目共睹的是纯电动汽车和插电式混合动力汽车目前已经成为汽车市场的重要组成部分了。鉴于此，为帮助广大汽车维修技术人员快速学习和掌握新能源汽车的相关知识和维修技能，特编写了本书。

　　本书共十二章，内容囊括了市场上现有主流乘用车的新能源车型，依次介绍了新能源汽车的分类及与传统汽车的差别、新能源汽车维修职业要求和装备、新能源汽车的结构特点、新能源汽车的维护，以及新能源汽车动力电池、充电系统、配电系统、驱动电机系统、高度集成智能驱动系统、空调和热管理系统、减速器、电动化整车控制系统的维修。

　　本书的主要特点如下。

　　1. 精细化谋篇

　　主要体现在对维修技术人员学习新能源汽车知识和维修方法的引入，以循序渐进的形式进行知识介绍和技能讲解，便于理解和吸收。例如，新能源汽车和传统燃油汽车的结构对比和维修特点，对原车电路图进行改编制作，故障诊断从归类罗列到具体检测等。此外，在电气控制故障诊断之前，还安排了"控制状态参数"的内容，可以为接下来的故障诊断内容讲解做铺垫，便于读者进一步夯实基础。

　　2. 精准化切入

　　主要体现在对内容把握的"精准"。本书没有对某些概念进行"长篇大论"式的讲解，而是一种"随堂切入式"的引申介绍，强调要学到"点子上"，更加易学易会易掌握。例如，书中在讲到 CAN 时会进一步解释 FD CAN，讲到域控制时会进一步解释以太网，讲到车载电源时会进一步解释逆变器，讲到安全会进一步解释绝缘，讲到基本结构会进一步解释内部结构和电气结构以及电路图结构，等等。

3. 精简化"笔记"

主要体现在对重点问题进行语言精练的总结并特别标注。例如，全书应用"维修提示""划重点""举例说明"等特殊形式的"笔记"标注方式来进行深入说明，旨在帮助读者加深理论知识的理解并提高在维修作业实践中解决各类问题的本领。

本书前四章的内容相对简单、更容易理解，故篇幅安排只占全书的 10%；重点在第五章动力电池维修之后，每章内容涵盖结构、原理、诊断、检测、维修，编写时尽量做到言简意赅，并采用大量的高清彩图和表格进行介绍，力求以图代解、以表代述，一目了然。

本书由周晓飞主编，参加编写的还有赵朋、李新亮、李飞霞、董小龙、王立飞、温云、彭飞。编写过程中参考了部分技术文献、多媒体资料及原车维修手册，在此谨向这些为本书编写出版给予帮助的相关文献作者表示衷心的感谢！

虽然已经很尽力，但由于笔者自身水平以及有效资料的局限性，书中难免有疏漏和不妥之处，敬请广大读者批评指正。

编者

《图解新能源汽车 原理·构造·诊断·维修》配套视频

序号	配套视频名称	二维码页码
1	搭载发动机的新能源汽车	11
2	纯电动汽车核心	31
3	电动汽车安全操作	39
4	电池管理系统	106
5	动力电池水冷	106
6	高压互锁作用	106
7	电动汽车电源	121
8	充电系统	165
9	自适应能量回收利用的再生策略	165
10	高压线束	205
11	驱动电机结构	214
12	旋变信号	223
13	驱动电机类型	274
14	减速器	339

目录 CONTENTS

第一章

新能源汽车概述 001

第一节　节能汽车 001
一、节能汽车类型及指标 001
二、燃料电池汽车 002
第二节　电动汽车 004
第三节　新能源与传统汽车的差异化 005
一、传统的燃油汽车 005
二、搭载发动机的新能源汽车 006
三、去发动机化的新能源汽车 008
四、新能源汽车的智能化和网联化 010

第二章

新能源汽车维修职业要求和装备 012

第一节　职业能力和素养 012
一、新能源汽车维修能力要求 012
二、新能源汽车维修技能证书 014
第二节　电动汽车维修装备和工具 015
一、绝缘护具 015
二、绝缘工具 016
三、维修工位 018

第三章

新能源汽车结构特点 020

第一节　混合动力汽车 020
一、按电机功率划分 020
二、按动力总成布置划分 022
第二节　纯电动汽车 027
一、基本结构原理 027
二、核心部件 027

第四章

新能源汽车维护

032

第一节　维护特点 032
一、整车维护特点 032
二、电池维护特点 032
三、高压维护识别 033
四、充电维护 034
五、其他维护事项 034

第二节　保养事项和周期 034
一、电动化系统保养项目及周期 034
二、其他系统保养项目及周期 036

第三节　安全规范操作 038
一、高压零部件识别 038
二、维修操作人员 038
三、维修保养操作 039
四、其他安全处理 039

第五章

动力电池维修

040

第一节　动力电池基本构造与零部件识别 041
一、动力电池外部特征 041
二、动力电池内部结构 042
三、电芯和模组内部排布 043
四、电池管理系统电气结构 046
五、电池管理系统控制单元电路结构 049
六、动力电池上的高低压接线和接口 052
七、动力电池冷却系统结构 054

第二节　动力电池系统维修原理与特点 058
一、锂电池性能特点 058
二、高压互锁维修原理、作用和结构机理 062
三、维修开关作用 066
四、电池管理系统控制策略 069
五、动力电池加热基本原理 072
六、动力电池上电 072
七、动力电池充电过程 072
八、动力电池故障模式 073
九、动力电池系统状态参数 074

第三节　动力电池拆装维修与诊断检测 076

一、拆卸维修开关 076
二、拆装动力电池 076
三、拆卸动力电池线缆 080
四、排空和加注动力电池系统冷却液 081
五、动力电池漏电检测 082
六、动力电池系统简明故障 084
七、动力电池系统具体的故障检测 091

第六章

充电系统维修 107

第一节　充电系统基本构造与零部件识别 107
一、车载充电机外部特征 107
二、充电插口外部特征 110
三、车载充电机内部电气结构 113
四、充电系统电路结构 116
第二节　充电系统维修原理与特点 120
一、电动汽车电源特点 120
二、直流充电（快充）机理 125
三、交流充电（慢充）机理 126
四、内部充电机理 129
五、制动能量回收 132
六、充电状态参数 139
第三节　充电系统拆装维修与诊断检测 140
一、拆装集成式车载电源 140
二、拆卸直流充电线束 143
三、拆卸单相交流充电线束 144
四、拆卸车载电源高压线束 145
五、拆卸车载充电机 146
六、充电信息显示操作 148
七、充电系统简明故障罗列 149
八、充电系统具体的故障检测 150

第七章

配电系统维修 166

第一节　配电系统基本构造与零部件识别 166
一、高压配电系统结构 166
二、独立高压配电盒外部特征 167
三、集成式高压配电盒外部特征 168

四、高压配电盒内部结构 　　　　　　　171

五、高压接插件结构特征 　　　　　　　174

六、高压线束结构特征 　　　　　　　　176

七、高压配电系统电路结构 　　　　　　177

八、低压网络结构 　　　　　　　　　　179

第二节　配电系统维修原理与特点 　　　184

一、高压线束特点 　　　　　　　　　　184

二、高压分配控制特点 　　　　　　　　185

三、低压维修开关机理 　　　　　　　　186

第三节　配电系统拆装维修与诊断检测 　189

一、拆装高压配电盒 　　　　　　　　　189

二、高压配电系统简明故障罗列 　　　　192

三、高压配电系统具体的故障检测 　　　193

第八章

驱动电机系统维修 206

第一节　驱动电机基本构造与零部件识别 　206

一、驱动电机类型 　　　　　　　　　　206

二、驱动电机及驱动单元外部特征 　　　207

三、驱动电机结构布局特征 　　　　　　210

四、驱动电机内部结构 　　　　　　　　212

五、驱动电机控制器内部结构 　　　　　218

六、驱动电机系统电路结构 　　　　　　218

第二节　驱动电机系统维修原理与特点 　220

一、驱动电机性能特点 　　　　　　　　220

二、驱动电机扭矩的建立 　　　　　　　220

三、驱动电机控制器诊断原则 　　　　　224

四、驱动电机系统状态参数 　　　　　　224

第三节　驱动电机系统拆装维修与诊断检测 226

一、拆装后驱动电机线束插接器 　　　　226

二、拆装后驱动电机控制器 　　　　　　228

三、拆装后驱动电机 　　　　　　　　　230

四、拆装后副车架及驱动力总成 　　　　231

五、检测电机密封性 　　　　　　　　　237

六、拆装前驱动电机控制器 　　　　　　237

七、拆装前驱动电机 　　　　　　　　　240

八、减速器总成安装 　　　　　　　　　246

九、检查和更换电机前轴承 　　　　　　248

十、检查和更换电机后轴承 　　　　　　249

十一、更换差速器油封 　　　　　　　　255

十二、拆装旋转传感器 256
十三、电机驱动控制系统简明故障罗列 257
十四、驱动电机控制系统具体故障检测 263
十五、驱动电机控制系统标定 272

第九章

高度集成智能驱动系统维修 275

第一节 "三合一"集成智能电驱系统 275
一、独立布局电动化系统结构特征 275
二、"三合一"集成电驱动总成结构特征 276
第二节 "多合一"集成智能电驱系统 280
一、结构特征 280
二、集成电驱控制系统换后标定 282

第十章

空调和热管理系统维修 284

第一节 电动压缩机基本构造与零部件识别 284
一、电动压缩机外部特征 284
二、电动压缩机内部结构 285
三、电动压缩机电气及电路结构 286
第二节 高压电加热器基本构造与零部件识别 287
一、高压电加热器外部特征 287
二、高压电加热器内部结构 288
三、高压电加热器电气及电路结构 288
第三节 热泵阀门单元构造与零部件识别 289
一、热泵阀门单元外部特征 289
二、热泵阀门内部结构 291
第四节 空调和热泵系统其他部件构造与识别 293
一、热交换器外部特征 293
二、制冷剂压力传感器电气结构 294
三、制冷剂压力和温度传感器电气结构 294
四、二氧化碳传感器电气结构 295
五、热气管路的金属波纹管类型和特征 297
六、传感器和阀的电路结构 297
第五节 空调和热管理系统维修原理与特点 299
一、热泵特点 299
二、普通电动空调运行机理 300
三、整车热管理运行机理 301

四、热泵空调系统运行机理 307
五、水泵控制策略 313
六、空调系统状态参数 313
第六节 空调和热管理系统拆装维修与诊断检测 316
一、拆装电动水泵 316
二、拆装电动压缩机 317
三、拆卸采暖水加热器 318
四、拆卸三通阀 318
五、电动空调控制系统简明故障罗列 319
六、电动空调控制系统具体故障检测 327

第十一章

减速器维修 334

第一节 减速器基本构造与零部件识别 334
一、减速器外部特征 334
二、减速器内部结构 336
第二节 减速器维修原理与特点 338
一、减速器机械运行机理 338
二、减速器电气控制策略 339
第三节 减速器拆装维修与诊断检测 340
一、分解减速器 340
二、装配减速器 342
三、换挡电机故障 342

第十二章

电动化整车控制系统维修 346

第一节 整车控制器基本构造与零部件识别 346
一、整车控制器外部特征 346
二、整车控制器内部及电路结构 347
第二节 整车控制系统维修原理与特点 350
一、整车控制器性能特点 350
二、整车控制系统控制策略 350
三、整车控制器状态参数 356
第三节 整车控制系统拆装维修与诊断检测 359
一、拆装整车控制器 359
二、拆卸加速踏板 360
三、拆卸制动灯开关 360
四、整车控制系统简明故障罗列 360
五、整车控制系统具体故障检测 370

第一章

新能源汽车概述

一、节能汽车类型及指标

　　无论是混合动力汽车、纯电动汽车、双燃料汽车、燃料电池汽车、压缩天然气汽车、液化天然气和液化石油气汽车、甲醇汽车，还是采用一种或多种外循环技术/装置的车辆，其目的都是为了节能减排。为实现《汽车产业中长期发展规划》目标，我国制定了一系列重要的节能减排措施。例如在乘用车方面，按照现行的《乘用车燃料消耗量评价方法及指标》（GB 27999—2019），乘用车平均燃料消耗量在 2025 年下降至 4L/km 左右，对应二氧化碳排放约为 95g/km。并分别对三排以下和三排以上座椅的乘用车的燃料消耗量做出了明确的规定。

1. 三排以下座椅的乘用车

❶ 如果整车整备质量（CM）小于等于 1090kg，燃油消耗量目标值（T）应为 4.02L/km。

❷ 如果整车整备质量大于 1090kg，小于等于 2510kg，燃油消耗量目标值应为（四舍五入至小数点后两位）

$$T=0.0018（CM-1415）+4.60$$

　　例如：某车整车装备质量为 2510kg，那么

$$T=0.0018×（2510-1415）+4.60$$

$$T=6.57（L/km）$$

❸ 如果整车整备质量大于 2510kg，燃油消耗量目标值应为 6.57L/km。

2. 三排及以上座椅的乘用车

对具有三排及以上座椅的乘用车，车型燃料消耗量目标值应在"三排以下座椅的乘用车燃料消耗量目标值"计算结果的基础上增加 0.02L/km。

二、燃料电池汽车

氢燃料电动汽车最大的特点是行驶时排放的是纯净水。氢燃料电动汽车和电动汽车均是利用电能驱动行驶，没有废气排放的新能源汽车。这两种车辆的最大的区别在于，氢燃料电动汽车直接在车辆内产生动力电能，而电动汽车通过外部供给电能。在车辆行驶中，电动汽车没有排放物，而氢燃料电动汽车会排放出纯净水。

生产氢气的方法有很多种，但未来将主要通过新的再生能源发电，并利用此电能对水进行电离反应获取氢气，将从水中获取的氢气用作汽车的驱动能源，然后将还原的纯净水返给大自然。因氢气是无限可持续性的，其生产过程也非常环保，因此氢燃料电池在很多产业中均可利用，是非常具有潜力的能源技术，不仅在汽车上（尤其商用车），在飞机、船舶等大型运输工具，甚至家用冷暖气系统等很多使用电能的领域都可以加以利用。

对于氢能，也需要像加油站和充电站一样，建设加氢站供车辆加氢。例如，作为北京 2022 年冬奥会能源保障项目之一，张家口崇礼北加氢站日供氢能力达 2000kg，为北京 2022 年冬奥会和冬残奥会张家口赛区氢燃料摆渡车辆提供加氢服务。

氢燃料电动汽车无内燃发动机，由燃料电池堆、驱动电机、储氢装置等组成。通过氢气和氧气的化学反应产生电能，驱动电机产生驱动动力。氢燃料电池汽车示意见图 1.1-1。

1. 氢燃料及储存

氢燃料电动汽车上储存高压氢气的部件是储氢罐。氢燃料电动汽车储氢罐的外胆由可以承受 700bar（1bar=10^5Pa）高压的碳纤维强化复合材料制成，而内胆中插入耐久和复原弹性超强的聚酰亚胺这种尼龙材料制成的气囊。在储氢罐中储存的氢气经过 2 级减压装置后传送到燃料电池堆中。一辆氢燃料电动汽车上会安装多个储氢罐。氢燃料储存和供给示意见图 1.1-2。

图 1.1-1 氢燃料电池汽车示意

图 1.1-2 氢燃料储存和供给示意

（1）氢气泵 氢气泵可使储氢罐给燃料电池堆循环供应氢气。氢气泵内置泵电机，电机由燃料电池水泵与氢气泵逆变器带动运转。氢气泵安装在燃料电池堆总成上。

（2）氢气管 氢气管连接燃料电池堆和储氢罐等储存及使用氢气的零部件，氢气管位于汽车地板下部，高压氢气管用红色标识。

2. 空气供给系统

氢燃料电动汽车通过氢气和氧气的化学反应产生电能，其中氧气通过空气供给系统从大气中获得。空气供给装置对进入的空气经过多个步骤的净化，首先通过空气过滤器过滤灰尘和化学物质，然后对干燥的空气进行加湿，最后通过气体扩散层供给氧气到燃料电池电极膜。空气（氧气）供给示意见图 1.1-3。

为提高燃料电池堆的耐久性，空气供给系统向燃料电池堆供给氧气的过程需要经过多个空气净化，压力和流量的调整，将与氢气发生化学反应的氧气供给到燃料电池堆的装置等步骤。如果把空气不经过滤地供给到燃料电池堆，空气中所含的各种杂质会损坏燃料电池堆。

维修提示

燃料电池空气压缩机向燃料电池堆供应氧气，燃料电池空气压缩机上有一个内置电机，该电机由逆变器/转换器输出高压电驱动。

3. 燃料电池堆

燃料电池堆是氢燃料电动汽车的核心，是通过氢气和氧气的化学反应发电的装置，安装在地板下面，利用储氢罐提供的氢气和从车外吸入的空气中的氧气反应，产生高电压。

例如，现代汽车 NEXO 车型的燃料电池堆由 440 个单格电池组成，一个单格电池由氢气和氧气相遇发生化学反应而生产电能的电极膜，将氢气和氧气传送到电极膜表面的气体扩散层，以及起着电极膜和氢气、氧气通道的金属分离板三部分组成。

4. 驱动电机

驱动电机将燃料电池堆产生的电能转换为动能。减速时，通过再生制动系统充当发电机的作用。驱动电机示意见图 1.1-4。

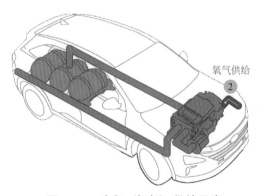

图 1.1-3　空气（氧气）供给示意

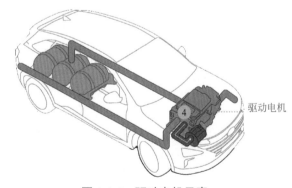

图 1.1-4　驱动电机示意

由燃料电池堆生产的电能通过驱动电机转换成动力。在氢燃料电动汽车上安装的驱动电机和电气、电子部件与普通电动汽车的结构相似。驱动电机系统由电机、集成电能控制装置和减速器构成。

电机利用电能产生车辆行驶所需的驱动力，集成电能控制装置负责电能供给和管理，减速器调整驱动电机转数。

氢燃料电动汽车与其他电动汽车一样，配有将车辆动能转换为车用电能的再生制动系统。车辆减速时，通过再生制动系统把车辆的动能转换成电能，并储存在高电压蓄电池内，用于驱动电机的运转，显著改善能量效率。

第二节 电动汽车

发动机　发电机和电机　　　高压蓄电池

图 1.2-1　混合动力电动汽车

电动汽车包括纯电动汽车（BEV）、混合动力电动汽车（HEV）（图1.2-1）和燃料电池电动汽车（FCEV）。表1.2-1罗列了《电动汽车术语》（GB/T 19596—2017）中对电动汽车的定义。电动汽车的英文为 Electric Vehicle，缩写为 EV，表1.2-1中所述的汽车总称为电动汽车。

表 1.2-1　电动汽车类型

术语	分类		定义	
纯电动汽车（BEV）	—	—	动能完全由电能提供、由电机驱动的汽车。电机的驱动电能来源于车载可充电储能系统或其他能量储存装置	
混合动力电动汽车（HEV）	动力系统结构类型分类	串联式	驱动力只来源于电机的混合动力电动汽车	能够至少从下述两类车载储存的能量中获得动力的汽车：可消耗的燃料；可再充电能/能量储存装置
		并联式	驱动力由电机及发动机同时或单独供给的混合动力电动汽车	
		混联式	同时具有串联式和并联式驱动方式的混合动力电动汽车	
	外接充电能力分类	可外接充电式（OVC-HEV）	正常使用情况下可从非车载装置中获取电能的混合动力电动汽车。插电式混合动力电动汽车（PHEV）属于此类型	
		不可外接充电式（NOVC-HEV）	正常使用情况下从车载燃料中获取全部能量的混合动力电动汽车	
	按照行驶模式的选择方式分类	有手动选择功能	具备手动选择行驶模式功能的混合动力电动汽车。车辆可选择的行驶模式包括纯电动模式、热机模式和混合动力模式	
		无手动选择功能	不具备手动选择行驶模式功能的混合动力电动汽车。车辆的行驶模式可根据不同工况自动切换	
燃料电池电动汽车（FCEV）	增程式电动汽车（RFFV）		一种在纯电动模式下可以达到其所有的动力性能，而当车载可充电储能系统无法满足续航里程要求时，打开车载辅助供电装置为动力系统提供电能，以延长续航里程的电动汽车，且该车载辅助供电装置与驱动系统没有传动轴（带）等传动连接	
	燃料电池混合动力（FCHEV）		燃料电池混合动力电动汽车是以燃料电池系统与可充电储能系统作为混合动力源的电动汽车	以燃料电池系统作为单一动力源或者是以燃料电池系统与可充电储能系统作为混合动力源的电动汽车
	纯燃料电池（PFCV）		纯燃料电池电动汽车是以燃料电池系统作为单一动力源的电动汽车	

一、传统的燃油汽车

1. 结构特点

传统的燃油汽车的动力系统是一种往复活塞式内燃机，这样定义，是为了与主流的新能源（电力驱动）汽车进行区分。

如图 1.3-1 所示为汽车构造；如图 1.3-2 所示是一款搭载四轮驱动汽车的动力传动系统布局。

如图 1.3-3 所示是宝马某款 V8 发动机的发动机舱结构布局。

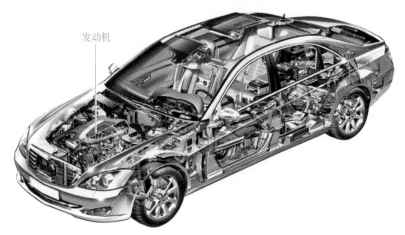

发动机

图 1.3-1　汽车构造

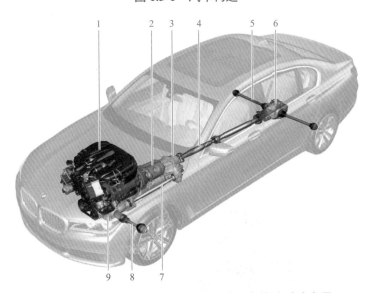

图 1.3-2　一款搭载四轮驱动汽车的动力传动系统布局
1—发动机；2—自动变速器；3—分动器；4,7—传动轴；
5—后桥半轴；6—后桥差速器；8—前桥半轴；9—前桥差速器

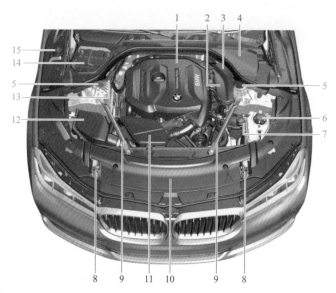

图 1.3-3　宝马某款 V8 发动机的发动机机舱结构布局

1—发动机结构盖板；2—集成式供电模块；3—发动机电子单元；4—风窗框板盖板；5—桥支撑座；
6—用于低温冷却液循环回路的补液罐；7—用于高温冷却液循环回路的补液罐；8—双锁系统；
9—弹簧减振支柱顶前部支撑杆；10—冷却套件盖板；11—谐振器；12—进气消声器；
13—跨接启动接线柱；14—12V 蓄电池（车载网络支持措施）；15—清洗液补液罐加注口

2. 维修特点

根据汽车配置的高低，豪华程度不同，搭载的电子自动化程度不同，结构布局也不同。机械和电子控制一体化成为现代汽车维修的最大特点。

二、搭载发动机的新能源汽车

1. 结构特点

新能源与传统发动机的最大区别在于动力源。乙醇或甲醇汽车是一种清洁的能源汽车，其动力装置和传统的发动机一样，没有什么区别，但燃料从传统的汽油或柴油，更换成了乙醇汽油或甲醇汽油。压缩天然气（CNG）汽车、液化天然气（LNG）汽车和液化石油气（LPD）汽车，其发动机与传统的汽车发动机没有本质上的区别，不同之处在于发动机的排放清洁环保。上述这些新能源汽车在乘用车上并不是主流。

混合动力汽车也是一种搭载发动机的新能源汽车，乘用车中主流的是油电混合动力。

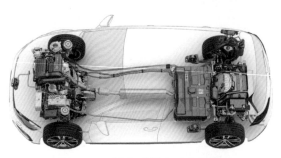

图 1.3-4　插电式混合动力汽车

从结构上来讲，油电混合动力汽车就是在传统的燃油汽车上，同时搭载了电动机等一系列的高压系统的"双动力"特点。如图 1.3-4 所示为插电式混合动力汽车。打开混合动力汽车的机舱（图 1.3-5），除可看见发动机外，还有动力控制单元，动力控制单元是利用高电压电池作为动力源驱动电动机，利用发电机对高电压电池进行充电。

图 1.3-5　混合动力汽车机舱

混合动力汽车动力总成如图 1.3-6 所示。混合动力汽车动力驱动剖视图如图 1.3-7 所示。

图 1.3-6　混合动力汽车动力总成

图 1.3-7　混合动力汽车动力驱动剖视图

1—发动机；2—电动机；3—自动变速器变矩器；4—变速器

如图 1.3-8 所示为盘形电机，其结构如图 1.3-9 所示，它是持续通电的同步电机，安装在发动机与自动变速器之间，具有起动机和高压发电机的功能。根据工作模式，电动机可以沿曲轴转动方向施加转矩，以启动发动机，或沿曲轴转动方向的反方向施加转矩，以对高压蓄电池充电，这个过程是发动机模式。起步过程中，电动机为发动机提供支持，也就是升压模式；施加制动过程中，部分制动能量被转化为电能就是再生制动。电动机在变速器上安装的位置如图 1.3-10 所示。

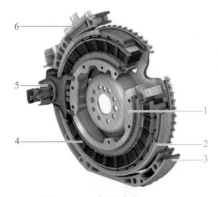

图 1.3-8　盘形电机

1—定子架；2—带增量环和位置传感器轨的转子；3—中间壳体；4—带线圈的定子；5—电气螺纹连接和温度传感器连接器；6—转子位置传感器

图 1.3-9　盘形电机结构

1—带线圈的定子；2—定子架；3—带增量环和位置传感器轨的转子；4—中间壳体；5—电气螺纹连接和温度传感器连接器；6—转子位置传感器；7—曲轴霍尔传感器

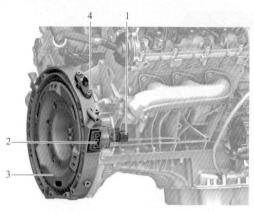

图 1.3-10　电动机在变速器上安装的位置
1—电气插头；2—三相电螺纹连接；
3—电动机；4—转子位置传感器

发动机模式和发电机模式之间的切换由电力电子控制单元进行控制。电力电子装置通过三条母线与电动机的三个电源连接相连（图 1.3-10）。三相电流根据工作模式和转子的位置进行调节。这些相电流产生一个磁场，并与转子磁场一起产生转动所需的转矩。

调节电动机时需要用到当前转子位置的相关信息。为此，即使电动机静止时，转子位置传感器也会提供振幅信号，并将其传送至电力电子控制单元，以计算角度并由此计算转速。

集成在定子绕组中的温度传感器记录绕组的温度，并将其作为电压信号传送至电力电子控制单元。如果超出特定的温度阈值，则电力电子装置会激活相应的功率限制功能，以防止电动机过热。

2. 维修特点

混合动力汽车维修必须严格依规执行高压电安全操作规范，做好高压触电防护。维修前后，必须遵循高压断电和上电的操作步骤。在检修高压系统前，必须要进行整车高压系统的断电且按规范流程操作。

三、去发动机化的新能源汽车

1. 结构特点

这里讲的去发动机化的新能源汽车，主要是纯电动汽车，不再需要内燃机，如图 1.3-11

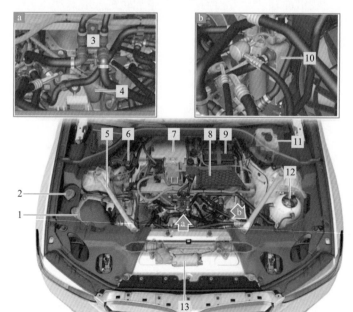

图 1.3-11　纯电动汽车机舱
1—接地接线柱；2—车窗清洗装置
液体容器；3—冷却液管连接器；
4—空调压缩机；5—车顶撑杆；6—
蓄电池正极接线柱；7—充电单元；
8—隔热件；9—12V 蓄电池；10—
空调冷凝器；11—集成动态稳定控
制系统；12—冷却液补液罐；13—
电子动力转向

所示为纯电动汽车机舱，内部无内燃机，其动力源是电动机，采用高效率的充电的动力电池代替了燃油箱。如图 1.3-12 所示是纯电动汽车的电气化驱动单元（驱动电机、减速器、电机控制器集成一起的"三合一"），取代传统的发动机。

图 1.3-12　纯电动汽车的电气化驱动单元

从整体结构上看，简单来说，纯电动汽车就是把上述混合动力汽车的发动机系统去掉，由单一的电力驱动的汽车（图 1.3-13 和图 1.3-14）。这样讲是为了说明传统的燃油汽车、油电混合动力汽车和纯电动汽车三者之间结构特点的关系。

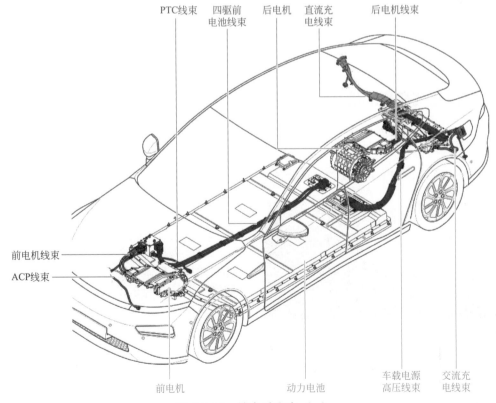

图 1.3-13　纯电动汽车（一）

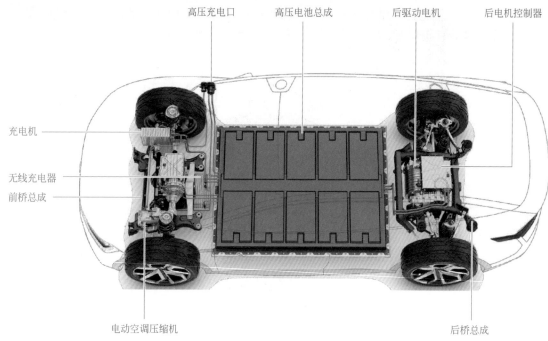

高压充电口　　高压电池总成　　　后驱动电机　　　后电机控制器

充电机

无线充电器

前桥总成

电动空调压缩机　　　　　　　　　　　　　　　　　　后桥总成

图 1.3-14　纯电动汽车（二）

2. 维修特点

　　高压电很危险，动力电池电压高达 350V 左右。纯电动汽车维修和混合动力电动汽车一样，最大的特点就是高压安全防护。必须严格依规执行高压电安全操作规范，做好高压触电防护（如标准的电工绝缘制服，佩戴护目镜，穿绝缘鞋和戴绝缘手套等），维修前必须执行高压断电程序。

四、新能源汽车的智能化和网联化

1. 功能特点

　　与传统汽车相比较，新能源汽车的智能化和网联化程度要高于传统汽车。这里把具有先进驾驶辅助系统（ADAS）的汽车，可视为实现部分（或全部）智能化和网联化的智能网联汽车。智能座舱／仪表如图 1.3-15 所示。

图 1.3-15　智能座舱／仪表

　　智能网联汽车搭载先进的车载传感器、控制器、执行器等装置，并融合现代通信与网络技术，实现车与人、车、路、云端等智能信息交换、共享，具备复杂环境感知、智能决策、协同控制等功能，可实现安全、高效、舒适、节能的行驶，并最终可实现替代人来操作的新一代汽车，其终极目标是自动驾驶或无人驾驶。车联网／手机与车互联如图 1.3-16 所示。

图 1.3-16　车联网 / 手机与车互联

2. 维修特点

　　智能网联汽车突出的特点是车身上的传感器变多了，智能化程度相当高。这就要求维修操作方式更精细，对电子电路的诊断检测应用更加熟练。

扫一扫

视频精讲

第二章
新能源汽车维修职业要求和装备

第一节 职业能力和素养

一、新能源汽车维修能力要求

从职业要求来讲，新能源汽车维修技术人员应同时具备两方面能力：一是仍然要具备传统汽车的维修能力；二是专门的新能源汽车的维修能力。

1. 新能源汽车与传统汽车重叠维修的能力

以上章节讲述过，新能源汽车包括各种混合动力汽车，尤其是油电混合动力汽车。所以，下述中会涉及发动机。

（1）基础方面

1）一般性常识

❶ 汽车常用材料。

❷ 汽车常用金属和非金属材料的种类、性能及应用。

❸ 燃料的标号、性能及应用。

❹ 润滑油、润滑脂的规格、性能及应用。

❺ 汽车常用工作液的规格、性能及应用。

❻ 汽车轮胎的分类、规格及应用。

❼ 紧固件的种类与代号。

2）电工与电子基本知识

❶ 电路基础知识（直流电路、交流电路）。

❷ 电路基本元件的名称与代号。

❸ 电子电路基础知识。

❹ 常见电子元件的名称与代号。

3）液压传动

❶ 液压传动基本知识。

❷ 液压传动在汽车上的应用。

4）汽车维修常用工量具、仪器仪表和维修设备 汽车维修常用工量具、仪器仪表和维修设备的种类、功能及其选择和使用。

5）汽车构造原理 汽车构造原理以及其他所涉及的汽车专业基础知识。电动汽车构造如图 2.1-1 所示。

（2）专业技能 汽车维修专业技能工作内容有发动机维护；底盘维护；发动机和底盘技术参数检测，以及故障诊断和排除；汽车电气检修以及电路图应用，电气系统故障诊断排除；车身零部件拆卸和安装等。

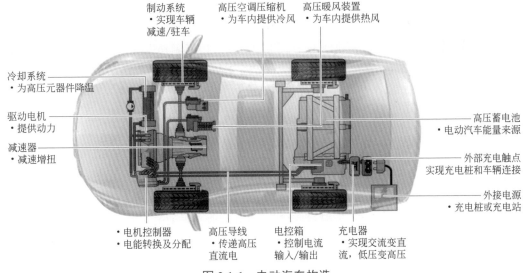

图 2.1-1 电动汽车构造

2. 新能源汽车维修的能力

（1）整车绝缘和断电 检查整车绝缘电阻监测系统，绝缘电阻监测系统无报警，如存在异常情况，应熟练进行检查、诊断和维修。

在电动汽车上进行检查及维修与高压系统相关的部件时，须先断开高压电，以确保人身安全。常见的需要断电的维修有：检查或更换高压组件、检查或更换高压线路、检查高压系统绝缘故障、拆卸和安装高压蓄电池（动力电池）。

（2）仪表、信号指示装置

❶ 检查仪表外观及指示功能，仪表应完好有效，指示功能应正常。

❷ 检查信号指示装置，信号指示应无异常声光报警和故障提醒。

❸ 检查电池荷电状态（SOC）示值或参考行驶里程示值情况，示值应符合车辆维修手册的规定。

（3）电动化系统　检查驱动电机系统运行工作状况，运行应平稳，且无异常振动和噪声，如存在异常情况，应熟练进行检测、诊断和维修。

对动力电池系统及其冷却系统、高压配电系统、高压维修开关、车载充电机、电源变换器、电动空气压缩机等电气化系统熟练进行检测、诊断和维修。

维修提示

电动汽车上的用电设备分低压用电部件与高压用电部件，低压用电部件包括：仪表、音响、灯光、喇叭和鼓风机等。高压用电部件包括：驱动电机、电机控制器、动力电池、高压配电盒、车载电源（充电机/直流转换器）、空调压缩机、电池换热器、水加热器等。一般电动汽车高压动力电池电压高于 300V。

二、新能源汽车维修技能证书

1. 汽修工程师证

这里所说的工程师领域的"汽修工"也就是国家职业资格中机动车检测维修专业技术人员中的机动车检测维修士、机动车检测维修工程师和机动车检测维修高级工程师（目前未开考）三个级别，是原交通部和原人事部 2006 年开始实施的一项职业资格，这真正实现了一线汽车维修工也能成为工程师，是目前是国家保留为数不多的水平评价类专业技术资格之一。

（1）专业设置　机动车检测维修专业技术人员职业水平考试分为机动车机电维修技术、机动车整形技术和机动车检测评估与运用技术 3 个专业。

从事机动车检测维修及相关业务工作的专业技术人员，报名参加考试时，应根据本人所从事的专业技术岗位选择其中一个专业。例如，在汽车维修中从事技术总监岗位，就可以报考机动车机电维修技术工程师。

（2）对应职务　取得机动车检测维修士职业水平证书，可聘任技术员、助理工程师职务，也就是俗称的初级职称；取得机动车检测维修工程师职业水平证书，可聘任工程师职务，也就是俗称的中级职称。以后，机动车检测维修高级工程师开考后，取得该级别证书，还可聘任高级工程师职务。

（3）职业资格标识　职业资格标识形式是参照美国国家优秀汽车维修学会"优秀汽车维修"（ASE）制度中的"优秀蓝印"标识设置的从业人员佩戴的臂章，以及用于维修企业展示公示牌。

2. 汽车维修工证

"汽车维修工"是现行的《国家职业技能标准》的标准职业名称，已经不再称"汽车修理工"。职业划分也是从以前的"生产制造及有关人员"调整到"社会生产服务和生活服务人员"行列。2019 年 12 月 30 日，国务院常务会议决定分步取消水平评价类技能人员职业资格，推行社会化职业技能等级认定。就此，汽车维修工工种，由国家职业资格证书转变为职业技能等级证书。

技能等级（证书）依然分为五级，即初级技能（五级）、中级技能（四级）、高级技能（三级）、技师（二级）、高级技师（一级）；七个工种，即汽车机械维修工、汽车电维修工、汽车玻璃维修工、汽车美容装潢工、汽车车身整形修复工、汽车车身涂装修复工、汽车维修检验工（汽车检测工）。

3. 低压电工证

维修新能源电动汽车的另外需要持国家应急管理行政部门颁发的低压电工作业证（图 2.1-2）。该项是《国家职业目录（2021 版）》中仅保留的 13 项准入类技能人员职业资格之一。

图 2.1-2　低压电工作业证

第二节　电动汽车维修装备和工具

一、绝缘护具

纯电动轿车上的用电设备分为低压用电部件与高压用电部件，低压用电部件包括仪表、音响、灯光、喇叭和鼓风机等；高压用电部件包括驱动电机、电机控制器、电池包、高压配电箱、充电机/直流转换器、空调压缩机、电池换热器、水加热器等。高压部件上贴有橙黄色警告标签，注意警告标签上的内容要求，操作时必须穿戴绝缘护具。

使用前必须检查绝缘防护用品，保证其无破损、漏孔等，内外表面清洁、干燥，不能带水进行操作，确保安全。维修人员操作前必须穿戴好绝缘级别为 5kV 的绝缘防护服、绝缘级别为 10kV 的绝缘鞋、绝缘级别为 10kV 的绝缘帽、绝缘级别为 1kV 绝缘手套以及护目镜（图 2.2-1 ~ 图 2.2-3）。

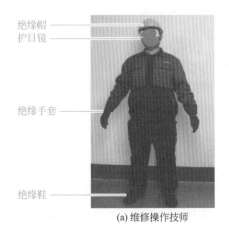

(a) 维修操作技师　　(b) 辅助技师

图 2.2-1　绝缘护具

图 2.2-2　绝缘鞋

图 2.2-3　护目镜

对于绝缘手套，要根据工作情况选择相应的防高压电工手套或防电池电解液酸碱性手套，使用前要具体按照以下方法检查。

图 2.2-4　绝缘手套

❶ 目视检查绝缘手套的整个外表面，以确保它们没有损坏。

❷ 打开绝缘手套的袖带，并向其中注入空气。

❸ 折叠袖带并将其卷起至手套的手腕，以防止空气泄漏（图 2.2-4）。

❹ 折叠卷起的袖带以密封空气。

❺ 确保没有漏气。

二、绝缘工具

1. 工具种类

使用前必须检查绝缘工具，保证其无破损、破洞和裂纹，内外表面清洁、干燥，不能带水进行操作，确保安全。操作时，在维修区域垫上绝缘级别为 1kV 的绝缘胶垫。维修人员对带电部件进行操作时，必须使用绝缘工具，包括绝缘工具套装（图 2.2-5）、兆欧表、放电工装、内阻测试仪、万用表、故障诊断仪等专业工具和设备，同时应该配备如图 2.2-1 所示的绝缘级别为 30kV 的绝缘钩。检修动力电池和电控元件时，必须使用带绝缘垫的专业工作台。

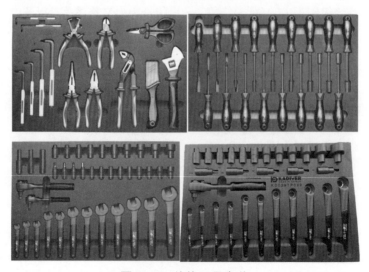

图 2.2-5　绝缘工具套装

2. 兆欧表

（1）兆欧表的使用　如图 2.2-6 所示是某款兆欧表。兆欧表是维修电动汽车时常用的重要仪表。

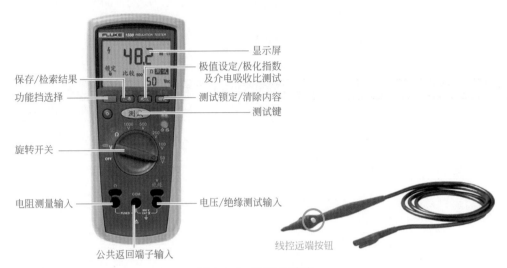

图 2.2-6　某款兆欧表

使用兆欧表时应注意以下事项。

❶ 黑表笔插入 COM 端子，红表笔插入绝缘测试插孔。

❷ 绝缘测试电压挡调至 500V（或 1000V），或者调扭到合适的电压挡位。

❸ 黑表笔触头接车身地，红表笔触头接高压线束端子的正极或负极。

❹ 按住兆欧表上的"测试"按钮或红表笔上的"TSET"按钮 5s 左右，或者数值趋于稳定为止，此时的数显值即为绝缘值（图 2.2-7）。

❺ 将兆欧表的探头留在测试点上面，释放"测试"按钮，被测电路即开始通过仪表放电（图 2.2-8），直到显示屏显示的电压为零，测试结束。

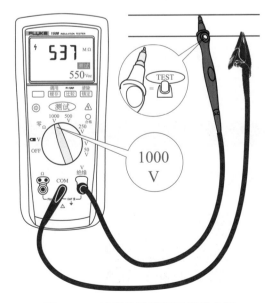

图 2.2-7　使用兆欧表测量绝缘电阻

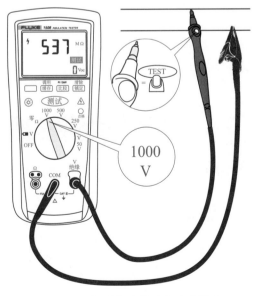

图 2.2-8　被测电路通过兆欧表放电

（2）绝缘电阻测量方法

❶ 车辆正常下电后，断开 12V 电池的负极。

❷ 拔掉连接压缩机或 PTC 的高压接插件。

❸ 分别测试压缩机高压线束的正负极和高压部件的正负极，所测得的值即为压缩机和高压回路的绝缘电阻。

（3）高压部件绝缘电阻测量标准　见表 2.2-1。

表 2.2-1　高压部件绝缘电阻测量标准

名称	检查项目	检测标准 /MΩ	检测方式 / 检验方法
空调压缩机	高压正极与壳体之间的绝缘阻值	≥ 5	兆欧表，500V（DC）挡
	高压负极与壳体之间的绝缘阻值	≥ 5	兆欧表，500V（DC）挡
PTC	高压正极与壳体之间的绝缘阻值	≥ 10	兆欧表，500V（DC）挡
	高压负极与壳体之间的绝缘阻值	≥ 10	兆欧表，500V（DC）挡
驱动电机	驱动电机定子绕组对机壳的冷态绝缘电阻值	≥ 100	兆欧表，1000V（DC）挡
电机控制器	驱动电机控制器动力端子与外壳的绝缘阻值	≥ 100	兆欧表，500V（DC）挡
PDU	高压正极与壳体之间的绝缘阻值	≥ 100	兆欧表，500V（DC）挡
	高压负极与壳体之间的绝缘阻值	≥ 100	兆欧表，500V（DC）挡
动力电池总成	高压正极与壳体之间的绝缘阻值	≥ 100	兆欧表，500V（DC）挡
	高压负极与壳体之间的绝缘阻值	≥ 100	兆欧表，500V（DC）挡
车载电源	高压正极与壳体之间的绝缘阻值	≥ 100	兆欧表，500V（DC）挡
	高压负极与壳体之间的绝缘阻值	≥ 100	兆欧表，500V（DC）挡

3. 万用表测量方法

❶ 检修高压系统前应使用万用表测量整车高压回路，确保无电，方法如下：断开高压维修开关后，测量动力电池和车身之间的电压来初步判断是否漏电，如果检测到电压大于等于 50V，应立即停止操作，检查判断漏电部位。

❷ 使用万用表测量高压时，需注意选择正确量程，要求具有直流电压测量挡位，量程范围不小于 1000V。

❸ 所使用的万用表，一根表笔线上配备绝缘鳄鱼夹（要求耐压为 3KV，过流能力大于5A），测量时先把鳄鱼夹夹到电路的一个端子上，然后用另一个表笔接到需测量端子上测量读数，每次测量时只能用一只手握住表笔。

❹ 使用万用表测量高压时，严禁触摸表笔的金属部分。

 维修提示

使用万用表测量高压时，需遵守"单手操作"原则。

三、维修工位

❶ 维修场地需要设置高压警示牌，拉起高压警戒线，以警示相关人员，避免发生安全事故。同时配备专用维修工位接地线，在维修高压设备前，将车身用搭铁线连接到电动汽车专用维修工位的接地线上（图 2.2-9）。

❷ 安装专用的 220V/50Hz/16A 交流电路和电源插座。如果给电动车充电时没有使用专用线路，可能会影响线路上的其他设备的正常工作。

❸ 维修场地应通风良好、无易燃易爆物品，地面平整，场地较开阔，同时必须配备适当型号的灭火器或消防设备。

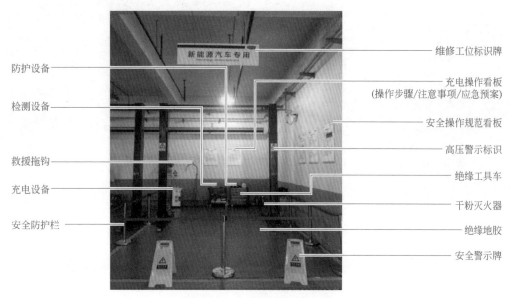

防护设备

检测设备

救援拖钩

充电设备

安全防护栏

维修工位标识牌

充电操作看板
(操作步骤/注意事项/应急预案)

安全操作规范看板

高压警示标识

绝缘工具车

干粉灭火器

绝缘地胶

安全警示牌

图 2.2-9　电动汽车维修工位

第三章
新能源汽车结构特点

第一节 混合动力汽车

一、按电机功率划分

根据所使用电机的功率可以将混合动力汽车分为三类：微混合型、部分混合型以及完全混合型。

1. 微混合型混合动力汽车

其实，微混合型车辆并不能算是严格意义上的混合动力汽车，因为它仅有一种驱动类型。微混合型是初级混合动力汽车。采用了普通 12V 蓄电池技术的微混合型混合动力汽车的电机功率为 2 ～ 3kW。由于功率和电压较小，因此限制了制动和滑行阶段中能量回收利用的效率。微混合型混合动力汽车回收的电能可提供给 12V 车载网络。

以发动机为主要动力源，电机作为辅助动力，具备制动能量回收功能的混合动力电动汽车。其电机的峰值功率和总功率的比值小于 10%，仅具有停车急速停机功能，这种汽车也可称为微混合型混合动力电动汽车。

如图 3.1-1 所示，使用微混合动力驱动结构，电动部件（起动机/发电机）只用来执行启动-停止功能。一部分动能在制动时又可作为电能使用（能量回收）。不能以纯电动方式驱动车辆行驶。

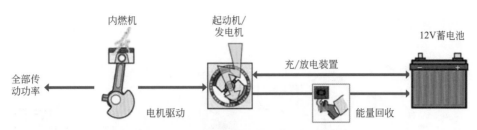

图 3.1-1　微混合型混合动力汽车的驱动形式

（1）智能化发电机调节功能　智能化发电机调节的核心原理是扩展车辆蓄电池的充电策略。蓄电池不再完全充满，而是根据不同的环境条件（车外温度、蓄电池老化等）充电到规定程度。与传统充电策略不同，现在仅在车辆滑行阶段进行充电。此时发电机在外部激励最大的状态下工作，并将所产生的电能储存在车辆蓄电池内。车辆加速阶段发电机不承受外部激励作用，因此不会为产生电能而消耗能量和燃油。

（2）发动机节能启停功能　发动机节能启停功能是为了满足"节能减排"而采取的一项措施。该功能通过在车辆静止期间自动关闭发动机来降低耗油量。符合相应的接通条件时，发动机也会重新自动启动。

2. 部分混合型混合动力汽车

部分混合型混合动力汽车以发动机为主要动力源，电机作为辅助动力。部分混合混合动力系统中的电机可以在车辆起步和制动时为内燃机提供支持。在一些部分混合系统中，当高压蓄能器处于足够的充电状态且以约 50km/h 的速度匀速行驶时可以停止为内燃机提供燃油，此时仅使用电机驱动车辆，因此可以节省燃油。

维修提示

部分混合动力驱动在技术上和部件方面都与完全混合动力驱动是一样的，只是它不能以纯电动方式驱动车辆行驶。

部分混合动力的特点如下。
❶ 电机较小，用于为内燃机提供"助推"功能。
❷ 无法以纯电动方式行驶。
❸ 燃油消耗少，节能减排明显。
❹ 由于混合动力组件较小，因此重量和占用空间方面增加不多。
❺ 与标准动力总成相比制造成本较高，但是比全混合动力低。

3. 完全混合型混合动力汽车

完全混合型混合动力汽车以发动机或电机为动力源，电机可以独立驱动车辆正常行驶。

如图 3.1-2 所示，完全混合型混合动力汽车是将一台大功率电机与内燃机组合在一起，可以以纯电动方式来驱动车辆行驶。一旦条件许可，该电机就会辅助内燃机进行工作。车辆缓慢行驶时，是纯粹通过电动方式来提供动力的。可以实现启动-停止功能。另外还有能量回收功能，用以给高压蓄电池充电。内燃机和电机之间有一个离合器，通过它可以断开这两个系统。

内燃机只在需要时才接通工作。

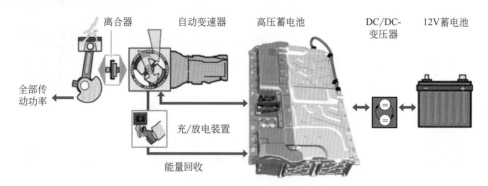

图 3.1-2　完全混合型混合动力汽车的驱动形式

完全混合动力的特点如下。

❶ 动力强劲的电动总成，可以以纯电动方式行驶。

❷ 耗油量和排放量明显减少，特别是在城市交通中。

二、按动力总成布置划分

按动力总成布置划分有四种形式：串联式混合动力系统、并联式混合动力系统、分支式混合动力系统以及插电式混合动力系统。

1. 串联式混合动力系统

使用串联式混合动力系统的驱动方案的混合动力车辆包括一个电机和一个内燃机，其特点是仅由电机直接对驱动轮产生影响。因为所有组件须依次安装，所以这种结构被称为串联式。由内燃机驱动一个可以为电动行驶传动装置和电存储器提供能量的发电机。通过供电电子装置控制电能量流。根据蓄电池、充电策略、作用范围以及动力性确定发电机与电存储器的大小。可以对串联混合动力中的组件进行非常灵活的布置。串联式混合动力车辆的最大缺点是需要进行两次能量转换，因此导致效率下降。必须按照最大驱动功率设计内燃机和发电机。与并联式混合动力车辆相比，在内燃机效率相同的情况下会产生更多的排放量并造成耗油量增大。

纯电动传动装置在特定情况下同样也是一种串联传动装置。

如图 3.1-3 所示，车辆只通过电机来驱动，内燃机与驱动轴是没有机械连接的。内燃机带动一个发电机，该发电机在车辆行驶时为电机供电或者给高压蓄电池充电。

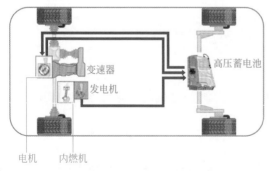

图 3.1-3　串联式混合动力组件

（1）串联式混合动力系统的结构特点　串联式混合动力系统的动力来源于电动机，因此，电动机功率一般要大于发动机功率，这样才能满足车辆的行驶需求。所以，通俗地讲，串联式混动动力系统的结构为电动机＋发动机＝串联。串联式混合动力系统的结构布局见图 3.1-4。

（2）串联式混合动力系统的运行特点　串联式混合动力汽车的电动机直接驱动车轮，发动机则用于驱动发电机给电池进行充电。因为发动机并不直接驱动车轮，因此该系统不需要变速器（图 3.1-4），这相当于在普通的电动汽车上装载了一台发动机。

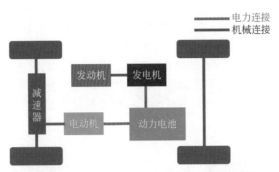

图 3.1-4　串联式混合动力系统的结构布局

 维修提示

上述这种串联方式其实就是增程式混合动力汽车（EREV），是在纯电动汽车的基础上开发的电动汽车。典型的汽车有理想 ONE（图 3.1-5）。增程式混合动力汽车之所以叫"增程"，是体现在增加了纯电系统使用的行驶里程。从系统动力总成划分的角度上看，增程式混合动力汽车必须是串联式混合动力型式，而插电式混合动力汽车可以是并联式混合动力型式，也可以是混联式混合动力型式。

增程式混合动力汽车，电动机直接驱动车轮，发动机则用于驱动发电机给电池进行充电。因为发动机并不直接驱动车轮，这相当于在普通的电动汽车上装载了一台汽油或柴油发电机。所以说，要判断一辆车到底是插电式混合动力汽车还是增程式电动汽车，其本质就是看它的发动机是否与车轮直接机械连接。

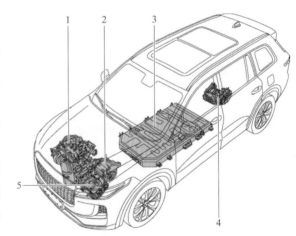

图 3.1-5　增程式电动汽车（理想 ONE）
1—增程器；2—前驱动电机；3—动力电池；
4—后驱动电机；5—发电机

 划重点

增程式电动汽车上的发动机仅用于给车辆充电，作为发电机使用。

2. 并联式混合动力系统

与串联式混合动力系统不同，在并联式混合动力系统中内燃机和电机都要与驱动轮进行机械连接。驱动车辆时不仅可以单独而且也可以同时使用两种动力传动系统。因为可以同时将作用力输送至传动系统，所以将该系统称为并联式混合动力系统。

由于可以将两个发动机的功率进行叠加，所以这两个发动机可以采用更小和更轻的设计，这样可以在重量、耗油量和 CO_2 排放量方面等方面进行更好的控制。设计时可以通过其他方法获得最大的行驶动力性，当内燃机功率相同时，通过电机提高功率，甚至还可以降低耗油量。电机也可以作为发电机使用，因此可以将其统称为"电动机"。在滑行阶段或制动时，电机会产生电能，通过供电电子装置的控制将其存储在高压蓄电池内，同时还能降低耗油量。并联式混合动力车辆与部分混合动力相比成本更加低廉。

如图 3.1-6 所示，并联式混合动力系统的结构特点是简单。要对现有车辆进行"混合动力改造"的话，可使用这种结构。

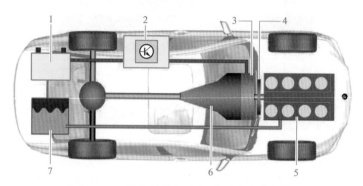

图 3.1-6　并联式混合动力传动装置的组件

1—高压蓄电池；2—供电电子装置；3—电机；4—离合器；5—内燃机；6—变速箱；7—燃油箱

内燃机、电机和变速器装在同一根轴上。内燃机和电机各自的功率加起来，就是总功率。对于四轮驱动车辆来说，并联式混合动力系统可以将动力分配到四个车轮上。

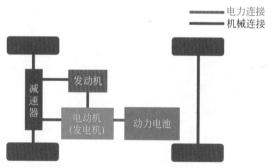

图 3.1-7　并联式混合动力系统的结构布局

（1）并联式混合动力系统的结构特点　并联式混合动力汽车靠发动机或者电动机驱动，或者发动机和电动机共同驱动，并保留了变速器。因此，通俗地讲，并联混合动力系统的结构为普通汽车＋电动机＝并联。并联式混合动力系统的结构布局见图 3.1-7。

（2）并联式混合动力系统的运行特点　并联式混合动力汽车内有两套驱动系统，也就是说，大多是在传统燃油汽车的基础上增加电动机、电池、电控设备而成，电动机与发动机共同驱动车轮。车内只有一台电机，驱动车轮的时候充当电动机，不驱动车轮，给电池充电的时候充当发电机。

也就是以发动机为主，电动机为辅，电动机一般无法单独驱动汽车。系统输出动力等于发动机与电动机输出动力之和，其中最为典型的有本田 IMA 系统。

3. 分支式混合动力系统

因为在这种混合动力传动装置中可以用串联和并联的方式传递作用力，所以该系统也被称为串并联或功率分支式混合动力系统、混联式混合动力系统。分成两种：一种为发动机主动型，车辆运行时，主要是发动机起作用；另一种是电力主动型，车辆运行时，主要是电机起作用。

针对不同行驶状态提供以下运行模式：

❶ 由内燃机驱动发电机以便为高压蓄电池充电；

❷ 由内燃机驱动发电机,使用其所产生的电能驱动电机(串联式混合动力);

❸ 与电机一样,内燃机以机械方式与驱动轴相连,由两个传动装置同时驱动车辆(并联式混合动力)。

功率分支式混合动力传动装置的组件见图 3.1-8。

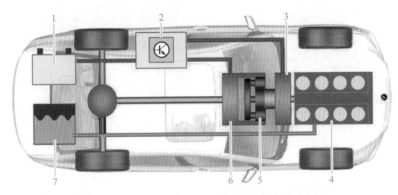

图 3.1-8 功率分支式混合动力传动装置的组件

1—高压蓄电池;2—供电电子装置;3—发电机;4—内燃机;5—行星齿轮箱;6—电机;7—燃油箱

在这种组合式混合动力传动装置中只需使用一个离合器就可以完成两种运行模式的切换。使用功率连接混合动力传动装置的车辆可以在某一特定速度下以纯电动方式行驶。此外,通过两种传动装置良好的组合可以使内燃机始终在其最佳运行范围内工作。功率分支式混合动力传动装置的缺点是传动控制复杂且成本较高。通常只有在全混合动力中才会使用功率分支式混合动力系统。

(1)分支式混合动力系统的结构特点 分支式混合动力系统在发动机和电动机协同驱动汽车行驶的同时,发动机还能带动发电机为电池充电,不再像并联结构中单一电动机需要身兼二职,并且理论上它能够实现发动机带动发电机发电,电动机驱动汽车的模式。当然,两个动力单元也能够单独驱动车辆。分支式混合动力系统的结构布局见图 3.1-9。

(2)分支式混合动力系统的运行特点 分支

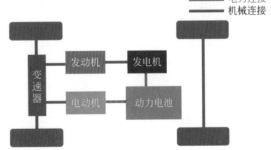

图 3.1-9 分支式混合动力系统的结构布局

式混合动力系统主要靠电机驱动,发动机为辅助,电动机和发动机都能单独驱动汽车。由于系统中配置有独立发电机,因而系统输出的最大动力等于发动机、电动机以及充当电动机(部分情况)的发电机的输出动力之和。分支式混合动力系统结构复杂,但动力性能和燃油经济型都相当出色,其中典型的有丰田 THS-II 系统。

4.插电式混合动力系统

插电式混合动力汽车(PHEV)指汽车上使用了混合动力装置,而其高压蓄电池还可以通过外接电源(充电站或者家用插座)来充电。插电式混合动力是目前应用最为广泛的一种技术。使用插电式混合动力系统可以进一步降低耗油量。

插电式混合动力汽车的电池相对较大,可以外部充电,也可以用纯电模式行驶,电池电量耗尽后再以混合动力模式(以内燃机为主)行驶,并适时向电池充电。插电式混合动力的组件见图 3.1-10。

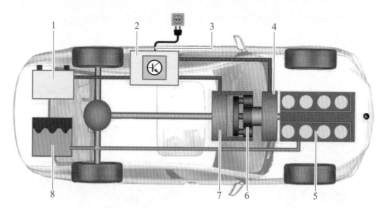

图 3.1-10　插电式混合动力的组件

1—高压蓄电池；2—供电电子装置；3—电源插头；4—发电机；5—内燃机；6—行星齿轮箱；7—电机；8—燃油箱

维修提示

插电式混合动力汽车与普通混合动力汽车的区别是，普通混合动力汽车的电池容量很小，仅在启/停、加/减速的时候供应和回收能量，不能外部充电，不能用纯电模式行驶较长距离。

现在市场比较主流的是插电式混合动力车型，简单地说就是介于电动汽车与燃油汽车两者之间的一种车型。既有传统汽车的发动机、变速器、传动系统、油路、油箱，也有电动汽车的电池、电机、控制电路。而且电池容量比较大，行驶里程更长，有充电接口。

而非插电式混合动力汽车无外插电源充电接口（图 3.1-11），必须加油，通过发动机驱动发电机来给电池充电、低速启动时仅靠电动机驱动行驶、通过发动机直接驱动车轮行驶或者是电动机与发动机两者共同驱动车轮。其代表车型有：丰田的普锐斯、凯美瑞尊瑞等。

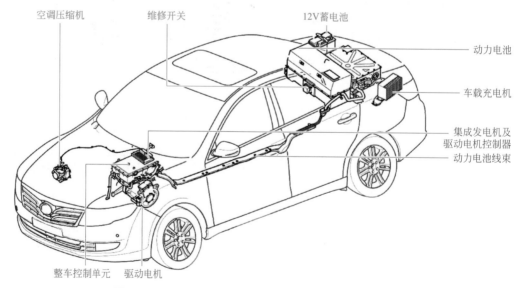

图 3.1-11　非插电式混合动力汽车无外插电源充电接口

第二节　纯电动汽车

一、基本结构原理

纯电动汽车的结构与燃油汽车相比，主要增加了电力驱动控制系统，取消了发动机。当汽车行驶时，由蓄电池输出电能（电流），通过控制器驱动电机运转，电机输出的转矩经传动系统带动车轮前进或后退。

纯电动汽车的基本结构比较简单，主要由动力电池和电动机组成。动力电池、变速器和电动机之间是电气连接；电动机、减速器和车轮之间为机械连接（图 3.2-1）。

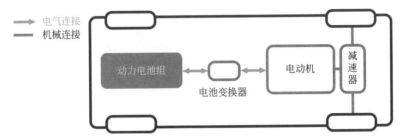

图 3.2-1　纯电动汽车基本结构原理示意

二、核心部件

纯电动汽车主要由"三电"（即以动力蓄电池为核心的电源系统、以驱动电机为核心的驱动电机系统和以电机控制器为核心的电控系统）以及其他辅助系统组成见图 3.2-2 和图 3.2-3。

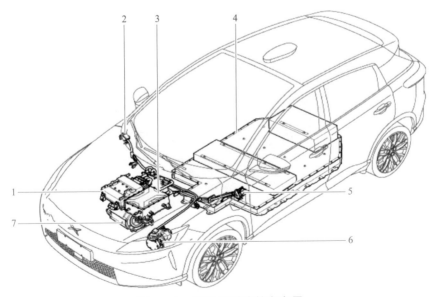

图 3.2-2　电动化系统整车布局

1—电机控制器；2—交流充电口；3—充电机 / 直流转换器；4—动力电池；
5—直流充电口；6—空调压缩机；7—驱动电机

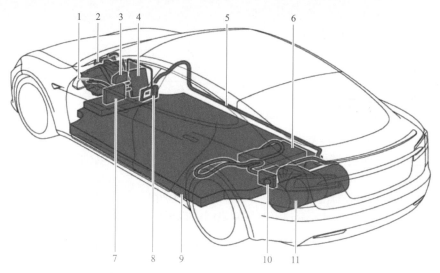

图 3.2-3　电动化系统整车布局（双电机）

1—前置电机；2—空调压缩机；3—电池冷却剂加热器；4—前接线盒；5—高压电缆；6—车载充电器；
7—直流/直流变换器；8—驾驶室加热器；9—电池；10—充电端口；11—后置电机

1. 电源系统

电源系统主要包括动力电池、电池管理系统、车载充电机及辅助动力源等。动力电池是电动汽车的动力源，是能量的存储装置。

动力电池，通常也称高压蓄电池，在电动汽车标准术语中称动力蓄电池。动力电池的功能是存储能量，通过从主电源电路充电以及通过再生制动接收能量（图 3.2-4 和图 3.2-5）。

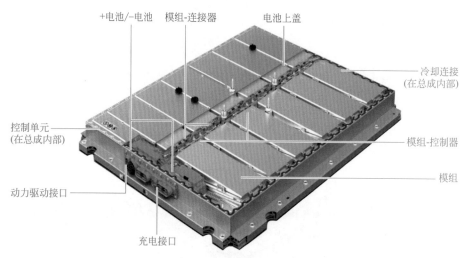

图 3.2-4　动力电池（总成）

2. 驱动电机系统

驱动电机系统以驱动电机为核心，是将存储在蓄电池中的电能高效地转化为车轮的动能，进而推进汽车行驶，并能够在汽车减速制动或者下坡时，实现再生制动（图 3.2-6）。

驱动电机系统由驱动电动机、驱动电机控制器构成，通过高低压线束、冷却管路，与整车其他系统作电气和散热连接。

图 3.2-5 动力电池结构

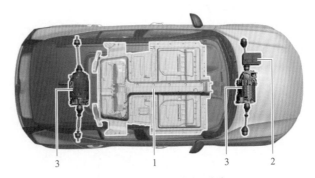

图 3.2-6 驱动电机系统

1—动力电池；2—蓄电池（12V）；3—驱动电机；4—传动轴

驱动电机通常为三相永磁同步电机，是电动汽车的"心脏"，是纯电动汽车的唯一动力来源，是汽车行驶的主要执行机构，其决定汽车的动力性等重要指标（图 3.2-7 和图 3.2-8）。

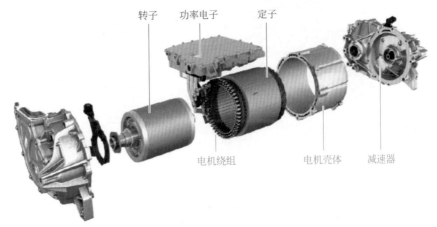

图 3.2-7 驱动电机

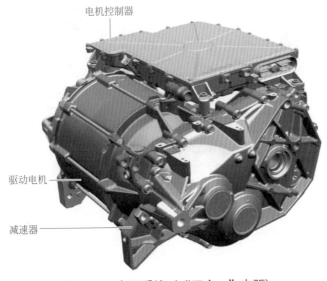

图 3.2-8 电驱系统（"三合一"电驱）

3. 整车控制器

整车控制器是电机系统的控制中心。它对所有的输入信号进行处理，并将电机控制系统运行状态的信息发送给整车控制器。根据驾驶员输入的加速踏板和制动踏板的信号，向电机控制器发出相应的控制指令，对电机进行启动、加速、减速、制动控制。

4. 其他功能和控制系统

其他功能和控制系统包括减速器（图3.2-9）、车载充电源系统（图3.2-10）、电动空调和热管理系统（图3.2-11）、电动转向系统等。

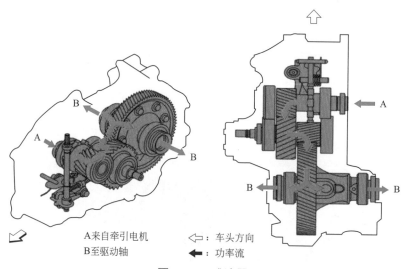

A来自牵引电机
B至驱动轴

⇦：车头方向
◀：功率流

图3.2-9　减速器

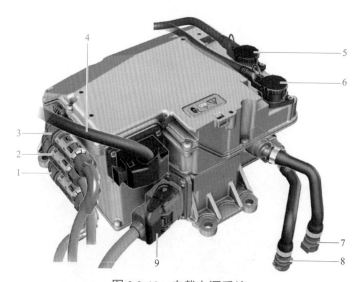

图3.2-10　车载电源系统

1—连至电子暖风装置（车厢内部）和连至电加热装置（动力电池）的高压接口；
2—连至电动空调压缩机的高压接口；3—连至高压蓄电池单元的高压接口；4—低压电车载网络的接口；
5—12V供电正极（DC/DC转换器输出端）；6—12V供电负极（DC/DC转换器输出端）；
7—冷却液回流接口；8—冷却液进流接口；9—交流充电高压接口（充电接口的输入端）

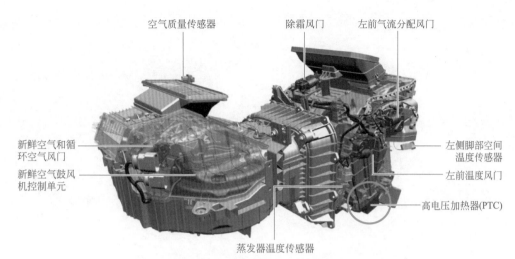

图 3.2-11 电动空调和热管理系统

5. 辅助系统

辅助系统包括车载信息显示系统、照明及除霜装置、刮水器和收音机等，借助这些辅助设备来提高汽车的操纵性和驾乘的舒适性。

扫一扫

视频精讲

第四章
新能源汽车维护

第一节　维护特点

一、整车维护特点

1. 工况特点

纯电动汽车采用纯电驱动，不需要使用发动机提供动力，在各种工况下都由电动机驱动，在环保方面完全实现了零排放，这是与传统燃油汽车最主要的区别。此外，纯电动汽车和混合动力汽车完全在纯电动工况下行驶，车内、车外声音极小，能给用户提供燃油车无法比拟的驾驶、乘坐环境。如果感觉电机噪声很大，则需要进行维护检查。

由于驾驶习惯、道路状况、气候条件等因素的影响，实际电能消耗量与续驶里程可能与车辆标识的电能消耗量不同。

2. 存放环境

电动汽车允许短期存放的温度范围为 −40 ～ 55℃，如果存储时间超过一周，温度应确保在 −10 ～ 45℃。

二、电池维护特点

1. 电池

使用锂离子动力电池储存电能，行驶前动力电池尽量保持电量充足。车辆行驶过程中，动力电池处于逐渐放电状态，当动力电池电量不足时，必须给动力电池充电，否则车辆无法行驶。

电动汽车装备两种电池：一种是锂离子动力电池（高压），用于给驱动电机供电，驱动车辆行驶，动力电池包安装与车身有机地融为一体，充分保证电池和整车的安全；另一种是低压的12V 蓄电池，布置在前机舱，其功能与传统燃油汽车的 12V 蓄电池相同，用于向车上的大灯、音响、喇叭等低压电气系统供电。电动汽车中 12V 蓄电池的电量来自动力电池。

2. 电池管理单元

电池管理单元在动力电池总成内部，时刻监控动力电池，根据每节电池的电压、电流等各项性能指标，调整电池对外输出，防止过充、过放、过温等一系列影响电池性能的问题出现，从而保证电池一直在正常状态下工作。

三、高压维护识别

电动汽车高压电压有几百伏，严禁在未断开高压电的情况下裸手触碰高压部件，高压部件包括：驱动电机控制器、分线盒、动力线束装置、车载充电机、高压主线缆、快充充电插头、快充充电插座、动力电池、驱动电机、慢充充电插座、慢充充电插头等（图 4.1-1）。车内高压线缆都用橙色波纹管包裹，注意识别（图 4.1-2）。

图 4.1-1　高压部件

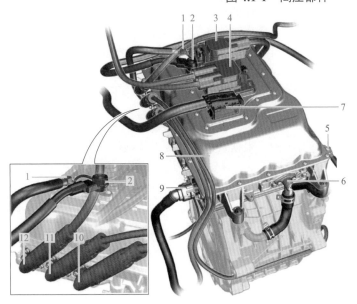

图 4.1-2　橙色为高压线

1—DC/DC 变换器（-12V 输出端）；2—DC/DC 变换器（+12V 输出端）；3—至高电压蓄电池的高电压导线（直流电）；4—至增程电机电子装置的高电压导线（直流电）；5—电位补偿导线接口；6—冷却液管路（输入端，自电机）；7—低电压插头；8—电机电子装置壳体；9—冷却液管路（输出端，至散热器）；10—至电动制冷剂压缩机的高电压接口；11—至电气加热装置的高电压接口；12—自充电接口（交流电充电）的高电压接口

四、充电维护

1. 回收及充电特点

❶ 电动汽车使用充电插头与电网连接，为动力电池充电。此外，在制动时，通过驱动电机发电，将部分电能储存到动力电池内，称为能量回收，从而延长车辆续航里程。

❷ 电动汽车慢速充电枪和慢速充电口盖都配备相应的应急解锁装置，以便在遇到突发情况时能够打开慢充充电口盖和解锁慢充充电枪。

❸ 在初次使用车辆时，可以采用交流慢充方式将车辆充满电后再使用，有助于更准确地估算车辆续驶里程。

2. 充电注意事项

❶ 车辆充电时的环境温度建议为 15 ～ 40℃，避免在低温或高温环境下充电（建议冬季在中午，夏季在早晚）。

❷ 充电前请务必先将车身充电口附近的雨水、污渍擦干，再打开充电口充电。特别注意充电插座及其附近区域不得残留水渍。

❸ 充电时禁止触摸充电接口、充电插头的金属部分，若车辆或车载充电机出现电火花，则禁止触摸电动车辆和任何器件，否则会受到电击，引起人身伤亡。

❹ 充电过程中，确保充电线缆处于自然状态，而不是悬挂在空中。

❺ 如果发现车上出现特殊气味或烟雾，请立即安全地切断供电电源。

❻ 拔下充电插头时请握住插头绝缘部分进行操作，禁止直接拖、拽充电线缆。

五、其他维护事项

❶ 车辆处于可行驶状态（READY 状态），挡位置于"D"挡（前进挡）或"R"挡（倒挡）时，松开制动踏板和电子驻车制动器，车辆会缓慢前进。

❷ 在清洗车辆时，不要将水枪对准车辆底部接插件进行冲洗。

❸ 车辆使用环境中应无腐蚀性、爆炸性和破坏绝缘的气体或导电尘埃，并远离热源。

❹ 任何时候都严禁用双手同时触摸动力电池箱体的正负极柱。

❺ 严禁对动力电池进行挤压、刺穿、燃烧等破坏电池系统的行为。

第二节 保养事项和周期

电动汽车应在间隔的时间或里程段进行维护。根据目视检查或系统操作（性能）功能测量的结果，按需进行修正、清洗或更换。保养项目是根据车辆正常行驶情况下制定的，对于经常在恶劣条件下使用的车辆，应增加保养频率。

一、电动化系统保养项目及周期

1. "三电"系统的检查

❶ 断开蓄电池负极。

❷ 检查高压接插件、低压接插件外观，以及安装是否可靠；检查接插件表面是否有损坏，以及安装是否到位。

❸ 检查集成电力驱动总成的可靠情况（检查高压线束的连接是否可靠，检查固定支架是否松动，读取故障码）。

❹ 检查动力电池的可靠情况（检查与电池箱相连接的高压线束连接是否可靠，用专用工具检测电芯工作状态，读取故障码）。

❺ 检查集成电源系统的可靠情况（检查高压和低压接插件连接是否完好，检查蓄电池正负极线束连接是否可靠，检查安装螺母是否紧固，读取故障码）。

❻ 检查特殊部位的高压线束（底盘下的高压线束及高压线束护板是否有损坏，与电机连接部位是否可靠、完好，快、慢充电高压线束连接是否可靠、完好）。

2. 电动汽车电动化系统保养项目及周期（表 4.2-1）

表 4.2-1　电动汽车电动化系统保养项目及周期

系统	检查项目	每 5000km 或半年	每 10000km 或一年	每 40000km 或两年
动力电池系统	电池包外观	检查	检查	检查
	异味检查	检查	检查	检查
	高压插接器及线束	—	检查	检查
	低压插接器及线束	—	检查	检查
	螺栓扭矩	紧固	紧固	紧固
	平衡阀／透气阀	—	—	检查
	维修开关	—	—	检查
电机系统	前、后电机外观	检查	检查	检查
	插接器及线束	—	检查	检查
	温控管路	检查	检查	检查
	支撑胶及螺栓扭矩	—	紧固	紧固
充电系统	"三合一"外观	检查	检查	检查
	高压插接器及线束	检查	检查	检查
	低压插接器及线束	检查	检查	检查
	温控管路	—	检查	检查
	低压输出正端子	检查	检查	检查
	接地端子	检查	检查	检查
	螺栓扭矩	—	检查	检查

二、其他系统保养项目及周期

其他系统保养项目及周期见表 4.2-2。

表 4.2-2 其他系统保养项目及周期

系统	检查项目	每 5000km 或半年	每 10000km 或一年	每 40000km 或两年
电气电控系统	灯光和信号	检查	检查	检查
	室内灯与氛围灯	检查	检查	检查
	多功能方向盘	检查	检查	检查
	智能车载系统	检查	检查	检查
	座椅记忆与调节	检查	检查	检查
	门开关功能	检查	检查	检查
	车窗功能	检查	检查	检查
	电源及 USB	检查	检查	检查
	喇叭	检查	检查	检查
	大屏功能	检查	检查	检查
	钥匙进入与启动	检查	检查	检查
	遥控门锁	检查	检查	检查
	内外后视镜	检查	检查	检查
	仪表信息和故障	检查	检查	检查
	整车软件	检查	检查	检查
	遥控门锁	检查	检查	检查
	内外后视镜	检查	检查	检查
	仪表信息和故障	检查	检查	检查
制动系统	整车软件	检查	检查	检查
	电子驻车	检查	检查	检查
	行车制动	检查	检查	检查
	制动液	检查	检查	更换
	制动管路	检查	检查	检查
	制动行程	检查	检查	检查
	制动开关	检查	检查	检查
	制动盘	检查	检查	检查
	前后制动摩擦片	检查	检查	检查

续表

系统	检查项目	每 5000km 或半年	每 10000km 或一年	每 40000km 或两年
转向系统	方向盘自由行程	检查	检查	检查
	转向管柱调整	检查	检查	检查
	转向机	检查	检查	检查
	转向轴及防尘罩	检查	检查	检查
	横拉杆球头及防尘罩	检查	检查	检查
	转向助力功能	检查	检查	检查
车身系统	前后风挡玻璃	检查	检查	检查
	洗涤雨刷	检查	检查	检查
	洗涤液	补充	补充	补充
	座椅和轨道	检查	检查	检查
	门锁、铰链及限位	检查和润滑	检查和润滑	检查和润滑
	前后盖锁与铰链	检查	检查和润滑	检查和润滑
	前后盖撑杆	检查	检查	检查
	儿童锁	检查	检查	检查
	安全带及提醒	检查	检查，	检查
	各门密封胶条	检查	检查	检查
	内饰	检查	检查	检查
传动及悬挂系统	变速器外观	检查	检查	检查
	变速器油	检查	检查	检查或更换
	驱动轴及防尘套	检查	检查	检查
	轮胎轮辋及扭矩	检查	检查和紧固	检查和紧固
	轮胎偏磨（必要时调整定位）	检查	检查	检查
	车轮轴承	检查	检查	检查
	前后悬挂	检查	检查	检查
	减振器和弹簧	检查	检查	检查
	底盘螺栓扭矩	检查和紧固	检查和紧固	检查和紧固
冷却系统	冷却液	检查	检查	检查
	冷却管路	检查	检查	检查
	水泵	检查	检查	检查
	散热器	检查和清洁	检查和清洁	检查和清洁
	散热风扇	检查	检查	检查

续表

系统	检查项目	每 5000km 或半年	每 10000km 或一年	每 40000km 或两年
空调系统	空调功能检查	检查	检查	检查
	空调排水管及排水口是否堵塞	检查	检查	检查
	压缩机	检查	检查	检查
	空调管路	—	检查	检查
	空调冷凝器	检查	检查和清洁	检查和清洁
	空调滤芯	清洁	更换	更换
	PTC 及线束	—	检查	检查

第三节　安全规范操作

一、高压零部件识别

❶ 所有高压线束和插件都为橙色，高压零部件都带有警示标贴（图 4.3-1）。

图 4.3-1　高压部件上的警示标贴

❷ 高压零部件包括动力电池包总成、车载充电机、电机控制器、驱动电机、电动压缩机、高压电加热器、直流充电插座、交流充电插座等。

二、维修操作人员

❶ 有条件的可配置专职监护人（例如，车间主管或安全员）监督维修的全过程，并禁止操作人员和专职监护人之外的人员进入维修操作区域或触摸车辆。

❷ 专职监护人监督维修人员组成、工具使用、安全防护用品佩戴、备件安全保护、维修安全警示牌等是否符合要求。

❸ 检查电池安全开关的接通和断开。

❹ 负责检查维修过程中的安全隐患。

❺ 专职监护人要认真负起责任，确保维修过程的安全，避免发生安全责任事故。

❻ 严禁未经培训的人员进行高压部分检修，禁止一切带有侥幸心理的危险操作，避免发生安全事故。

❼ 专职监护人及维修人员必须具备国家认可的职业资格证书。

三、维修保养操作

电动汽车上设计了高压和低压两个相互独立的系统，这两个系统是隔离的。低压系统控制高压系统的接通与断开，如果系统存在故障，将会出现高压系统向低压系统泄漏电流的现象，就有可能发生触电风险。

❶ 进行高电压系统线束、零件的维修保养作业前，务必先断开电池安全开关以切断高压电路。

❷ 在断开电池安全开关 5min 后，检修高压系统前应使用万用表测量整车高压回路，确保无电。

❸ 断开电池安全开关挂锁的钥匙务必由专职监护人保管，并禁止在维修保养操作过程中连接电池安全开关。

❹ 在高压系统维修保养作业前，务必穿戴好绝缘防护用品。

❺ 在检修有电解液泄漏的动力电池包时，需佩戴防护眼镜，防止电解液溅入眼中。

❻ 切勿让冷却液溅到高压线束接头上。如果冷却液溅到高压线束接头上，应立即用吹气枪吹干高压线束接头上的水汽。

❼ 为防止其他人触摸高压零件，拆下的高压零件务必要放置到安全位置。

❽ 在车辆上电前，注意确认是否还有人员在进行高压维修操作，避免发生危险。

❾ 检修高压线束时，对拆下的任何高压线束都应立刻用绝缘胶带隔离插件和端子。

❿ 高压线束装配时，必须按照车身固定孔位要求将线束固定好，以免损坏高压线。

⓫ 不能用手指触摸高压线束插接件里的带电部分，以免触电。另外，应防止细小的金属工具或铁丝等接触到接插件中的带电部分。

四、其他安全处理

1. 火灾事故处理

起火时，如果条件允许，需立即将整车电源切换到"OFF"位置并断开电池安全开关，立即报警。起火燃烧部位会释放出有毒的气体和烟雾，在场人员应避免吸入有毒气体和烟雾。

当火势较小且处于可控状态时，需立即使用干粉灭火器、二氧化碳灭火器、消防沙等对起火位置进行灭火，严禁使用水基灭火器。

2. 报废车辆

❶ 车辆报废前，必须先拆下车辆上的锂电池。

❷ 用绝缘胶带对拆下的电池端子做绝缘处理。

扫一扫

视频精讲

电动汽车普遍使用三元锂电池和磷酸铁锂电池等高压蓄电池为动力电池（图5.0-1）。三元锂电池的能量密度很高，对于续航里程有要求的纯电动汽车，其应用前景更广，是目前动力电池的主流方向。三元锂电池也就是三元材料电池，一般是指采用镍钴锰酸锂或镍钴铝酸锂三元正极材料的锂电池，把镍盐、钴盐、锰盐作为三种不同的成分比例进行不同的调整，所以称为"三元"。

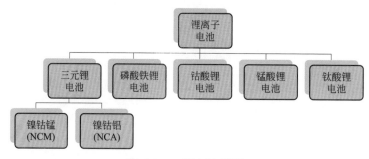

图 5.0-1 锂电池类型

按正极材料可分为三元锂离子电池、磷酸铁锂离子电池、钴酸锂离子电池、锰酸锂离子电池和钛酸锂离子电池等。钴酸锂，可以说是锂电池的"鼻祖"，最先用在特斯拉电动汽车上，但由于其循环寿命和安全性都较低，事实证明其并不适用作为动力电池。为了弥补这个缺点，特斯拉电动汽车运用了号称世界上顶尖的电池管理系统来保证电池的稳定性。钴酸锂目前在计算机、通信和消费性电子领域中的市场份额很大。

锰酸锂电池最先由电池企业 AESC 提出，其代表车型是日产聆风，由于其价格低，能量密度中等，安全性也一般，其逐步被新的技术所替代。接着是磷酸铁锂，作为比亚迪的主打产品，其稳定好，寿命长，且具有成本优势，特别适用于需要经常充放电的插电式混合动力汽车，但其缺点是能量密度一般。

　　动力电池用于吸收、存储和提供电能，以供电驱动装置和高压车载网络使用。高压蓄电池单元由多个电池单元模块组装而成，每个电池单元模块分别带有多个单格电池。电池单元模块相互串联在一起。通过外部电网以及制动能量回收，可以为高压蓄电池单元充电。动力电池的应用如图 5.0-2 所示。

(a) 乘用车动力电池　　　　　　(b) 客车动力电池　　　　　　(c) 运输车动力电池

图 5.0-2　动力电池的使用

维修提示

　　在电动汽车中，高压蓄电池单元、高压蓄电池、高压电池包、电池箱总成均表示动力电池，在《电动汽车术语》(GB/T 19596—2017）中称为动力蓄电池。

第一节　动力电池基本构造与零部件识别

一、动力电池外部特征

　　在动力电池上，粘贴了铭牌警示牌。铭牌上提供了关于高压蓄电池单元的具体信息（包括零件号码、系列号、装配号码等）以及重要的技术数据（例如额定电压、容量等）。警示牌一方面会提示高压蓄电池单元中存在的高电压；另一方面也会提示采用的锂离子技术。对于与之相关的潜在危险，警示牌起到了警示的作用，并且还会提供废弃处理方面的提示。如图 5.1-1 ～图 5.1-3 所示，根据设计和装车需求，动力电池有不同的外形。

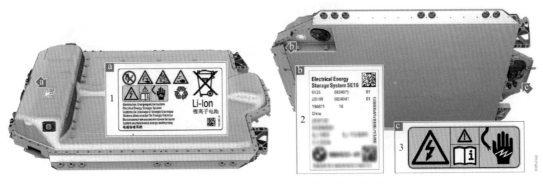

图 5.1-1　动力电池（宝马某款纯电动汽车）

1—高压蓄电池单元的警告牌；2—带有技术数据的铭牌；3—高压组件的警告

图 5.1-2 动力电池（混合动力汽车）

图 5.1-3 动力电池（纯电动力汽车）

二、动力电池内部结构

在实际维修中，一般不需要拆解动力电池，而是整体更换，但需要判断动力电池是否存在故障，所以需要更进一步地了解动力电池内部结构（图 5.1-4 和图 5.1-5）。

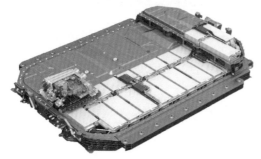

图 5.1-4 动力电池

高压水枪或高温水蒸气冲刷标准。

动力电池包的下壳体为主要承重件，分为两个区域，大区域主要承载模组和冷板等零件，中间布置纵梁和横梁以加强壳体强度。小区域为维修测试区域，主要承载 EDM（电源分配单元）和 BMS（电池管理系统）等零件。上壳体分为大盖板和小盖板，大盖板主要用于防护模组，小盖板用于防护 EDM（电源分配单元）和 BMS（电池管理系统）区域。大盖板与下壳体通过密封胶进行密封，小盖板与下壳体通过密封垫进行密封，电池壳体密封满足

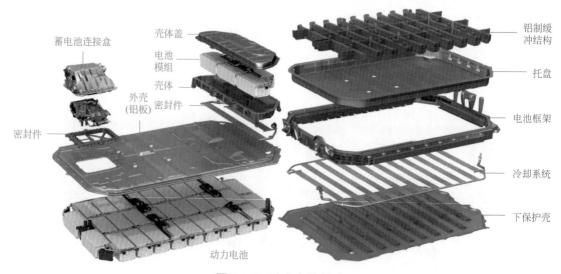

图 5.1-5 动力电池组成

蓄电池连接盒
壳体盖
电池模组
壳体
外壳（铝板）
密封件
密封件
动力电池

铝制缓冲结构
托盘
密封件
电池框架
冷却系统
下保护壳

列举说明

　　如图 5.1-6 所示为蔚来 ES8 动力电池。该系统共有 32 个基础电池模组并通过串并联的方式实现，模组与外壳体之间通过螺纹连接固定，每 4 个模组共用一块冷却板，系统共有 8 块独立的冷却水板，电池管理单元、电力分配单元、高低压电气连接接口、冷却连接接口均布置在电池包的一侧。

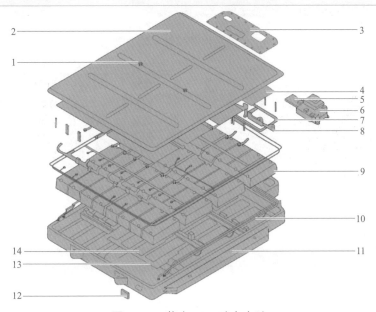

图 5.1-6　蔚来 ES8 动力电池

1—顶部套筒；2—顶板；3—前盖板；4—防火垫；5—电池管理系统；6—电源分配单元；
7—密封圈；8—铜排；9—模组；10—冷却水管；11—电池底壳；12—泄压阀；13—冷却板；14—导热垫

三、电芯和模组内部排布

　　动力电池由多个电池模组串联而成，每一个电池模组内部都有多个单体电池并联连接构成蓄电池模块（图 5.1-7 ～图 5.1-9）。

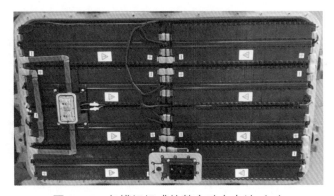

图 5.1-7　各模组组成的整个动力电池（一）

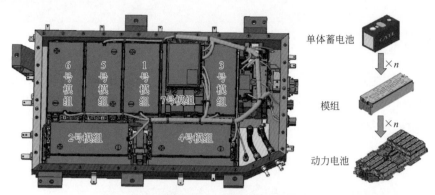

图 5.1-8　各模组组成的整个动力电池（二）

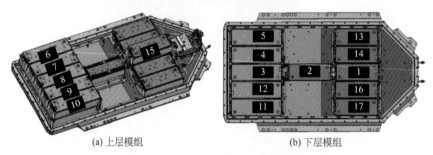

(a) 上层模组　　　　　　　　　　(b) 下层模组

图 5.1-9　双层排布的电池模组

维修提示

　　一个蓄电池模组也可以看作一个模块来表示单独的个体；一个蓄电池电芯组也可以看作一个模块来表示其单独的个体。

1. 单体蓄电池（电芯）

　　将化学能与电能进行相互转换的基本单元装置，通常包括电极、负极、隔膜、电解质、外壳和端子，并被设计成可充电，也称作电芯。

　　锂电池按结构形式不同可分为圆柱形锂离子电池、方形锂离子电池、软包电池和纽扣式锂离子电池。其中原型根据尺寸，主要型号为 18650 和 26650、21700 等。电动汽车上主要采用圆柱形锂离子电池和方形锂离子电池（图 5.1-10）。纽扣式锂离子电池在汽车上主要用于遥控钥匙。

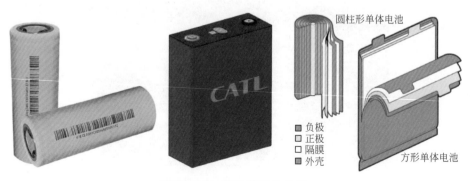

图 5.1-10　单体蓄电池结构

按电解质不同可以分为液态锂离子电池、聚合物锂离子电池和全固态锂离子电池，其中液态锂离子电池由有机溶剂和锂盐构成，目前锂离子电池仍是主流。

 列举说明

例如 18650 型号圆柱形锂离子电池：18 代表电池的直径为 18mm，65 代表不包含极柱的电池高度为 65mm，0 代表圆柱形形状。

2. 蓄电池电芯组

一组并联连接的单体蓄电池，可能包含监测电路与保护装置（如熔断器等）。蓄电池电芯组没有固定的封装外壳、电子控制装置，且没有确定极柱的布置，不能直接应用到车辆上。该组合额定电压与电池单体的额定电压相等，是电池单体在物理结构和电路上连接起来的最小分组，可作为一个单元替换。蓄电池电芯组也称为蓄电池模块。

3. 蓄电池模组

将一个以上单体蓄电池或蓄电池模块按照串联、并联或串并联混合方式组合，并作为电源使用的组合体，称为蓄电池模组（图 5.1-11）。

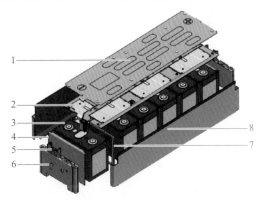

图 5.1-11　蓄电池模组

1—上盖；2—线束隔离板组件；3—电芯；4—端板绝缘膜；
5—输出级底座；6—端板；7—口字缓冲垫；8—侧板

 **划重点**

单体电池组合成电池模组有并联、串联和混联。并联、串联和混联分别用 P、S 和 SP 来表示。采用这样的连接方式的目的：

　　① 串联在一起，可提升电压；

　　② 并联在一起，可提升电量；

　　③ 混联在一起，电压累积，容量累积。

❶ 1P4S：1 并 4 串。即 1 个电芯并联，由 4 个电芯串联一起，组成一个电池模组（图 5.1-12）。

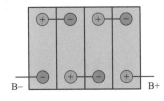

B－　　　　　　　　　　B＋

图 5.1-12　1P4S 排布

❷ 2P4S：2 并 4 串。即 2 个电芯并联组成一个独立的蓄电池电芯组，再由 4 个蓄电池电芯组串联一起，组成一个电池模组（图 5.1-13）。这样的连接方式，可把两个电芯看成一个电芯。

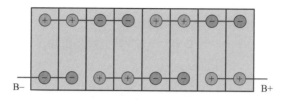

图 5.1-13　2P4S 排布

❸ 3P4S：3 并 4 串。即 3 个电芯并联组成一个独立的蓄电池电芯组，再由 4 个蓄电池电芯组串联一起，组成一个电池模组（图 5.1-14）。这样的连接方式，可把三个电芯看成一个电芯。

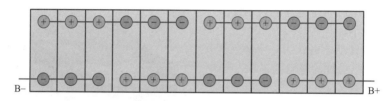

图 5.1-14　3P4S 排布

动力电池额定电压 / 串联数 = 单体电压。

列举说明

　　例如 3P91S：表示 3 个电芯并联成 1 个独立单体电池，再由 91 个独立单体电池串联成动力电池总成，假如这个动力电池的额定电压为 332V，则单体电池电压为：332V/91 ≈ 3.6V。这里三个单独电芯组成一个电芯组，那么其单独电芯电压约为 1.2V。

四、电池管理系统电气结构

1. 电池管理系统（BMS）控制单元结构

　　BMS 控制单元布局在动力电池总成内部，如图 5.1-15 所示为 BMS 控制单元插件端。BMS 和其他控制系统一样有硬件和软件，BMS 具有数据采集和控制的功能。

　　（1）硬件　BMS 硬件有主板、从板及高压盒，还包括采集电压线、电流、温度等数据的电子器件。

　　（2）软件　BMS 软件方面有监测电池的电压、

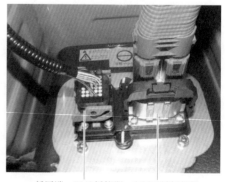

低压端：BMS插接器　高压互锁插接器

图 5.1-15　BMS 控制单元插件端

电流、SOC 值、绝缘电阻值、温度值，与功率集成单元（PEU）通信，控制动力电池系统的充放电。

 列举说明

　　如图 5.1-16 所示是奥迪 e-tron 动力电池以及控制单元分布，共分布有 12 个蓄电池模组控制单元，每一个蓄电池模组控制单元管理三个蓄电池模组。每个模组控制单元负责测量 3 个蓄电池模组的电压、测量蓄电池格的温度、电池格组。

　　具体控制分布：蓄电池模块控制单元 1（J1208），控制蓄电池模组 1 ~ 3；蓄电池模块控制单元 2（J1209），控制蓄电池模组 4 ~ 6；蓄电池模块控制单元 3（J1210），控制蓄电池模组 7 ~ 9；蓄电池模块控制单元 4（J1211），控制蓄电池模组 10 ~ 12；蓄电池模块控制单元 5（J1212），控制蓄电池模组 13 ~ 15；蓄电池模块控制单元 6（J1213），控制蓄电池模组 16 ~ 18；蓄电池模块控制单元 7（J1214），控制蓄电池模组 19 ~ 21；蓄电池模块控制单元 8（J1215），控制蓄电池模组 22 ~ 24；蓄电池模块控制单元 9（J1216），控制蓄电池模组 25 ~ 27；蓄电池模块控制单元 10（J1217），控制蓄电池模组 28 ~ 30；蓄电池模块控制单元 11（J1218），控制蓄电池模组 31 ~ 33；蓄电池模块控制单元 12（J1219），控制蓄电池模组 34 ~ 36。

　　蓄电池模组控制单元通过子 CAN 总线与蓄电池调节控制单元 J840（图 5.1-17）和高电压蓄电池开关盒进行通信。

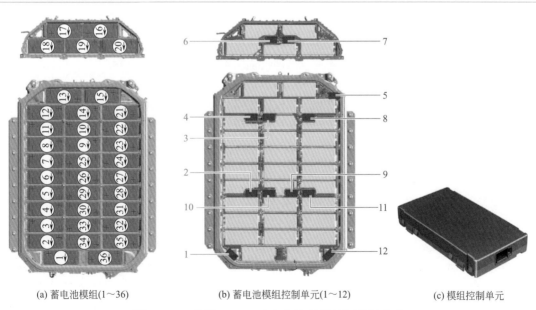

(a) 蓄电池模组(1~36)　　　(b) 蓄电池模组控制单元(1~12)　　　(c) 模组控制单元

图 5.1-16　奥迪 e-tron 动力电池以及控制单元分布

2. 电池管理系统（BMS）功能

　　动力电池管理系统（BMS）是电池保护和管理的核心部件，在动力电池系统中，它不仅要

图 5.1-17　蓄电池调节控制单元

保证电池安全可靠的使用，而且要充分发挥电池的能力和延长电池的使用寿命，作为电池和其他控制器以及驾驶信息沟通，根据采集到的动力电池系统的基本参数及故障信息，通过控制继电器控制动力电池的充电和放电。BMS 具备的功能：

❶ 通过电压；

❷ 电流及温度检测等功能实现对动力电池系统的过压、欠压、过流、过高温和过低温保护；

❸ 继电器控制；

❹ SOC 估算；

❺ 充电管理；

❻ 平衡控制；

　列举说明

　　如图 5.1-18 所示的是估算电池格电压及平衡控制示意。在这 个例子中，3 号单元 100% 充电，充电循环就结束了，尽管高电压蓄电池整体充电量只达到了 92.5%。

　　对 3 号单元进行放电，使得充电循环可以继续，高电压蓄电池的充电水平就可以上升到 100%。

　　充电时，电压差超过 1% 执行平衡。点火开关关闭，蓄电池充电状态高于 30% 执行平衡。

❼ 故障报警及处理；

❽ 与其他控制器通信功能等；

❾ 高压回路绝缘检测功能以及为动力电池系统加热功能。

维修提示

　　各种车系的电池控制管理装置的具体控制策略可能有所不同，对蓄电池控制系统的装置的命名也可能有所不同 [例如宝马车系称蓄能器管理电子装置（SME），见图 5.1-19]，但蓄电池电子控制装置的具体作用肯定是行使控制蓄电池的功能，例如奥迪 e-tron 蓄电池调节控制单元具体行使以下控制功能。

① 确定高电压蓄电池的充电状态。

② 确定并监控允许的充电电流和放电电流以及蓄电池充电的电压和电流。

③ 评估高电压开关盒所得的高电压系统绝缘电阻值（图 5.1-20）。在高电压系统处于激活状态时，高电压蓄电池开关盒（图 5.1-21）每隔 30s 就会进行一次绝缘检查。

④ 监控安全线。

⑤ 估算电池格电压及平衡。

⑥ 把要求高电压蓄电池加热的指令发给温度管理控制单元（J1024）。

⑦ 按温度管理控制单元提供的参数来激活高电压蓄电池冷却液泵。

⑧ 在发生碰撞时促使接触器脱开。

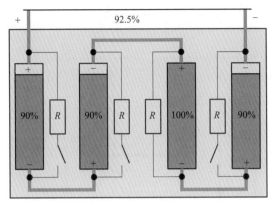

图 5.1-18 估算电池格电压及平衡控制示意

图 5.1-19 蓄能器管理电子装置
（SME）（宝马 iX3 G08 BEV）

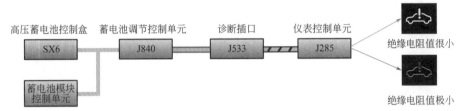

图 5.1-20 绝缘检查

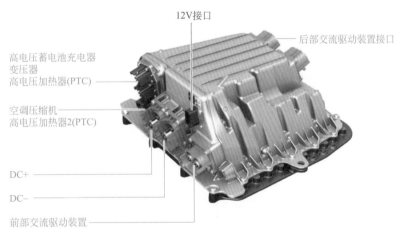

图 5.1-21 蓄电池开关盒

五、电池管理系统控制单元电路结构

从列举的丰田某款纯电动汽车电路（图 5.1-22 和图 5.1-23）中可以看出：

❶ BMS 控制单元在动力电池总成中；

❷ BMS 控制单元 FB62 插件口针脚连接情况已在电路图中标注。

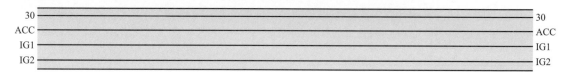

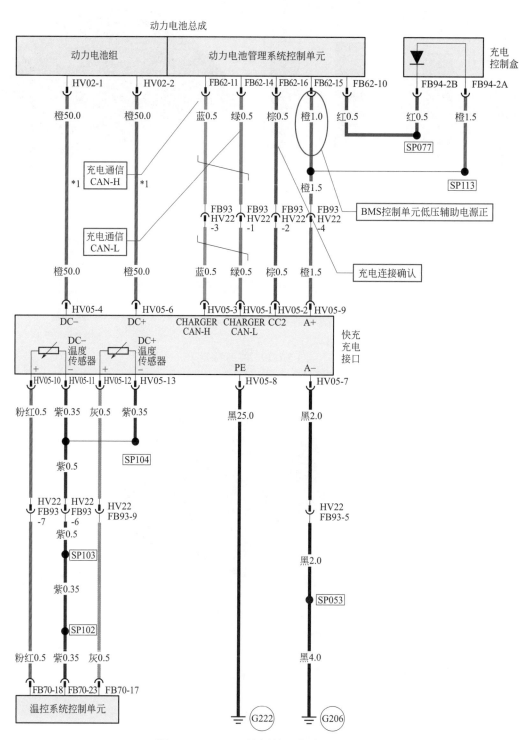

图 5.1-22　BMS 控制单元电路（一）

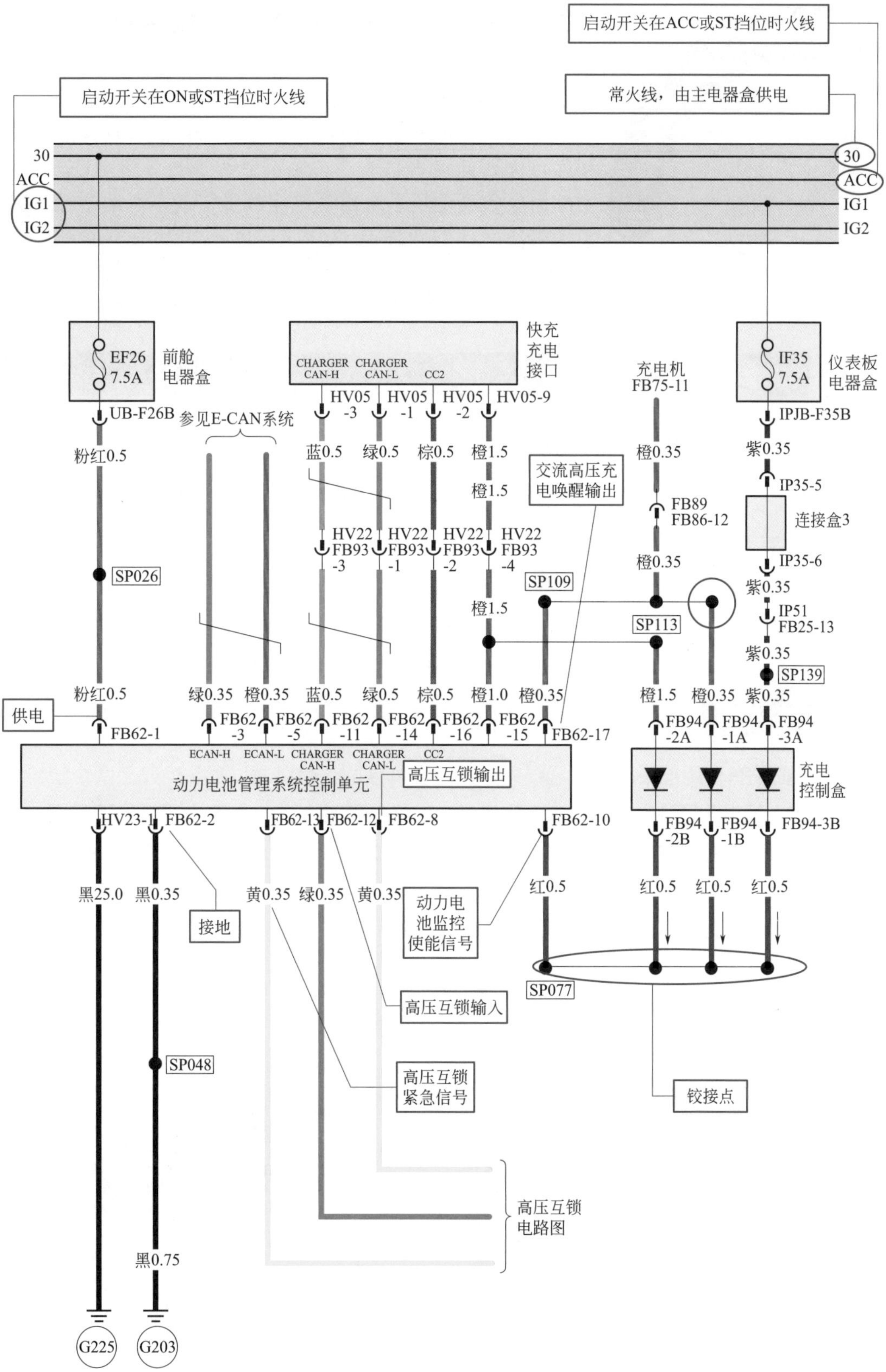

图 5.1-23　BMS 控制单元电路（二）

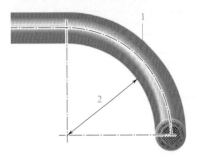

图 5.1-24 高压电缆的弯曲半径

六、动力电池上的高低压接线和接口

1. 高压导线和插头

高压导线将高压组件相互连接在一起。高压电缆不允许过度弯曲或者折叠，否则可能会导致导线屏蔽层损坏，继而导致高电压系统出现绝缘故障。最小弯曲半径 2 取决于高压导线的外径 1，它大约为对应高压导线直径的 5 倍（图 5.1-24）。

维修提示

无论是各类高压组件上的高压接口，还是高压插头上的高压接口，都配备带电部件的接触保护。

2. 动力电池高压电缆插头

动力电池和电气化驱动单元之间高压导线的屏蔽层在插头外壳中，通过弹性触点过渡到对应高压组件的外壳上。动力电池和充电接口之间的高压导线没有屏蔽层。

列举说明

对于在配有专用插头的高压导线中是否存在屏蔽层，可以通过插头外壳上两个塑料端盖的彩色设码进行识别。对于插头中高压触点的接触保护，这一彩色设码得到了沿用。在宝马 G08 BEV 上，采用了不同颜色识别（图 5.1-25）：若高压插头端盖的颜色为灰色，表明带有高压导线的屏蔽层；若高压插头端盖的颜色为青绿色，表明没有高压导线的屏蔽层。高压插头和高压接口如图 5.1-26 所示。

(a)   (b)

图 5.1-25　动力电池上的高压插头

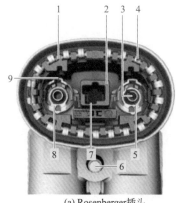
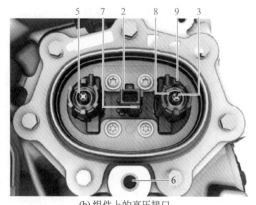

(a) Rosenberger插头　　　　(b) 组件上的高压接口

图 5.1-26　高压插头和高压接口

1—外部设码；2—用于高压触点监控的插头外壳；3—高压触点的内部接触保护；4—屏蔽层的电触点；
5—高压导线线脚 2（负极）的电触点；6—螺栓连接；7—内部机械设码；8—高压导线线脚 1
（正极）的电触点；9—高压触点的外部接触保护

3. 动力电池电气接口

除了高压接口以外，动力电池同样也具有一个连至低压车载网络的接口。通过它，为集成在动力电池中的管理系统供电，并且提供总线信号和其他信号。

列举说明

如图 5.1-27 所示，动力电池上具有一个连至低压车载网络的 16 芯接口。通过它，为集成在动力电池中的存储器电子管理系统 SME 供电，并且提供总线信号和其他信号。SME 同样也会通过该接口实现高压蓄电池单元冷却液截止阀的促动。

其中一个高压接口（Hirschmann 插头）将动力电池和联合充电单元 CCU 连接在一起，通过这个接口，向高压蓄电池单元提供经过整流的充电电压，这个接口被称为高压连接区；另一个是高压接口（Rosenberger 插头）将高压蓄电池单元和电气化驱动单元连接在一起；还有一个高压接口（Rosenberger 插头）将高压蓄电池单元直接和直流充电接口相连。

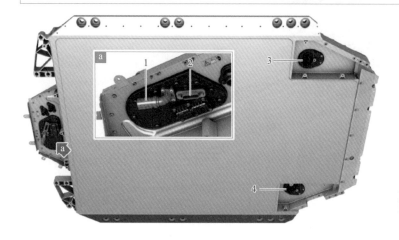

图 5.1-27　动力电池上
的电气接口

1—连至联合充电单元 CCU 的高压接口；2—连至低压车载网络的接口；3—连至电气化驱动单元的高压接口；4—直流充电高压接口

七、动力电池冷却系统结构

1. 动力电池的水冷冷却方式

水冷冷却方式是电动汽车动力电池冷却普遍采用的一种方式。动力电池冷却系统组成结构见图 5.1-28。

动力电池总是在不断地充电、放电，在这个热力学过程中会放出热量。当动力电池温度过高时，除了老化外，最重要的是还会使得相关导体上的电阻增大，这会导致电能不转换为功，而是转换成热量损耗掉。所以动力电池系统必须进行冷却。当然，动力电池不仅仅需要冷却降温，也需要加热。冷却系统的作用就是通过冷却液循环为动力电池进行散热，并且通过热交换管理模块及整车管路在适当的时候给动力电池加热。

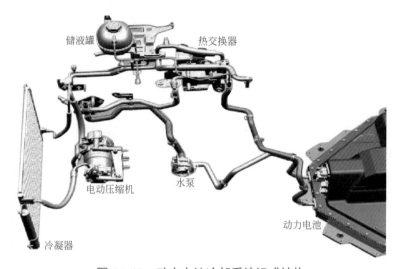

图 5.1-28　动力电池冷却系统组成结构

如图 5.1-29 所示的是动力电池内部冷却系统部件结构排布：水冷板布置于下箱体和模组之间；口琴管布置方向同模组方向；连接管路采用尼龙管并用快接头连接；水冷板与模组之间铺设导热硅胶垫；水冷板底部采用弹性支撑；连接管路布置水温传感器。冷却液流向从 1 处分两支路流入，从 2 处汇合流出。

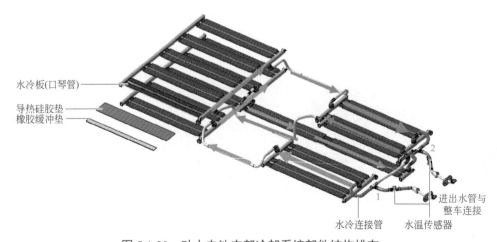

图 5.1-29　动力电池内部冷却系统部件结构排布

根据电池的特性要求，电池包内部采用水冷方式实现包内外热交换。通过电池散热器与热交换管理模块实现对电池的冷却和加热，保证电池可以正常高效的工作（图5.1-30）。

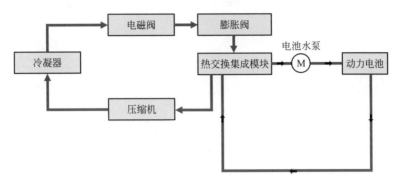

图 5.1-30　动力电池冷却系统运行示意

 列举说明

如图 5.1-31 所示的是宝马 G08 BEV 动力电池的冷却液循环回路和零部件，动力电池的冷却通过车辆冷却液循环回路进行。冷却液会通过冷却液 / 制冷剂热交换器和配套的制冷剂循环回路加以冷却。

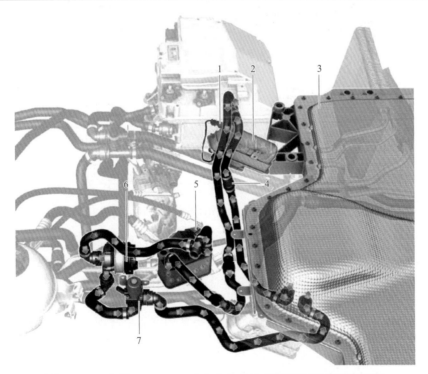

图 5.1-31　宝马 G08 BEV 动力电池的冷却液循环回路和零部件
1—电子暖风装置上的冷却液温度传感器；2—电加热装置（动力电池）；3—动力电池；
4—单向阀；5—冷却液制冷剂热交换器；6—冷却液泵；7—冷却液截止阀

2.动力电池的风冷冷却方式

风冷冷却方式在电动汽车上应用并非主流，但丰田公司一直在多款车型中使用该系统。动力电池的风冷冷却方式是利用来自空调系统的冷气来冷却动力电池。以空调压缩机为制冷源，与密封管路、空气（冷热交换介质）和风扇一起构成一种主动式风冷散热方案。

 列举说明

如图 5.1-32 所示为丰田某款混合动力汽车的动力电池冷却系统。该冷却系统通过空调系统和车厢引入冷气，并采用专用控制风门来控制进气。

动力电池冷却鼓风机风扇引入的冷气通过单格之间的缝隙从动力电池的上部流至下部，然后绕经 DC/ DC 变换器进入后备厢。

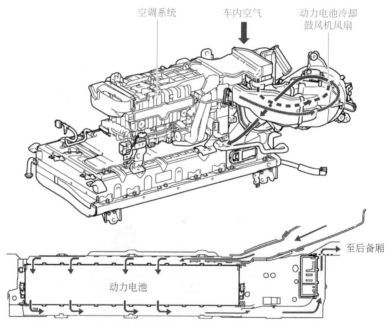

图 5.1-32　丰田某款混合动力电动汽车的动力电池冷却系统

在动力电池总成壳体内，蒸发器与承载冷量的空调管路关联并进行"热量交换"。电芯产生的热量，通过围绕模组设定的封闭管路内的空气进行"冷量交换"并循环至驾驶舱内的冷凝器。以此往复，电芯产生的热量，在动力电池总成壳体内的风扇、管路、承载冷量的空气交互作用下，进行主动式风冷热管理（图 5.1-33）。

以丰田 C-HR EV 纯电动汽车为例，其动力电池内部布设冷却管路，将这种金属材质的电池冷风管作为缓冲吸能区，保护电池单体以及高压回路，将冷风管同时作为碰撞缓冲区如图 5.1-34 ～图 5.1-36 所示。

在控制电池温度上，将车载空调制冷系统同时应用在乘员舱和动力电池内，而在低温环境下，每一个电池单体都有独立的加温系统（图 5.1-37），避免电池性能下降而影响续航里程。同时，该套温控系统在充电时也能让电池保持适宜的温度，并加快充电速率。

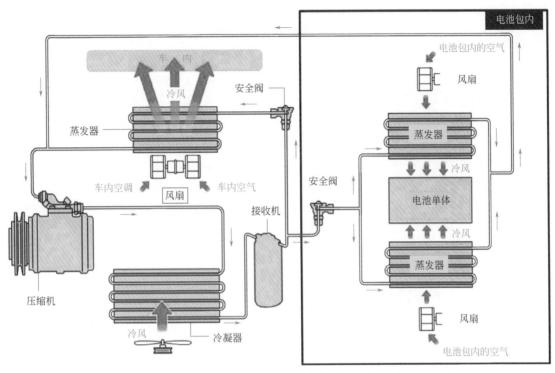

图 5.1-33　动力电池的风冷冷却系统运行示意

图 5.1-34　带有冷却管的动力电池在车上的布局

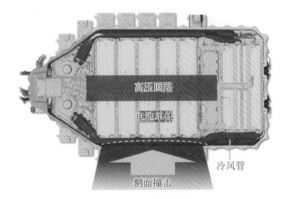

图 5.1-35　动力电池缓冲示意

图 5.1-36　动力电池

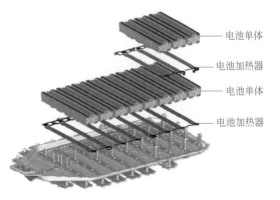

图 5.1-37　每个单体电池下方布置有电池加热器

第二节 动力电池系统维修原理与特点

一、锂电池性能特点

1. 锂电池充放电原理

电池放电是将化学能转化为电能，而充电则相反，将电能转化为化学能。通过电子的在正负极的转移实现充放电。要想成为好的能量载体，电池材料就要以尽可能小的体积和重量，存储和转移更多的能量。因此，需要满足原子量小、电子转移比例高、得失电子能力强的基本条件，用锂来做电池的材料具备了这三个条件。

如图 5.2-1 所示是锂电池充放电示意，在锂电池的充放电过程中，锂离子处于从正极→负极→正极的运动状态。

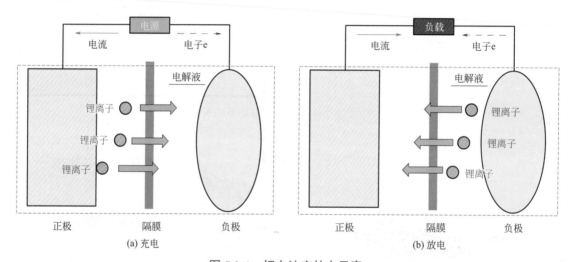

图 5.2-1 锂电池充放电示意

（1）充电时 当对锂电池进行充电时，电池的正极上有锂离子生成，生成的锂离子经过聚合物电解质隔膜运动到负极。而作为负极的碳呈层状结构，它有很多微孔，到达负极的锂离子就嵌入碳层的微孔中，嵌入的锂离子越多，充电容量越高。

（2）放电时 使用电动汽车（动力电池）的过程中，也就是锂电池进行放电，嵌在负极碳层中的锂离子脱出，又回到正极。回到正极的锂离子越多，放电容量越高。这里所说的放电容量也就是电池容量。

2. 充放电特性

锂电池充电，从安全、可靠及兼顾充电效率等方面考虑，通常采用两段式充电方法。第一阶段为恒流限压，第二阶段为恒压限流。锂电池充电的最高限压值根据正极材料不同而会有一定的差别。

3. 安全性

锂电池在热冲击、过充、过放和短路等异常情况下，其内部的活性物质及电解液等组分间将发生化学、电化学反应，产生大量的热量与气体，使得电池内部压力增加，达到一定程度可能导致电池着火，甚至爆炸。

4.热特性

电池放电电流越大，正极耳处的温度上升越快，并且温度极值越高。在环境温度较高并且电池大功率放电的情况下，必须采用散热措施，以避免安全问题。充电倍率越大，电池温度上升越快，并且温度峰值也越大。

5.动力电池性能

相关内容见表 5.2-1 和表 5.2-2。

表 5.2-1　动力电池性能指标

指标		单位	说明
电压	开路电压	V	指电池在没有连接外电路或者外负载时的电压。开路电压与电池的剩余能量有一定的联系，电量显示利用的就是这个原理
	工作电压	V	指电池在工作状态下即电路中有电流流过时电池正负极之间的电势差。在电池放电工作状态下，当电流流过电池内部时，必须克服内阻的阻力，故工作电压总是低于开路电压
	放电截止电压	V	也称下限保护电压，指电池充满电后进行放电，放完时达到的电压（如果继续放电则为过度放电，对电池的寿命和性能有损伤）
	充电限制电压	V	也称上限保护电压。充电过程中由恒流变为恒压充电的电压
电池容量		A·h	电池容量是指电池所能够储存的电量多少，容量是电池电性能的重要指标，它由电极的活性物质决定 容量用 C 表示，单位用 A·h（安时）或 mA·h（毫安时）表示 $C=It$，即电池容量（A·h）=电流（A）×放电时间（h） 容量为 10A·h 的电池，以 5A 放电可放 2h，以 10A 放电可放 1h 电池的实际容量主要取决于活性物质的数量、质量、活性物质的利用率等因素
电池能量		W·h	电池的能量是指在一定放电制度下，电池所能输出的电能 电池储存的能量，能量（W·h）=电压（V）×电池容量（A·h）
能量密度		W·h/L、W·h/kg	单位体积或单位质量电池释放的能量，决定汽车的续航里程
功率密度		W/L、W/kg	单位质量（有些地方也直接叫比功率）或单位体积电池输出功率，决定汽车的加速性能
电池放电倍率		C	放电倍率是指在规定时间内放出其额定容量（Q）时所需要的电流值，它在数值上等于电池额定容量的倍数，即充放电电流（A）/额定容量（A·h）
荷电状态（SOC）		%	SOC，全称是 State of Charge。荷电状态，也叫剩余电量，代表的是电池放电后剩余容量与其完全充电状态的容量的比值。其取值范围为 0～1（即 SOC 取值为 0≤SOC≤100%）。电池管理系统（BMS）就是主要通过管理 SOC 并进行估算来保证电池高效的工作，所以它是电池管理的核心

续表

指标	单位	说明
内阻	mΩ	电池内阻是非常复杂而又非常重要的特性，影响内阻的因素有材料和结构等 内阻是指电池在工作时，电流流过电池内部受到的阻力。内阻大的电池，在充放电的时候，内部功耗大，发热严重，会造成电池的加速老化和寿命衰减，同时也会限制大倍率的充放电应用。所以内阻越小，电池的性能越好，不仅电池的实际工作电压高，消耗在内阻上的能量也少 电池内阻包括欧姆内阻和极化内阻，欧姆内阻由电极材料、电解液、隔膜电阻及各部分零件的接触电阻组成，极化内阻包括电化学极化和浓差极化引起的电阻
自放电率	%	电池自放电，是指在开路静置过程中电压下降的现象，又称电池的荷电保持能力。电池自放电将直接降低电池的容量和储存性能
放电深度	%	电池保有容量数值的表示方法。放电深度以比例（%）来表示，如容量为10A·h的电池放电后容量变为2A·h，可以称为80%DOD
循环寿命	次	循环寿命指的是电池可以循环充放电的次数（容量衰减到80%）
电池组的一致性		单体电池在制造出来后，由于工艺的问题，导致内部结构和材质不完全一致，本身存在一定性能差异。初始的不一致随着电池在使用过程中连续的充放电循环而累计。目前行业普遍采用带均衡功能的电池管理系统来控制电池组内电池的一致性，以延长产品的使用寿命
化成		车辆制动后，需要对电池的电芯进行小电流充电，将其内部正负极物质激活，在负极表面形成一层钝化层（SEI膜），使电池性能更加稳定，这一过程称为化成。化成过程中的分选过程能够提高电池组的一致性，使最终电池组的性能提高，化成容量是筛选合格电池的重要指标

表 5.2-2　不同正极材料的锂电池对比

项目	钴酸锂电池	锰酸锂电池	磷酸铁锂电池	镍钴锰电池	镍钴铝电池
化学式	层状氧化物	$LiMnO_4$	$LiFePO_4$	$Li(Ni_xCo_yMn_z)O_2$	$Li(Ni_xCo_yAl_z)O_2$
结构类型	$LiCoO_2$	尖晶石	橄榄石	层状氧化物	层状氧化物
电压平台 /V	3.7	3.8	3.2	3.6	3.7
理论比容量	274	148	170	273 ~ 285	
实际比容量	135 ~ 155	100 ~ 120	130 ~ 150	155 ~ 200	
压实密度 /（g/cm³）	3.6 ~ 4.2	3.2 ~ 3.7	2.1 ~ 2.5	3.7 ~ 3.9	
能量密度 /（W·h/kg）	180 ~ 240	100 ~ 150	100 ~ 150	180 ~ 300	
循环寿命 / 次	500 ~ 1000	500 ~ 200	>2000	800 ~ 2000	500 ~ 2000
低温性能	好	好	一般	好	好
高温性能	好	差	好	一般	差
安全性	差	较好	好	较好	较差

续表

项目	钴酸锂电池	锰酸锂电池	磷酸铁锂电池	镍钴锰电池	镍钴铝电池
储量	贫乏	丰富	丰富	较丰富	较丰富
主要应用领域	消费型锂电池	动力电池、储能	动力电池、储能	动力电池、储能	动力电池、储能
优势	充放电稳定、生产工艺简单	锰资源丰富、价格低、安全性能	安全性好、成本较低、循环寿命好	能量密度高、循环寿命好、电化学性能稳定、低温性能好	
劣势	钴资源紧缺、价格高、循环寿命短	能量密度低、循环寿命短、相容性差	能量密度较低、低温性能差、产品一致性差	钴资源贫乏、价格高、热稳定性差、生产工艺复杂	

列举说明

表 5.2-3 列举了 2020 年款小鹏 P7 动力电池指标参数，分为长续航版本及标准续航版本，长续航版本组成方式为 2P96S，共 192 颗电芯；标准续航版本组成方式为 4P96S，共 384 颗电芯。

表 5.2-3　2020 年款小鹏 P7 动力电池指标参数

参数 / 指标		长续航版	标准续航版	单位
动力电池总成	型号	TPLi0808-346	TPLi0708-350	—
	串并联	2P96S	4P96S	—
	额定容量	234	202	A·h
	额定能量	80.87	70.78	kW·h
	额定电压	345.6	350.4	V
	充电温度范围	−20 ~ 55	−20 ~ 55	℃
	放电温度范围	−30 ~ 55	−30 ~ 55	℃
	最大允许持续充电电流	336	333	A
	最大允许持续放电电流	234	202	A
	防护等级	IP68	IP68	—
	质量	490±14	450±13	kg

参数 / 指标		长续航版	标准续航版	单位
模组	串并联数	2P6S	4P4S	—
	额定容量	234	202	A·h
	额定电压	21.6	14.6	kW·h
	质量	23.4	14.6	kg
电芯	类型	三元	三元	—
	额定电压	3.6	3.65	V
	电压范围	2.85 ~ 4.2	2.5 ~ 4.2	V
	额定容量	117	50.5	A·h

二、高压互锁维修原理、作用和结构机理

1. 高压互锁维修原理

动力蓄电池总成内部有高压互锁检测回路，通过主板输出信号经互锁回路再接收信号对高压连接进行检测，如果某一高压接插件未接插好或某一段线束开路，则会导致互锁检测不通过，报出高压互锁故障。

为了确认高压插接件的连接可靠性，整车高压系统中的插接件基本都连接有检测电路。当检测电路断开的时候，整车控制器或 BMS 即认定高压插接件松脱，此时为了保证整车安全，不许上高压电。

动力电池维修开关在检测时串联在电池高压互锁检测回路中。高压互锁回路设置为三个回路，即驱动回路、动力电池回路、充电回路。高压互锁原理见图 5.2-2。动力电池高压母线带高压互锁见图 5.2-3。

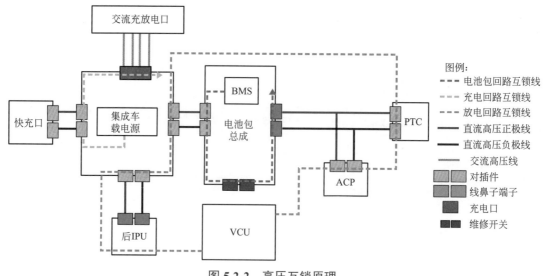

图 5.2-2　高压互锁原理

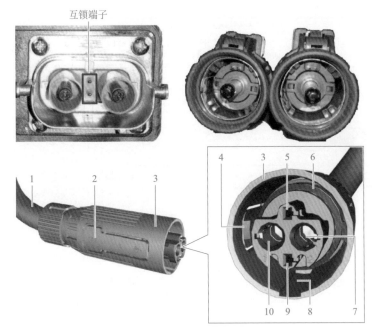

图 5.2-3 动力电池高压母线带高压互锁（结构互锁）

1—高电压导线；2—锁止元件操作部位；3—插头壳体；4—锁止元件；5—插头内电桥接口 1；6—用于屏蔽的接口；7—高电压接口（线脚 2）；8—机械设码；9—插头内电桥接口 2；10—高电压接口（线脚 1）

划重点

　　电动汽车高压动力系统的控制是通过低压系统进行的，一旦低压电气系统出现故障，电动汽车高压动力系统将无法上电。

列举说明

　　1. 故障信息

　　2017 年款比亚迪 e5 纯电动汽车，打开点火开关后无法上电，动力系统警告灯亮，仪表显示"请检查动力系统"字样。

　　2. 解决思路

　　根据该车上电流程（图 5.2-4）和启动控制电路（图 5.2-5）可知，以下情况都可能导致电动汽车无法上电。

　　① 蓄电池的电压不正常以及 F5-3 和 F5-4 保险有异常。

　　② 制动踏板信号或启动信号未被 MICU 车身模块接收。

　　③ 防盗模块认证信息未被 VGOT 或 Klyess-ECU 认证。

　　④ IG1 继电器未吸合，IG3 和 IG4 继电器未吸合。

　　⑤ 高压互锁连接引起的故障。

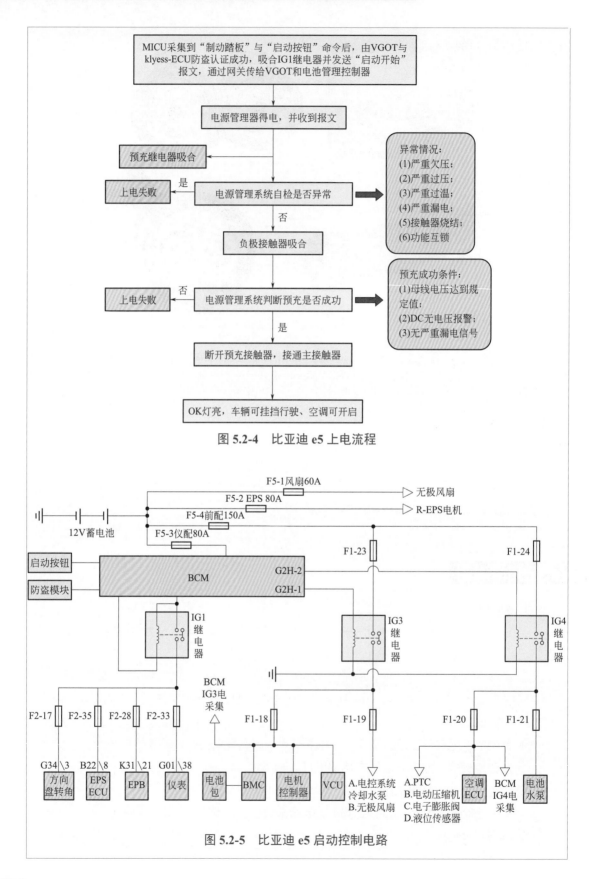

图 5.2-4　比亚迪 e5 上电流程

图 5.2-5　比亚迪 e5 启动控制电路

⑥ 单体电池过温、过压、漏电、欠压导致电池管理系统自检异常。

⑦ 高压母线未达到规定电压、严重漏电导致预充失败。

⑧ 电池管理器故障导致接触器无法工作。

⑨ CAN 网络通信故障。

3. 故障检测

① 维修技师执行维修电动汽车安全防护后，首先对车辆执行故障诊断检测，进入双向逆变充放电式电机控制器（VTOG）读取故障码，显示故障内容为"P1A6000，高压互锁1故障"。

② 读取数据流，与该故障相关的主要数据流信息为：不允许充放电；主接触器断开；高压互锁1锁止。

4. 故障判断

根据故障诊断检测数据流，初步确定该故障为高压互锁系统线路故障或高压互锁系统元件故障。

5. 故障分析

① 根据图 5.2-6 所示，该车型高压互锁电路由电池管理系统（BMS）、动力电池、电机控制器及空调加热器（PTC）构成。据此，关闭点火开关测量电阻：断开电池管理系统的 BK45-A 插接器及 BK45-B 插接器，用万用表电阻挡测量 BK45-A/1 端子与 BK45-B/7 端子之间电阻，测得阻值为∞；正常情况该阻值应小于 1.0Ω，这就说明在互锁电路中存在断路。

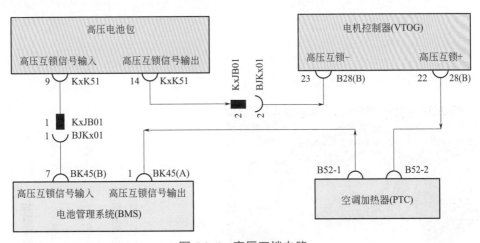

图 5.2-6　高压互锁电路

② 断开电机控制器的 B28-B 插接器，测量 BK45-B/7 端子与 B28-B/23 端子之间的电阻为 0.7Ω，小于 1.0Ω。由此可判断电池管理系统到电机控制器之间的线路正常；测量 BK45-A/1 端子与 B28-B/22 端子之间线路的电阻值为∞，这时基本可以确定线路的断点位于电机控制器到电池管理系统之间的线路上。

③ 为了明确断点所在位置，继续检测：断开空调加热器的 B52 插接器，测量 BK45-A/1 端子与 B52/2 端子之间的电阻值为正常范围内（0.6Ω），这样可以确定空调加

热器到电池管理系统之间的线路是正常的。

6.故障确定和排除

根据上述检测分析和推断，可以确定线路断点位于空调加热器与电机控制器之间的线路。

更换空调加热器与电机控制器之间的线束，故障排除。

2.高压互锁作用

（1）结构互锁　高压互锁是纯电动汽车上一种利用低压信号监测高压回路完整性的安全设计措施，其作用在于高压互锁回路接通或断开的同时，电源控制器接收反馈信号，进而控制高压电路的通断。

高压互锁的作用是判断高压系统回路的完整性，只有所有高压部件的接插件均插接到位后才允许高压系统上电。在整车上高压电之前，确保整个高压回路连接完整，提高安全性。

高压互锁检测包括的节点有：整车控制器、电池管理器、车载充电机。

高压互锁相关节点有：整车控制器、电池管理器、车载充电机、后电机控制器、前电机控制器、压缩机、PTC、高压能量分配单元（PDU）、高压线束等。

（2）功能互锁　电动汽车在连接外部充电设备时，为避免发生安全事故，不允许车辆依靠自身驱动系统移动，这也是充电的优先原则。

3.高压互锁结构机理

高压互锁装置采用低压导线作为信号线，与高压电源线并联在高压线束护套管内，并将所有高压部件串联起来形成回路。由于高压互锁插头中高压电源的正、负极端子与中间互锁端子的物理长度不同，所以当连接高压插头时，高压插头的电源端子会先于中间互锁端子完成连接（图5.2-7）。断开高压插头时，中间互锁端子则先于高压电源的正、负极端子脱开，从而避免了高压环境下拉弧的产生。同时，高压互锁装置内还配备了用于监测高压部件盖板是否可靠关闭的行程开关，以及车辆碰撞和翻转信号监测装置，用于触发断电信号，确保能在瞬间断开高压回路。

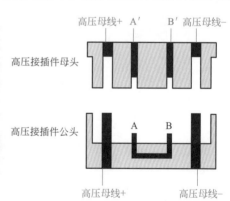

图5.2-7　结构互锁示意

三、维修开关作用

维修开关串联在动力电池模块之间，连接动力电池的一个正极和一个负极，用于手动关闭高压电路。它的主要作用是在车辆维修时直接断开高压回路，从而保证操作人员的安全。

列举说明

　　比亚迪 e6 电动汽车的动力电池类型为磷酸铁锂，由 93 块单体电池和分布在不同位置的熔丝组成，每个电体电池电压为 3.3V，多块单体电池组叠加放置，极性交错，用铜排串联焊接于一体。每块电池单体都用一根导线连接至分采集控制单元上，用于检测每个单体电池的放电均衡性，此外还加装一个温度传感器，用于检测电池的工作温度，这样就形成了一个电池模组。该车共有 11 个这样的电池模组，每个电池模组之间用电池连接片串联连接于一体，并与正负极柱相连。

　　如图 5.2-8 所示，该动力电池模组中，在 B2 与 C2 之间串联一个高压维修开关，维修高压电时需要断开此开关，并在电池组 B1、E、D2 三处设有熔丝，对电路进行保护。每个电池模组上的分采集控制单元，均通过 CAN 总线与电源管理系统控制单元 BMS 进行交互，以便对放电电流进行控制，这样便构成了动力电池。

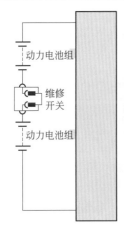
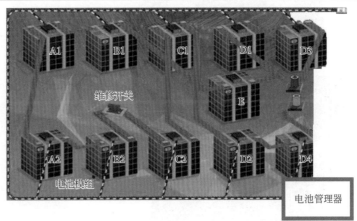

图 5.2-8　维修开关串联在模组间

　　维修开关通常位于动力电池（插座端）上方的左上角或中间位置（图 5.2-9）。其他相关内容见图 5.2-10 ～图 5.2-12。

图 5.2-9　动力电池维修开关插座端位置

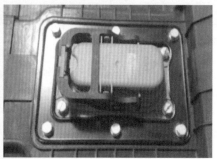

图 5.2-10　在车上安装的维修开关

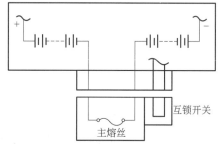

图 5.2-11　维修开关

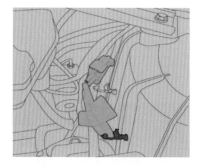

图 5.2-12　维修开关内部　　　　　图 5.2-13　蔚来的维修开关位置

　　根据维修需要进行高压维修时，关闭点火开关，关闭维修开关，拆下蓄电池负极，戴绝缘手套，从手柄处拔出高压维修开关（插头端），其安装位置根据动力电池形态和布置而不同，有的在后座椅下方，有的在副仪表板位置下方，有的在后备厢。

 列举说明

　　比亚迪 e5 的维修开关在扶手箱下边。蔚来的维修开关在左前机舱减振器上部位置（图 5.2-13），这个开关的作用也是断开高压电，因为没有直接在动力电池上安装，所以有些车型也称其为低压维修开关，后边在"配电系统章节"中还要进一步剖析其结构。为了断电，必须将插头从该开关所属的插口中拔出。这样一来，定义高压安全插头状态的导线就会断路。除此以外，电动机械式接触器的供电也会断路，使得高电压系统断电。

四、电池管理系统控制策略

1. 电池管理系统

如图 5.2-14 所示，电池管理系统主要由电池管理系统从控板（2 个）、电池管理系统主控板及各种传感器组成，动力电池高压电路的单体电压、动力电池电压、电池模组温度、电流、绝缘状态等信息传递到电池管理系统从控板，信息经过从控板的处理后通过内部 CAN 线传递到电池管理系统主控板，然后经过电池管理系统的处理，最终传递到整车控制器，再经过计算分析，将命令传递到电机控制器、车载充电机等执行器，由各执行器完成动作。

电池管理系统故障包括 CAN 通信故障、总电压测量故障、单体电压测量故障、温度测量故障、电流测量故障、继电器故障、加热器故障和冷却系统故障等。

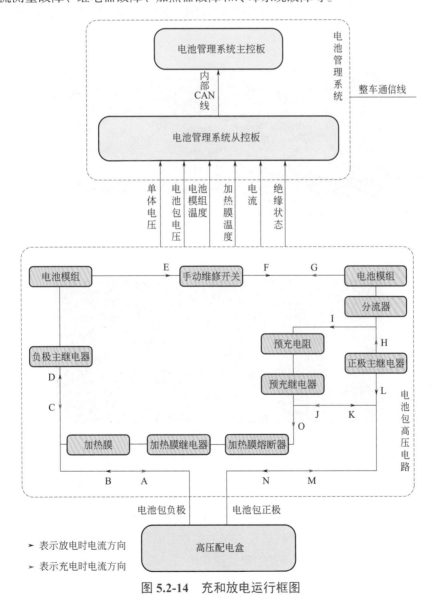

图 5.2-14　充和放电运行框图

各种车系的动力电池管理硬件和策略有所不同，例如图 5.2-15 和图 5.2-16 所示的是比亚迪 EV 很多款车型设计的分布式电池管理系统，其由 1 个电池管理控制器（BMC）和 13 个电池信息采集器（BIC）及 1 套动力电池采样线组成。

　　① 电池管理控制器主要实现充 / 放电管理、接触器控制、功率控制、电池异常状态报警和保护、SOC/SOH 计算、自检以及通信功能等。

　　② 电池信息采集器的主要功能有电池电压采样、温度采样、电池均衡、采样线异常检测等。

　　③ 动力电池采样线的主要功能是连接电池管理控制器和电池信息采集器，实现两者之间的通信及信息交换。

(a) BMC(电池管理控制器)　　　　　(b) BIC(电池信息采集器)

图 5.2-15　电池管理系统

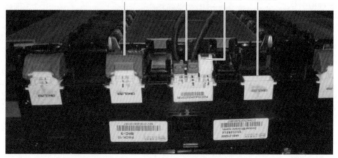

图 5.2-16　BIC 电池信息采集

　　电池电压和电池温度不允许低于或高于特定数值，否则可能导致电池持续损坏，因此动力电池内带有 8 个电池监控电路 CSC 的电池监控电子装置。如图 5.2-17 所示，宝马某款电动汽车动力电池由 8 个串联连接的电池模块构成，每个电池模块都分配有一个电池监控电子装置。电池模块自身由 12 个串联连接的电池构成，每个电池的额定电压为 3.75V，额定电容量为 60A·h。

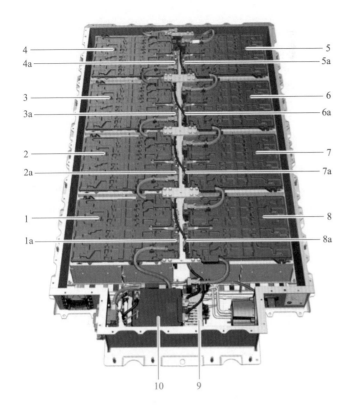

图 5.2-17　电池管理系统

1—电池模块 1；1a—电池监控电子装置 1；2—电池模块 2；2a—电池监控电子装置 2；3—电池模块 3；3a—电池监控电子装置 3；4—电池块 4；4a—电池监控电子装置 4；5—电池模块 5；5a—电池监控电子装置 5；6—电池模块 6；6a—电池监控电子装置 6；7—电池模块 7；7a—电池监控电子装置 7；8—电池模块 8；8a—电池监控电子装置 8；9—安全盒；10—蓄能器管理电子装置

2. 充电回路

❶ 当动力电池包初始温度 ≥ 55℃ 时，禁止给动力电池包充电。

❷ 当动力电池包初始温度 ≤ -8℃ 时，加热膜继电器闭合，仅对动力电池包进行加热（此时动力电池包高压线路中电流的方向是 M-J-O-A）；当动力电池包加热至温度 ≥ -8℃ 时，正极主继电器和负极主继电器闭合，对动力电池包边加热边充电（此时动力电池包高压线路中电流的方向是 M-J-O-A 和 M-H-G-C-A）；当动力电池包加热至温度 ≥ -5℃ 时，加热膜继电器断开，仅对动力电池包充电（此时动力电池包高压线路中电流的方向是 M-H-G-C-A）；当动力电池包温度降低到 ≤ -8℃ 时，加热膜继电器闭合，对动力电池包边加热边充电（此时动力电池包高压线路中电流的方向是 M-J-O-A 和 M-H-G-C-A）。

❸ 当 -5℃ ≥ 动力电池包初始温度 > -8℃ 时，正极主继电器、负极主继电器和加热膜继电器闭合，对动力电池包边加热边充电（此时动力电池包高压线路中电流的方向是 M-J-O-A 和 M-H-G-C-A）；当动力电池包加热至温度 ≥ -5℃ 时，加热膜继电器断开，仅对动力电池包充电（此时动力电池包高压线路中电流的方向是 M-H-G-C-A）；当动力电池包温度降低到 ≤ -8℃ 时，加热膜继电器闭合，对动力电池包边加热边充电（此时动力电池包高压线路中电流的方向是 M-J-O-A 和 M-H-G-C-A）。

❹ 当动力电池包温度 ≥ -5℃ 或 < 55℃ 时，正极主继电器和负极主继电器闭合，仅对动力电池包充电（此时动力电池包高压线路中电流的方向是 M-H-G-C-A）。

3. 放电回路

❶ 当电池管理系统接收到整车控制器发出的对外供电的信号时，电池管理系统令预充继电器和负极主继电器闭合（此时动力电池包高压线路中电流的方向是 B-D-E-F-I-K-N），动力电池包对外供电；当供电电流稳定后，电池管理系统令正极主继电器闭合，并且令预充继电

器断开（此时动力电池包高压线路中电流的方向是 B-D-E-F-L-N），此时动力电池包对外平稳供电。

❷ 当电池管理系统接收到整车控制器发出的对外断电的信号时，电池管理系统令正极主继电器和负极主继电器断开，此时动力电池包与外部电路处于断开状态。

五、动力电池加热基本原理

动力电池在极端寒冷的环境中，锂离子的活性会降低，从而会降低充电和放电性能。电池加热系统通过加热冷却液，使动力电池的温度达到最佳值，以确保动力电池的充电和放电性能。电加热器加热后的冷却液，流经电池冷却器，与电池侧的冷却液进行热交换，从而升高动力电池进水温度，实现电池加热功能。

❶ 如果动力电池温度下降到指定值以下，系统则会开启电加热器，并将来自动力蓄电池的电能提供给加热器的电热丝。

❷ 在动力蓄电池充电的同时，启动电加热器时，来自充电设备的电能将提供给电加热器。

❸ 电加热器电路中有热熔丝，由于车辆故障而无法关闭电加热器时，则热熔丝将烧断，电路将被切断，以防止动力蓄电池过热。

❹ 当满足电加热器停止条件时，例如当动力电池温度升至特定温度时，系统将关闭电加热器并停止向电加热器供电。

❺ 即使关闭了主电源，当 VCU 从 BCU 接收到操作请求信号时，电加热器也会工作。

六、动力电池上电

❶ 启动钥匙打在 ON 挡，蓄电池 12V 供电、全车高压有控制器的部件（动力电池、电机控制器、整车控制器、空调控制器、DC/DC 控制器）低压上电唤醒、初始化、自检，若无故障，则上报整车控制器 VCU；若动力电池内部动力母线绝缘检测合格，各个继电器状态合格，各个电池模组电压温度状态合格，则上报整车控制器 VCU。

❷ VCU 控制动力电池负极母线继电器闭合。

❸ 动力电池内部主控盒控制预充电继电器闭合，动力电池首先为负载端各个电容充电，电池管理系统检测到电容充满电后，主控盒闭合正极母线继电器，然后断开预充电继电器；此时，仪表上 Ready 指示灯亮起，则 Ready 成功。

七、动力电池充电过程

❶ 车辆停止后，启动钥匙在 OFF 挡位，12V 蓄电池 ON 挡供电断开；车辆高压系统包括整车控制器，处于休眠状态。

❷ 车辆充电时，启动钥匙要求在 OFF 挡位，充电枪连接正常后，首先充电机（慢充和快充）送出充电机自有的 12V 低压电，唤醒整车控制器 VCU。仪表盘出现充电插头信号，表示充电枪连接正常。

❸ 整车控制器 VCU 的 12V 低压，唤醒动力电池管理系统和 DC/DC 变换器。动力电池内部自检合格后，通过 CAN 先向充电机发出充电请求信号，闭合正负母电继电器，开始充电。

❹ 充电过程中主控盒与从控盒采集的电池电压和温度信息，随时通过内部 CAN 线通信，主控盒把信息通过对外 CAN 总线与整车控制器 VCU 和充电机通信，把动力电池的充电要求信息传给充电机，充电机随时调节充电电流和电压，保证充电安全合理。当充电结束拔出充电枪后，整车控制器让高压系统下电。

八、动力电池故障模式

1. 动力电池过热

动力电池过热分两种情况：一是传感器故障导致信号采集失真；二是动力电池自身内阻过大，导致在充电或放电过程中发热过大。

2. 动力电池 SOC 跳变

由于电池包内部单节有一节或几节自身故障导致单节电压被拉低，车辆 SOC 根据电压对其进行修正，在此种情况下，SOC 会进行跳变，车辆对其的反应是续航里程自动修正为当前 SOC 值下的续航里程。

3. 动力电池漏电

电动汽车有极高的绝缘要求，高压电气系统绝缘性能是很重要的技术指标。动力电池漏电的具体表现就是母线绝缘故障，其维修原则就是通过检测其绝缘电阻数值来判定。

4. 容量标定错误

（1）容量标定错误原因　人为因素干预对动力电池容量大小、当前 SOC 未进行标定匹配引起的错误；容量标定错误将会导致车辆的续航里程与当前 SOC 值不匹配，严重情况下会出现续航里程跳变，甚至会使驾驶员误判续航里程导致车辆抛锚。

（2）处理方法

❶ 在条件允许的情况下，通过充电柜对车辆进行放电至车辆自动切断动力，然后给车辆进行充电至 SOC 为 100%，在 SOC 为 90% 左右时，通过前舱动力网 CAN 口连接上位机，打开电池管理控制器监控系统，采集到车辆充电到 SOC 为 100% 时的本次充电容量，将此充电容量对于 SOC 100% 重新标入电池管理控制器中，恢复车辆上电，车辆恢复正常。

❷ 如果不能通过充电柜对车辆进行放电，则需要在 SOC 尽量小的情况下将车辆停放在充电位上，开启 PTC 制热将车辆电量放电至动力自动切断，然后给车辆进行充电至 SOC 为 100%，在 SOC 为 90% 左右时，通过前舱动力网 CAN 口连接上位机，打开电池管理控制器监控系统，采集到车辆充电到 SOC 为 100% 时的本次充电容量，将此充电容量对于 SOC 100% 重新标入电池管理控制器中，恢复车辆上电，车辆恢复正常。

❸ 车辆电池管理控制器自带修复功能，如果上述两种情况均无法操作，车辆在多次充放电后会将电池容量修正为接近实际容量，但是此方法可能会让驾驶员误判续航里程导致车辆抛锚。

5. 动力电池内部进水

电动汽车涉水行驶后的动力电池检修项目及判定见表 5.2-4。

表 5.2-4　电动汽车涉水行驶后的动力电池检修项目及判定

主要原因	浸水时间/min	水深/mm	判断标准	隐患程度
较长时间涉水行驶或停车涉水浸泡	< 5	≤ 300	BMS 报绝缘故障，执行一级检修操作	中
			BMS 未报绝缘故障，常规使用	低
		≤ 150	BMS 报绝缘故障，执行一级检修操作	中
			BMS 未报绝缘故障，常规使用	低
		≤ 300（速度 ≥ 50km/h）	BMS 报绝缘故障，执行一级检修操作	中
			BMS 未报绝缘故障，观察使用（观察周期大概为一周，一旦报出绝缘故障，则执行一级检修操作）	低
		> 300	BMS 报绝缘故障，执行一级检修操作	中
			BMS 未报绝缘故障，观察使用（观察周期大概为一周，一旦报出绝缘故障，则执行一级检修操作）	低
	> 30	≤ 150	BMS 报绝缘故障，执行检修操作	中
			BMS 未报绝缘故障，仅浸水深度和浸水时间其中一项满足条件，观察使用（观察周期大概为一周，一旦报出绝缘故障，则执行一级检修操作）	低
		150 ~ 300	BMS 报绝缘故障，执行检修操作	中
			BMS 未报绝缘故障，观察使用（观察周期大概为一周，一旦报出绝缘故障，则执行一级检修操作）	低
		> 300	BMS 未报绝缘故障，执行一级检修操作	低
			BMS 报绝缘故障，执行二级检修操作	中

一级检修操作内容包括：①故障诊断仪检测；②动力电池气密检测；③高低压接插件接插口检测；④外观检测。二级检修操作内容：除一级检修操作内容以外，必要时还需要进行拆箱检测和电气零部件维护及检修，且对报绝缘故障的部分零件进行更换。

维修提示

① 低风险：基本不会造成电池内部短路，更不会造成人员伤害。

② 中风险：预警类。高压绝缘故障，低压短路或继电器故障，可能带来间接人员伤害。

③ 高风险：可能造成动力电池内部高低压短路，进一步引起动力电池热失控而发生危险。

九、动力电池系统状态参数

除特殊注明外，以下参数的特定工况默认为：车辆静止并上电。动力电池系统实时显示参数见表 5.2-5。

表 5.2-5　动力电池系统实时显示参数

参数名称	说明 / 定义
高压电池 SOC	该参数表示电池的电量；SOC 通过复杂的算法得到，在充放电过程中会相应地增减；SOC 信号用于多个模块的工作输入，如仪表、HCU 等计算续航里程、输入输出能力等
电芯监控单元电池单体最大 / 最小电压	该信号来源于动力电池内部电芯监控单元的电压采样电路；电芯单体电压随着动力电池的充放电在一定范围内变化；电芯单体电压采样信号线直接焊接于各个单体端子上，经 A/D 转换输入到 CMU；该信号用于监控各个单体模块的最小及最大电压信号，用于判断电芯均衡状态，当出现差异过大或严重时，提醒进行均衡充电或维修
电芯监控单元监控电池温度信号	该信号来源于动力电池内部电芯监控单元（CMU）的温度采样信号；监控到的温度信号值随着电芯工作环境的变化而变化；每个模组内有 2 路温度采样点，采集到的信号经 A/D 转换输入 CMU；该信号用于监控电芯单体或模组的温度，电池采用自然冷却；充电器采用水冷方式，冷却泵控制在 VCU 内实现
电芯监控单元电路板温度	该信号来源于动力电池内部电芯监控单元电路板上的温度采样电路；电路板温度值会随着 CMU 的工作而产生变化；温度采样电路位于 CMU 电路板上；该信号用于对 CMU 电路板温度进行监控
高压电池包总线电压	该信号来源于对高压电池包高压主线正极电压采样点；在主继电器打开时该信号为 0，主继电器闭合时，电压等于高压电池电压值；在主正继电器高压输出前后两端，有 2 个采样点，该总线电压采样点位于后端，与车辆主高压线束正极相通；该信号与高压电池电压一起，用于监控高压电池总电压，以及判断主继电器是否正常工作
高压电池电压	该信号来源于对高压电池包高压主线正极电压采样点；该电压为高压电池总电压值；在主正继电器高压输出前后两端，有 2 个采样点，该电压采样点位于前端；该信号与高压电池包总线电压一起，用于监控高压电池总电压，以及判断主继电器是否正常工作
电池组电流	该信号来源于高压电池包 HVM 内部的分流器采样值；该电流值随着高压电池包输入 / 输出功率的大小而变化；该传感器为分流器传感器，安装于 HVM 内部；该信号用于监控高压电池包电流，也可以与另一路 LEM 传感器采集到的电流值进行交叉互检，确认 2 个电流传感器是否正常工作
高压系统绝缘电阻	该信号来源于 BMS 采集到的整个高压系统的绝缘值；绝缘值过低，系统将自动断开高压电，防止危险
BMS 故障等级	该参数表示高压电池包的故障等级，从无到紧急下电，等级越来越高
高压互锁回路（A）状态	该参数来自高压互锁回路的输入信号；高压互锁回路的作用是用低压回路来判断各个高压部件的接插件是否可靠，当高压回路中的任何一个部件接插件松动或者打开时，高压互锁回路打开，系统无法上高压电。该参数表示高压电池包与车辆（如 PEB、EDU、电空调压缩机）之间的高压互锁回路状态
高压互锁回路（B）状态	该参数来自高压互锁回路的输入信号；高压互锁回路的作用是用低压回路来判断各个高压部件的接插件是否可靠，当高压回路中的任何一个部件接插件松动或者打开时，高压互锁回路打开，系统无法上高压电。该参数表示高压电池包与车载充电器之间的高压互锁回路状态
高压电池包电池单体最高温度	该参数是综合各个 CMU 采样数据得出的单体最高温度

第三节　动力电池拆装维修与诊断检测

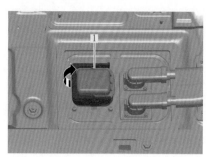

图 5.3-1　拆卸维修开关

一、拆卸维修开关

❶ 关闭所有用电器，车辆下电。
❷ 断开蓄电池负极极夹。
❸ 拆卸后排座椅和坐垫总成。
❹ 拆卸手动维修开关。

如图 5.3-1 所示，往上脱开维修开关红色解锁键，然后反方向翻转维修开关拆卸手柄，拆下手动维修开关 1。

维修提示

拆卸维修开关时，务必佩戴绝缘手套。

拆卸手动维修开关后，注意防护，不要触摸维修开关座裸露的高压部件，并用合适绝缘工具遮挡维修开关座，防止异物或水进入。将维修开关专门放置在指定位置或工具箱中，遵守谁拆卸谁保管的原则。

二、拆装动力电池

动力电池系统位于整车底盘下方，如图 5.3-2 ～图 5.3-4 所示，主要由电池模组、电池箱体、辅助支架、电池管理系统（BMS）、高低压电气系统（高压配电盒、高压铜排总成、低压线束总成）以及热管理系统（液冷板总成、水管总成）构成。

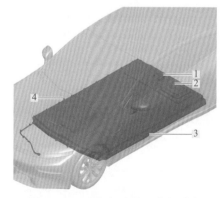

图 5.3-2　动力电池位于车辆底部
1—动力电池线缆；2—维修开关；3—动力电池
（电池包）；4—等电位铜排❶ 总成

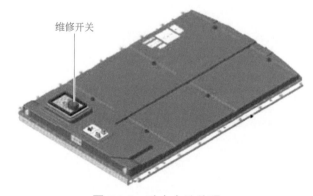

图 5.3-3　动力电池外观

---

❶　等电位铜排又称铜母线、铜母排或铜汇流排、接地铜排，是一种大电流导电产品，适用于高低压电气。它由铜材质制作，截面为矩形或倒角（圆角）矩形的长导体。

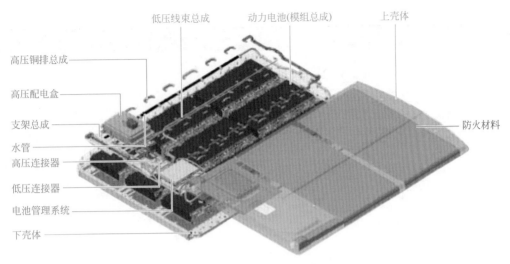

高压铜排总成
高压配电盒
支架总成
水管
高压连接器
低压连接器
电池管理系统
下壳体
低压线束总成
动力电池(模组总成)
上壳体
防火材料

图 5.3-4　动力电池总成零部件

1. 动力电池保养检修内容及判定标准（表 5.3-1）

表 5.3-1　动力电池保养检修内容及判定标准

类别	作业项目	检验方法	判定标准	不合格处理意见与备注
外观检查	异味检查	鼻嗅	箱体周围无刺激性和烧焦等异味	隔离车辆，开箱排查
	箱体外部接插件检查	目测	箱体外部高/低压接插件完好、无破损且连接牢靠、无松脱	接插件破损或松脱时禁止现场返修，需联系电池专修组开箱排查，根据故障影响范围确定维修方案
	箱体与车架螺栓紧固	扭矩检测	复检螺栓扭矩值在标准范围内螺栓扭矩值：70N·m	重新锁紧划线
	下箱体检查	目测	（1）PVC 不允许片状脱落	（1）PVC 脱落时需补喷
			（2）PVC 脱落后露底面积不大于 1cm²	（2）箱体变形/损伤程度严重时，应隔离电池包，联系电池专修组进行开箱检查，根据故障影响范围确定维修方案
			（3）无严重变形、破损	
	维护开关检查（MSD）	目测	维护开关无变形/开裂，开关内部洁净、无污物	MSD 变形/开裂后，需电池专修组开箱检查，根据故障影响范围确定维修方案
	检查水冷管进/出水口	目测	检查水冷管进/出接口是否有冷却液渗漏、接口变形或破损	肉眼可见明显渗液或进出接口变形/破损需联系电池专修组开箱检查，根据故障程度确定更换下箱体或电池总成
	上箱盖检查	目测	（1）无裂纹、无破损、无严重变形	（1）箱体或防爆阀开裂/破损/严重
			（2）防爆阀牢固且外观良好	（2）变形时需电池专修组开箱检查，根据故障程度确定更换上箱盖或电池总成

类别	作业项目	检验方法	判定标准	不合格处理意见与备注
故障诊断仪执行诊断	读取最高单体温度	借助故障诊断设备	静态的最高单体温度、温差、压差、总电压、绝缘阻抗、进/出水口温度（若有监控）等参数应符合该型号电池总成技术要求	根据售后诊断仪测试项目及判定标准，读取到故障码后，先排查故障是否由电池本身导致，如果锁定是电池内部故障后需联系电池专修组开箱检查，根据故障程度确定需要更换的零件或电池总成
	读取电池温差范围			
	读取电池压差范围			
	读取电池总电压			
	实测系统绝缘阻抗			
	读取进水口温度			
	读取出水口温度			
	确认软件版本		判断是否为最新版本	若不符合，需要刷新软件（与整车软件匹配）
	读取电池故障码		根据故障等级分级表判定故障等级	根据故障等级分级表确定处理方案
气密测试	气密性测试	气密性测试	气密检测设备	若不达标需联系电池专修组开箱排查，根据气密失效原因和故障程度确定需要更换的零件或电池总成
开箱检查	由电池专业组执行			

2.拆卸动力电池

❶ 关闭所有用电器，车辆下电。

❷ 断开蓄电池负极极夹。

❸ 拆卸维修开关。

❹ 排放冷却液。

❺ 拆卸前舱底部护板总成。

❻ 拆卸前舱底部护板电池包，安装支架总成。

❼ 拆卸备胎电池护板总成。

❽ 拆卸备胎电池护板电池包安装支架总成。

❾ 拆卸左/右后轮导流板。

❿ 拆卸左/右侧裙板总成。

⓫ 拆卸电池包。

a. 旋出电池包高压线束固定螺母 A（图 5.3-5）。

b. 断开电池包高压线束连接插头 B（图 5.3-5）。

c. 脱开固定卡扣 A，沿 B 方向揭开后座椅下隔音垫总成 1（图 5.3-6）。

d. 旋出固定螺母，拆下检修口盖组件 1（图 5.3-7）。

e. 旋出固定螺栓 A，拆下电池包高压接插件 1（图 5.3-8）。

f. 断开电池包低压连接插头 B、C（图 5.3-8）。

g. 松开固定卡箍 A，脱开电池出水管 1 与电池包连接（图 5.3-9）。

h. 松开固定卡箍 B，脱开出水管 2 与电池包连接（图 5.3-9）。

i. 旋出固定螺栓，取出等电位铜排总成 1（图 5.3-10）。

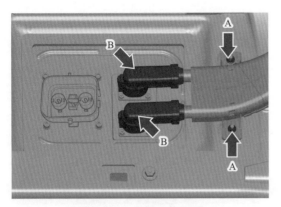

图 5.3-5 断开高压线束

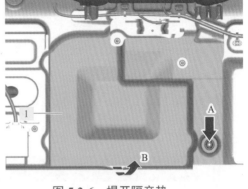

图 5.3-6 揭开隔音垫

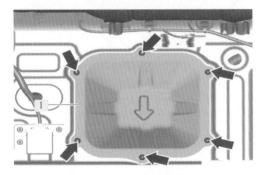

图 5.3-7 拆下检修口盖组件

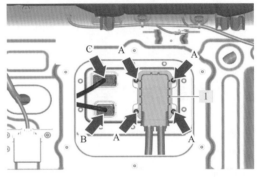

图 5.3-8 拆卸电池包高压接插件、断开电池包低压连接插头

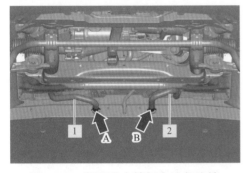

图 5.3-9 断开出水管与电池包连接

图 5.3-10 取出等电位铜排总成

j. 使用电池包拆装工具 1 支撑电池包 2（图 5.3-11）。

k. 旋出电池包固定螺栓 A、B（图 5.3-11）。

l. 调节电池包拆装工具 1，缓慢地放下电池包 2（图 5.3-11）。

维修提示

① 车下操作，戴好安全帽和安全手套，穿好安全鞋。

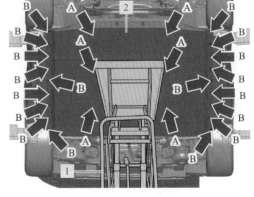

图 5.3-11 拆下动力电池

② 使用动力电池拆装工具支撑电池包时，注意观察动力电池是否支撑稳定。

③ 动力电池比较重，移出整车时，严禁接近升降车，防止侧滑掉落而伤人。

3.安装动力电池

安装动力电池的程序以倒序进行，同时注意下列事项。

❶ 按规定力矩紧固电池包固定螺栓。

❷ 安装完成后，加注冷却液。

维修提示

如果因为动力电池问题进行更换BMS或者更换动力电池，更换后需要在BMS控制器中重新写入VIN信息。根据诊断仪提示，在BMS的"参数写入"中逐一写入。

三、拆卸动力电池线缆

❶ 关闭所有用电器，车辆下电。

❷ 断开蓄电池负极极夹。

❸ 拆卸维修开关。

❹ 拆卸电池包。

❺ 拆卸动力电池线束。

a. 断开ACP线束连接插头A（图5.3-12）。

b. 断开PTC线束连接插头B（图5.3-12）。

c. 脱开动力电池线束1固定卡扣C（图5.3-12）。

d. 旋出两动力电池线束1支架固定螺母A（图5.3-13）。

e. 脱开动力电池线束1固定卡扣B（图5.3-13）。

f. 脱开动力电池线束1固定卡扣C（图5.3-13）。

g. 拆下动力电池线束1（图5.3-13）。

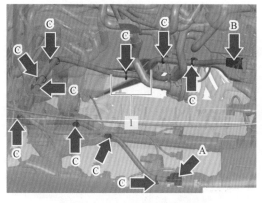

图5.3-12　脱开两驱前电池线束

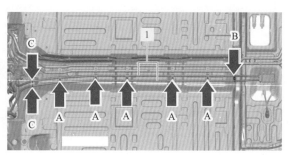

图5.3-13　拆卸两驱前电池线束

四、排空和加注动力电池系统冷却液

为避免动力电池内残留冷却液和系统管路内有气阻，以下列举了广汽埃安 Ｙ 用专用冷却液更换设备进行的系统排空和冷却液加注。

❶ 举升车辆，在车辆下方放置冷却液回收容器。

❷ 拆卸发动机舱前下护板总成。

❸ 拆卸动力电池温控系统冷却液加注口盖（图 5.3-14）。

❹ 断开电池出水管总成 A、电池进水管总成 B 与电池组箱总成的连接，排放电池组箱总成与管路内的冷却液。排放完毕后，堵塞电池出水管总成 A，连接电池进水管总成 B 到电池组箱总成（图 5.3-15）。

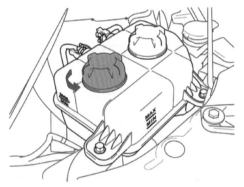

图 5.3-14　拆卸动力电池温控系统冷却液加注口盖

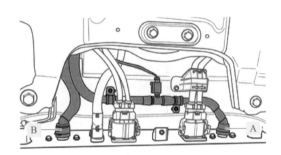

图 5.3-15　断开出水管

❺ 安装专用密封加注盖到膨胀壶。正确安装密封盖并且到位，避免因密封不严导致漏气（图 5.3-16）。

❻ 连接压缩气体管路 A 到专用密封加注盖任一接头，使用压缩气体吹出系统内残余冷却液（图 5.3-17）。

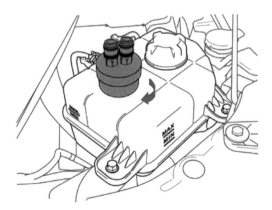

图 5.3-16　安装冷却液更换设备

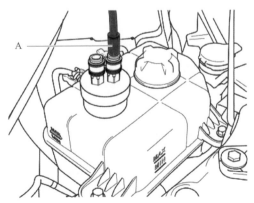

图 5.3-17　使用冷却液更换设备

维修提示

打开压缩气体时，使回收容器贴近电池出水口，谨防冷却液喷溅。

❼ 排放完毕后，连接电池出水管总成到电池组箱总成出水口，检查电池进水管，应连接牢固。

❽ 断开压缩气体管路。拆下专用密封加注盖。

❾ 加注冷却液。

a. 连接双排弹簧加注软管 A、B 到专用密封加注盖（图 5.3-18）。

b. 连接真空抽气管 A、冷却液加注管 B、硅胶注水软管 C 到冷却液更换设备上对应的抽气、加注、注水接口，将硅胶注水软管进水端放入盛有冷却液的容器内（图 5.3-19）。

c. 连接冷却液更换设备并打开电源开关，加注冷却液。

d. 点击"SET"按钮 A，切换单位，点击上下调整按钮设置加注量。点击"RUN/STOP"（运行/停止）按钮 B，启动定量控制模块，此时屏幕保持常亮。

e. 打开启动开关（绿色灯），主机开始对系统进行抽真空，当压力表读数达到 -90kPa 时，抽真空动作自动停止，开始自动加注。定量控制显示屏显示瞬时加注速度与加注量，当冷却液加注到指定剂量时，加注动作自动停止，显示屏变暗（图 5.3-20）。

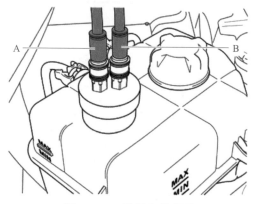

图 5.3-18　连接加注管路

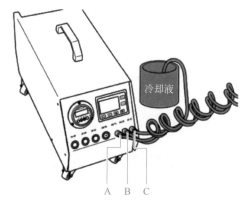

图 5.3-19　连接和整备设备

f. 打开复位开关（蓝色灯），主机内部管路压力恢复至大气压。打开缓冲罐下方的排水阀，可将管路残留的冷却液排放到外部。

g. 断开双排弹簧加注软管 A、B 与专用密封加注盖的连接。

h. 拆卸专用密封盖，观察冷却液是否加注到所需刻度，并对膨胀箱进行适量的补充。安装并拧紧加注盖。

五、动力电池漏电检测

电动汽车的绝缘电阻监测系统主要是通过在正极动力电缆与底盘，负极动力电缆与底盘之间分压的方式，来测量高压电缆相对于车辆底盘的绝缘程度。一般是将绝缘电阻监测模块设计在动力电池系统内，把绝缘电阻监测功能集成到电池管理系统控制模块内。绝缘电阻监测系统简图见图 5.3-21。

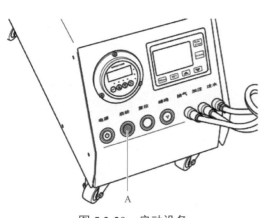

图 5.3-20　启动设备

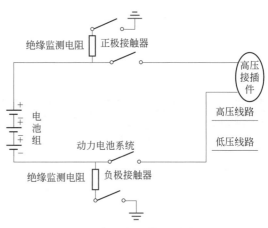

图 5.3-21　绝缘电阻监测系统简图

动力电池出现漏电时，仪表会报电池包漏电故障报警"🔋"，出现严重漏电时，会自动将车辆动力切断进行保护。

用诊断仪读取漏电故障信息。戴上绝缘手套，穿上绝缘鞋，在确保安全的情况下执行以下操作。

❶ 试验前关闭点火开关，拆卸低压蓄电池负极连接线。

❷ 拔下维修开关。

❸ 断开动力电池高压电缆插接件，并用放电工装进行放电。

❹ 对绝缘表进行初步检查，确认绝缘表工作正常。

❺ 选择合适的量程，连接测试线，测试后读取其绝缘电阻值。

如果动力电池漏电，则进行专业拆解维修或返厂更换。

维修提示

在高压电断开的情况下用绝缘表测量正对地和负对地的绝缘阻值，均应大于等于 500Ω/V [也就是说 500V（DC）绝缘电阻应不小于 50MΩ] 且持续 10s。

列举说明

以下列举了动力电池漏电检测的一种具体方法。

正极对车身电压为 U_1，负极对地电压为 U_2，总电压为 U。

如果 $U_1 > U_2$，正极并联电阻 R（50kΩ，100kΩ，110kΩ，150kΩ，最好选 100 或 110kΩ）后测量对地电压 U_3，$R_{绝缘}=[（U_1-U_3)/U_3]R$。

如果 $U_1 < U_2$，负极并联电阻 R（50kΩ，100kΩ，110kΩ，150kΩ，最好选 100 或 110kΩ）后测量对地电压 U_4，$R_{绝缘}=[（U_2-U_4)/U_4]R$。

如果 $R_{绝缘} < 500Ω/V$，则表示动力电池漏电。

六、动力电池系统简明故障

动力电池系统简明故障见表 5.3-2。

表 5.3-2　动力电池简明故障

故障内容	可能故障原因	故障点
系统过压/欠压	DC/DC 工作异常	检查 DC/DC 输出
ECAN 关闭	CAN 线路故障	检查 CAN 线路
与网关丢失通信	CGW 故障，CAN 线路故障	检查 CGW 及 CAN 线路
与 DC/DC 丢失通信	DC/DC 故障，CAN 线路故障	检查 DC/DC 及 CAN 线路
与 VCU 丢失通信	VCU 故障，CAN 线路故障	检查 VCU 及 CAN 线路
与 OBC 丢失通信	OBC 故障，CAN 线路故障	检查 OBC 及 CAN 线路
与 IPUR 丢失通信	IPUR 故障，CAN 线路故障	检查 IPUR 及 CAN 线路
与 IPUF 丢失通信	IPUF 故障，CAN 线路故障	检查 IPUF 及 CAN 线路
与 HVAC 丢失通信	HVAC 故障，CAN 线路故障	检查 HVAC 及 CAN 线路
单体电压过高一级	①充电机或回馈功率不受控 ②BMS 发的禁止充电标志或回馈功率错误码	①排查充电机或 VCU 响应 ②排查 BMS 控制逻辑
单体电压过高二级	①充电机或回馈功率不受控 ②BMS 发的禁止充电标志或回馈功率错误码	①排查充电机或 VCU 响应 ②排查 BMS 控制逻辑
单体电压过高三级	①充电机或回馈功率不受控 ②BMS 发的禁止充电标志或回馈功率错误码	①排查充电机或 VCU 响应 ②排查 BMS 控制逻辑
单体极限过压	①充电机或回馈功率不受控 ②BMS 发的禁止充电标志或回馈功率错误码	①排查充电机或 VCU 响应 ②排查 BMS 控制逻辑 ③检修更换模组
单体电压过低一级	①VCU 没响应允许放电功率 ②BMS 计算允许放电功率错误	①排查 VCU 响应放电功率 ②排查 BMS 允许功率计算
单体电压过低二级	①VCU 没响应允许放电功率 ②BMS 计算允许放电功率错误	①排查 VCU 响应放电功率 ②排查 BMS 允许功率计算
单体电压过低三级	①VCU 没响应允许放电功率 ②BMS 计算允许放电功率错误	①排查 VCU 响应放电功率 ②排查 BMS 允许功率计算
单体电压过低四级	①BMS 高压下电控制逻辑有误 ②电池长时间亏电放置	①排查 BMS 控制策略 ②排查放置时间 ③检修更换模组
单体极限欠压	①BMS 高压下电控制逻辑有误 ②电池长时间亏电放置	①排查 BMS 控制策略 ②排查放置时间 ③检修更换模组
电芯不均衡	①电池一致性差 ②最高、最低 SOC 估算误差大	①更换电芯或电芯维保 ②排查估算算法

续表

故障内 容	可能故障原因	故障点
单体动态压差过大	电池一致性差	更换电芯或电芯维保
总电压过压一级故障	①充电机或回馈功率不受控 ② BMS 发出的禁止充电标志或回馈功率错误	①排查充电机或 VCU 响应 ②排查 BMS 控制逻辑
总电压过压二级故障	①充电机或回馈功率不受控 ② BMS 发出的禁止充电标志或回馈功率错误	①排查充电机或 VCU 响应 ②排查 BMS 控制逻辑
总电压欠压一级故障	① VCU 没响应允许放电功率 ② BMS 计算允许放电功率错误	①排查 VCU 响应放电功率 ②排查 BMS 允许功率计算
总电压欠压二级故障	① VCU 没响应允许放电功率 ② BMS 计算允许放电功率错误	①排查 VCU 响应放电功率 ②排查 BMS 允许功率计算
电芯电压偏差故障	BMS 采集模组电压或单体电压采集误差大	排查 BMS 采集部分硬件
电芯电压超限	AFE 损坏	更换硬件
单体电压采样断线	AFE 损坏	更换硬件
回馈电流过大一级	VCU 不响应或不及时响应允许回馈电流	排查 VCU 策略
回馈电流过大二级	VCU 不响应或不及时响应允许回馈电流	排查 VCU 策略
回馈电流过大三级	VCU 不响应或不及时响应允许回馈电流	排查 VCU 策略
放电电流过大一级	VCU 不响应或不及时响应允许放电电流	排查 VCU 策略
放电电流过大二级	VCU 不响应或不及时响应允许放电电流	排查 VCU 策略
放电电流过大三级	电池包短路，外部负载不可控	排查负载
外接充电过流一级	①充电机响应电流错误 ② BMS 检测电流误差大	①排查充电机输出与 BMS 请求电流是否一致 ②确认 BMS 电流精度
外接充电过流二级	①充电机响应电流错误 ② BMS 检测电流误差大	①排查充电机输出与 BMS 请求电流是否一致 ②确认 BMS 电流精度
外接充电过流三级	①充电机响应电流错误 ② BMS 检测电流误差大	①排查充电机输出与 BMS 请求电流是否一致 ②确认 BMS 电流精度
电流传感器零漂过大故障	霍尔传感器零漂大	更换霍尔传感器
极限过流故障	①电流检测故障 ②电池系统负载短路	①排查 BMS 电流采集硬件故障 ②确认负载是否短路
充电时大电流放电故障	①充电机响应电流错误 ② BMS 检测电流误差大	①排查充电机输出与 BMS 请求电流是否一致 ②确认 BMS 电流精度
充电时小电流放电故障	①充电机响应电流错误 ② BMS 检测电流误差大	①排查充电机输出与 BMS 请求电流是否一致 ②确认 BMS 电流精度

续表

故障内容	可能故障原因	故障点
温度过高一级	①冷却系统失效 ②环境温度高 ③电池长时间大倍率放电	①确认冷系统是否损坏 ②确认使用环境温度 ③确认是否大倍率长时间使用
温度过高二级	①冷却系统失效 ②环境温度高 ③电池长时间大倍率放电	①确认冷系统是否损坏 ②确认使用环境温度 ③确认是否大倍率长时间使用
温度过高三级	①冷却系统失效 ②环境温度高 ③电池长时间大倍率放电	①确认冷系统是否损坏 ②确认使用环境温度 ③确认是否大倍率长时间使用
温度过低一级	环境温度太低	确认使用环境
温差过大一级	①电池包环境温差过大 ②电池发热不均衡 ③冷却管道不畅	①确认环境温差 ②确认电池连接内阻是否过大 ③冷却管道故障
温差过大二级	①电池包环境温差过大 ②电池发热不均衡 ③冷却管道不畅	①确认环境温差 ②确认电池连接内阻是否过大 ③冷却管道故障
温差过大三级	①电池包环境温差过大 ②电池发热不均衡 ③冷却管道不畅	①确认环境温差 ②确认电池连接内阻是否过大 ③冷却管道故障
连接器温度过高一级	①连接器连接松动 ②电流中过流	检查连接器的连接
连接器温度过高二级	①连接器连接松动 ②电流中过流	检查连接器的连接
MSD 温度过高一级	① MSD 连接松动 ②电流中过流	检查 MSD 的连接
MSD 温度过高二级	① MSD 连接松动 ②电流中过流	检查 MSD 的连接
入水口温度传感器故障	温度采样线掉线或者温度传感器异常	检查入水口温度传感器接线
电池温度超限（不影响系统温度监控功能）	①温度传感器短路或开路 ② BMS 温度采集硬件损坏	①确认温度传感器 ②更换 BMS
电池温度超限（影响系统温度监控功能）	①温度传感器短路或开路 ② BMS 温度采集硬件损坏	①确认温度传感器 ②更换 BMS
电芯温度传感器开路	AFE 损坏	更换硬件
电芯温度传感器短路	AFE 损坏	更换硬件
高压继电器闭合，绝缘2级故障	绝缘防护失效，导致绝缘阻值低	排查绝缘

续表

故障内容	可能故障原因	故障点
高压继电器闭合，绝缘1级故障	绝缘防护失效，导致绝缘阻值低	排查绝缘
高压继电器断开，绝缘2级故障	绝缘防护失效，导致绝缘阻值低	排查绝缘
高压继电器断开，绝缘1级故障	绝缘防护失效，导致绝缘阻值低	排查绝缘
绝缘双边阻值过低故障	绝缘防护失效，导致绝缘阻值低	排查绝缘
总正继电器粘连或预充继电器粘连	总正或预充继电器粘连	更换继电器
总正继电器无法吸合	总正继电器失效	更换总正继电器
总负继电器粘连（上电初或下高压检测）	总负继电器粘连	更换总负继电器
总负继电器无法吸合	总负继电器失效	更换总负继电器
预充继电器无法吸合	预充继电器失效	更换预充继电器
快充电继电器粘连	快充继电器粘连	更换快充继电器
快充继电器无法吸合	快充继电器失效	更换快充继电器
总正继电器老化故障	①继电器闭合折算次数达到 ②继电器粘连或失效	更换总正继电器
总负继电器老化故障	①继电器闭合折算次数达到 ②继电器粘连或失效	更换总负继电器
快充继电器老化故障	①继电器闭合折算次数达到 ②继电器粘连或失效	更换快充继电器
预充继电器老化故障	①继电器闭合折算次数达到 ②继电器粘连或失效	更换预充继电器
主正继电器动作时内外压差大	外部电压不稳定	检查外部附件
预充过流	①负载短路 ②没预充完启动负载	排查负载
预充短路一级故障	①负载短路 ②没预充完启动负载	排查负载
预充短路二级故障	①负载短路 ②没预充完启动负载	排查负载
预充失败（超时）	①负载短路 ②没预充完启动负载	排查负载

续表

故障内容	可能故障原因	故障点
VCU 故障响应超时	① VCU 与 BMS 通信失效 ② VCU 策略失效	①排查通信 ②排查 VCU 策略
热失控/温升过快	电池热失控	重新检测电池
SOH 过低一级	SOH 低	确认 SOH 是否正确
SOH 过低二级	SOH 低	确认 SOH 是否正确
SOC 过低	SOC 低	确认 SOC 是否为 0
SOC 过高	SOH 高	确认是否过充
SOC 存储失败	① BMS 初始化故障 ② SOC 修正	①更换 BMS 控制单元 ②确认故障
SOH 存储失败	① BMS 初始化故障 ② SOC 修正	①更换 BMS ②确认故障
高压回路断路	高压回路断开	检查总正、总负之间电压，排查断开位置
高压输出回路开路	检查主正和主负继电器	检查主正和主负继电器
初始供电电源电压低	12V 电压低	检查低压供电电源
碰撞故障	发生了碰撞	检查硬件是否损坏
直流充电机与 BMS 功率不匹配故障	①充电机不适用 ② BMS 参数配置错误	①充电机不适用于此车辆，或充电机参数错误 ②排查参数设置合理性
充电桩引起 BMS 带载切断继电器	①充电机不适用 ② VCU 响应错误	①充电机不适用于此车辆，或充电机参数错误 ②排查 VCU 充电时的响应
电流传感器故障	①供电断线 ②与 BMS 通信断线	①排查传感器供电及本身 ②排查通信线
电池管理系统通信故障	① PEC 错误 ②通信线短路或开路 ②供电断线	①检查电池管理系统相关通信软件 ②检查电池管理系统相关供电线 ③更换 BMS 控制单元
均衡电阻温度过高	①均衡开关短路 ②均衡时间过长	①检查均衡开关开通时间 ②更换 BMS 控制单元
电池管理系统（芯片）均衡开关短路	均衡开关损坏	更换 BMS 控制单元
电池管理系统过温一级	①均衡通道开通过多 ②电池管理系统芯片损坏	①检查均衡开通通道数 ②更换 BMS 控制单元
电池管理系统过温二级	电池管理系统芯片损坏	更换 BMS 控制单元
电池管理系统模组电压采样失效	①芯片 HVMUX 开关开路 ②电池管理系统的 VBLK 缓存器故障 ③电池管理系统 VBLKP 管脚开路	更换 BMS 控制单元

续表

故障内容	可能故障原因	故障点
电池管理系统单体温度采样失效	①电池管理系统的 AUXINn 管脚开路 ②电池管理系统的温度采样线断线	①更换 BMS 控制单元 ②检查单体温度采样线
电池管理系统单体电压采样失效	①奇数通道采集线断线 ②偶数通道采集线断线 ③ MAX17823 内部多路选通开关开路 ④单体测量管脚开路 ⑤单体测量管脚短路到 SWn ⑥单体测量管脚漏电 ⑦电池管理系统的 VDDL 管脚开路或短路 ⑧电池管理系统的 SHDNL 脚开路或短路	①检查单体采样线束 ②更换 PCB 控制单元
电池管理系统采样失效	①奇数通道采集线断线 ②偶数通道采集线断线 ③电池管理系统控制单元内部多路选通开关开路 ④总压测量管脚开路 ⑤总压测量管脚短路 ⑥总压测量管脚漏电 ⑦控制单元内部芯片的 VDDL 管脚开路或短路 ⑧控制单元内部芯片的 SHDNL 脚开路或短路	①检测总压采样线束 ②更换 BMS 控制单元
绝缘检测采集电压超限故障	①采集回路断开 ② BMS 检测故障	①排查总正、总负接线是否正确 ②更换 BMS 硬件
高压互锁断路故障	接插件没插或松动	排查高压接插件
高压互锁检测回路异常故障	接插件没插或松动	排查检测线束
高压互锁短路到地故障＋高压互锁短路到电源故障	测量线发生短路或开路	排查检测线束
BMS 非预期的下电故障	供电断线或软件复位	不处理
BMS 非预期的重启故障	软件复位	不处理
CC2 短地异常	CC2 对地短路或接入电阻失效	排查 CC2 对地阻值
EEPROM 读写故障	EEPROM 模块故障	更换 BMS 控制单元
FLASH 读写故障	FLASH 模块故障	更换 BMS 控制单元
RTC 故障	RTC 计数器损坏	更换 BMS 控制单元
主控温度检测通道 1/2/3 失效	主控温度检测通道 1/2/3 短路到电源或开路，主控温度检测通道 1/2/3 短路到地	更换 BMS 控制单元
慢充 CP 信号 S2 开关失效	S2 开关损坏（短路和开路）	更换 BMS 控制单元

故障内容	可能故障原因	故障点
慢充 CP 信号短路或开路	线束短路或者开路	排查 CP 线束
电池总压检测失效	①电池总压检测回路开路或短路到地 ②电池总压检测开关短路	排查继电器线圈驱动线束
总正电压检测失效	总正电压检测回路开路或短路到地，总正电压检测开关短路	排查继电器线圈驱动线束
充电电压检测失效	充电电压检测回路开路或短路到地，充电电压检测开关短路	排查继电器线圈驱动线束
高压检测电路开关失效	回路开关控制失效	更换 BMS 控制单元
绝缘检测电路失效	①绝缘检测正桥臂检测回路开路或短路到地 ②绝缘检测正桥臂检测开关短路 ③绝缘检测负桥臂检测回路开路或短路到地 ④绝缘检测负桥臂检测开关短路	更换 BMS 控制单元
正极继电器线圈开路	正极继电器高边驱动开路，正极继电器低边驱动开路	排查继电器线圈线束
正极继电器线圈短路到电源	正极继电器高边驱动短路至电源	排查继电器线圈线束
正极继电器线圈短路到地	正极继电器低边驱动短路至地	排查继电器线圈线束
负极继电器线圈开路	总负继电器高边驱动开路，总负继电器低边驱动开路	排查继电器线圈线束
负极继电器线圈短路到电源	总负继电器高边驱动短路至电源	排查继电器线圈线束
负极继电器线圈短路到地	总负继电器低边驱动短路至地	排查继电器线圈线束
直流充电继电器线圈开路	直流充电继电器高边驱动开路，直流充电继电器低边驱动开路	排查继电器线圈线束
直流充电继电器圈短路到电源	直流充电继电器高边驱动短路至电源	排查继电器线圈线束
直流充电继电器线圈短路到地	直流充电继电器低边驱动短路至地	排查继电器线圈线束
预充继电器线圈开路	预充继电器高边驱动开路，预充继电器低边驱动开路	排查继电器线圈线束
预充继电器圈短路到电源	预充继电器高边驱动短路至电源	排查继电器线圈线束
预充继电器线圈短路到地	预充继电器低边驱动短路至地	排查继电器线圈线束
唤醒 VCU 信号短路至电源	线束短路	排查线束

故障内容	可能故障原因	故障点
唤醒 VCU 信号短路到地	线束短路	排查线束

七、动力电池系统具体的故障检测

所有电动汽车的电池管理系统都负责动力电池的监控和管理，估算动力电池状态，保证电池系统的性能和安全，满足整车控制的通信需求，并对高压接触器等执行部件进行控制。但根据车辆配置等因素，具体到某个车型可能在策略和硬件设置上又有所不同。

 列举说明

列举小鹏 P7 纯电动汽车电池管理系统（BMS），其包含 2 种电子模块（BMU、HV_CSU 控制功能键，表 5.3-3），其中 BMU 集成了电芯电压采集、模组温度采集、均衡控制功能等，为集中式 BMU，具体电气控制架构见图 5.3-22 和图 5.3-23。

表 5.3-3　BMU 功能

系统	包含的模块	序号	功能	控制 / 功能说明
电池管理系统（BMS）	BMU	1	剩余容量估算	估算电池剩余容量
		2	剩余能量估算	估算电池剩余能量
		3	SOE 估算	估算电池
		4	SOC 估算	估算电池电荷状态
		5	寿命估算	估算电池健康状态
		6	可用功率计算	计算电池可用功率
		7	充电管理	对电池充电过程进行管理
		8	高压管理	控制高压输出
		9	低压管理	控制电池管理系统唤醒与休眠
		10	高压互锁检测	检测电池系统高压互锁状态
		11	通信功能	带三路 CAN 通信功能
		12	绝缘测量	测量电池绝缘阻值及绝缘状态
		13	故障诊断	对故障进行诊断并处理
		14	单体电压采集	测量每一串电池电压
		15	温度采集	对每个模组的温度进行测量
		16	被动均衡功能	可对电芯电压进行均衡
	HV_CSU	1	总电压测量	测量电池系统总电压
		2	电流测量	测量电池系统母线电流

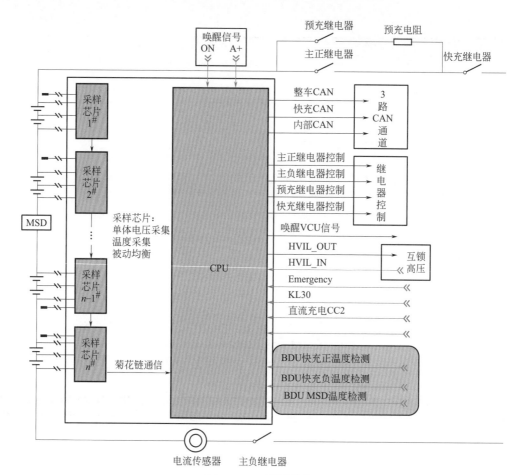

图 5.3-22　系统构架

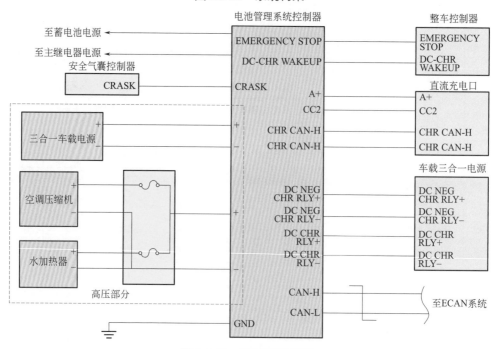

图 5.3-23　控制系统简图

1. 系统过压或者欠压故障

系统过压或者欠压一般是 DC/DC 工作异常，或者不工作，通常为初始供电电源电压（12V 低电压）。这时应该重点检查 DC/DC 输出和低压供电电压。电池管理系统（BMS）控制器线束连接器见表 5.3-4。

这个故障问题上，首先应从最简单的检测低压蓄电池电压和电池管理系统熔丝 RF02 和 RF26（见图 5.3-24 和图 5.3-25）是否熔断入手，然后再进行后续检查。

表 5.3-4 电池管理系统（BMS）控制器线束连接器

电池管理系统（BMS）控制器线束连接器	端子号	线别作用（端子定义）	电流	输入/输出	信号类型
BD60	3	碰撞信号输入	—	输入	开关
	4	直流充电负极接触器负极	—	输出	—
	5	直流充电正极接触器负极	—	输出	—
	6	A+ 信号	—	输入/输出	电压信号
	9	DC-CC2 信号	5mA	输入/输出	快充插座
	11	动力电池控制器接地	5A	输入	蓄电池 12V−
	12	动力电池控制器电源	7.5A	输入	蓄电池 12V+
	13	动力电池控制器电源	5A	输入	蓄电池 12V+
	15	直流充电负极接触器正极	—	输出	—
	16	紧急停止	—	—	—
	17	直流充电正极接触器正极	—	输出	—
	18	VCU 唤醒输出 12V+	100mA	输出	开关
BD61	1	ECAN-L	—	输入/输出	CAN
	2	ECAN-H	—	输入/输出	CAN
	4	内网 CAN-L	—	输入/输出	CAN
	5	内网 CAN-H	—	输入/输出	CAN

（1）BMS 控制器电源电路诊断和检测要点 执行下电程序，断开电池管理系统控制器线束连接器。然后执行车辆上电，按照表 5.3-5 检测其电路情况。如果不符合应测得结果，那么应该维修或更换线束。

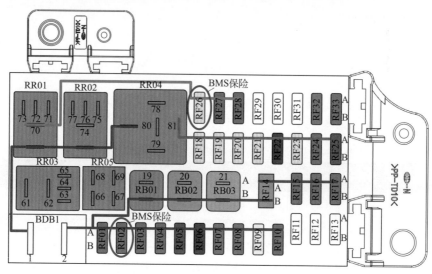

图 5.3-24 后熔断器上的 BMS 保险

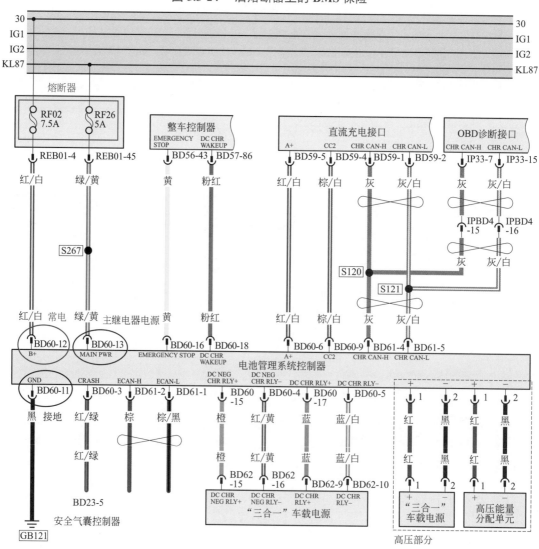

图 5.3-25 电池管理系统（BMS）电路

表 5.3-5　检测电池管理系统控制器电源电路

检查的零部件 / 代号	万用表表笔探测的两端子		检测条件	状态	应测得结果 /V
电池管理系统控制器线束连接器 /DB60	红色表笔连接	黑色表笔连接			
	DB60/12	车身接地	上电	电压	约 14
	DB60/13	车身接地	上电	电压	约 14

（2）BMS 控制器接地电路诊断和检测要点　执行下电程序，断开电池管理系统控制器线束连接器。按照表 5.3-6 检测其电路情况。如果不符合应测得结果，那么应该维修或更换线束。

表 5.3-6　检测电池管理系统控制器接地电路

检查的零部件 / 代号	万用表表笔探测的两端子		检测条件	状态	应测得结果
电池管理系统控制器线束连接器 /DB60	红色表笔连接	黑色表笔连接			
	DB60/11	车身接地	下电	电阻	< 1Ω 左右

划重点

如果按照上述检测均正常，那么这种系统过压或者欠压的故障问题通常出在电池管理系统控制器本身，应通过更换控制器的方法来解决。更换电池管理系统控制器后需要进行电脑配置学习。

2. 动力和高压系统 CAN（ECAN）关闭故障

如果用故障诊断仪执行故障诊断检测，显示 ECAN 关闭，故障点基本比较明确，一般就是 CAN 线路故障，需要对电路图 5.3-26 所示的 BMS 控制器 CAN 通信电路进行诊断和检测。电池管理系统（BMS）电路见图 5.3-25。

检测要点：执行车辆下电程序，断开电池管理系统控制器线束连接器。按照表 5.3-7 检测其电路情况。如果不符合应测得结果，那么应该维修或更换线束。

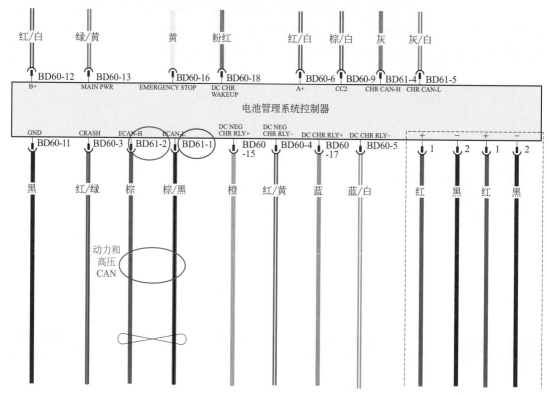

图 5.3-26 电池管理系统检测电路

表 5.3-7 检测 BMS 控制器 CAN 通信电路

检查的零部件 / 代号	万用表表笔探测的两端子		检测条件	状态	应测得结果
电池管理系统控制器线束连接器 /DB61	红（黑）色表笔连接	黑（红）表笔连接	下电	电阻	约 120Ω
见表 5.3-4	DB61/1	DB61/2			

维修提示

如果上述检测没有问题，则应继续检查电池管理系统控制器的供电接地导线是否正常，如果供电接地也没有，则更换电池管理系统控制器（BMS）来解决"ECAN 关闭"故障。

3. BMS 与网关失去通信故障

执行故障诊断，显示电池管理系统（BMS）与中央网关（GW）失去通信，重点要检查如图 5.3-27 所示的中央网关控制器与电池管理系统控制器之间的 CAN 线路情况。

检测要点：执行车辆下电程序。断开中央网关控制器线束连接器；断开电池管理系统控制器线束连接器。按照表 5.3-8 检测其电路情况。如果不符合应测得结果，那么应该维修或更换线束。

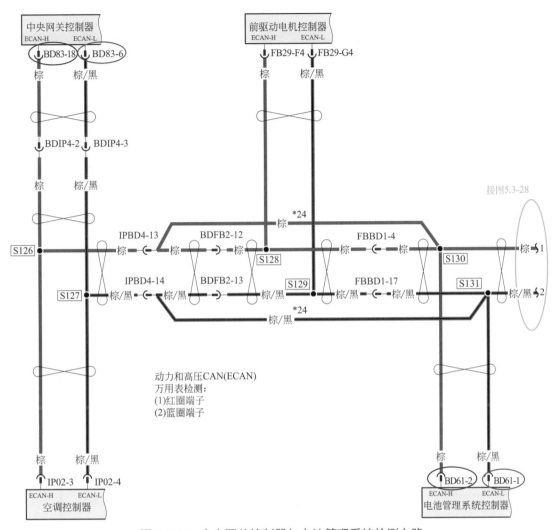

图 5.3-27　中央网关控制器与电池管理系统检测电路

表 5.3-8　中央网关控制器与电池管理系统控制器线束连接器之间的 CAN 通信

检查的零部件			万用表表笔探测的两端子		检测条件	状态	应测得结果/Ω
连接器	代号	图示	红（黑）色表笔连接	黑（红）表笔连接			
中央网关控制器线束连接器	DB83	ECAN-L ECAN-H	DB83/18	DB61/2	下电	电阻	< 1
BMS 控制器线束连接器	DB61	见表 5.3-4	DB83/6	DB61/1	下电	电阻	< 1

维修提示

如果上述检测线路没有问题，则需要检查中央网关控制器的供电接地电路；如果线路没有问题，则可判定是中央网关控制器故障。

4. BMS 与直流逆变器失去通信故障

执行故障诊断，显示电池管理系统（BMS）与直流逆变器 DC/DC 失去通信，重点要检查图 5.3-28 中的直流逆变器与图 5.3-27 的电池管理系统控制器之间的 CAN 通信线路情况。

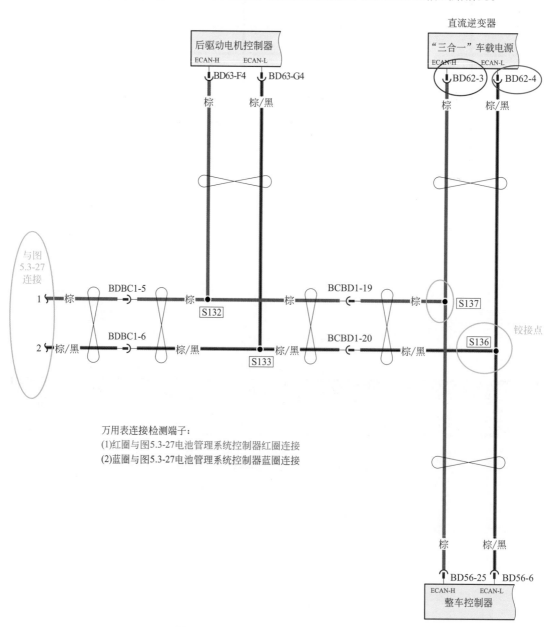

图 5.3-28　BMS 与 DC/DC 检测电路

划重点

这里涉及各电路图的阅读问题，因为电路图印制版面和其他原因，所以一般都是分页印制，相互连续的电路图连接需要查找的内容会跳转至另外一个系统电路图，具体在图 5.3-28 和图 5.3-27 中已经标注。

上述电路图中的"8/ ∞"字中的线是双绞线，也就是 CAN 总线。两条绝缘的导线按一定密度相互绞在一起，每一根导线在传输中辐射出来的电波会被另外一根导线上发出的电波相抵消，有效降低信号干扰的程度。电路图中的实心圆点是铰接点，该段导线上有两条或多条导线铰接在一起并连通，铰接点旁边的框内数字为该代码。

检测要点：执行车辆下电程序。断开直流逆变器（"三合一"车载电源）线束连接器；断开电池管理系统控制器线束连接器。按照表 5.3-9 检测其电路情况。如果不符合应测得结果，那么应该维修或更换线束。

表 5.3-9　检测 BMS 控制器与直流逆变器 DC/DC 之间的 CAN 通信

检查的零部件			万用表表笔探测的两端子		检测条件	状态	应测得结果 /Ω
连接器	代号	图示	红（黑）色表笔连接	黑（红）表笔连接			
直流逆变器线束连接器	DB62	ECAN-L〔图示〕 ECAN-H	DB62/3	DB61/2	下电	电阻	＜ 1
BMS 控制器线束连接器	DB61	见表 5.3-4	DB62/4	DB61/1	下电	电阻	＜ 1

维修提示

这里的"三合一"车载电源指的是直流逆变器、充电机、高压配电盒集成为一体的车载电源。

如果上述检测线路没有问题，则需要检查直流逆变器（三合一车载电源）线束连接器供电接地电路；如果线路正常，则可判定是直流逆变器故障。更换直流逆变器并设定学习。

5. BMS 与整车控制器丢失通信

执行故障诊断，显示整车控制器（VCU）与电池管理系统（BMS）失去通信，故障点应在 VCU 以及 CAN 总线，重点要检查图 5.3-29 中的 CAN 通信线路。

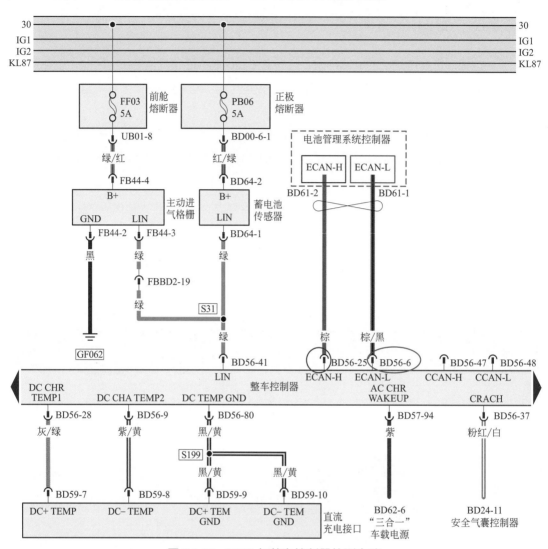

图 5.3-29　BMS 与整车控制器检测电路

检测要点：执行车辆下电程序。断开整车控制器线束连接器；断开电池管理系统控制器线束连接器。按照表 5.3-10 检测其电路情况。如果不符合应测得结果，那么应该维修或更换线束。

表 5.3-10　检测 VCU 与 BMS 控制器线束连接器之间的 CAN 通信

检查的零部件			万用表表笔探测的两端子		检测条件	状态	应测得结果 /Ω
连接器	代号	图示	红（黑）色表笔连接	黑（红）表笔连接			
VCU 线束连接器	DB56	见表 5.3-11	DB56/25	DB61/2	下电	电阻	＜1
BMS 控制器线束连接器	DB61	见表 5.3-4	DB61/6	DB61/1	下电	电阻	＜1

维修提示

　　如果上述检测线路没有问题，则需要检查整车控制器的供电接地电路是否正常；如果线路正常，则可判定为整车控制器故障。

表 5.3-11　整车控制器（VCU）/ 线束连接器

整车控制器（VCU）/ 线束连接器	端子号	线别作用（端子定义）	端子号	线别作用（端子定义）
	1	电源地	41	LIN 通信
	2	电源地	42	制动灯继电器控制
	3	搭铁地	43	紧急停止
	4	12V 输入	44	电机水温传感器信号
	5	12V 输入	47	CCAN-H
	6	ECAN-L	48	CCAN-L
	7	5V 信号地	50	加速踏板传感器信号 1
	9	直流充电口温度传感器信号 2	52	高压互锁输入
	14	风扇 1 速度控制	56	充电指示灯 2
	15	加速踏板传感器电源 1	60	电机水泵转速控制 1
81芯插头BD56	16	加速踏板传感器电源 2	62	ADCAN-H
	17	挡位传感器 5V 电源	64	电池水温传感器信号 2
	19	散热风扇继电器控制	65	交流充电口温度传感器信号 1
	21	倒车灯电源输出	66	交流充电口温度传感器信号 2
	25	ECAN-H	67	电机水温传感器接地
	26	加速踏板传感器接地 1	68	充电指示灯 4
	28	直流充电口温度传感器信号 1	69	充电指示灯 3
	29	交流充电口温度传感器信号 3	71	电池水温传感器接地
	30	加速踏板传感器信号 2	74	电机水泵自诊断
	31	加速踏板传感器接地 2	76	水泵继电器控制
	32	挡位传感器 5V 信号地	77	主继电器控制
	37	碰撞信号	79	电池水泵转速控制
	38	电池水泵转速控制	80	直流充电口温度传感器接地
	40	散热风扇自诊断信号	81	AD CAN-L

续表

整车控制器（VCU）/线束连接器		端子号	线别作用（端子定义）	端子号	线别作用（端子定义）
40 芯插头 BD57 89 114 82 106 113 121	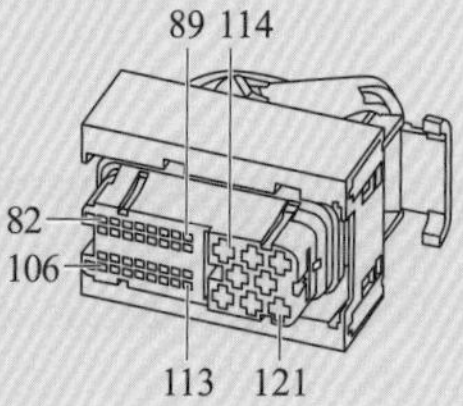	82	挡位传感器 N 挡	94	交流充电唤醒信号
		84	主继电器电源	101	挡位传感器 P 挡
		85	制动开关常开信号	104	挡位传感器 R 挡
		86	直流充电唤醒信号	114	电源地
		87	IG1 电源	115	电源地
		88	高压互锁输出	116	接地
		90	挡位传感器 D 挡	119	12V 输入
		92	制动常闭关信号		

6. BMS 与车载充电机丢失通信

执行故障诊断，显示充电机（OBC）与电池管理系统之间失去通信，也就是说充电机（OBC）与电池管理系统控制器线束连接器之间的 CAN 数据通信出现故障。故障点可能在 OBC 以及 CAN 总线，重点要检查图 5.3-30 中的 CAN 通信线路。

检测要点：执行车辆下电程序。断开充电机（三合一车载电源）线束连接器；断开电池管理系统控制器线束连接器。按照表 5.3-12 检测其电路情况。如果不符合应测得结果，那么应该维修或更换线束。

表 5.3-12　检测 OBC 与 BMS 控制器线束连接器之间的 CAN 通信

检查的零部件			万用表表笔探测的两端子		检测条件	状态	应测得结果 /Ω
连接器	代号	图示	红（黑）色表笔连接	黑（红）表笔连接			
OBC 线束连接器	DB62	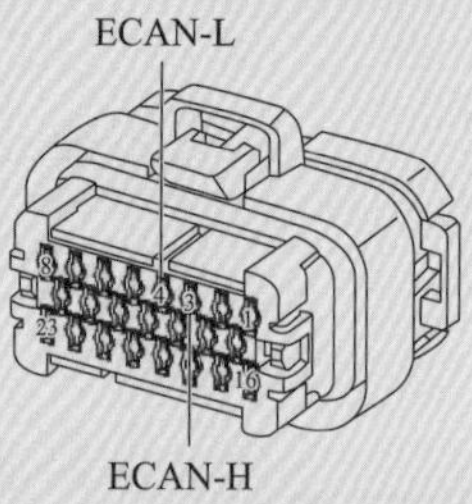 ECAN-L ECAN-H	DB62/3	DB61/2	下电	电阻	< 1
BMS 控制器线束连接器	DB61	见表 5.3-4	DB62/4	DB61/1	下电	电阻	< 1

维修提示

如果上述检测线路没有问题，则需要检查充电机的供电接地电路是否正常；如果线路正常，则可判定为"三合一"车载电源（充电机）故障。

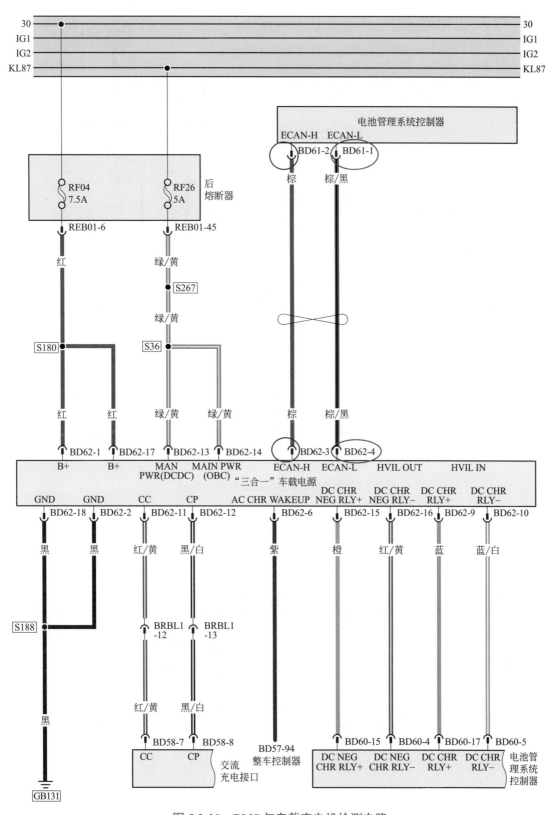

图 5.3-30　BMS 与车载充电机检测电路

7. BMS 与驱动电机丢失通信

执行故障诊断，显示驱动电机控制器与电池管理系统之间失去通信，也就是说驱动电机与电池管理系统控制器线束连接器之间的 CAN 数据通信出现故障。故障点可能在驱动电机以及 CAN 总线，重点要检查图 5.3-31 中的 CAN 通信线路。

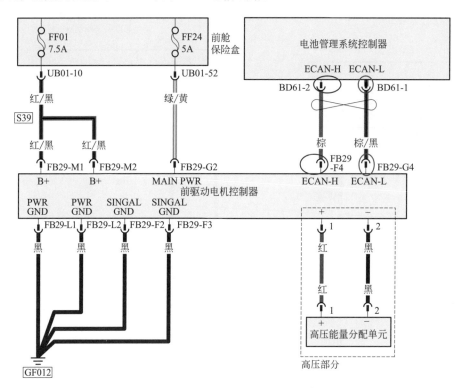

图 5.3-31　BMS 与驱动电机检查电路

以前电机为例，其检测要点：执行车辆下电程序。断开驱动电机控制器线束连接器；断开电池管理系统控制器线束连接器。按照表 5.3-13 检测其电路情况。如果不符合应测得结果，那么应该维修或更换线束。

表 5.3-13　检测前驱动电机（IPUF）控制器与 BMS 控制器线束连接器之间的 CAN 通信

检查的零部件			万用表表笔探测的两端子		检测条件	状态	应测得结果 /Ω
连接器	代号	图示	红（黑）色表笔连接	黑（红）表笔连接			
前驱动电机控制器线束连接器	FB29	ECAN-H（图示）ECAN-L	FB29/F4	DB61/2	下电	电阻	< 1
BMS 控制器线束连接器	DB61	见表 5.3-4	FB29/G4	DB61/1	下电	电阻	< 1

维修提示

如果上述检测线路没有问题，则需要检查前驱动电机控制器的供电接地电路是否正常；如果线路正常，则可判定为前驱动电机控制器故障。

8. BMS 与空调控制器丢失通信

执行故障诊断，显示与 HVAC 失去通信，也就是说空调控制系统（HVAC）与电池管理系统之间的 CAN 数据通信出现故障。故障点可能在空调控制器以及 CAN 总线，重点要检查图 5.3-32 中的 CAN 通信线路。

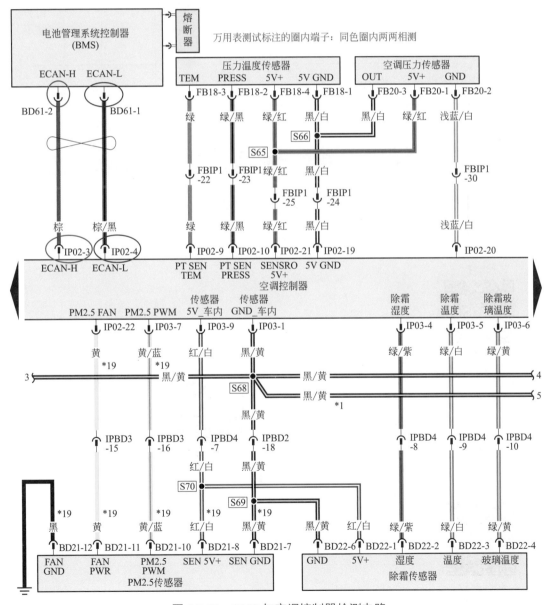

图 5.3-32 BMS 与空调控制器检测电路

检测要点：执行车辆下电程序。断开空调控制器线束连接器；断开电池管理系统控制器线束连接器。按照表 5.3-14 检测空调控制器与电池管理系统控制器之间的电路情况。如果不符合应测得结果，那么应该维修或更换线束。

表 5.3-14　检查空调控制器与电池管理系统控制器线束连接器之间的 CAN 通信

检查的零部件			万用表表笔探测的两端子		检测条件	状态	应测得结果 /Ω
连接器	代号	图示	红（黑）色表笔连接	黑（红）表笔连接			
空调控制器线束连接器	IP02	ECAN-H　ECAN-L	IP02/3	DB61/2	下电	电阻	< 1
BMS 控制器线束连接器	DB61	见表 5.3-4	IP02/4	DB61/1	下电	电阻	< 1

维修提示

如果上述检测线路没有问题，则需要检查空调控制器的供电接地电路；如果线路正常，则可判定为空调控制器故障。

扫一扫

视频精讲

扫一扫

视频精讲

扫一扫

视频精讲

第六章

充电系统维修

第一节　充电系统基本构造与零部件识别

一、车载充电机外部特征

1. 充电系统识别

电动汽车充电系统主要由车载充电机（OBC）、DC/DC 变换器、交流充电插座、直流充电插座、充电电缆等组成。它将交流充电口传递过来的交流（220V）电转换为直流高压电，为动力电池充电，与 BMS、VCU 等控制器通信，实时上报充电状态。充电时既需要车内组件，也需要车外组件，电动汽车充电系统和燃油汽车加注燃油对比见图 6.1-1。充电系统如图 6.1-2 ～图 6.1-4 所示。

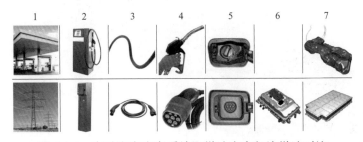

图 6.1-1　电动汽车充电系统和燃油汽车加注燃油对比

1—加油站网络 / 交流电压网络；2—加油机 / 电动车辆供电设备（例如充电柜）；3—加油枪与加油机之间的燃油管路 / 充电电缆；4—加油枪 / 连接充电电缆的车辆插头；5—燃油加注接头 / 充电接口；6—车载充电机；7—燃油箱 / 动力电池

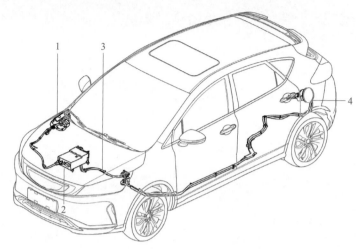

图 6.1-2　充电系统（只有一个直流充电插口）（纯动力汽车）

1—交流充电插座；2—车载充电机；3—直流母线；4—直流充电插座

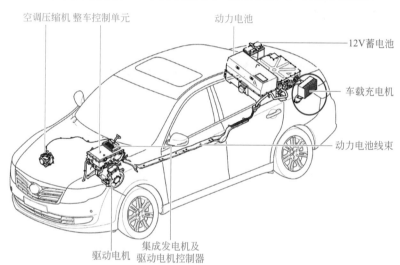

图 6.1-3　充电系统（没有外接充电插口）（非插电混合动力汽车）

图 6.1-4　充电系统（仅有一个直流充电插口）（插电混合动力汽车）

1—车载充电机；2——充电插口

2. 车载充电机外部结构

现在的电动汽车，大部分都采用集成式车载充电机（图 6.1-5）。车载充电机集成了车载充电机、DC/DC 变换器、高压配电盒。有的只有一平层布局，有的有上下两层布局，通常一层是车载充电机和 DC/DC 变换器部分，一层是高压配电盒部分。有些低端和早些年的电动车，充电机相对比较单一独立。而现在一些高端车集中化程度很高。

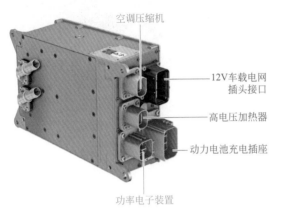

图 6.1-5　车载充电机

图 6.1-6　高度集成的联合充电单元

1—高压接口（连至车内电子暖风装置和连至动力电池电加热装置）；2—高压接口（连至电动空调压缩机）；3—高压接口（连至动力电池）；4—低压电车载网络的接口；5—12V 供电正极（DC/DC 变换器输出端）；6—12V 供电负极（DC/DC 变换器输出端）；7—冷却液回流接口；8—冷却液进流接口；9—交流充电高压接口（充电接口的输入端）

列举说明

① 现在电动汽车的电动化系统高度集中，例如 2021 年款宝马 G8 的联合充电单元 CCU 高度集中了软硬件和功能，见图 6.1-5。充电时，CCU 执行如下功能。

a. 通过控制导线和邻近导线与充电装置通信。

b. 通过电力线通信 PLC 与充电设备进行通信。

c. 充电过程的协调和监控（AC 和 DC 充电）。

d. 与充电过程中相关的车辆部件进行通信。

e. 协调和监视高压电车载网络中的高压电电源管理。

f. 将电能分配给电加热器和电动制冷剂压缩机。

g. 充电接口电子装置控制。

h. 将三相交流电压转换为直流电压。

② 如图 6.1-6 所示，2016 年款帝豪 EV 的充电器和配电盒没有集成到一起，而是分开的。

充电系统和充电接口如图 6.1-7 和图 6.1-8 所示。

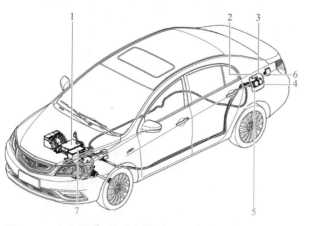

图 6.1-7　充电系统／充电机和高压配电盒没有集成在一个单元
1—车载充电机；2—充电接口照明灯；3—充电接口指示灯；
4—交流充电接口；5—直流充电接口；6—辅助控制器；
7—高压配电盒

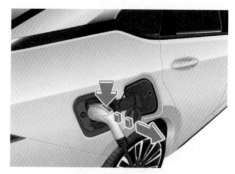

图 6.1-8　充电接口

二、充电插口外部特征

大部分纯电动汽车有两种充电模式、三种充电方式：家用单相交流充电、充电桩单相交流充电、充电桩直流充电。大部分充电接口置于前脸格栅位置和原来燃油汽车油箱盖位置两侧，以及前翼子板处（图 6.1-9）。交流充电时，充电指示灯显示表示正在进行充电（图 6.1-10）。

图 6.1-9　充电接口（前翼子板处）

充电指示灯

图 6.1-10　交流充电接口（充电指示灯）

 列举说明

如图 6.1-11 所示为大众途观 L 插电式混合动力汽车含指示灯的充电接口，指示灯信息见表 6.1-1。

表 6.1-1　指示灯信息

高压充电口盖板上的表示牌	颜色信息识别	说明／措施
	绿色指示灯持续亮起	高压电池的充电过程已结束

续表

高压充电口盖板上的表示牌	颜色信息识别	说明/措施
	绿色指示灯脉动式亮起	高压电池正在充电
	离开车辆后绿色指示灯快速闪烁	已通过信息娱乐系统设定延迟充电（出发时间），但尚未开始。此外延迟充电按钮的指示灯亮起
	黄色指示灯闪烁	将换挡杆置于 P 挡位置
	黄色指示灯持续亮起	尽管充电电缆已连接，却未识别到电网。检查供电或电源。使用随车充电电缆时，控制盒上会显示电源状态
	红色指示灯持续亮起	充电系统有故障

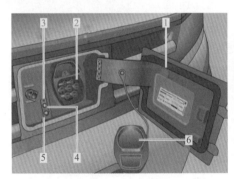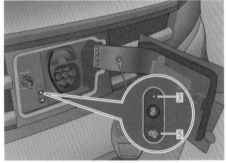

图 6.1-11　大众途观 L 插电式混合动力汽车含指示灯的充电接口
1—高压充电口盖板；2—充电插座；3—充电状态指示灯；4—立即充电按钮；
5—延迟充电按钮；6—高压电池充电口保护盖

1. 家用单相交流充电

高压电池可使用固定的家用充电桩进行充电，充电功率最高达 3.6kW。应选用符合国标的家用供电插座，避免因大功率充电导致线路破坏和保护跳闸，影响其他设备的正常使用。使用前必须检查相关电气系统是否有隐患。使用家用充电桩充电时请遵守设备操作说明，遵守使用交流电充电的操作规程。

列举说明

　　如图 6.1-12 和图 6.1-13 所示为 2020 年款比亚迪元 EV 交流充电连接装置，它是随车配送的充电装置，将车辆与家用标准 220V、50Hz、10A 单相两极带地线插座相连，为车辆充电。

图 6.1-12 利用交流充电插口进行充电

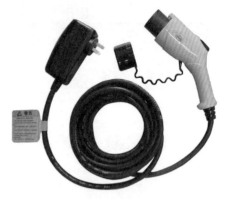

图 6.1-13 随车配送的充电装置

2. 充电桩单相交流充电

使用公共场所电网的交流充电桩或随车配送的充电桩为车辆充电。

 列举说明

如图 6.1-14 所示为比亚迪元 EV 的交流充电插口，位置在前保险杠格栅处，图 6.1-15 红圈内为交流充电插口。

电动开启充电口盖：按下左侧门上的开启充电口盖开关，打开前格栅上的充电口盖。或者手动开启充电口盖：打开前舱盖，同时按下前格栅上两侧开启开关即可开启充电口盖。接入充电桩充电设备或者随车充电设备。

图 6.1-14 比亚迪元 EV 的交流充电插口

图 6.1-15 交流充电插口位置

3. 充电桩直流充电

使用公共场所电网的直流充电柜为车辆充电，充电柜一般安装在特定的充电站。

 列举说明

如图 6.1-16 所示为比亚迪元 EV 的直流充电插口，位置在前保险杠格栅处，图 6.1-15 蓝色圈内为直流充电口。

图 6.1-16　比亚迪元 EV 的直流充电插口

维修提示

插电式混合动力汽车虽然可以外接充电，但由于其纯电模式只是辅助功能，同时鉴于混合动力系统的车内物理空间、成本等限制，因此混合动力汽车的动力电池体积小，容量也少，这样就不宜使用直流快充系统进行充电，只能采用交流慢充进行充电。

三、车载充电机内部电气结构

1. 集成式车载充电机

各种车辆的集成式车载充电机其物理结构也有所不同。交流充电都需要经过车载充电机向动力电池进行传输（图 6.1-17）；充电及高压连接路径见图 6.1-18。

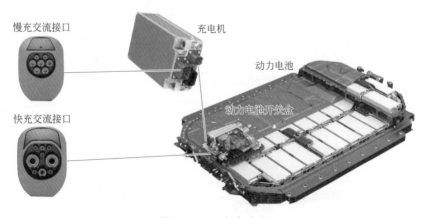

图 6.1-17　充电路径

划重点

交流充电是专门为车载充电机提供交流电源的供电，简单来说交流充电只提供电力输出，没有充电功能，需连接车载充电机为电动汽车充电。

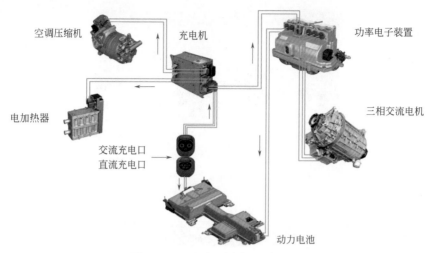

图 6.1-18   充电及高压连接路径

列举说明

如图 6.1-19，2019 年款比亚迪秦 ProEV 车载充电器集成车载充电机、降压 DC/DC 模块、高压配电箱为一体。拆开图 6.1-19 中维修盖 17 和维修盖 18，可见内部电线缆线（图 6.1-20）。交流和直流充电都需要经过车载充电机（充配电盒总成）向动力电池进行传输，拆开车载充电机上盖可见其内部结构，见图 6.1-21。

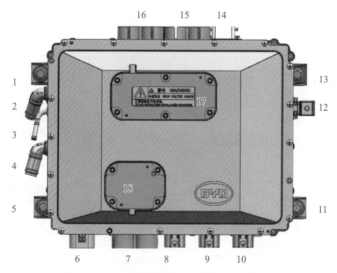

图 6.1-19   车载充电机（充配电盒总成）

1—辅助定位（安装在前舱大支架上）；2—出水口（连接冷却水管）；3—排水口（连接排气管）；4—进水口（连接冷却水管）；5—主定位（安装在前舱大支架上）；6—交流充电输入（连接交流充电口）；7—直流充电输入（连接直流充电口）；8—空调压缩机配电（连接空调压缩机）；9—PTC 水加热器配电（连接 PTC）；10—辅助定位（安装在前舱大支架上）；11—低压正极输出（连接 12V 蓄电池）；12—辅助定位（安装在前舱大支架上）；13—低压信号（连接低压线束）；14—高压直流输入 / 输出（连接动力电池）；15—电机控制器配电（连接电机控制器）；16—电控甩线和直流母线线鼻子固定维修盖；17—直流充电线缆线鼻子固定维修盖

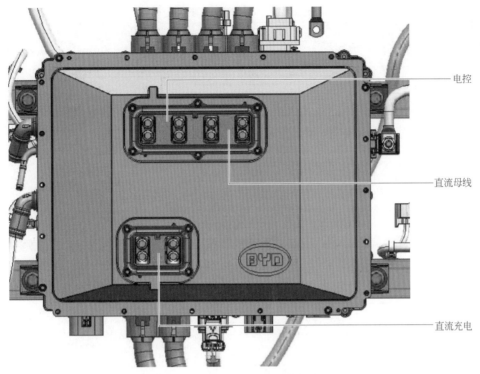

电控

直流母线

直流充电

图 6.1-20　拆开维修盖后可见内部电线缆线

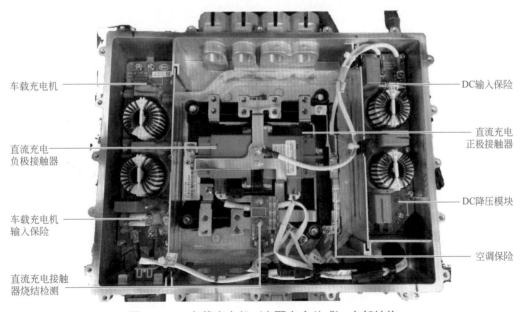

车载充电机

DC输入保险

直流充电
负极接触器

直流充电
正极接触器

车载充电机
输入保险

DC降压模块

直流充电接触
器烧结检测

空调保险

图 6.1-21　车载充电机（充配电盒总成）内部结构

2. 充电接口电气标注

　　根据国家相关标准规定，国内所有电动汽车的标准都是：慢充交流接口采用的是七针；快充直流接口采用的是九针。充电接口标准定义见表 6.1-2。

表 6.1-2　充电接口标准定义

充电接口	序号	端针	定义	图示
快充直流接口	1	DC-	直流电源负	
	2	DC+	直流电源正	
	3	PE	地线（车身搭铁）	
	4	A-	低压辅助电源负极（连接非车载充电机为电动汽车提供低压电辅助电源）	
	5	A+	低压辅助电源正极（连接非车载充电机为电动汽车提供低压电辅助电源）	
	6	CC1	充电连接确认	
	7	CC2	充电连接确认	
	8	S+	充电通信 CAN-H（连接非车载充电机与电动汽车通信）	
	9	S-	充电通信 CAN-L（连接非车载充电机与电动汽车通信）	
慢充交流接口	1	CP	控制确认线	
	2	Cc	充电连接确认	
	3	N	交流电源	
	4	L	交流电源	
	5	NC1	备用端子	
	6	NC2	备用端子	
	7	PE	地线（车身搭铁）	

四、充电系统电路结构

1. 电路结构

例如 2021 年款马自达 CX30EV，其充电系统电路如图 6.1-22～图 6.1-24 所示。

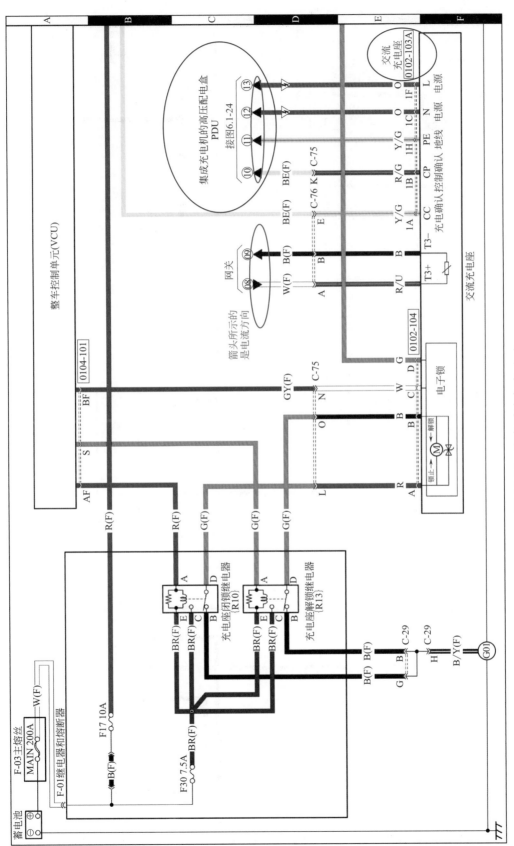

图 6.1-22　充电系统电路（一）

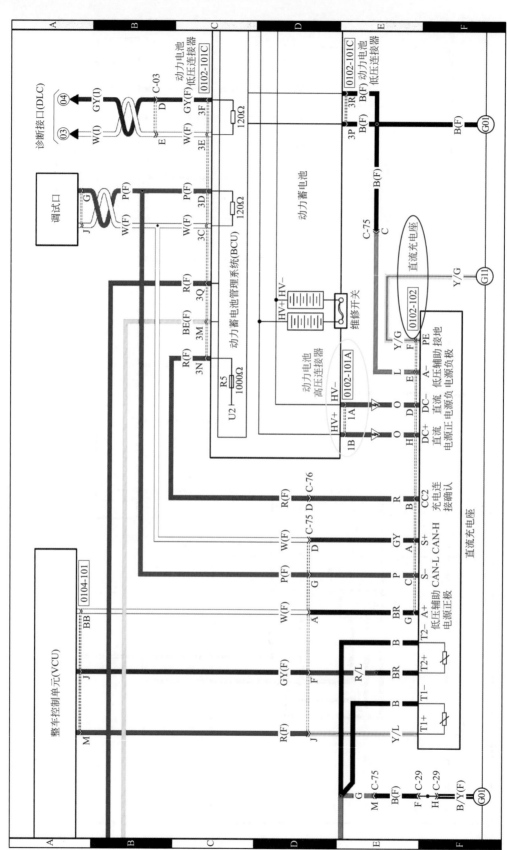

图 6.1-23 充电系统电路（二）

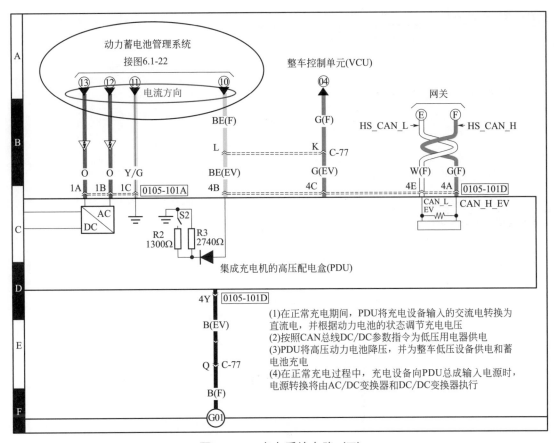

图 6.1-24　充电系统电路（三）

2. 高压线路结构

充电系统高压电路连接结构见图 6.1-25。

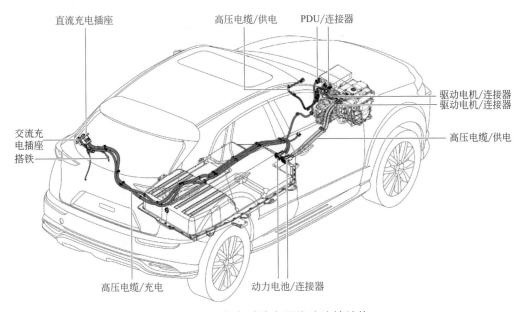

图 6.1-25　充电系统高压线路连接结构

119

一、电动汽车电源特点

1. 燃油汽车的电源

传统的燃油汽车的电源是蓄电池和发电机，发动机没有启动或启动瞬时由蓄电池来提供电，发动机启动以后由发电机负责全车供电，同时也为蓄电池充电。

列举说明

列举吉利 GC7 这款比较简单的燃油车电源和启动电路（图 6.2-1 和图 6.2-2）来说明：蓄电池→起动机熔丝→继电器 30 端子和 87 端子开关闭合→起动机线圈→搭铁，起动机工作。

发电机内部的调节器通过控制转子电流而控制电压的输出，使蓄电池及电气系统正常运行。

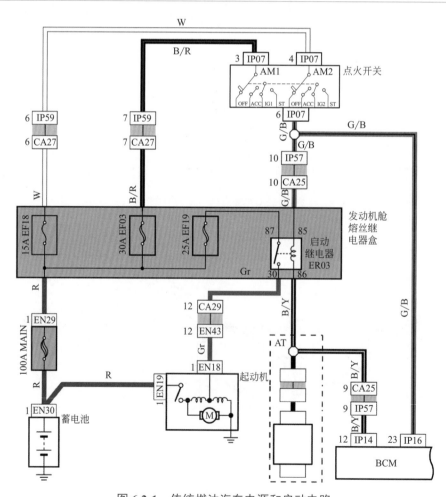

图 6.2-1　传统燃油汽车电源和启动电路

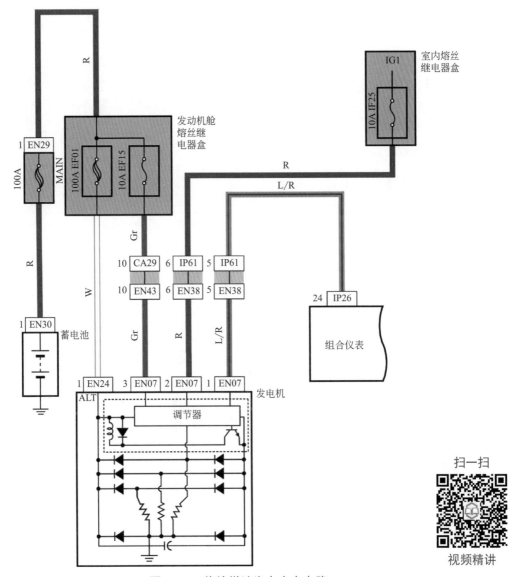

图 6.2-2 传统燃油汽车充电电路

扫一扫

视频精讲

2. 纯电动汽车电源

纯电动汽车低压电源供给是将动力电池的电能通过 DC/DC 变换为 12V 低压电源，为 12V 蓄电池和灯光、车窗、喇叭、仪表等车身电气供电（图 6.2-3）。

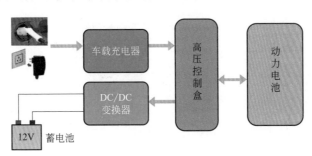

图 6.2-3 电动汽车电源示意

121

 划重点

纯电动汽车不需要起动机。因为纯电动汽车没有发动机，而是电机直接输出动力。

纯电动汽车也不需要交流发电机。传统发动机汽车的交流发电机利用汽车发动机皮带，带动其转动发电；纯电动汽车采用 DC/DC 变换器，利用 DC/DC 变换器为低压蓄电池充电，这样就省去了交流发电机。DC/DC 变换器电路见图 6.2-4。

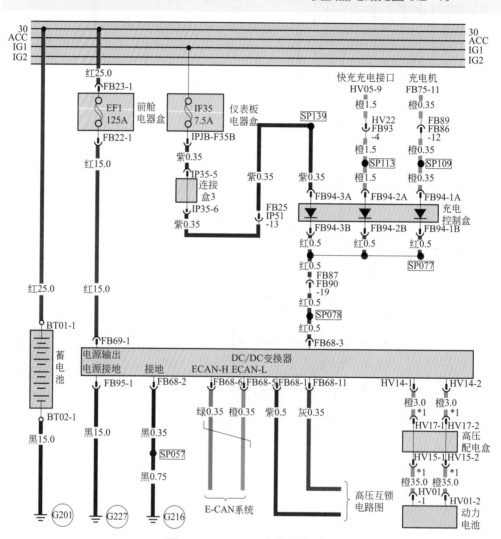

图 6.2-4 DC/DC 变换器电路

列举说明

如图 6.2-5 和图 6.2-6 所示，纯电动汽车埃安的电源系统主要由集成电源系统、蓄电池、电池传感器等组成。电源系统将整车高压电转换为整车低压装置所需要的低压电，并在蓄电池电压低时给其充电。

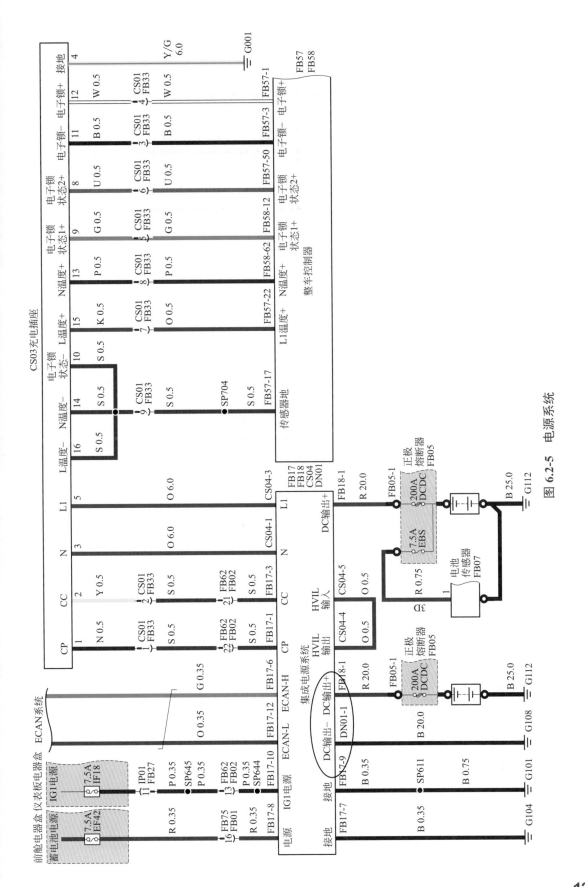

图 6.2-5　电源系统

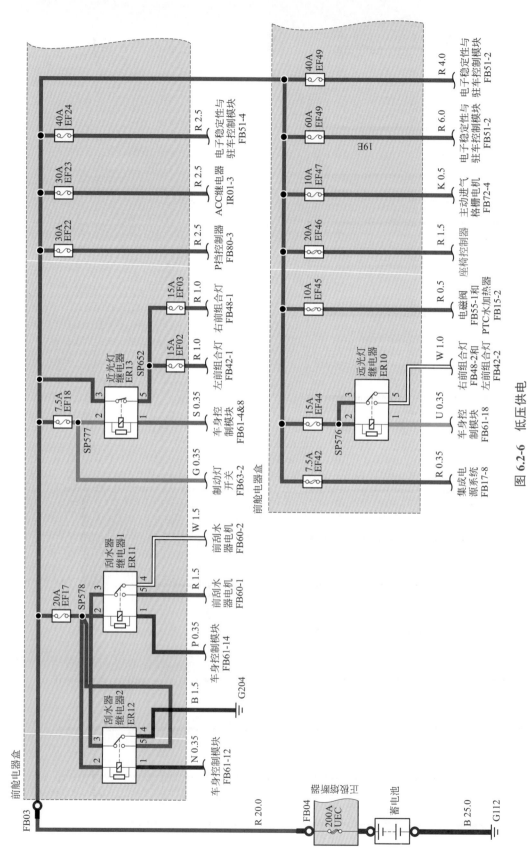

图 6.2-6　低压供电

高度集成"多合一"的电驱系统是必然趋势。现在主流的基本是转换器（直流 DC/DC）、车载充电机（OBC）和高压配电箱（PDU）集成一起的高压系统"三合一"集成电源。

电动汽车最初的电动化系统都是独立的部件，不存在集成式设计，其电机、逆变器（DC/AC）、减速器、充配电系统等部件均单独布置，各部件间靠线束连接即可。

早些时候的集成方式主要基于车载电源方面，把车载充电机、DC/DC 变换器以及逆变器集成在一起。之后慢慢地将逆变器从车载电源的集成中剥离出来，与电机及减速器（电机控制器）集成，组成了电驱动总成。即电机、电机和减速器的"三合一"集成电驱模块/系统。

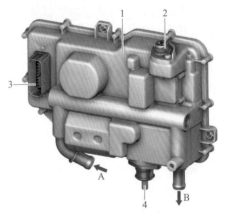

3. 混合动力汽车电源

混合动力汽车中除了有驱动电机外，大部分依然保留纯燃油汽车中的发电机，这样就有两个电机。低压电气系统由 12V 蓄电池、DC/DC 变换器和发电机来共同提供电源。目前，DC/DC 变换器基本都已集成化，单独的其实很少。独立的 DC/DC 变换器见图 6.2-7。有些车 DC/DC 变换器与电机控制器集成在一起。

图 6.2-7　独立的 DC/DC 变换器

1—DC/DC 变换器；2—高电压插头连接（高压蓄电池）；3—DC/DC 变换器控制单元 12V 插头连接；4—电源；A—冷却液进口；B—冷却液出口

二、直流充电（快充）机理

1. 基本原理

直流充电流量传递路线如图 6.2-8 所示，当充电枪连接到整车直流充电插座时，直流充电设备向 BMS 发送充电唤醒信号，BMS 开始工作并进行自检，如果自检无异常，同时 BMS 接收到充电连接确认信号以及充电信号，BMS 则闭合快充继电器和主负继电器，开始充电。充电完成后，BMS 向充电桩发送充电停止指令，待充电桩停止充电后，BMS 切断快充继电器和主负继电器，充电结束。基本上在 1h 内可充电 80% 以上。

直流高压

动力电池

图 6.2-8　直流充电流量传递路线

BMS 预留两路温度采集，用于采集直流充电座温度信号（充电座内置温度传感器）。当充电座温度超过 95℃时，BMS 将充电电流设为当前值的 1/2；当充电座温度超过 105℃时，BMS 发送充电停止命令，然后按充电流程断开继电器，停止充电。充电时如果采集不到充电座温度，则禁止充电。

2. 控制过程

埃安 VE 直流充电快充控制过程（图 6.2-9）如下。

车辆直流充电是指通过直流充电桩进行充电，直接传输高压直流电给电池组箱充电，直流充电系统主要由充电线束、电池组箱及直流充电桩组成。

① 连接直流充电枪到直流充电插座，电池组箱通过测量 CC2 点阻值，判断直流充电插头与插座完全连接后，通过 CAN 总线传递给整车控制器，整车控制器控制车辆处于不可行驶状态。

② 操作人员对直流充电桩进行充电设置后，直流充电桩通过检测 CC1 点电压值判断直流充电插头与插座是否完全连接。

③ 直流充电桩检测到直流充电插头与插座已完全连接后进行绝缘检测，绝缘检测完成后，通过 S+ 和 S- 与电池组箱进行通信。

④ 通信正常且无故障，直流充电桩控制直流供电回路导通，车辆开始进行直流充电。

⑤ 在充电阶段，电池组箱向直流充电桩实时发送电池充电需求参数，直流充电桩根据电池充电需求参数实时调整充电电压和充电电流。

⑥ 整车控制器在充电过程中检测充电插头与插座插合处温度，当温度过高时，限制充电电流，严重时，停止充电以保证充电过程的安全。

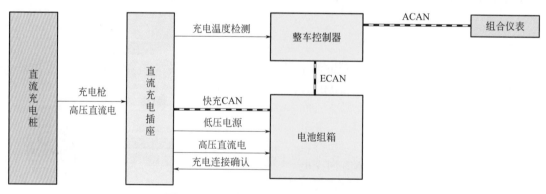

图 6.2-9　直流充电快充控制过程示意图

三、交流充电（慢充）机理

1. 基本原理

如图 6.2-10 所示，在交流充电中，VCU 被 OBC 唤醒，当接收到 OBC 发出的交流充电连接确认信号（CC、CP）、BMS 发出的高压互锁状态为闭合、SOC < 100% 以及车辆 EPB

或 P 挡锁止时，向 BMS 发送充电允许信号，然后 BMS 同时闭合主正继电器以及主负继电器，开始充电。充电开始后，当 IPU 接收到 VCU 的交流充电命令后内部 DC/DC 开始工作，为蓄电池充电。充电完成后 VCU 停止 DC/DC 工作，然后向 BMS 发送断开主继电器命令，充电结束。

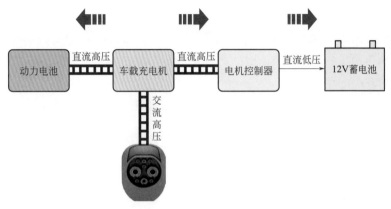

图 6.2-10 交流充电流量传递路径

列举说明

　　如果有独立的分线盒，交流充电流量传递路线如图 6.2-11 所示，当车辆处于交流充电模式下，ACM 检测交流充电接口的 CC、CP 信号（充电枪插入、导通信号）并唤醒 BMS，BMS 唤醒车载充电机并发送指令充电，同时闭合主继电器，动力电池开始充电。

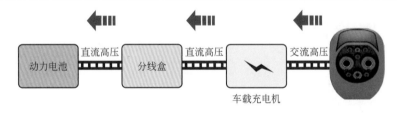

图 6.2-11 交流充电流量传递路线（独立分线盒）

2.控制过程

　　进行交流充电时将公共电网的交流电能传递给车载电源系统，车载电源系统将交流电变换为直流电，并给动力电池充电。

列举说明

　　（1）交流充电枪充电控制过程　如图 6.2-12 所示，列举埃安 VE 交流充电枪充电控制过程。

　　① 连接交流充电枪到交流充电插座，集成电源系统通过测量 CC 点与 PE 点之间的电阻值来判断交流充电插头与插座是否完全连接。整车控制器接收到完全连接的信号后，控制

电子锁闭合，锁定车辆充电插头并在整个充电过程中保持。

② 集成电源系统检测到交流充电插头与插座已完全连接，开始自检，自检完成且在没有故障的情况下，并且电池组箱处于可充电状态时，集成电源系统闭合内部开关 S2，车辆准备就绪。

③ 充电枪一端连接至交流电网后，内部控制装置进行自检，自检无故障后测量 CP 点电压值，判断车辆是否准备就绪。检测到车辆准备就绪后，闭合内部接触器使交流供电回路导通，车辆进入充电状态。

④ 充电过程中，集成电源系统周期性检测 CC 点和 CP 点信号，确认充电连接状态，并根据 CP 点占空比实时调整直流电输出功率。

⑤ 整车控制器在充电过程中检测充电连接处的温度，当温度过高时，限制充电电流，严重时，停止充电以保证充电过程的安全。

（2）交流充电桩充电控制过程

① 连接交流充电桩到交流充电插座，集成电源系统通过测量 CC 点与 PE 点之间的电阻值来判断是否连接良好。

② 集成电源系统检测到连接良好，开始自检，自检完成且在没有故障的情况下，并且电池组箱处于可充电状态时，集成电源系统闭合内部开关 S2，车辆准备就绪。

③ 在充电桩上刷卡充电时，集成电源系统向整车控制器上报无故障后方可正常充电，整车控制器发出开始充电指令后，电子锁闭合。

④ 充电过程中，集成电源系统周期性检测 CC 点和 CP 点信号，确认充电连接状态，并根据 CP 点占空比实时调整直流电输出功率。

⑤ 整车控制器在充电过程中检测充电连接处的温度，当温度过高时，限制充电电流，严重时，停止充电以保证充电过程的安全。

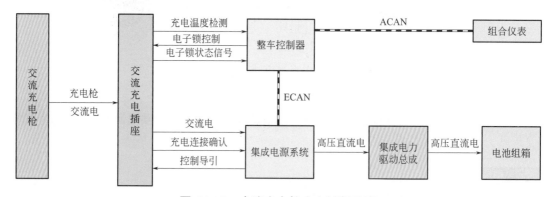

图 6.2-12 交流充电枪充电过程示意

3. 充电锁的作用

充电锁可防止带电插拔充电抢，同时起到充电枪防盗作用（图 6.2-13）。充电锁安装在充电插座上，通过控制圆柱锁杆的伸缩实现上锁及解锁功能（图 6.2-14）。

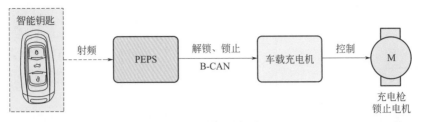

图 6.2-13　充电锁功能示意

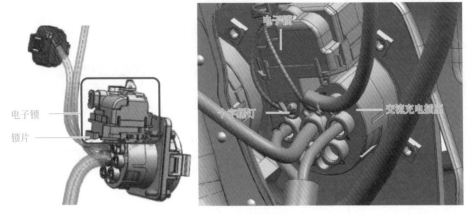

图 6.2-14　充电锁

（1）上锁　插入充电抢，自动上锁。

（2）解锁

❶ 整车处于 OFF 挡前提下，按遥控钥匙解锁按钮，进而实现解锁。

❷ 整车处于 ON、READY 挡时，也可通过中控锁进行解锁。

❸ 当钥匙解锁失效时，如图 6.2-15 所示，可通过拽解锁钢丝实现解锁。

图 6.2-15　AC 充电盖与插头应急解锁

四、内部充电机理

充电系统从类型上可分为外接充电系统及内部充电系统。其中外接充电系统包括快充充电和慢充充电；内部充电系统包括低压电源充电和智能充电，以及后边要介绍的制动能量回收（图 6.2-16）。

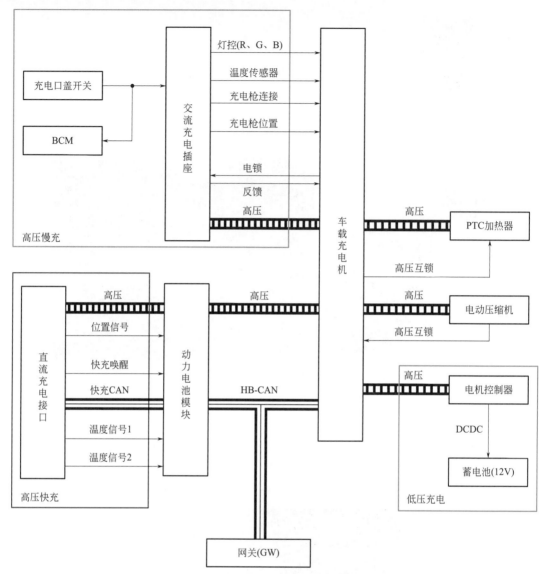

图 6.2-16　充电电气原理示意

1. 低压充电

高压上电前，低压电路系统依赖 12V 蓄电池供电。高压上电后，电机控制器内置 DC/DC 将动力电池输出的高压直流电转换成低压直流电，为 12V 铅酸蓄电池充电，并充当辅助低压电源（图 6.2-17）。

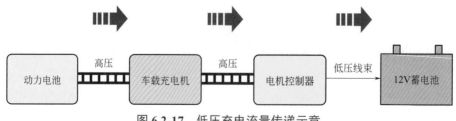

图 6.2-17　低压充电流量传递示意

列举说明

如图 6.2-18 和图 6.2-19 所示是欧拉 EV 的低压充电路径及原理，即通过 DC/DC 给 12V 蓄电池充电。

动力电池包中的高压直流电经过高压配电盒到达 DC/DC，由 DC/DC 将高压直流电转换成 12V 左右的低压直流电给蓄电池充电。

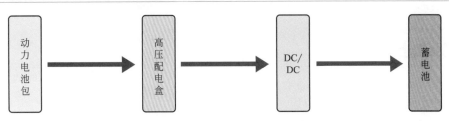

图 6.2-18　低压充电路径框图

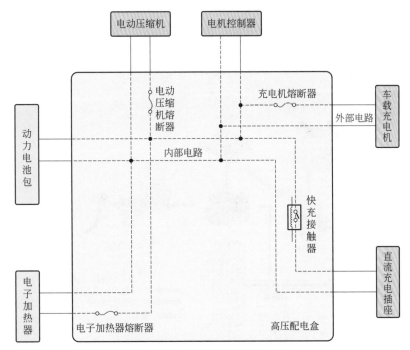

图 6.2-19　低压充电原理示意

2. 智能充电

长期停放的车辆容易造成低压蓄电池馈电，当低压蓄电池严重馈电时将会导致车辆无法启动上电，采用智能充电功能可避免这一问题。当蓄电池电压低于设定值时，BMS 向 VCU 发送智能补电请求，此时如果 VCU 收到电源挡位 OFF 信息，并判断四门两盖处于关闭状态，则向 BMS 发送闭合主继电器指令，主正、主负继电器闭合之后，DC/DC 开始为蓄电池充电（图 6.2-20）。

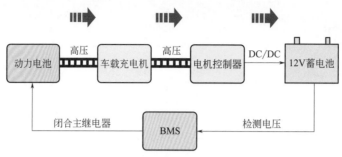

图 6.2-20　智能充电流量传递示意

五、制动能量回收

1. 制动能量回收系统原理

在纯电动车上制动能量回收系统（图 6.2-21）可以把车辆减速时消耗的能量储存到动力电池中进行再利用，增大车辆的续航里程，减小制动摩擦部件的损耗。

一般情况下，车辆行驶过程中需要减速时，驾驶员松开加速踏板或者踩下制动踏板，制动能量回收系统控制器识别驾驶员的减速请求，优先采用回收制动，整车控制器 VCU 把回收转矩请求发送给驱动电机，驱动电机产生相应的转矩，通过驱动轴传递给车轮，车轮与地面的摩擦力使车辆减速。而克服电机阻力矩做功产生的电能回收到驱动电池。

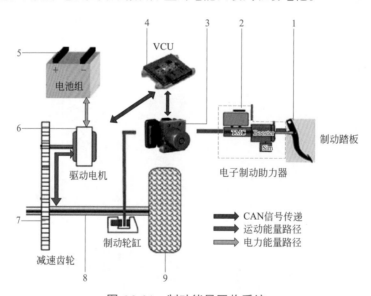

图 6.2-21　制动能量回收系统

1—制动踏板；2—智能助力器；3—ESC 控制模块；4—VCU 整车控制器；
5—动力电池；6—驱动电机；7—减速器；8—驱动轴；9—车轮

2. 制动能量回收方式

（1）滑行制动能量回收　行驶中当驾驶员松开油门需要减速时，滑行能量回收系统会根据设定的能量回收挡位对车辆进行减速。

（2）制动能量回收　行驶中踩下制动踏板，制动能量回收系统会根据当前的减速度请求，分配电机制动与液压制动的比例，保证能量回收的最大化。

 **列举说明**

　　在宝马纯电动汽车 iX3 G08 制动能量回收运行策略中，首先确保最大限度地通过制动能量回收实现减速。如果制动能量回收不足以满足驾驶员的制动要求，则会建立液压压力，以便额外通过车辆的车轮制动器为车辆减速。制动模式见图 6.3-22。

　　在行驶挡"D"（行驶），对于在松开油门踏板时激活的制动能量回收，可以对其程度进行设置。在此过程中，车辆的行驶性能等同于一台配有自动变速器的车辆。

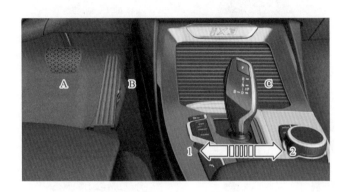

图 **6.2-22**　制动模式

A—制动踏板；B—油门踏板；C—选挡开关（GWS）；1—行驶挡"B"（制动）；2—行驶挡"D"（行驶）

3. 制动能量回收路径

　　车辆在滑行或制动时，VCU 通过状态数据采集，推算所需的制动转矩并发给电机控制器。此时电机从工作模式转换为发电模式向电池组充电。制动能量回收传递路线与能量消耗相反（图 6.2-23）。

　　制动能量回收过程中电机消耗车轮旋转的动能发出交流电再输出给电机控制器，电机控制器将交流电转换成直流电给动力电池充电。

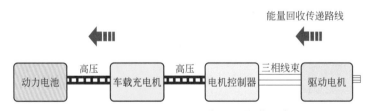

图 **6.2-23**　制动能量回收信号传递示意

 **列举说明**

　　在宝马纯电动汽车 iX3 G08 制动能量回收系统中，集成式动态稳定控制系统（DSCi）借助线控制动技术，使驾驶员与制动液压系统互不干扰。这样一来，就可以在制动能量回收方面实现最高效率。如图 6.2-24 所示为制动时的信号流传递路径。

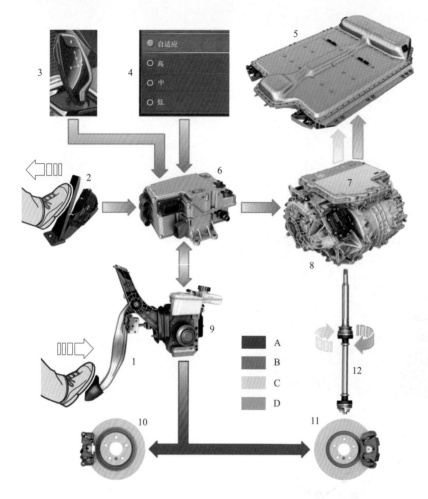

图 6.2-24 制动时的信号流传递路径

A—液压制动；B—信号流；C—可以设置的制动能量回收（少量制动能量回收）；D—可以设置的制动能量回收（大量制动能量回收）；1—制动踏板；2—油门踏板；3—选挡开关（GWS）；4—CID 中的设置菜单（娱乐系统显示屏设置菜单）；5—高压电蓄电池（动力电池）；6—联合充电单元 CCU（集成车载电源）；7—电机电子装置 EME（电机控制器）；8—电气化驱动单元；9—集成动态稳定控制系统（DSCi）；10—前部制动器；11—后部制动器；12—输出轴

4. 影响制动能量回收的因素

通过制动能量回收反馈给动力电池能量的大小，取决于以下因素。

（1）动力电池当前的状态

❶ 动力电池已充满电。

❷ 动力电池温度较高。

❸ 动力电池温度较低。

（2）使用的制动能量回收设置

❶ 人工设置。

列举说明

　　例如小鹏 EV 通过信息娱乐系统中控屏"车辆控制→常用→能量回收"，点击如图 6.2-25 所示的"低"或"高"按钮，选择制动能量回收等级。能量回收显示如图 6.2-26 所示。

❷ 制动能量回收根据能量回收等级，自行调整能量回收大小。

如果制动能量回收显著地降低了速度（例如在陡坡上行驶时），制动灯会点亮，提醒在减速。

图 6.2-25　能量回收按钮

图 6.2-26　能量回收显示

列举说明

在宝马 iX3 G08 中，由驾驶员选择的设置在一次总线端切换后仍然会保持激活状态，并且无需每次都重新执行。

如图 6.2-27 所示为自适应能量回收利用。

自适应能量回收利用是一种功能，这种功能在宝马 iX3 G08 系列纯电动汽车中都是标配。其中，滑行能量回收利用的使用和程度（及由此产生的车辆减速）根据交通情况及路线的实际状况智能地进行调整。该功能根据驾驶辅助系统的感知传感器数据（如车道保持系统摄像头和车前雷达传感器，见图 6.2-28）自行确定车辆是在滑行中还是处于能量回收状态，或者在行驶情况下能量回收的等级。

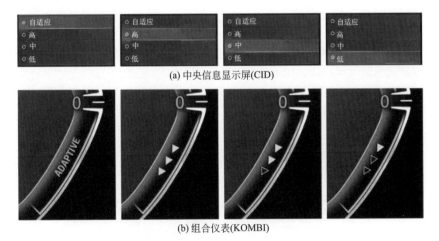

(a) 中央信息显示屏(CID)

(b) 组合仪表(KOMBI)

图 6.2-27　自适应能量回收利用
自适应表示 0.3 ～ 1.9m/s（减速度）；
高表示 1.9m/s（减速度）；中表示 1.3m/s（减速度）；低表示 0.7m/s（减速度）

为确保识别出前方车辆，需要使用前部雷达传感器 FRS（图 6.2-28）。联合充电单元 CCU 在目标转矩之间进行中央协调，这些转矩值由不同的控制单元输出。然后，更高的转矩要求被传输至电驱动单元。制动踏板的操作直接由集成动态稳定控制系统（DSCi）单元检测并处理。

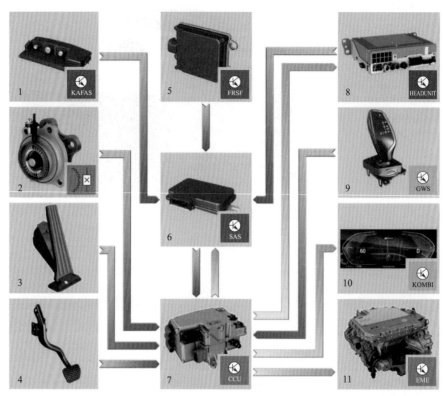

图 6.2-28　能量回收系统电气部件和传感器（自适应能量回收输入 / 输出曲线）

1—KAFAS High 摄像机；2—车轮转速传感器；3—加速踏板模块；4—制动踏板；
5—远距离前部雷达传感器 FRSF；6—选装配置系统 SAS；7—联合充电单元 CCU
（集成车载电源）；8—导航系统；9—挡位开关；10—组合仪表；11—电机控制器

利用这样智能感知的辅助系统，可以减少制动踏板的操作，提高驾驶舒适性，且可以最佳地利用车辆的动能。

也就是说，自适应能量回收利用旨在根据实际情况更加智能化地利用车辆的动能。为此会分析车辆前方的交通情况和路线，以下情况会被考虑。

a. 前方车辆分析（图 6.2-29）。对车辆前方交通情况的分析可根据具体配置，通过辅助驾驶系统摄像机和前部雷达传感器进行。

图 6.2-29　自适应能量回收利用（前方车辆分析）

b. 路线分析（图 6.2-30）。对路线的分析通过导航系统的数据进行。利用导航，可识别出限速、驶入地区、弯道、交通环岛、高速公路出口、转弯优先道路、红色交通信号灯、目的地引导启用时的车道更换等。

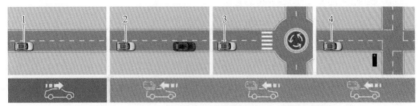

(a) 滑行　　　　　　　(b) 根据相应情况调整滑行能量回收利用

图 6.2-30　自适应能量回收利用（路线分析）

1—自由行驶；2—检测到前方车辆；3—减速情况；4—交通信号灯情况

如果系统检测到某个无需制动的交通情况，则当驾驶员将脚从加速踏板上移开后，车辆开始滑行。如果系统检测到需要制动的交通情况，则通过能量回收利用有针对性地减速到当前或要求的速度。

列举说明

无自适应能量回收利用的再生策略如图 6.2-31 所示。

初始情况：驾驶员驾驶车辆，驶向车速更低的前方车辆。

案例 A：如果驾驶员过早松开加速踏板，设定的能量回收利用会根据回收设置和当前车速开始运行。自身车辆会大幅减速，因此需要驾驶员加速。这种情况低效且不舒适。

案例 B：如果驾驶员过晚松开加速踏板，设定的能量回收利用不足以将自身车辆减速到前方车辆的速度。驾驶员必须主动做出制动干预。通过再生制动，根据减速情况增强了能量回收利用，而且动能不会完全丧失，但这会使驾驶员感到不舒适。

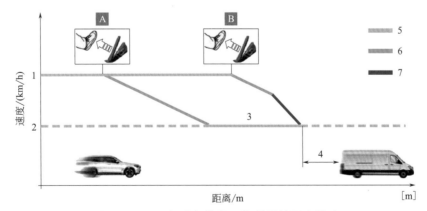

图 6.2-31　无自适应能量回收利用的再生策略

A—案例 A；B—案例 B；1—自身车辆速度；2—前方车辆速度；3—更新的、可避免的牵引模式（双重能量转换）；4—计算得出的理论车距；5—牵引模式；6—设定的能量回收利用；7—驾驶员进行制动操作

列举说明

有自适应能量回收利用的再生策略如图 6.2-32 所示。

相同的初始情况：驾驶员驾驶车辆，驶向车速更低的前方车辆。

案例 A：如果驾驶员过早松开加速踏板，自适应能量回收利用功能会控制车辆继续滑行。只有随着车距的减小，车辆才会通过能量回收利用自动减速到前方车辆的速度。此时，能量回收利用的程度根据情况进行调整。在功能控制期间，会根据车速计算出理论车距。

案例 B：如果驾驶员过晚松开加速踏板，自适应能量回收利用功能会控制车辆禁止滑行，并立即开始能量回收利用。与案例 A 相比，能量回收利用增加，以实现充分的减速。

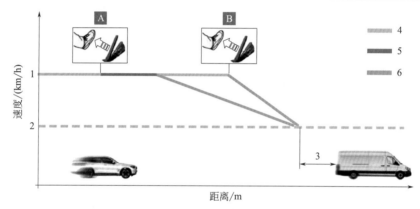

图 6.2-32　有自适应能量回收利用的再生策略
A—案例 A；B—案例 B；1—自身车辆速度；2—前方车辆速度；3—计算得出的理论车距；
4—牵引模式；5—滑行；6—自适应能量回收利用

自适应能量回收利用持续评估当前的行驶状况。如果行驶状况在功能控制期间发生变化，变化后的状况将被评估，并根据情况再次实施功能控制。

当自身车辆减速到了前方车辆的速度，但前方车辆此时离开了车道时，如果自身车道上空闲或者出现比自身车辆速度更快的前方车辆，则将切换到滑行状态；如果自身车道被另一辆更慢的前方车辆占据，将重新减速到其车速。在交通信号灯刚刚切换或其他车辆驶入自身车道的情况下，也是如此。

在狭窄弯道处，会根据半径计算出弯道驶入速度，有针对性地减速到这一速度。对于越窄的弯道，计算出的弯道驶入速度越低，能量回收利用率越高。

在减速到前方的车速限制进行能量回收利用时，使用 +10km/h 左右的公差值计算目标车速。因此，车辆有可能因这 +10km/h 左右的公差值更快到达要求的车速限制。

如果车辆在要求位置仍未达到规定车速，则继续进行能量回收利用，直到车辆达到要求的车速。

ⓐ 目的地引导：自适应能量回收利用功能会使用前方道路预测辅助系统的数据并进行计算。因此，无论是在开启目的地引导还是不使用目的地引导的情况下，都能通过导航系统使用自适应能量回收利用。如果目的地引导未开启，则使用最可能的路线进行评估。优化系统的另

一个步骤是，通过激活方向指示器，前方道路预测辅助系统根据具体情况和自适应能量回收对计算状况进行调整，例如离开停车场或在下一街道转弯时。但是只有开启目的地引导，才能实现更准确、更高效的路线计算。

ⓑ 减速：依据减速情况，在能量回收利用期间自动启动制动信号灯（从具体的阈值开始启用制动信号灯）。

六、充电状态参数

1. 充电器高压直流电电压

充电器高压直流电电压信号来源于车载充电器内部交流电转高压直流电的输出端电压采样电路；在对动力电池的充电过程中，一般采用恒流 - 恒压 - 涓流的充电方式，所以该信号会随之相应地发生变化，该电压信号从低到高持续上升直至稳定在一定范围内；相关采样电路及控制器位于充电器内部；采样电路包括电压采样电路和电流采样电路。将采集到的电压值和电流值反馈给微处理器，使微处理器根据充电电路中的电压、电流值判断充电状态，改变充电策略，同时也达到过电压（OVP）和过电流（OCP）保护的作用。

2. 充电器高压直流电电流

充电器高压直流电电流信号来源于车载充电器内部交流电转高压直流电的输出端电流采样电路；在对动力电池的充电过程中，一般采用恒流 - 恒压 - 涓流的充电方式，所以该信号会随之相应地发生变化，该电流值从持续恒流状态，逐步下降，直至充满电降为0；相关采样电路及控制器位于充电器内部；采样电路包括电压采样电路和电流采样电路。将采集到的电压值和电流值反馈给微处理器，使微处理器根据充电电路中的电压、电流值判断充电状态，改变充电策略，同时也达到过电压（OVP）和过电流（OCP）保护的作用。

3. 充电器交流电电压

充电器交流电电压信号来源于车载充电器内部交流电转高压直流电的输入端电压采样电路；在使用民用电的充电过程中，电压基本维持在 220V 左右；相关采样电路及控制器位于充电器内部；采样电路包括电压采样电路和电流采样电路。将采集到的电压值和电流值反馈给微处理器，使微处理器根据充电电路中的电压、电流值判断充电状态，改变充电策略，同时也达到过电压（OVP）和（OCP）保护的作用。

4. 充电器交流电电流

充电器交流电电流信号来源于车载充电器内部交流电转高压直流电的输入端电流采样电路；在使用民用电的充电过程中，根据动力电池充电所需功率变化而变化；相关采样电路及控制器位于充电器内部；采样电路包括电压采样电路和电流采样电路。将采集到的电压值和电流值反馈给微处理器，使微处理器根据充电电路中的电压、电流值判断充电状态，改变充电策略，同时也达到过电压（OVP）和过电流（OCP）保护的作用。

5. BMS 唤醒信号状态

BMS 唤醒信号状态来源于 BMS 发送的网络信号；当车辆下电一段时间后，电池管理系统（BMS）自动进入休眠状态，车载充电器外接插头插上后，充电器发送唤醒信号给 BMS，BMS唤醒后才能开始充电；该信号表示接收到 BMS 反馈的唤醒状态。

6. 充电口正 / 负极温度

充电口正 / 负极温度参数显示充电口正 / 负极温度。

7. 主级环境温度

主级指的是高压交流输入部分。主级环境温度信号来源于车载充电器内部交流电转高压直流电的输入端温度传感器；主级指的是高压交流输入部分，次级指的是高压直流输出部分；车载充电器输出功率越大，持续充电时间越长，温度越高；主级的温度保护电路中有两路温度传感器，均位于充电器内部；该信号用于车载充电器的过温保护（OTP）控制。

8. 次级环境温度

次级指的是高压直流输出部分。车载充电器输出功率越大，持续充电时间越长，温度越高；次级的温度保护电路中有两路温度传感器，均位于充电器内部；该信号用于车载充电器的过温保护（OTP）控制。

9. BMS 请求充电器工作

该信号来源于 BMS 发送的网络信号；当 BMS 确认无误时，会请求充电器开始工作。如果动力电池充满电或者检测到有故障，则发送信号请求充电器停止工作。

10. BMS 请求充电器的输出电压

BMS 请求充电器的输出电压信号来源于 BMS 发送的网络信号；BMS 根据动力电池（SOC）状态等信息，请求车载充电器输出电压给动力电池充电，输出电压一般为一个额定电压；当充满电时，请求停止输出即输出电压为 0。

11. BMS 请求充电器的输出电流

BMS 请求充电器的输出电流信号来源于 BMS 发送的网络信号；根据对动力电池的恒流 - 恒压 - 涓流等不同充电阶段，要求充电器输出电流大小也不一样。

第三节　充电系统拆装维修与诊断检测

一、拆装集成式车载电源

根据车型不同，车载电源也有不同的布局。以下拆装列举的是后驱车辆的车载集成电源。交流充（放）电口布置在车辆的左后侧，直流充电口布置在车辆的右后侧。集成电源如图 6.3-1 所示。

1. 拆卸外围相关部件

❶ 如更换集成式车载电源，先使用诊断仪进行"模块换件准备"操作程序。
❷ 关闭所有用电器，车辆下电。
❸ 断开蓄电池负极极夹。
❹ 拆卸手动维修开关。
❺ 排放冷却液。

⑥ 拆卸后备厢盖板总成。

2. 拆卸集成式车载电源

❶ 断开集成式车载电源连接插头 A、B（图 6.3-2）。

❷ 断开集成式车载电源低压连接插头 A（图 6.3-3）。

❸ 旋出"三合一"接地线束总成 1 的固定螺栓 B（图 6.3-3）。

❹ 揭开低压电池正极电源线护罩，并旋出低压电池正极电源线 2 的固定螺栓 C（图 6.3-3）。

❺ 拆卸前备胎池护板总成。

❻ 拆卸后备胎池护板总成。

❼ 断开集成式车载电源连接插头（图 6.3-4）。

❽ 旋出后电机线束 1 的固定螺栓 A（图 6.3-5）。

❾ 断开后电机线束 1 与集成式车载电源连接插头 B（图 6.3-5）。

❿ 松开固定卡箍 C，脱开后 IPU 进水管 2 与集成式车载电源连接（图 6.3-5）。

⓫ 松开固定卡箍 D，脱开过渡胶管 3 与集成式车载电源连接（图 6.3-5）。

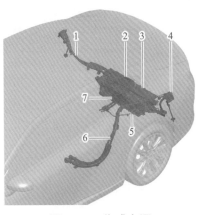

图 6.3-1　集成电源

1—直流充电线束；2—"三合一"接地线束总成；3—集成式车载电源；4—单相交流充电线束；5—后电驱动系统；6—车载电源"三合一"高压线束；7—后电机线束

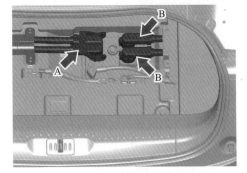

图 6.3-2　集成式车载电源连接插头

A，B—连接插头

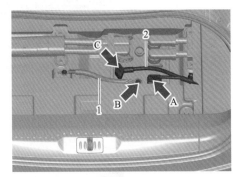

图 6.3-3　拆卸连接插头和固定螺栓

1—线束总成；2—正极电源线；A—连接插头；B，C—固定螺栓

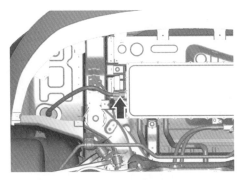

图 6.3-4　断开集成式车载电源连接插头

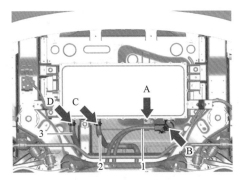

图 6.3-5　螺栓、电机线束与车载电源连接插头及固定卡箍

1—线束；2—进水管；3—过渡胶管；A—固定螺栓；B—连接插头；C，D—固定卡箍

维修提示

虽然各种车载电源的形式有所不一，但都需要冷却，结构上都存在冷却管路，有些线路和管路交集，要规范操作，如图 6.3-6 和图 6.3-7 列举的是马自达纯电动汽车 CX-30 的部件。拆水管时，在水管下方铺上毛巾，准备接收流出来的冷却液。断开冷却水管，用毛巾接收好流出的冷却液，防止打湿其他部件，当冷却液不再流出时，拿开毛巾将冷却水管插入出水侧，防止异物进入。

断开高压线束连接器后，戴上绝缘手套，并用电工胶带包裹端子以使其绝缘。

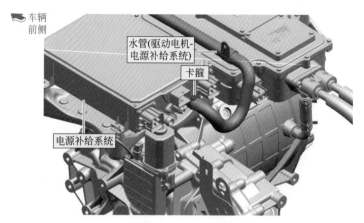

图 6.3-6　拆卸水管

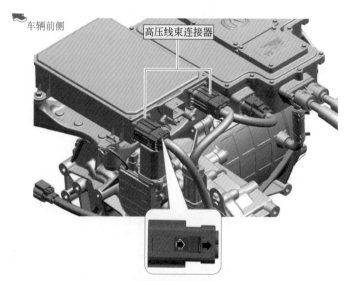

图 6.3-7　高压线束连接器（插头）

⑫ 旋出固定螺栓 A，取出"三合一"车载电源左支架 1（图 6.3-8）。

⑬ 旋出固定螺栓 B，取出三合一车载电源右支架 2（图 6.3-8）。

⑭ 使用举升装置支撑集成式车载电源。

⑮ 旋出集成式车载电源固定螺栓。

⓰ 拆下集成式车载电源 1（图 6.3-9）。

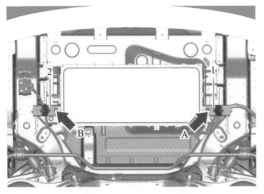
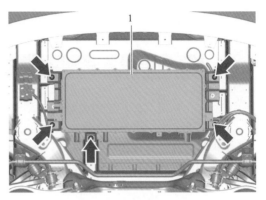

图 6.3-8　车载电源支架　　　　　　　　图 6.3-9　车载电源

1—左支架；2—右支架；A，B—固定螺栓

3. 车载电源安装事项

安装程序以倒序进行，同时注意下列事项：如果更换了集成式车载电源，需要进行"模块更换"操作程序。

二、拆卸直流充电线束

❶ 打开右充电口盖。

❷ 关闭所有用电器，车辆下电。

❸ 断开蓄电池负极极夹。

❹ 拆卸手动维修开关。

❺ 拆卸后备厢盖板总成。

❻ 拆卸后备厢内门槛饰板总成。

❼ 拆卸后备厢右饰件总成。

❽ 拆卸直流充电线束。

a. 旋出充电线束塑料支架 1 的固定螺母 A（图 6.3-10）。

b. 断开集成式车载电源连接插头 B（图 6.3-10）。

c. 脱开固定卡扣，拆下充电线束塑料支架 1（图 6.3-11）。

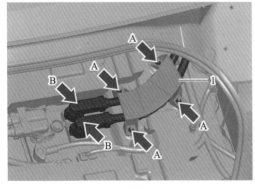
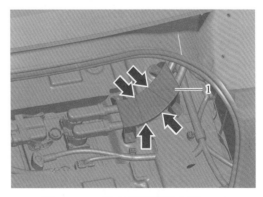

图 6.3-10　塑料支架　　　　　　　　图 6.3-11　充电线束塑料支架

1—塑料支架；A—固定螺母；B—连接插头

d. 断开直流充电线束连接插头 A（图 6.3-12）。

e. 脱开直流充电线束固定卡扣 B（图 6.3-12）。

维修提示

该处卡扣拆卸只能将卡扣从钣金孔顶出，不可以手持水管将卡扣拔出，避免破坏水管。

f. 旋出直流充电线束搭铁螺栓 C（图 6.3-12）。

g. 脱开直流充电线束密封胶堵 D（图 6.3-12）。

h. 旋出固定螺钉 1，拆下直流充电线束及插座（图 6.3-13）。

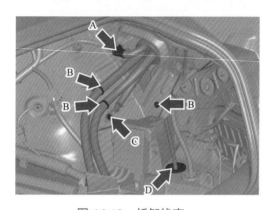

图 6.3-12　拆卸线束

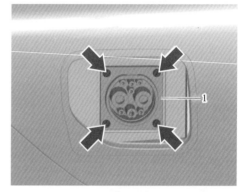

图 6.3-13　直流充电线束

A—连接插头；B—固定卡扣；C—搭铁螺栓；D—密封胶堵

三、拆卸单相交流充电线束

1. 拆卸外围零部件

❶ 打开左充电口盖。

❷ 关闭所有用电器，车辆下电。

❸ 断开蓄电池负极极夹。

❹ 拆卸手动维修开关。

❺ 拆卸后备厢盖板总成。

❻ 拆卸后备厢内门槛饰板总成。

❼ 拆卸后备厢左饰件总成。

❽ 拆卸重低音音箱。

❾ 拆卸备胎池护板总成。

2. 拆卸单相交流充电线束

❶ 断开单相交流充电线束与集成式车载电源连接插头 A（图 6.3-14）。

❷ 脱开单相交流充电线束固定卡扣 B（图 6.3-14）。

❸ 断开单相交流充电线束低压连接插头 A，并脱开插头固定卡扣（图 6.3-15）。

❹ 脱开左充电口盖板应急解锁拉索固定卡扣 B（图 6.3-15）。

❺ 脱开单相交流充电线束固定卡扣 C（图 6.3-15）。

❻ 脱开单相交流充电线束密封胶堵 D（图 6.3-15）。

❼ 旋出固定螺钉，拆下单相交流充电线束。

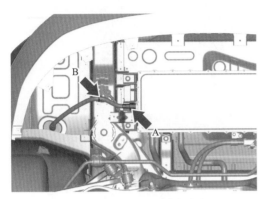
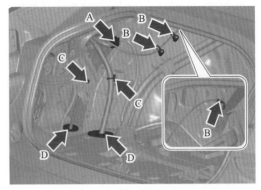

图 6.3-14　脱开线束固定卡扣

A—连接插头；2—固定卡箍

图 6.3-15　拆卸交流电充电线束

A—连接插头；B，C—固定卡扣；D—密封胶堵

四、拆卸车载电源高压线束

1. 拆卸外围零部件

❶ 关闭所有用电器，车辆下电。

❷ 断开蓄电池负极极夹。

❸ 拆卸手动维修开关。

❹ 拆卸后排座椅左侧侧翼总成。

❺ 拆卸后排座椅左侧靠背总成。

❻ 拆卸后备厢盖板总成。

❼ 拆卸后备厢内门槛饰板总成。

❽ 拆卸后备厢地毯总成。

❾ 拆卸后备厢左饰件总成。

❿ 拆卸左后内门槛饰板总成。

2. 拆卸车载电源高压线束

❶ 断开车载电源"三合一"高压线束 1 与集成式车载电源连接插头 A（图 6.3-16）。

❷ 旋出车载电源"三合一"高压线束 1 的固定螺母 B、固定螺栓 C（图 6.3-16）。

❸ 旋出车载电源"三合一"高压线束固定螺母 A（图 6.3-17）。

❹ 断开车载电源"三合一"高压线束 1 与动力电池连接插头 B（图 6.3-17）。与动力电池连接的高压线插接器物理形态上有所不同，但都是互锁插头。

列举说明

　　如图 6.3-18 所示是马自达 CX-30EV 高压线插头（连接器），戴上绝缘手套，断开高压电线束总成（动力蓄电池充电）连接器与动力蓄电池的连接。

⑤ 旋出车载电源"三合一"高压线束固定螺栓 C（图 6.3-17）。

⑥ 脱开固定卡扣 D，拆下车载电源"三合一"高压线束 1（图 6.3-17）。

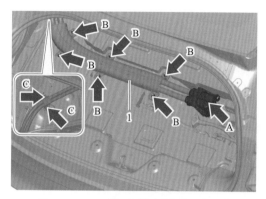

图 6.3-16　拆卸车载电源"三合一"
高压线束（一）

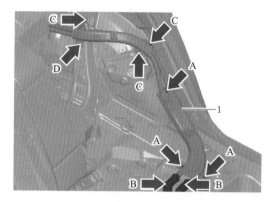

图 6.3-17　拆卸车载电源"三合一"
高压线束（二）

1—高压线束；A—连接插头；B—固定螺母；C—固定螺栓　　1—高压线束；A—固定螺母；B—连接插头；C—固定螺栓

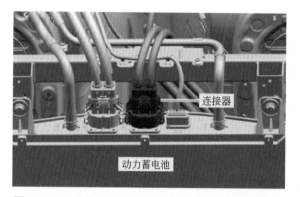

图 6.3-18　马自达 CX-30EV 高压线插头（连接器）

五、拆卸车载充电机

1. 拆卸事项

 列举说明

如图 6.3-19 所示是欧拉电动汽车车载充电机，该车车载充电机集成了充电机、DC/DC、高压配电盒，其中下层是车载充电机和 DC/DC 部分，上层是高压配电盒部分。

（1）拆卸外围零部件

❶ 关闭点火开关。

❷ 断开电池安全开关。

❸ 断开蓄电池负极。

❹ 断开蓄电池正极。

❺ 回收冷却液。

❻ 拆卸蓄电池。

（2）拆卸车载充电机

❶ 断开 2 个水管路（图 6.3-20）。

❷ 断开 1 个线束接插件（图 6.3-21）。

❸ 拆下 2 个螺栓，机舱熔断器移动到合适位置（图 6.3-22）。

❹ 断开充电机的线束卡子（图 6.3-23）。

❺ 断开充电机的 6 个插件（图 6.3-24）。

图 6.3-19　欧拉电动汽车车载充电机

 维修提示

断开的线束插件均用绝缘胶带缠好，做好绝缘防护。

❻ 断开 DC/DC 正极线束（图 6.3-25）。

❼ 拆下螺栓，断开等电位线（图 6.3-26）。

❽ 拆下充电机上的螺栓和螺母（图 6.3-27）。

❾ 拆下车载充电机。

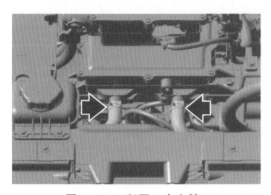

图 6.3-20　断开 2 个水管

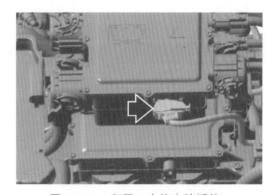

图 6.3-21　断开 1 个线束接插件

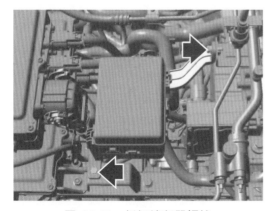

图 6.3-22　拆卸熔断器螺栓

图 6.3-23　断开充电机的线束卡子

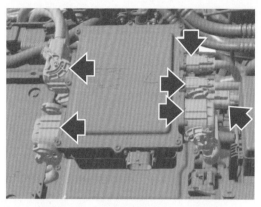

图 6.3-24 断开充电机的 6 个插件

图 6.3-25 断开 DC/DC 正极线束

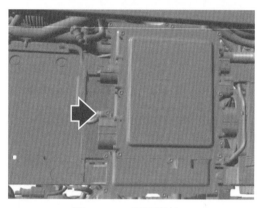

图 6.3-26 拆下螺栓

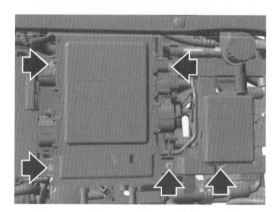

图 6.3-27 拆下充电机上的螺栓和螺母

2. 安装事项

❶ 安装基本按照拆卸的倒序进行。要注意维修过程中不要损坏零部件上的警告标识。

❷ 安装接插件前，应检查接插件端子是否完好。

❸ 安装完成后，应加注适量冷却液，并检查是否漏液。

六、充电信息显示操作

❶ 车辆在 IG OFF 或 IG ON 下都可以进行充电，在车辆解锁状态下，点按大屏（信息娱乐系统触屏）上的充电口盖开关，打开充电口盖，插入充电枪进行充电。

❷ 车辆在充电过程中，可以上电开空调；在空调功率较大、充电功率较小的情况下，可能会造成电池包放电。

❸ 车辆支持预约充电，可通过大屏或者手机 APP 设置预约模式，在预约状态下，预约时间未到禁止充电。特别地，预约充电时需要使用 CP 信号为常值 PWM 的交流桩。

❹ 车辆在充电过程中可以锁车，锁车后仪表不再显示充电信息，可以通过充电桩查看充电状态，并且锁车后，车辆的充电指示灯也会一直闪烁，直至充电完成。

❺ 车辆支持交流放电，插入放电枪后，点击大屏上的允许放电按钮，车辆即可将电池包直流电转换为 220V 家用交流电，使用电器功率限制在 2kW 以下。特别地，对于电池电量低于 30% 的车辆，禁止放电操作。

维修提示

　　给车辆充电时，只能单独进行交流充电或直流充电，不可以同时插交流充电枪和直流充电枪，若同时插入交流充电枪和直流充电枪，需将交流充电枪与直流充电枪都拔出后，再插任意一个充电枪进行充电。

　　直流充电枪与交流放电枪也不允许同时插入。

　　在公共直流充电桩中，有部分直流充电桩兼容给电动公交车和电动汽车进行充电，家用电动汽车在这些直流充电桩上充电时需选择辅助电源为 12V。

七、充电系统简明故障罗列

　　充电系统简明故障罗列见表 6.3-1。

表 6.3-1　充电系统简明故障罗列

故障内容	可能故障原因	故障点
系统过压 / 欠压	供电电压过高 / 过低	检查供电
ECAN 关闭	CAN 线路故障	检查 CAN 线路
与 VCU 丢失通信	① VCU 故障 ② CAN 线路故障	检查 VCU 及 CAN 线路
与 BMS 丢失通信	① BMS 故障 ② CAN 线路故障	检查 BMS 及 CAN 线路
与 CGW 丢失通信	① CGW 故障 ② CAN 线路故障	检查 CGW 及 CAN 线路
OBC 关闭（由于输入电压过高）	外部电网过压或检测电路异常	检查电网及检测电路
OBC 关闭（由于输入电压过低）	外部电网欠压或检测电路异常	检查电网及检测电路
OBC 关闭（由于输出电压过高）	外部负载过压或检测电路异常	检查负载及检测电路
直流输出电流过高	充电机电路故障	检查 OBC 输出端电路
12V 常电电压过高	12V 电池过高或检测电路异常	检查 12V 电池
12V 常电电压过低	12V 电池欠压或检测电路异常	检查 12V 电池
CC 异常	充电枪故障或者 OBC 检测电路异常	检查充电枪或者 OBC 检测电路
	充电桩故障	检查充电桩
LLC 上报故障	OBC 内部故障	检查 OBC 内部电路
PFC 上报故障	OBC 内部故障	检查 OBC 内部电路

续表

故障内容	可能故障原因	故障点
AC 过流	OBC 内部故障	检查 OBC 内部电路
充电机内部低温停机	温度传感器异常或低温保护	检查温度传感器
充电机内部高温停机	温度传感器异常或者散热异常	检查温度传感器或者 OBC 散热
高压互锁异常	交流连接器或直流连接器连接异常	检查交流连接器或直流连接器连接是否良好

八、充电系统具体的故障检测

1. 高压和充电系统架构

交流充电口由交流充电高压线束连接到 OBC（充电机），OBC 上有正负直流充电高压线束连接到动力电池，充电时，OBC 将交流充电桩输出的 220V 交流电转换成直流电给动力电池充电。高压部件说明见表 6.3-2。

表 6.3-2　高压部件说明

部件	代号	主要功能／说明
整车控制器	VCU	控制纯电系统状态，包括高压下电、高压上电、交流充电、直流充电等
动力电池	EV Battery	①为电动系统提供能量
		②动力电池包内具有继电器组，可以切断动力电池的对外连接
动力电池管理系统	BMS	①动力电池安全监控，包括过流、过压、过温
		②动力电池 SOC 估计、SOH 估计、SOP 估计
		③继电器组控制
		④交流充电和直流充电控制
车载充电机	OBC	①识别交流放电枪，接收交流充电口（AC Charge）的单相交流电流，转换为与电池电极匹配的直流高压，为电池充电
		②识别交流放电枪，有些高配车型能将电池高压直流电转换为家用 220V 交流电
直流变换器	DC/DC	将输入端的高压直流电转换为低压直流电，为蓄电池充电，为低压负载供电
		动力电池高压直流电经过高压分线盒进入 DC/DC 变换器转换模块的变压器，通过内部门极驱动开关电路，将高压直流电转换成脉冲波，通过 PWM 控制器调节脉冲波（方波）的占空比，由此来调节变压器的输出电源，然后经过整流电路输出低压直流电，向低压蓄电池和低压用电设备提供电源。将输出的电压和参考电压进行比较，如果实际输出的电压与参考电压相比误差较大，则 DC/DC 变换器控制器驱动门极开关调节占空比，进而调节输出的电压

续表

部件	代号	主要功能／说明
电动压缩机	Compressor	制冷动力
电加热装置	PTC	电加热装置，水暖，用于低温下乘员舱制热
空调系统	HVAC	控制电动压缩机和 PTC 工作

 列举说明

如图 6.3-28 和图 6.3-29 所示为 2020 年款小鹏 P7 高压电系统，该车型支持交流充电（含预约充电）、交流放电与直流充电。该车型交流放电口与交流充电口共用，将电池高压直流电通过 OBC 转换为 220V 交流电，通过放电枪输出。直流充电口由直流充电高压线束连接到动力电池，充电时，BMS 与直流充电桩进行交互，直流充电桩输出直流电给动力电池充电。

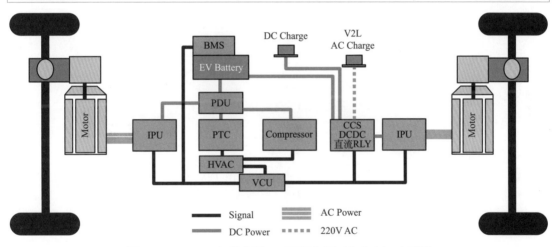

图 6.3-28　2020 年款小鹏 P7 四驱高压（和充电）电系统

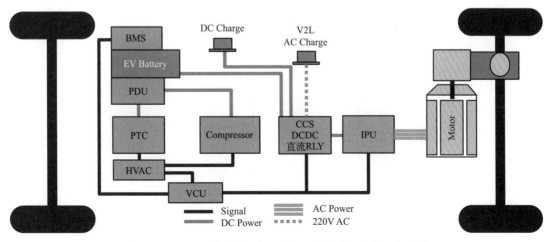

图 6.3-29　2020 年款小鹏 P7 两驱高压（和充电）电系统

2. 交流充电策略（图 6.3-30）

❶ 插交流充电枪，连接正常后，OBC 被交流充电桩发送的 CP/CC 唤醒，OBC 判断 CC/CP 正常后，通过硬线输出 12V 电压信号唤醒 VCU。

❷ VCU 被唤醒后，吸合主继电器 Main-Power_Rly 唤醒各 E-CAN 控制器，同时唤醒大屏；控制高压上电，判断可充电后发送充电使能给 BMS。

❸ BMS 接收到 VCU 发送的充电使能后，给 OBC 发送充电使能，并根据电池状态与充电桩输出能力给 OBC 发送请求充电电流与电压。

❹ OBC 接收到 BMS 的充电使能后启动充电，并根据 BMS 发送的请求充电电流与电压，将电网输出的 220V 交流电转换成直流电给动力电池充电。

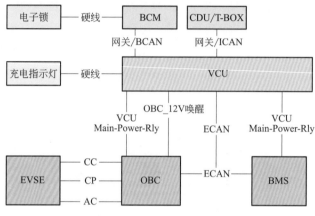

图 6.3-30　交流充电策略

3. 直流充电策略（图 6.3-31）

❶ 插直流充电枪，连接正常后，直流充电桩输出 12V 辅助电源唤醒 BMS，BMS 被唤醒，判断可充电后，通过硬线输出 12V 电压信号唤醒 VCU，VCU 唤醒后，吸合主继电器 Main-Power_Rly 唤醒各 E-CAN 控制器，同时唤醒大屏，控制高压上电，判断可充电后发送充电使能给 BMS。

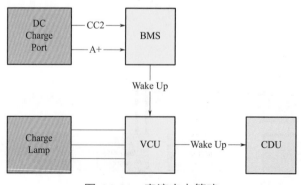

图 6.3-31　直流充电策略

❷ BMS 与直流充电桩进行交互，BMS 根据电池状态发送充电需求电压与电流给直流充电桩，直流充电桩根据 BMS 发送的充电需求电压与电流，输出直流电给动力电池充电。

4. 交流放电策略（图6.3-32）

❶ 高配车型包含交流放电功能，插交流放电枪，连接正常后，OBC放电枪CC唤醒，OBC判断CC正常后，通过硬线输出12V电压信号唤醒VCU。

❷ VCU被唤醒后，吸合主继电器Main-Power_Rly唤醒各E-CAN控制器，同时唤醒大屏，控制高压上电，判断可放电后发送放电使能给OBC。

❸ OBC接收到VCU的使能信号后，将电池高压直流电转化为家用的220V交流电，供给常规用电器使用。

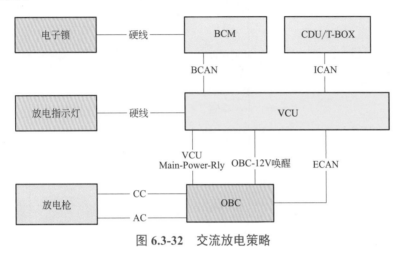

图6.3-32　交流放电策略

5. 检测和诊断原则

借助故障诊断仪执行故障诊断和排除是常用的一种方式，通过读取诊断仪上显示的数据流和故障信息，获取开关、传感器以及其他故障信息，可使故障排除少走不少弯路。尤其是在线路问题上，获取故障信息或故障码后，根据实际来分析判断可能的故障点，然后用万用表等设备进行线路检测，确认故障部位并维修。

先检查易于接触或能够看到的系统部件，以查明其是否有明显损坏或存在可能导致故障的情况。比如线路连接器接头和电气其他零部件、熔丝、搭铁点等，都是检查的主要部位，如果存在由于震动、腐蚀、暴露等直观造成故障的情况，需要优先排除。下边重点介绍利用检测手段（如利用万用表检测），来确定和排除车载充电系统的相关线路故障。

6. 检查电压异常故障

如果执行故障诊断，显示系统过压或者欠压、12V常电电压过高或者多低，这样电压已经会超过16V且为永久性故障，则重点检查供电电压和12V电池过压或检测电路情况。在排除12V蓄电池和熔丝无异常的情况下，需要对充电系统进行进一步检查。

（1）充电系统相关电路　电路图是检测电路故障的重要"工具"，所以诊断和检测相关问题时必须使用电路图。

❶ 充电机（OBC）线束连接器见表6.3-3。

❷ 车载电源系统见图6.3-33。

❸ 交流充电系统电路见图6.3-34。

❹ 直流充电系统电路见图6.3-35。

❺ 车载电源系统电路见图6.3-36。

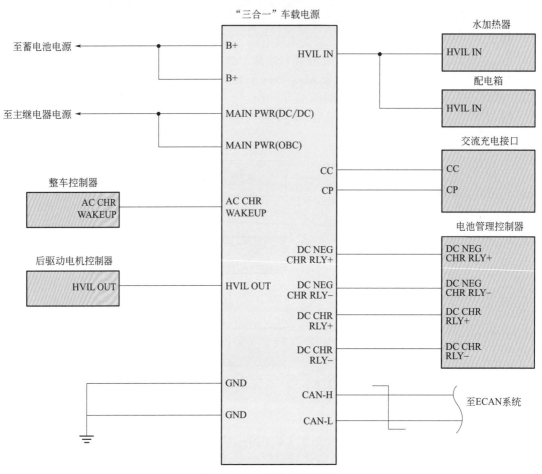

图 6.3-33 车载电源系统

表 6.3-3 充电机（OBC）线束连接器

充电机（OBC）线束连接器	端子号	线别作用（端子定义）	端子号	线别作用（端子定义）
	1	低压输入正	10	快充正继电器控制负
	2	低压输入负	11	交流充电接口 CC 信号
	3	E-CAN-H	12	交流充电接口 CP 信号
	4	E-CAN-L	13	DC/DC 低压输入正
	5	—	14	OBC 低压输入正
	6	OBC 唤醒	15	快充负继电器控制正
	7	高压互锁输入	16	快充负继电器控制负
	8	高压互锁输出	17	低压输入正
	9	快充正继电器控制正	18	OBC 低压输入负

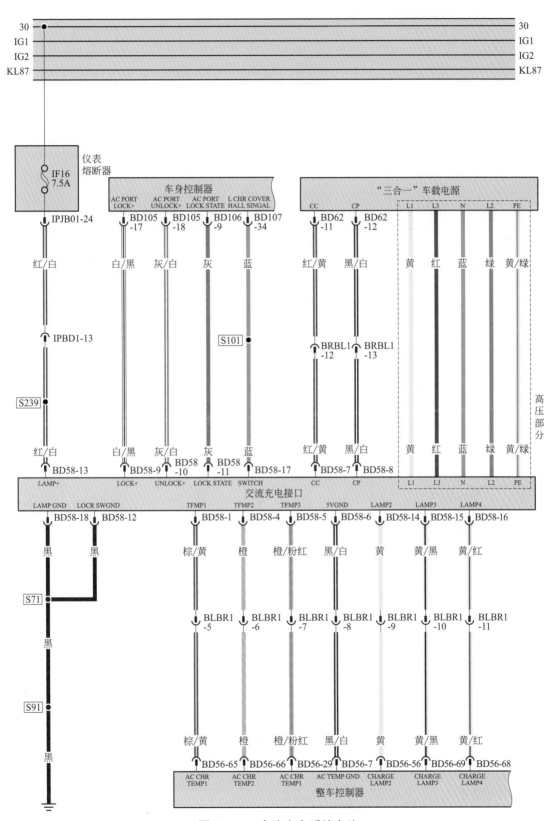

图 6.3-34 交流充电系统电路

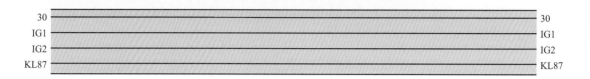

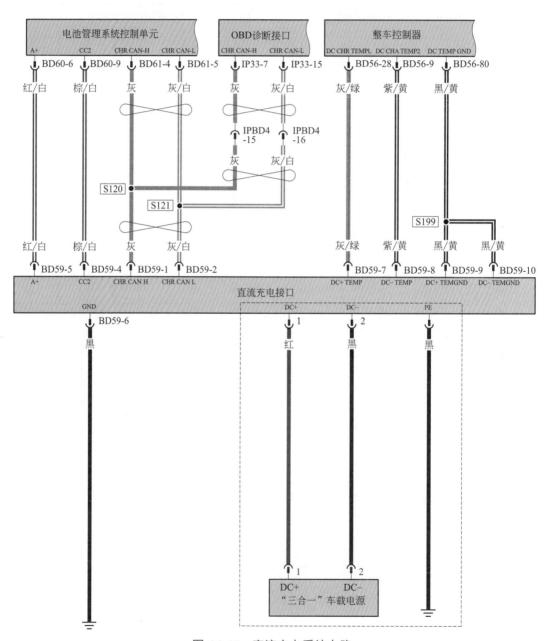

图 6.3-35　直流充电系统电路

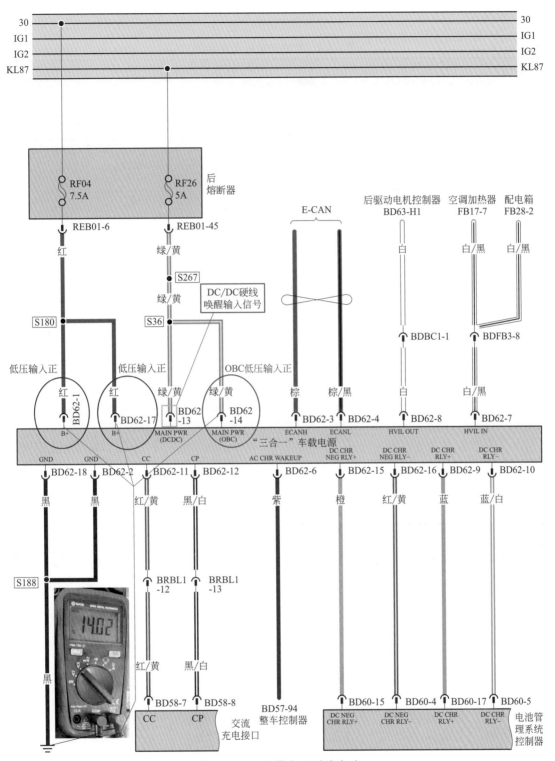

图 6.3-36　车载电源系统电路

（2）充电机电源电路诊断和检测要点　执行下电程序，断开充电机线束连接器。然后执行车辆上电。参考图 6.3-36，按照表 6.3-4 检测其电路情况。如果不符合应测得结果，那么应该维修或更换线束。

表 6.3-4　检测充电机电源电路

检查的零部件 / 代号	万用表表笔探测的两端子		检测条件	状态	应测得结果 /V
充电机线束连接器 /DB62	红色表笔连接	黑色表笔连接	上电	电压	14 左右
见表 6.3-3	DB62/1	车身接地			
	DB62/14	车身接地	上电	电压	14 左右
	DB62/17	车身接地	上电	电压	14 左右

　　　　因为 DC/DC 集成在"三合一"车载电源（充电器）中，所以同样方法可以执行 DC/DC 类似故障检测，包括与 BMS、VUC、网关等在集成电源中的 DC/DC 相关端子之间的检测。由图 6.3-36 可得，DC/DC 变换器硬线唤醒输入信号是 DB62/13 端子，如果检测 DC/DC 变换器线束电源电路，也就是 DB62/13 与车上接地之间的电压检测。

　　（3）充电机接地电路诊断和检测要点　执行下电程序，断开充电机线束连接器。按照表 6.3-5 检测其电路情况。如果不符合应测得结果，那么应该维修或更换线束。
　　如果按照上述检测电源和接地线路没有问题，那么这种过压或者欠压、12V 常电电压过高或者过低的问题基本出在充电机本身，这是"三合一"的集成电源总成，只能通过更换该总成来解决。更换后需要进行电脑配置学习。

表 6.3-5　检测充电机电源电路

检查的零部件 / 代号	万用表表笔探测的两端子		检测条件	状态	应测得结果 /Ω
充电机线束连接器 /DB62	红色表笔连接	黑色表笔连接	下电	电阻	< 1
见表 6.3-3	DB62/2	车身接地			
	DB62/18	车身接地	下电	电阻	< 1

7. 检查充电机的 CAN 通信

　　（1）可能的故障点
　　❶ 车载充电机故障。
　　❷ CAN 总线故障。
　　前边讲过，如果用故障诊断仪执行故障诊断检测，显示 ECAN 关闭，则故障点基本比较明确，范围可缩小到 CAN 总线来确定是零部件故障还是 CAN 故障。
　　（2）诊断和检测要点　执行下电程序，断开充电机线束连接器。参考图 6.3-37，按照表 6.3-6 检测其电路情况。如果不符合应测得结果，那么应该维修或更换线束。

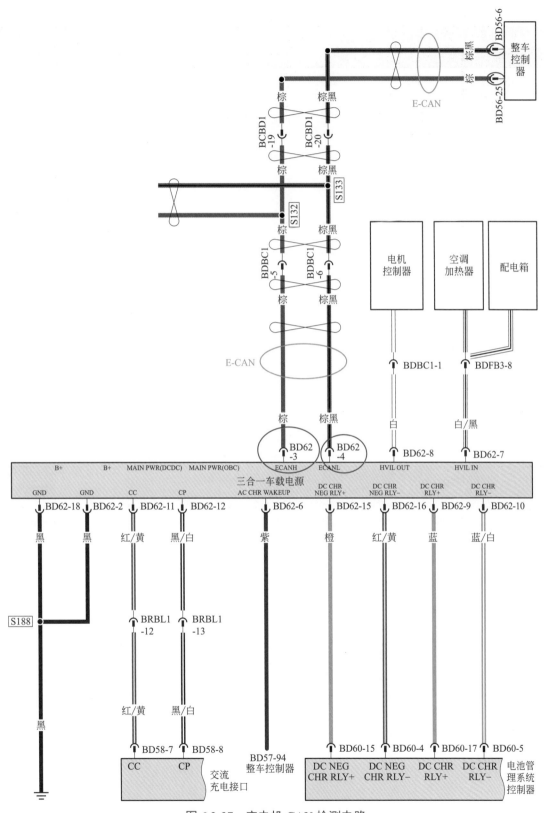

图 6.3-37 充电机 CAN 检测电路

表 6.3-6　检测充电机的 CAN 通信电路

检查的零部件 / 代号	万用表表笔探测的两端子		检测条件	状态	应测得结果
	红（黑）表笔连接	黑（红）表笔连接			
充电机线束连接器 /DB62	红（黑）表笔连接	黑（红）表笔连接	下电	电阻	120Ω 左右
见表 6.3-5 充电机（OBC）线束连接器	DB62/3	DB62/4			

划重点

如果上述检测没有问题，则应继续检查充电机的供电接地导线是否正常。如果供电接地也没有，则更换充电机来解决"ECAN 关闭"这个故障。

8. 车载充电机与 VCU 丢失通信故障

（1）可能的故障点

❶ 整车控制器（VCU）故障。

❷ CAN 总线故障。

（2）诊断和检测要点　执行下电程序，断开充电机线束连接器；断开整车控制器线束。参考图 6.3-37，按照表 6.3-7 检测其电路情况。如果不符合应测得结果，那么应该维修或更换线束。

表 6.3-7　检测充电机与整车控制器 CAN 通信电路

检查的零部件			万用表表笔探测的两端子		检测条件	状态	应测得结果 /Ω
连接器	代号	图示	红（黑）色表笔连接	黑（红）表笔连接			
充电机线束连接器	DB62	见表 6.3-3	DB62/3	DB56/24	下电	电阻	＜ 1
整车控制器线束连接器	DB56	ECAN-L ECAN-H	DB62/4	DB56/6	下电	电阻	＜ 1

划重点

如果上述检测没有问题，则应继续检查整车控制器的供电接地导线是否正常。如果供电接地也没有，则通过更换整车控制器来解决。

9. 车载充电机与 BMS 丢失通信故障

（1）可能的故障点

❶ 电源管理系统控制器（BMS）故障。

❷ CAN 总线故障。

（2）检查 BMS 控制器与充电机之间的 CAN 总线　诊断和检测要点参见 5.3 节 "BMS 与车载充电机丢失通信"。

维修提示

当车载充电机接上交流电后，并不是立刻将电能输出给电池，而是通过 BMS 电池管理系统首先对电池的状态进行采集分析和判断，进而调整充电机的充电参数。车载充电机的主要参数有输入电压范围、输出电压范围、充电功率和变换效率。

10. 车载充电机与网关丢失通信故障

（1）可能的故障点

❶ 中央网关模块故障。

❷ CAN 总线故障。

（2）中央网关控制器（CGW）与充电机之间的 CAN 总线检测要点　执行下电程序，断开中央网关控制器线束连接器；断开充电机线束连接器线束。参考图 6.3-38，按照表 6.3-8 检测其电路情况。如果不符合应测得结果，那么应该维修或更换线束。

表 6.3-8　检测 CGW 控制器与充电机线束连接器之间 CAN 电路

检查的零部件			万用表表笔探测的两端子		检测条件	状态	应测得结果 /Ω
连接器	代号	图示	红（黑）色表笔连接	黑（红）表笔连接	下电	电阻	< 1
充电机线束连接器	DB62	见表 6.3-3	DB62/3	DB83/18			
CGW 控制器线束连接器	DB83	—	DB62/4	DB83/6	下电	电阻	< 1

划重点

　　如果上述检测没有问题，则应继续检查中央网关控制器的供电接地导线是否正常，如果供电接地也没有，则通过更换中央网关控制器来解决。更换中央网关控制器并对其进行配置写入和标定操作。

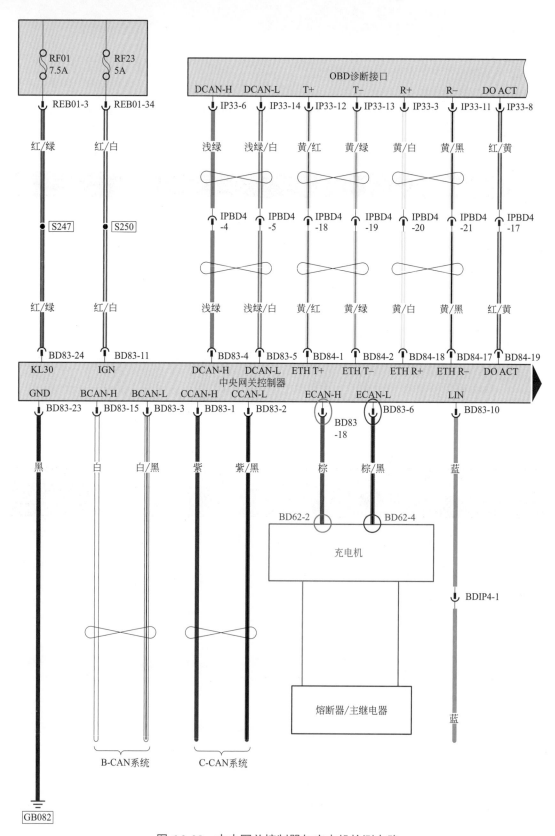

图 6.3-38　中央网关控制器与充电机检测电路

11. CC、CP 异常故障

（1）可能的故障点

❶ 充电枪故障或者 OBC 检测电路异常。

❷ 充电桩故障。

（2）检查交流充电口 检查交流充电接口是否有异物，充电枪连接是否正确。

（3）交流充电接口与充电机线束连接器之间的电路检测要点 执行下电程序，断开交流充电接口线束连接器；断开充电机线束连接器线束。参考图 6.3-34，按照表 6.3-9 检测其电路情况。如果不符合应测得结果，那么应该维修或更换线束。

如果上述检测没有问题，需要重新更换别的充电桩充电。

表 6.3-9 交流充电接口与充电机线束连接器之间的电路

检查的零部件			万用表表笔探测的两端子		检测条件	状态	应测得结果 /Ω
连接器	代号	图示	红（黑）色表笔连接	黑（红）表笔连接	下电	电阻	＜1
充电机线束连接器	DB62	见表 6.3-3	DB62/11	DB58/7			
交流充电接口线束连接器	DB58	交流充电接口CC信号 交流充电接口CP信号	DB62/12	DB58/8	下电	电阻	＜1

划重点

　　充电插头是采用电阻编码的，例如 CC 表示可识别车辆充电电缆的功率级（每相的最大电流负载能力）。为此需要确定在充电插头内的 CC 和 PE 之间的 R_C 电阻（图 6.3-39），充电机通过这个电阻来识别额定充电电流。CC 还具有确认连接功能。

　　通信是通过触点 CP 来进行的，在操作单元激活的情况下，CP 和 PE 之间有 12V 电压；在充电机内，在识别出插头且插头已锁住的情况下，信号会被电阻 R_3 降至约 9V；确认连接后充电器进一步闭合电阻 R_2，信号降至约 6V，接下来充电桩闭合功率接触器开始充电；这时充电单元内信号发生器发送 1000Hz 的 PWM 信号，该信号规定了当前所能提供的最大充电电流。

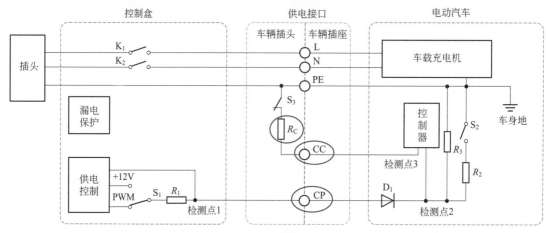

图 6.3-39 检测电路

维修提示

电动汽车要完成整个交流充电流程,除了需要有 CC 充电枪连接确认信号之外,还需要有 CP 充电控制信号,当车载充电器接收到充电枪连接信号和 CP 充电控制线的拉低信号之后,车载充电机才会给电池管理模块 BMS 发送充电连接信号进行充电。

12. 高压互锁异故障

充电过程中整车处于高压状态,如果出现高压互锁故障,BMS 则停止向充电桩请求输出,同时切断整车高压回路,进行下电处理。

(1)可能的故障点

❶ 充电回路互锁断开。交流连接器或直流连接器连接异常。

❷ 充电桩问题。

❸ 充电机故障。

(2)检查要点

❶ 检查交流连接器或直流连接器连接是否良好。

❷ 检查交流充电枪或直流充电枪连接是否正常。

❸ 检查充电机高压互锁线路是否短路或断路。

高压互锁回路是一条低电压回路,常见为 12V,是否连通是由 VCU 等控制器根据检测硬线的电平高低来确认的,该回路经过检测控制器的内部芯片检测电路。

在车辆上电后,进行回路检测,VCU 吸合高压互锁继电器,由蓄电池 12V 电压供电发起,根据回路的高压器件前后布置情况,流经各个器件节点,再由 VCU 控制器作为检测末端,对输入的电平进行检测。当输入为 12V 时,VCU 检测为整车高压互锁正常。如果检测到的电压较低或为 0,则认为高压互锁异常,有接触不良或是断开的故障。

13. 无法启动充电故障

（1）可能的故障原因

❶ 停电或已充满电。

❷ 充电线缆连接不良。

❸ 在预约充电模式。

（2）检查要点

❶ 检查电网是否有电；确认充电电缆连接牢固，重新执行充电。

❷ 在预约充电模式的话换设置为立即充电模式。

14. 充电中途停止故障

（1）可能的故障原因

❶ 充电线缆松脱。

❷ 互锁引脚断路。

❸ 电网故障。

（2）检查要点

❶ 车辆下电后，安装好线束，重新执行充电。

❷ 确认接插件是否插接牢固，重新接好接插件。

扫一扫

视频精讲

扫一扫

视频精讲

第七章
配电系统维修

第一节　配电系统基本构造与零部件识别

一、高压配电系统结构

　　电动汽车高压配电系统由动力电池为电机控制器、驱动电机、电动压缩机、PTC加热器等高压部件提供能量。此外，动力电池还有直流快充充电系统和交流慢充充电系统。这些高压部件都由高压配电系统连接输送电能（图7.1-1）。

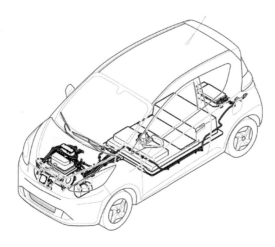

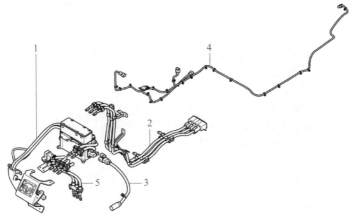

图 7.1-1 高压线束

1—高压配电单元；2—高压配电单元线束；3—电空调压缩机线束；4—高压加热器线束；5—驱动电机线束

二、独立高压配电盒外部特征

如图 7.1-2 所示，高压配电盒或称高压接线盒、高压配电单元，也叫电源分配单元（PDU），是高压系统分配单元，电流从这里的高压线端分配并传输给各个高压用电器部件，为其提供电源和信号。

(a) 单独　　　　　　　　　　(b) 集成

图 7.1-2 高压配电盒

现在电动汽车高压系统越来越高度集成化，独立的高压配电盒其实已经不是很多。前边介绍的"三合一"，即车载充电机、DC/DC、高压配电盒，其结构在第 6 章中已经讲过。以下对单独模块的配电盒的结构特征列举几款车型进行介绍，见图 7.1-3 ～图 7.2-6。

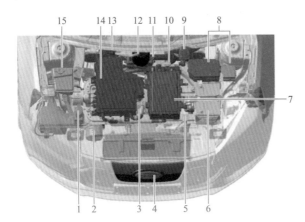

图 7.1-3 高压配电盒布局
（江淮 iEV7S）

1—洗涤液加注口；2—空调压缩机；3—驱动总成（驱动电机＋减速器）；4—集成式充电口；5—电驱动冷却液加注口；6—12V 蓄电池；7—高压配电盒；8—继电器盒；9—制动液加注口；10—车载充电机；11—电池加热器；12—真空罐；13—电池冷却器；14—电机控制器；15—电池冷却液加注口

167

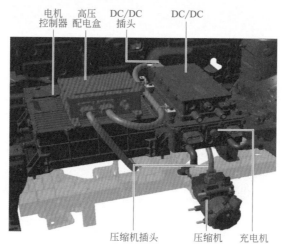

图 7.1-4　高压配电盒（瑞虎 3xe）

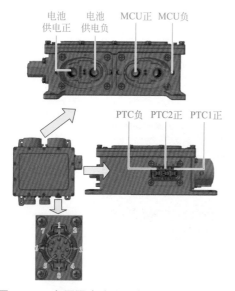

图 7.1-5　高压配电盒上的插口（瑞虎 3xe）

1—高压环路互锁（出）；2—高压环路互锁（进）；3—PTC1 继电器线圈控制 1；4—PTC1 继电器线圈控制 2；5—PTC2 继电器线圈控制 1；6—PTC2 继电器线圈控制 2；7—高压附件环路互锁（进）；8—高压附件环路互锁（出）

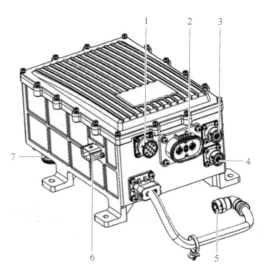

图 7.1-6　高压配电盒上的插口（江淮 iEV7S）

1—空调系统接插件；2—高压主电缆接插件；3—电机控制器接插件（+）；4—电机控制器接插件（-）；5—车载充电机接插件；6—低压接插件（实现高压互锁及高压接线盒内部继电器控制）；7—快充接插件

三、集成式高压配电盒外部特征

集成式高压配电盒主要实现以下功能：

❶ 控制高压交 / 直流电双向逆变，驱动电机运转，实现充、放电功能（VTOG、车载充电机）。

❷ 实现高压直流电转化低压直流电为整车低压电气系统供电（DC/DC）。

❸ 实现整车高压回路配电功能以及高压漏电检测功能（高压配电模块、漏电传感器）。

❹ 实现 CAN 通信、故障处理记录、自检等功能。

列举说明

2018 年款比亚迪秦 EV300，其高压配电盒集成在高压电控总成内，又称"四合一"，实现了上述全部功能，集成双向交流逆变式电机控制器模块、车载充电器模块、DC/DC 变换器模块和高压配电模块，另内部还装有漏电传感器，见图 7.1-7 ～图 7.1-10。

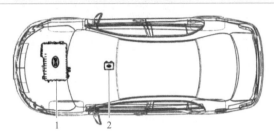

图 7.1-7 高压电控总成布局

1—高压电控总成；2—主控制器总成

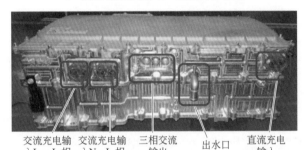

交流充电输   交流充电输   三相交流   出水口   直流充电
入L₂、L₃相   入N、L₁相   输出   输入

图 7.1-8 高压电控总成（前部）

33PIN低压
接插件

电动压缩机

PTC   电池包高压直流输入 电池管理器

图 7.1-9 高压电控总成（后部）

32A空调保险

DC/DC低压输出

图 7.1-10 高压电控总成（左侧）

32A 空调保险：给电动压缩机和 PTC 水加热器供电。

DC/DC 低压输出端：与低压电池并联给整车低压系统提供 13.8V 电源。

①DC/DC 变换器替代了传统燃油车挂接在发动机上的 12V 发电机，和启动电池并联给各用电器提供低压电源。DC/DC 变换器在直流高压输入端接触器吸合后便开始工作，输出电压标称 13.8V。DC/DC 变换器在上 OK 电时、充电时（包括交流充电、直流充电）、智能充电时都会工作，以辅助低压蓄电池为整车提供低压电源（图 7.1-11）。

②DC/DC 变换器的外部高压输入也是高压电控总成直流母线输入。

③DC/DC 变换器的输出正极通过正极熔断器直接与低压蓄电池正极相连，而 DC/DC 的输出负极则是通过高压电控总成壳体搭铁（图 7.1-12）。

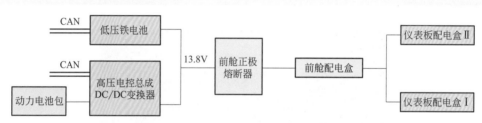

图 7.1-11　DC/DC 变换器运行框图

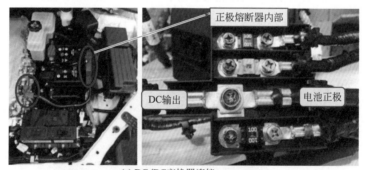

(a) DC/DC 变换器连接

(b) 高压电控总成(右侧)

图 7.1-12　DC/DC 变换器连接与高压电控总成壳体搭铁

四、高压配电盒内部结构

如图 7.1-13 所示。"四合一"高压电控总成内的高压配电盒由铜排连接片、接触器、霍尔电流传感器、预充电阻，动力电池包组成，正、负极输入接触器吸合、断开由电池管理器控制。将电池包的高压直流电分配给整车高压电器使用，其上层包括双向交流逆变式电机控制器（VTOG）、DC/DC 变换器、PTC 水加热器、电动压缩机、漏电传感器；下层是动力电池输入，同时，也将 VTOG 和车载充电器的高压直流电分配给电池包。

(a) 上层

(b) 下层

(c) 电流传感器和接触器

图 7.1-13　高压电控总成内部结构

1. 接触器

如图 7.1-13（c）所示，五个接触器从左至右依次为：放电主接触器、交流充电接触器、直流充电正极接触器、直流充电负极接触器、预充接触器。

2. 双向交流逆变式电机控制器（VTOG）

（1）结构　双向交流逆变式电机控制器（VTOG）主要包含控制板、驱动板、采样板、泄放电阻、预充电阻、电流霍尔、接触器等元器件（图 7.1-14）。

(a) 正面

(b) 背面

图 7.1-14　双向交流逆变式电机控制器（VTOG）主板

（2）控制器类型　为电压型逆变器，其主要功能如下。

1）驱动控制

❶ 采集油门、制动、挡位、旋变信号等控制电机正向、反向转动。

❷ 具有高压输出电压和电流控制限制功能。

❸ 具有电压跌落、过流、过温、IPM 过温、IGBT 过温保护、功率限制、转矩控制等功能。

❹ 具备电控系统防盗、能量回馈控制、主动泄放、被动泄放控制等功能。

维修提示

IPM（Intelligent Power Module）是指智能功率模块，把功率开关器件（IGBT）和驱动电路集成在一起，而且内有过电压、过电流和过温等故障检测电路，并可将检测信号送到 CPU。

2）充、放电控制

❶ 交、直流转换，双向充、放电控制功能。

❷ 自动识别单相、三相相序并根据充电电流控制充电方式，根据充电设备识别充电功率，控制充电方式。

❸ 断电重启功能，即在电网断电又供电时，可继续充电。

❹ 另外，车辆具有对电网放电功能、对用电设备供电功能及对车辆充电功能，即 VTOG、VTOL 和 VTOV。

3. 车载充电机

该"四合一"高压电控总成内集成的车载充电（图 7.1-15），3.3kW 功率以内的单相交流充电均是通过 OBC 进行的，而功率大于 3.3kW 的交流充电（含单相和三相交流）是通过 VTOG 进行的。小功率充电时，OBC 的效率要高于 VTOG。

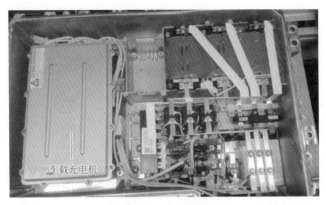

图 7.1-15　车载充电机

4. 漏电传感器

高压电控总成内部装配有漏电传感器（图 7.1-16）。它本身也是一个动力网 CAN 模块，通过监测与动力电池输出相连接的正极母线与车身底盘之间的绝缘电阻来判定高压系统是否存在漏电，漏电传感器将绝缘阻值信息通过 CAN 信号发送给电池管理器，采取相应保护措施。漏电传感器系统框图见图 7.1-17。

图 7.1-16　漏电传感器

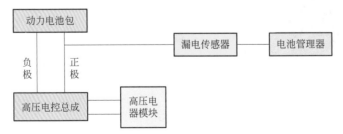

图 7.1-17　漏电传感器系统框图

维修提示

如果漏电传感器检测到绝缘阻值小于设定值，它将通过 CAN 线和硬线同时将漏电信号发给 BMS，BMS 进行漏电相关报警和保护控制。漏电的硬线信号是一种拉低信号，即当漏电传感器检测到漏电时，BMS 的漏电信号端子是低电平，由漏电传感器拉低。另外，漏电传感器的工作电源也是双路电，因为无论是上电还是充电过程，都需要监测高压系统的绝缘情况。

五、高压接插件结构特征

1. 弹性保持锁片式接插件

这类接插件的保持锁片有弹性，插入时会自动弹出锁止到位。拆卸时，按图 7.1-18 所示的位置，推动锁片同时按下卡扣，再拔出接插件。接插时，如图 7.1-19 所示，红色卡点要朝正上方；拆卸时，朝分离方向推动圆形锁止结构到底并同时拔出接插件。

图 7.1-18　弹性保持锁片式接插件（连接器）拆卸时

图 7.1-19　弹性保持锁片式接插件（连接器）安装时

2. 杠杆扳手式接插件

杠杆扳手式接插件带有一个杠杆扳手，用于辅助接插（图 7.1-20）。在操作这类接插件时需要注意先将扳手打开到底，对准扳手上的导向孔后插入接插件，再推扳手，推入扳手时应该用力匀速，避免用力过猛导致扳手断裂。

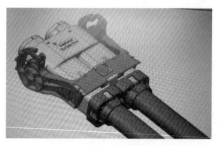

图 7.1-20　杠杆扳手式接插件（连接器）

3. 驱动电机插接件

（1）电机控制器接插件的插接拆卸方案一

❶ 如图 7.1-21 所示，将插接件的蓝色锁片退出。

❷ 扳动扳手，将插接件退出。

❸ 插入时操作步骤相反。

（2）电机控制器接插件的插接拆卸方案二　电机控制器接插件的插接拆卸按图 7.1-22 ～图 7.1-24 所示的顺序进行，捏住锁环，将插接件沿着箭头方向拔出。

图 7.1-21　电机控制器接插件的插接拆卸方案一

图 7.1-22　电机控制器接插件的插接拆卸方案二（1）

图 7.1-23　电机控制器接插件的插接
拆卸方案二（2）

图 7.1-24　电机控制器接插件的插接
拆卸方案二（3）

4. DC/DC、OBC 交流插接件

DC/DC、OBC 交流插接件拆卸按图 7.1-25～图 7.1-28 所示的顺序进行。

图 7.1-25　DC/DC、OBC 交流插
接件的拆卸（一）

图 7.1-26　DC/DC、OBC 交流插
接件的拆卸（二）

图 7.1-27　DC/DC、OBC 交流插
接件的拆卸（三）

图 7.1-28　DC/DC、OBC 交流插
接件的拆卸（四）

六、高压线束结构特征

高压线束（图 7.1-29）是高电压、大电流的电缆，是指整车橙色部分的线束，从整车底盘位置的动力电池开始，沿着地板加强件侧，延伸到发动机舱内，用于连接动力电池、电机控制器、PTC 加热器、车载充电机总成、电动空调压缩机等大功率电气设备。

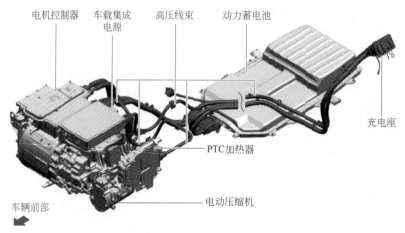

图 7.1-29　高压线束

高压线束为 5 条：电机高压线束、电机控制器高压线束、空调系统高压线束、空调高压线束、充电高压线束。充电线束为 2 条或 3 条，即充电插座线束（慢充）、充电插座线束（快充），有的还有备用充电线束。

❶ 高压线束的正极和负极均与车身绝缘，以确保高压电路的安全性。

❷ 高压线束被橙色绝缘层覆盖，有助于维修技师快速辨识出高压线束。

❸ 高压线束中的高压接插件具有互锁开关结构，以便 VCU 可以检测到高压接插件是否连接到位。

高压线布局如图 7.1-30 ～图 7.1-32 所示。

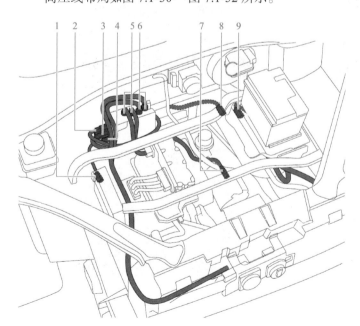

图 7.1-30　机舱布局的高压线

1—DC/DC 变换器高压接口；2—整车配电单元到电加热器接口；3—整车配电元到电空调压缩机接口；4—整车配电单元到 DC/DC 变换器接口；5—整车配电单元到电驱动变速箱输出；6—快速充电口到整车配电单元接口；7—电空调压缩机高压接口；8—充电器到高压电池包输出；9—慢速充电口到充电器输出

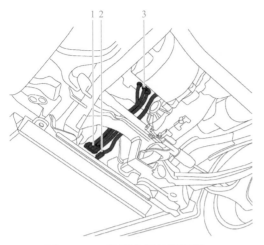

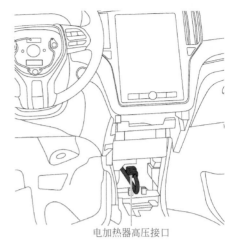

图 7.1-31　车底布局的高压线

1—动力电池高压接口；2—充电器到高压电池包输入；
3—整车配电单元到动力电池

图 7.1-32　车内的高压线

电加热器高压接口

七、高压配电系统电路结构

如图 7.1-33 所示，高压配电单元（PDU）主要将经由 PDU 的高压电池的电能传输到电加热器、电空调压缩机、DC/DC 以及 PEB 上，实现电能的传输。同时，快速充电口通过 PDU 使高压电池实现快速充电。

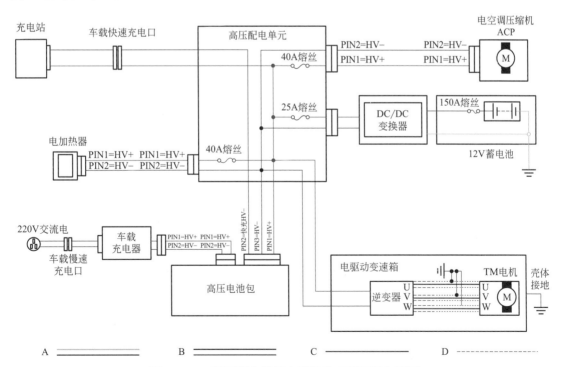

图 7.1-33　高压配电系统电路结构 / 高压配电控制

A—低压电；B—高压直流电；C—高压交流电；D—屏蔽线

177

列举说明

　　如图 7.1-34 所示是上汽荣威 ERX5EV 的高压配电单元（PDU）电路分配结构，主要将经由 PDU 的高压电池的电能传输到各高压零部件。具体电路传输如下所述。

　　（1）主高压线束　主高压线束连接在高压电池和 PDU 之间，主要是将高压电池的直流电传输到 PDU 上以及通过快速充电口给高压电池充电。

　　（2）压缩机高压线束　压缩机高压线束连接在 PDU 和电空调压缩机之间，主要是将高压电池通过 PDU 上的高压直流电传输到电空调压缩机，以驱动工作。

　　（3）PTC 高压线束　PTC 高压线束的主要作用是连接 PDU 和电加热器，将高压电池通过 PDU 的高压直流电传输给电加热器，以实现工作。

　　（4）PEB 高压线束　PEB 高压线束连接在 PEB 和 PDU 之间，主要功能是将高压电池通过 PDU 的高压直流电传输给 PEB。

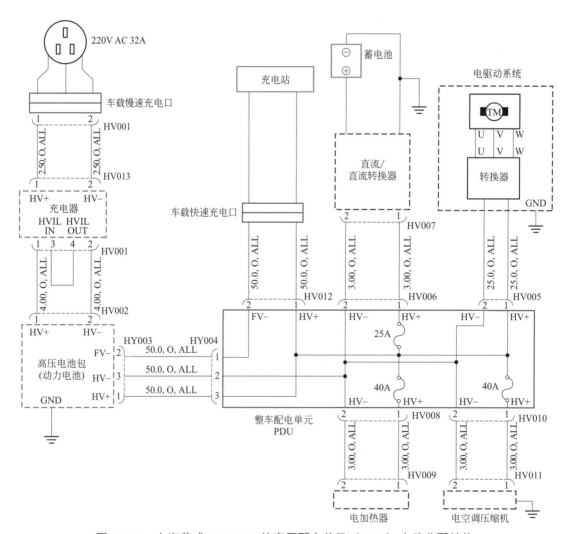

图 7.1-34　上汽荣威 ERX5EV 的高压配电单元（PDU）电路分配结构

八、低压网络结构

1. CAN 系统

低压网络采用了 CAN 系统，其中多个控制模块使用两个通用通信线路收发信号（图 7.1-35）。鉴于通信速度和成本等因素，为控制各个模块间的通信，主要采用了本地 CAN 和 LIN 通信。

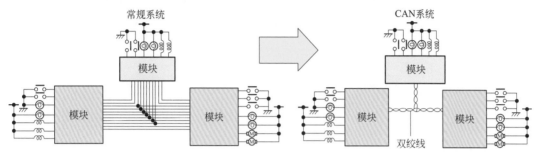

图 7.1-35　CAN 通信结构特征

如图 7.1-36 ～图 7.1-39 所示的是 CAN 和 LIN 通信连接架构，连接电气设备工况视车型配置而不同。

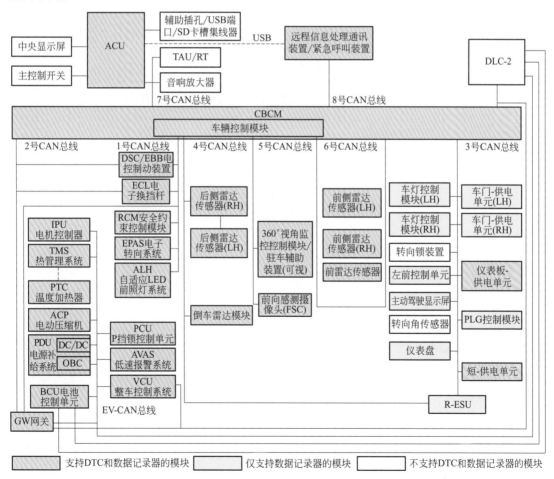

图 7.1-36　CAN 通信 / 架构（总线网络）

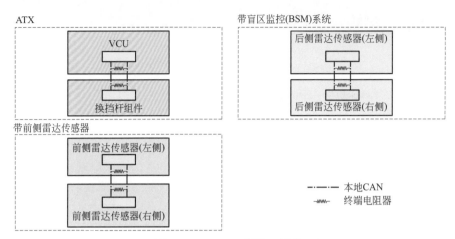

图 7.1-37　CAN 通信 / 架构

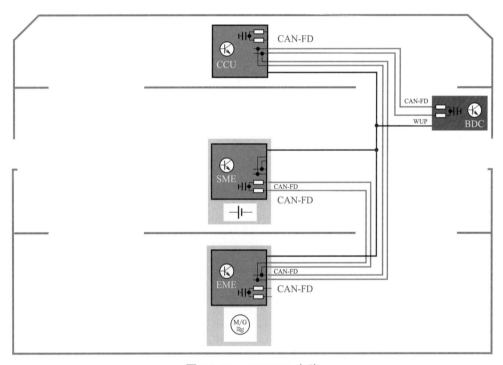

图 7.1-38　CAN-FD 电路

列举说明

　　在电动汽车上，还使用了具有灵活数据速率的控制器局域网 CAN-FD，是传统 CAN 总线的扩展版本，其可用数据长度增加（64 字节取代 8 字节）。因此，数据传输率可以从 500kBit/s 提高到 2Mbit/s 左右。

　　从宝马车型电路（图 7.1-37）中可以看出，CAN-FD 连接高压电组件，从而可以实现更快的数据交换。与 CAN 总线一样，CAN-FD 的线路也是双绞线，而且在 BDC 和 SME 中安装有终端电阻，来降低对干扰的敏感性。

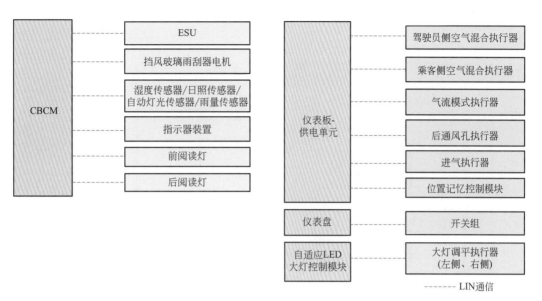

图 7.1-39　LIN 通信 / 架构

如图 7.1-40 所示是 CAN 通信架构（控制单元），电气设备装载数量、位置等视车型配置而不同。

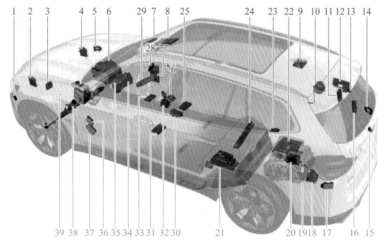

图 7.1-40　CAN 通信 / 架构（控制单元）

1—左前近距离侧面雷达传感器；2—左侧前部车灯电子装置；3—远距离前部雷达传感器；4—右侧前部车灯电子装置；5—右前近距离侧面雷达传感器；6—联合充电单元；7—基于摄像机的驾驶员辅助系统；8—车顶功能中心；9—远程通信系统盒；10—高压电充电接口，含集成电子装置充电接口；11—挂车模块；12—垂直动态管理平台；13—驻车操作辅助系统；14—右侧近距离车尾雷达传感器；15—倒车摄像机；16—后备厢盖功能模块；17—左侧近距离车尾雷达传感器；18—接收器音频模块；19—顶部后方侧视摄像机；20—放大器；21—蓄能器管理电子装置；22—电机电子装置；23—远程操作服务；24—单体电池监控电子装置；25—前乘客座椅模块；26—控制器；27—车身域控制器；28—自动恒温空调；29—主控单元 HU-H3；30—碰撞和安全模块；31—驾驶员座椅模块；32—选挡开关；33—带有近距离通信电子控制装置的无线充电盒；34—组合仪表；35—驾驶员摄像机系统；36—车辆共享模块；37—选装配置系统；38—电子助力转向系统；39—集成动态稳定控制系统

列举说明

如图 7.1-41 所示的宝马 G08 EV 总线架构中，其车辆共享系统、摄像机系统、远距离雷达等都是通过以太网实现传输，是图中蓝色部分控制域模块或系统。

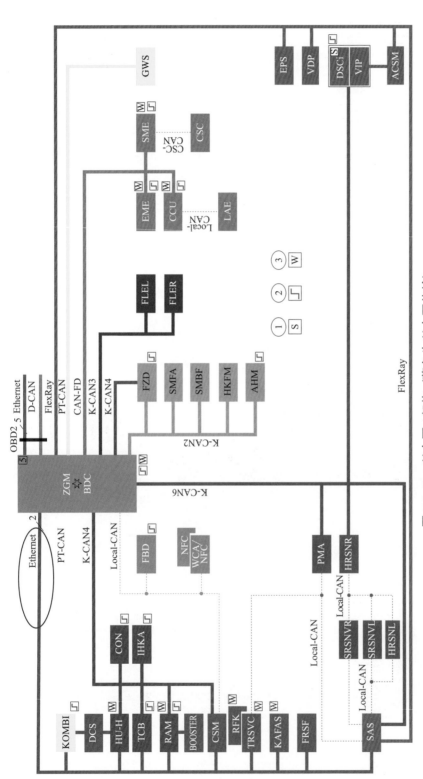

图 7.1-41 以太网／架构（蓝色为以太网传输）

1—用于 FlexRay 总线系统启动和同步的启动节点控制单元；2—有唤醒权限值的控制单元；3—与总线端 15WUP 连接的控制单元；15WUP 连接端 15WUP 连接端；ACSM—碰撞和安全模块；AHM—挂车模块；BDC—车身域控制器；BOOSTER—放大器；CCU—组合充电电子装置；CON—控制器；CSC—单体电池监控电子装置；CSM—车辆共享模块；DCS—驾驶员摄像机系统；DSCi—集成动态稳定控制系统；EME—电机电子装置；EPS—电子助力转向系统（电动机械式助力转向系统）；FBD—遥控信号接收器；FLEL—左侧前部车灯电子装置；FLER—右侧前部车灯电子装置；FRSF—右侧前部雷达传感器；FZD—车顶功能中心；GWS—选挡开关；HKFM—后备箱盖功能模块；HU-H—H 主控单元 High 3；HRSNL—左侧近距离车尾雷达传感器；IHKA—自动恒温空调；KAFAS—基于摄像机的驾驶员辅助系统；KOMBI—组合仪表；LAE—电子充电电子装置；NFC—近距离通信系统；PMA—驻车操作辅助模块；RAM—接收模块；RFK—倒车摄像机；SAS—选装配置系统；SME—蓄能器管理模块；SMFA—前乘客座椅系统；SMBF—前乘客座椅系统；SRSNVL—左前近距离侧面雷达传感器；SRSNVR—右前近距离侧面雷达传感器；TCB—远程通信电子装置；TRSVC—顶部后方侧视摄像机；VDP—垂直动态管理平台；VIP—虚拟集成平台；WCA/NFC—带有近距离离通信电子控制装置的无线充电盒；ZGM—中央网关模块

2. 以太网

车载以太网在单对非屏蔽双绞线上可实现 100Mbit/s，甚至 1Gbit/s 的传输速率，同时还满足汽车行业对高可靠性、低电磁辐射、低功耗、带宽分配、低延迟以及同步实时性等方面的要求。

目前，电动汽车上大概会有 50 ～ 80 个以太网节点，比大多数传统汽车上的以太网节点要多，且在今后几年将普遍渗透。现有的车载网络技术并不能满足电动汽车智能化复杂的应用，如 ADAS 系统、高质量视听车载娱乐系统及云服务和大数据等。以太网用于高度集中的智能化车新型电子电气架构（图 7.1-42），是汽车电动化智能网联汽车技术需求。

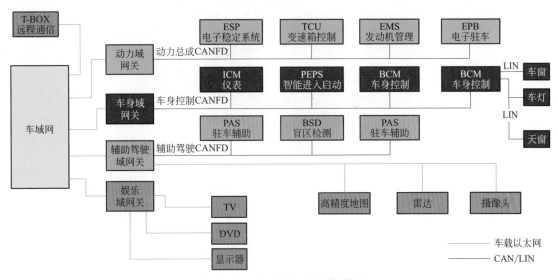

图 7.1-42　以太网 / 网络拓扑图

3. 域控制

域控制器的出现是汽车电子信息类（EE）架构从 ECU 分布式 EE 架构演进到域集中式 EE 架构的一个重要标志。

汽车的电动化、智能化的发展最显著的特征就是 ECU 芯片使用量越来越多。无论是传统的发动机控制系统、安全气囊控制系统、防抱死系统、电动助力转向控制系统、车身电子稳定系统，到智能仪表、娱乐信息系统，电动汽车上的电驱控制、电池管理系统、车载充电系统，还是智能网联汽车 ADAS（先进驾驶辅助系统），以及最终的自动驾驶系统等，都离不开芯片。

前边在低压电网络架构部分介绍过：传统的汽车电子电气架构都是分布式的，汽车里的各个 ECU 都是通过 CAN 和 LIN 总线连接在一起的。但当前汽车里的 ECU 总数已经迅速增加到几十个甚至更多，整个系统复杂度会越来越大，几近上限。在目前软件定义汽车和智能网联汽车环境下，这种基于 ECU 的分布式电气电子架构（EEA）也不能完全满足智能化、网联化的需求。

为了解决智能网联汽车控制单元 ECU 电气电子架构，逐渐开始把很多功能相似、分离的 ECU 功能集成整合到一个比 ECU 性能更强的处理器硬件平台上，这就是汽车域控制器（Domain Control Unit，DCU）。域控制器是汽车每一个功能域的核心，它主要由域主控处理器、操作系统和应用软件及算法三部分组成。对于功能域的具体划分，各汽车生产企业根据自身的设计理念差异而划分成几个不同的域。比如博世公司将其划分为 5 个域：动力域（Power Train）、底盘域（Chassis）、车身域（Body/Comfort）、座舱域（Cockpit/Infotainment）、自动驾驶域（ADAS），这也就是非常经典的五域集中式 EEA。

比亚迪海豚电动汽车的整车控制器和电池管理器共同组成了动力域控制器（VBM）。因为这款是"八合一"的高度集成的智能化电驱总成（图7.1-43），所以使用的是控制域模块。

"八合一"集成式电驱总成

图7.1-43　"八合一"高度集成的智能化电驱总成

也有的汽车生产企业在五域集中式架构基础上进一步融合，把原本的动力域、底盘域和车身域融合为整车控制域，从而形成了三域集中式EEA，也即车控域控制器（Vehicle Domain Controller，VDC）、智能驾驶域控制器（ADAS/AD Domain Controller）、智能座舱域控制器（Cockpit Domain Controller，CDC）。大众的MEB平台以及华为的CC架构都属于这种三域集中式EEA（电气电子架构）。

第二节　配电系统维修原理与特点

一、高压线束特点

高压线束主要用于将动力电池与各高压用电器连接，实现高压用电器取电及给动力电池充电功能。

❶ 电动汽车工作电压高，几乎都在300V以上。高压线束承载着过大的电流，线束截面积有50mm²、35mm²、4mm²、3mm²和2.5mm²。

电动汽车乘用车中一般使用额定电压600V AC/900V DC；商用车一般使用额定电压1000V AC/1500V DC，其高压部件工作电流常为250A，部分大功率电机可达到400A。

❷ 高压线束耐压与耐温等级的性能远高于低压线束等级，所有高压插接件都需达到IP67（高压线的防尘防水等级）。其绝缘性能的标准更是非常高。

❸ 因高压已超出人体安全电压，车身不可作搭铁点，直流高压回路必须严格执行双轨制。

❹ 高压线的自屏蔽性能非常好。考虑到电磁干扰的因素，整个高压系统均由屏蔽层全部

包覆。

高压线束为避免自身产生的电磁干扰影响到其他部件，而采用带有屏蔽功能的线缆。这句话同样适用于 CAN 总线。

高压线屏蔽层为镀锡铜编织网，绝缘电阻大 500Ω/V，耐电 2500V DC，工作温度范围为 -40 ～ 125℃。高压线束的每个接口均采用屏蔽处理，前后电机接口处为屏蔽卡环与电气盒导轨压接，控制器及动力电池插接件采用有屏蔽功能的结构件。

二、高压分配控制特点

1. 回路保护

高压配电盒的作用类似于低压供电系统中的熔断器，高压接线盒的功能包括高压电能的分配和高压回路的过载及短路保护。高压配电盒内对电动压缩机回路、DC/DC 控制单元回路、HVH 加热器回路和 PTC 加热器回路各设有一个熔断器（图 7.2-1）。当这些回路的电流超过 120A 时，熔断器会在 15s 内熔断；当回路电流超过 150A 时，熔断器会在 1s 内熔断，保护相关回路。

图 7.2-1　熔断器

2. 电力分配

高压配电控制框图见图 7.2-2。

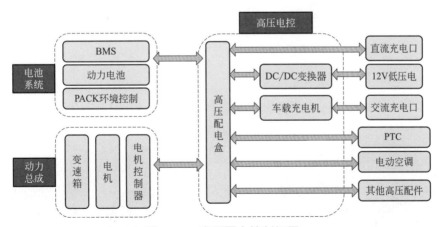

图 7.2-2　高压配电控制框图

（1）高压直流电　高压线束电流从动力电池到电机控制器、PTC 加热器、车载充电机总成和电动空调压缩机为高压直流电。

（2）高压交流电　高压线束电流从电机控制器到驱动电机为高压交流电。

列举说明

如图 7.2-3 所示为 2018 年款长安 CS15 EV 配电系统，其中黄色的为高压线。

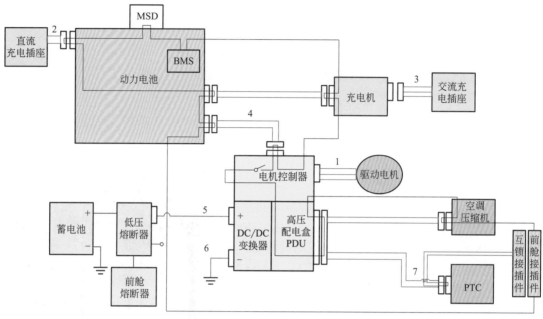

图 7.2-3　2018 年款长安 CS15 EV 配电系统

1—三相动力线束总成；2—直流充电插座线束总成；3—交流充电插座线束总成；4—电机控制器输入线束总成；
5—直流变换器输出线束总成；6—直流变换器输出负极线束总成；7—PTC 输入线束总成

三、低压维修开关机理

1. 结构特点

如图 7.2-4 所示，为了能够分离插口和插头，必须松开图示的红色机械锁止装置。

如图 7.2-5 所示，一般锁止装置 2 松开，就可以将插头从插口 1 中拉出数毫米。

图 7.2-4　低压维修开关/结构

图 7.2-5　低压维修开关/结构（锁止装置）

2. 低压维修开关断开

对高压部件进行作业前，必须断开充电口与充电设备的连接，确认车辆处于 OFF 挡位，并将蓄电池负极断开，断开低压维修开关，至少 3min 以后再对车辆的高压部件及线路进行检查（让高压部件中的电容器件放电）。

❶ 将黄色锁片退出（图 7.2-6）。
❷ 捏住黑色卡点，将短路片退出（7.2-7）。
❸ 此时高压互锁回路断开，高压接触器线圈电源回路断开。（图 7.2-8）。
❹ 插接时，取掉挂锁，拉起该处绿色卡片，插接入短路片，锁上黄色二次锁（图 7.2-9）。

维修提示

退出时如果感觉到阻力，则不要继续拉出或者更用力的拉拽。插头和高压安全插头的插口不能完全相互分离。

图 7.2-6 低压维修开关断开（一）

图 7.2-7 低压维修开关断开（二）

图 7.2-8 低压维修开关断开（三）

图 7.2-9 低压维修开关插接

列举说明

在宝马 G08EV 上，低压维修开关称为高压安全插头（Service Disconnect），借助它将高电压系统断电。高压安全插头是绿色的。如图 7.2-10 所示，高压安全插头作为单独的部件定位在右后备厢内一块饰盖后面的配电器上方。

为了断电，必须将插头从所属的插口中拔出。这样一来，定义高压安全插头状态的导线会断路。除此以外，电动机械式接触器（总线端 30C）的供电也会断路，使得高电压系统断电。

确认断电状态：车辆断电后通过总线信号传输至组合仪表。为了确认断电状态，维修技师必须接通 PAD 模式并且等待，直至在组合仪表中看到检查控制信息（图 7.2-11）。此时，才可以最终确定高电压系统已断电。

　　为了闭合高压安全插头（重新投入使用），必须注意的是，有一个锁止装置会通过机械方式阻止这一操作。因此，必须用工具以机械方式将锁止装置解锁，以便将锁止插头和高压安全插头的插口推到一起。这样一来，定义高压安全插头状态的导线会重新连接，并且会通过总线端 30C 恢复电动机械式接触器的供电。

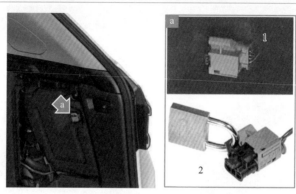

图 7.2-10　高压安全插头

a—安装位置；1—闭合状态下的高压安全插头；2—断开状态下的高压安全插头，并且采取了保险措施，防止重新接通

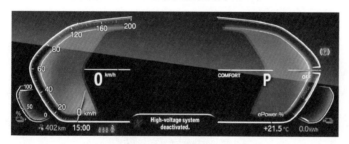

图 7.2-11　仪表显示"高电压系统已关断"信息

图 7.2-12　插口和插头分离并锁住

安全提示

　　一定要注意安全问题，保护高电压系统，防止重新接通！

　　为了防止重新接通，保险措施同样也在高压安全插头上进行。为此，需要一把普通的挂锁。

　　通过将高压安全插头的插口和插头相互分离，一个穿过两个部件的孔会露出，在这个孔中用挂锁锁住（图 7.2-12）。

　　在高电压系统上作业的过程中，应将钥匙存放在一个安全的地方，以避免无关人员将锁打开。通过在高压安全插头上将挂锁插入并且锁上，使得它不能再插接到一起。这样一来，就可以有效地避免高压系统在其他技师不知情的情况下被重新接通。

第三节　配电系统拆装维修与诊断检测

一、拆装高压配电盒

列举说明

如图 7.3-1 所示为小鹏 P7 四驱双电机车型高压配电盒，该配电盒是将动力电池的高压直流电分别分流到前电机控制器、电动空调压缩机以及采暖水加热器。

1. 拆卸周围附件

❶ 关闭所有用电器，车辆下电。

❷ 断开蓄电池负极极夹。

❸ 拆卸手动维修开关。

❹ 拆卸雨刮盖板总成。

❺ 拆卸空调进风风道。

❻ 拆卸三角梁。

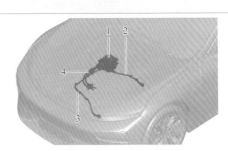

图 7.3-1　小鹏 P7 四驱双电机车型高压配电盒
1—四驱高压配电盒；2—加热器 PTC 线束；3—空调压缩机 ACP 线束；4—前电机线束

2. 拆卸四驱高压配电盒

❶ 脱开电池水泵出水管固定卡扣 A（图 7.3-2）。

❷ 旋出固定螺栓 B，将水 - 水换热器总成 1 移至一侧（图 7.3-2）。

❸ 脱开出水管 1 固定卡扣（图 7.3-3）。

❹ 旋出前电机线束固定螺栓 A（图 7.3-4）。

❺ 断开四驱高压配电盒连接插头 B ～ D（图 7.3-4）。

❻ 断开四驱高压配电盒连接插头 A、B（图 7.3-5）。

❼ 旋出固定螺栓 A、B，拆下四驱高压配电盒 1（图 7.3-6）。

安装四驱高压配电盒　安装程序以倒序进行。

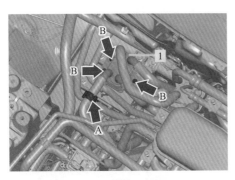

图 7.3-2　高压配电盒拆卸（一）

图 7.3-3　高压配电盒拆卸（二）

3. 拆卸 ACP 线束

❶ 旋出前电机线束 1 的固定螺栓 A（图 7.3-7）。

❷ 脱开红色锁止键，并沿 B 方向翻转锁止手柄（图 7.3-7）。

❸ 断开前电机线束 1 与四驱高压配电箱连接插头 C（图 7.3-7）。

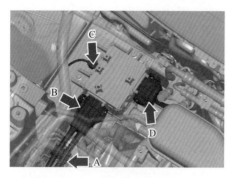

图 7.3-4　高压配电盒拆卸（三）

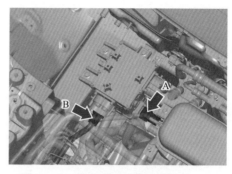

图 7.3-5　高压配电盒拆卸（四）

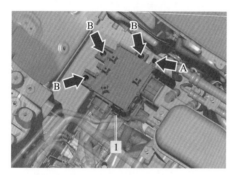

图 7.3-6　高压配电盒拆卸（五）

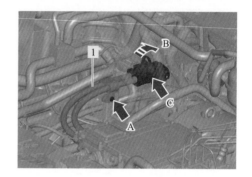

图 7.3-7　拆卸 ACP 线束（一）

❹ 脱开 ACP 线束固定卡扣 A（图 7.3-8）。

❺ 断开 ACP 线束 1 与四驱高压配电箱连接插头 B（图 7.3-8）。

❻ 断开 ACP 线束 1 与电动压缩机总成连接插头 C（图 7.3-8）。

❼ 取出 ACP 线束 1（图 7.3-8）。

4. 拆卸 PTC 线束

❶ 断开 PTC 线束 1 与四驱高压配电箱连接插头 A（图 7.3-9）。

❷ 断开 PTC 线束 1 与采暖水加热器连接插头 B（图 7.3-9）。

❸ 脱开固定卡扣 C，拆下 PTC 线束 1（图 7.3-9）。

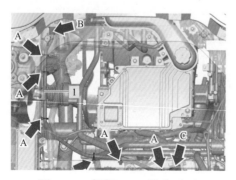

图 7.3-8　拆卸 ACP 线束（二）

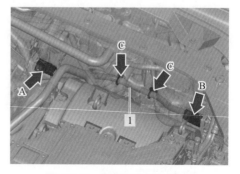

图 7.3-9　拆卸 PTC 线束

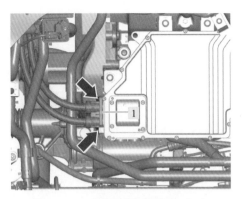

图 7.3-10　拆卸前电机线束（一）

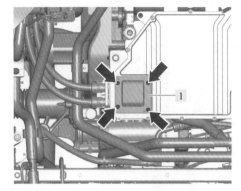

图 7.3-11　拆卸前电机线束（二）

5. 拆卸双电机车型前电机线束

❶ 断开前电机线束固定螺栓（图 7.3-10）

❷ 旋出固定螺栓，取出接线盒上盖 1（图 7.3-11）。

❸ 旋出固定螺栓，脱开前电机线束 1 与前驱动电机控制器总成连接（图 7.3-12）。

❹ 旋出前电机线束 1 的固定螺栓 A（图 7.3-13）。

❺ 脱开红色锁止键，并沿 B 方向翻转锁止手柄（图 7.3-13）。

❻ 断开连接插头 C，拆下前电机线束 1（图 7.3-13）。

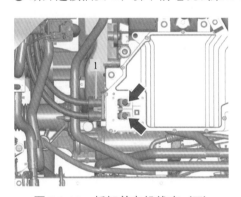

图 7.3-12　拆卸前电机线束（三）

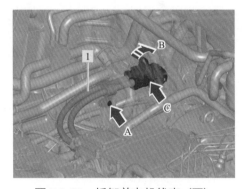

图 7.3-13　拆卸前电机线束（四）

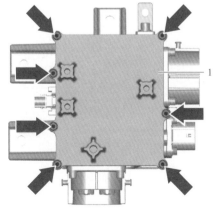

图 7.3-14　拆卸熔断器（一）

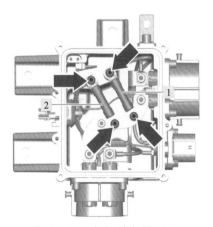

图 7.3-15　拆卸熔断器（二）

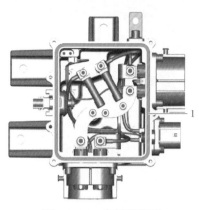

图 7.3-16　安装熔断器

6. 更换高压配电盒熔断器

（1）拆卸事项

❶ 旋出固定螺栓，拆下四驱高压配电箱上盖1（图 7.3-14）。

❷ 旋出固定螺栓，拆下高压配电箱熔断器1 和 2（图 7.3-15）。

（2）安装事项

安装程序以倒序进行，同时注意下列事项。

❶ 对外壳及连接器进行清洁，确保连接器表面及内部无脏污及异物。

❷ 如密封胶圈损坏，应更换密封胶圈1（图 7.3-16）。

❸ 更换完熔断器后，对两个熔断器回路进行导通测试。

❹ 四驱高压配电箱上盖装配好后，对 PDU 进行气密测试。

二、高压配电系统简明故障罗列

高压配电系统简明故障罗列见表 7.3-1。

表 7.3-1　高压配电盒简明故障罗列

故障症状	可能的原因	措施/排除
DC/DC不工作	高压输入断电	检查高压输入是否正常
	使能信号为高电位	检查相关控制端子针脚是否正常
	输出短路	检查输出连接是否正常
配电盒保险烧坏	高压输入短路或输入正负极接反	检测高压输入是否正常
DC 故障反馈	输入过/欠压，输出过/欠压，整机过温	检查输出是否过流或过压，关闭 DC/DC 总成，静置 5min 的后启动，如果仍然报故障，检查线路
电子加热器无法工作	熔丝熔断	①断开动力电池包侧高压接插件和电子加热器高压接插件 ②用万用表进行导通测试 ③如果导通，则继续测量电阻值，如果电阻值在毫欧级别则证明保险无问题 ④如果不导通或测试电阻较大，则可认为保险已熔断
电动压缩机无法工作	熔丝熔断	①断开动力电池包侧高压接插件和电动压缩机高压接插件 ②用万用表进行导通测试 ③如果导通，则继续测量电阻值，如果电阻值在毫欧级别则证明保险无问题 ④如果不导通或测试电阻较大，则可认为保险已熔断

续表

故障症状	可能的原因	措施 / 排除
无法进行慢充充电	熔丝熔断	①断开动力电池包侧高压接插件和车载充电机侧高压接插件 ②用万用表进行导通测试 ③如果导通，则继续测量电阻值，如果电阻值在毫欧级别则证明保险无问题 ④如果不导通或测试电阻较大，则可认为保险已熔断
无法进行快充充电	接触器工作状态异常	①用万用表测量正极快充接触器是否可以导通，可以通过测量接快充口插件的正极和接电动压缩机插件的正极之间是否导通来判断（注意不要碰到插件的屏蔽层）；如果导通则表明接触器已经粘连，需更换车载充电机 ②正极快充接触器给常电，如果接触器可以动作（有嗒嗒声音），动作后接触器可以导通，则认为无问题；否则表明接触器故障，需更换车载充电机

三、高压配电系统具体的故障检测

1. 高压配电故障特点

相对来讲，高压配电的故障并不是很复杂，主要表现在下述三种高压回路的故障。

❶ 回路绝缘故障。

❷ 回路相互短路或断路故障。

❸ 高压配电盒故障。

2. 高压配电故障检测前的检查和准备

（1）直观检查　前边介绍过，首先从易于接触或能够看到的系统部件进行直观检查。

❶ 检查可能影响高压配电系统的维修、改装、加装的电气设备。

❷ 检查易于接触或能够看到的系统部件，或者易于直观判断的部件（如熔丝），以查明其是否有明显损坏或存在可能导致故障的情况。

❸ 检查高压配电盒内部是否有水或者灰尘等异物。

❹ 检查高压配电盒高压线束连接器是否松动，内部是否有锈蚀的迹象。

排除以上情况后，重点利用检测手段（如利用兆欧表检测）来确定和排除配电系统的相关回路故障。

（2）高压配电电路图

1）要熟悉各高压电气设备的插接器（连接器）　图 7.3-17 和图 7.3-18 显示的是高压线束及插接器，所涉及的部分与表 7.3-2 所对应。通常对维修电路进行插接器端子之间的测量，来判断和确定故障点。

2）要熟悉高压系统电路的连接走向　维修中，使用电路图是最常用且很重要的维修技术辅助方式。从高压配电盒分配出来的各个线路走向以及插接器连接情况，从电路图中看一目了然。高压配电系统电路图见图 7.3-19。

（3）检测工具　万用表和兆欧表。

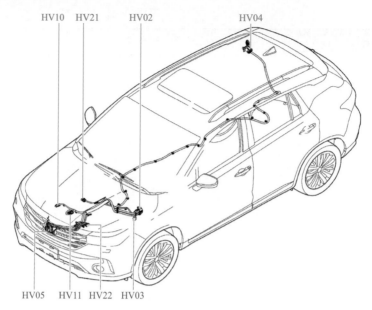

图 7.3-17　高压线束及插接器（一）

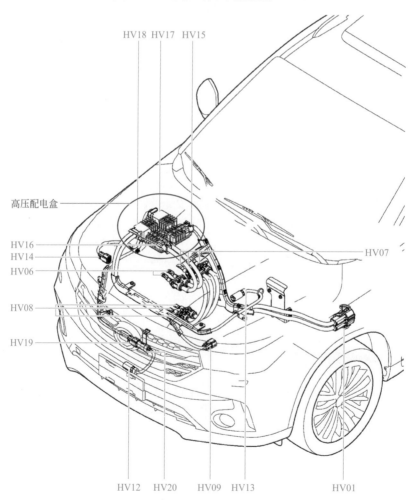

图 7.3-18　高压线束及插接器（二）

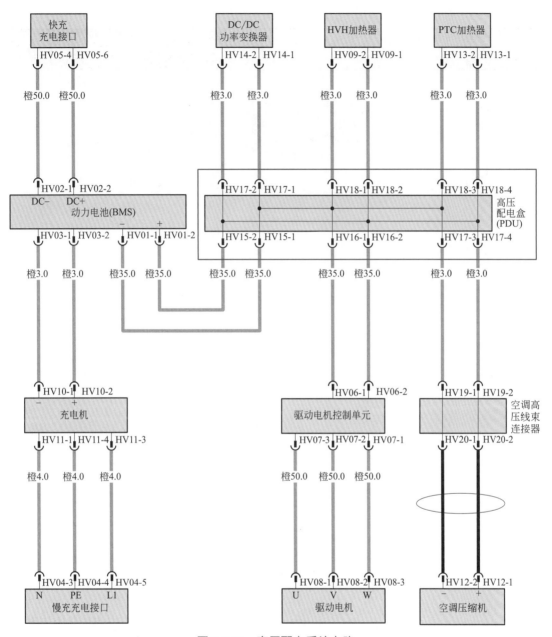

图 7.3-19 高压配电系统电路

表 7.3-2 高压部件线束插接器（连接器）

部件	插接器代号	插接器	图示	端子号	连接走向（端子定义）
动力电池	HV01	BMS 控制单元2 芯插头		1	动力电池输出至 PDU 负极
				2	动力电池输出至 PDU 正极

续表

部件	插接器代号	插接器	图示	端子号	连接走向（端子定义）
动力电池	HV02	动力电池2芯插头		1	直流电源负极
				2	直流电源正极
	HV03	动力电池2芯插头		1	充电机输出至动力电池负极
				2	充电机输出至动力电池正极
慢充充电口	HV04	慢充充电口17芯插头		1	充电控制确认
				2	充电连接确认
				3	中线
				4	保护接地
				5	交流电源
				6	空
				7	空
				8	M−
				9	M+
				10	慢充接插件微动开关状态1
				11	慢充接插件微动开关接地
				12	L1温度传感器信号＋
				13	L1温度传感器接地
				14	N1温度传感器信号＋
				15	N1温度传感器信号－
				16	慢充接插件微动开关状态2
				17	空

续表

部件	插接器代号	插接器	图示	端子号	连接走向（端子定义）
快充充电口	HV05	快充充电口13芯插头	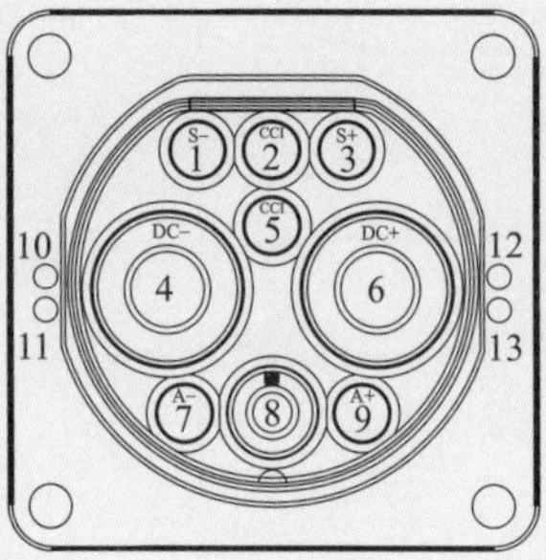	1	充电 CAN-L
				2	充电连接确认
				3	充电 CAN-H
				4	直流电源负极
				5	空
				6	直流电源正极
				7	低压辅助电源负
				8	保护接地
				9	低压辅助电源正
				10	DC- 温度传感器 +
				11	DC- 温度传感器 -
				12	DC+ 温度传感器 +
				13	DC+ 温度传感器 -
驱动电机控制单元	HV06	驱动电机控制单元2芯插头	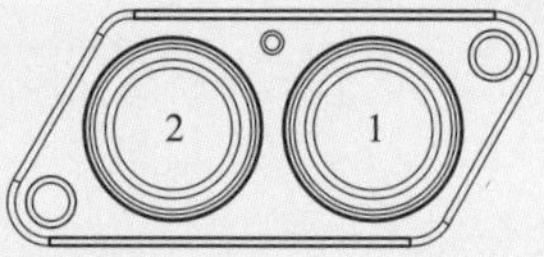	1	驱动电机控制单元负极
				2	驱动电机控制单元正极
	HV07	驱动电机控制单元3芯插头	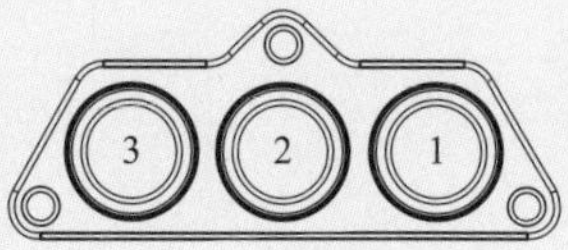	1	驱动电机控制单元输出至驱动电机 U 相
				2	驱动电机控制单元输出至驱动电机 V 相
				3	驱动电机控制单元输出至驱动电机 W 相
驱动电机	HV08	驱动电机3芯插头	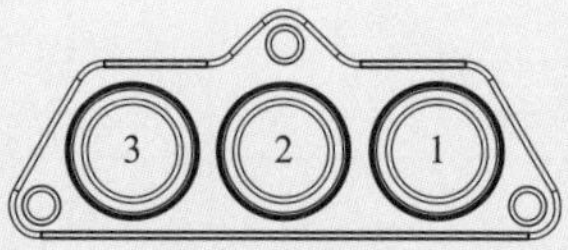	1	驱动电机 U 相
				2	驱动电机 V 相
				3	驱动电机 W 相
HVH加热器	HV9	HVH加热器2芯插头	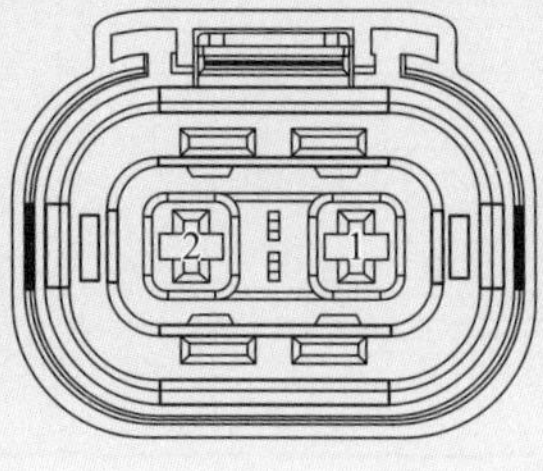	1	HVH 正极
				2	HVH 负极

部件	插接器代号	插接器	图示	端子号	连接走向（端子定义）
充电机	HV10	充电机2芯插头		1	充电机输出负极
				2	充电机输出正极
	HV11	充电机6芯插头		1	中线
				2	空
				3	交流电源
				4	保护接地
				5	空
				6	空
空调压缩机	HV12	空调压缩机4芯插头		1	空调压缩机正极
				2	空调压缩机负极
				3	空调压缩机高压互锁输入
				4	空调压缩机高压互锁输出
PTC加热器	HV13	PTC加热器2芯插头		1	PTC正极
				2	PTC负极
DC/DC功率变换器	HV14	DC/DC功率变换器2芯插头		1	DC/DC负极
				2	DC/DC正极

续表

部件	插接器代号	插接器	图示	端子号	连接走向（端子定义）
配电盒	HV15	配电盒2芯插头	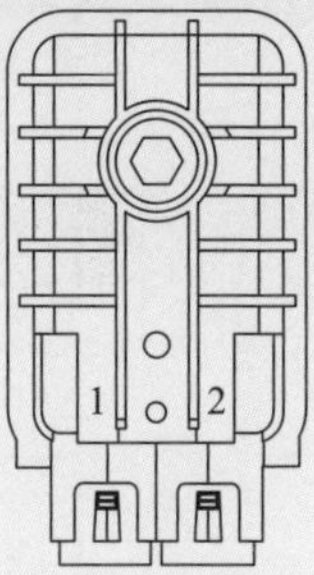	1	动力电池输入至PDU负极
				2	动力电池输入至PDU正极
	HV16	配电盒2芯插头	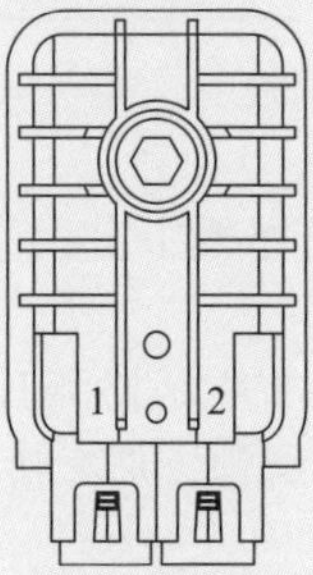	1	PDU输出至驱动电机控制单元负极
				2	PDU输出至驱动电机控制单元正极
	HV17	配电盒4芯插头	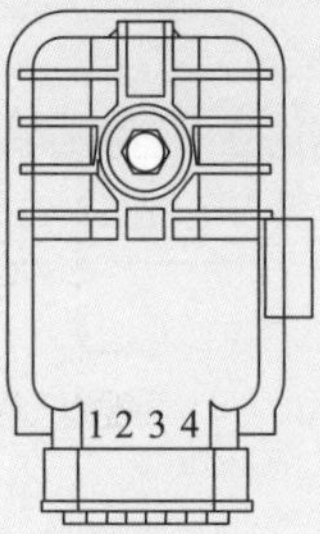	1	PDU输出至DC/DC负极
				2	PDU输出至DC/DC正极
				3	PDU输出至空调压缩机插接件负极
				4	PDU输出至空调压缩机插接件正极
	HV18	配电盒4芯插头	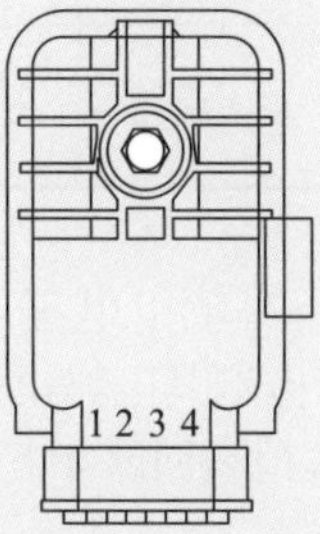	1	PDU输出至HVH负极
				2	PDU输出至HVH正极
				3	PDU输出至PTC负极
				4	PDU输出至PTC负极
压缩机插接件	HV19	压缩机插接件2芯插头	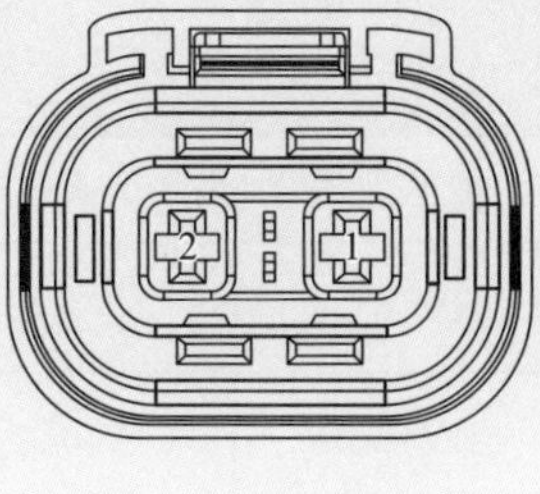	1	空调压缩机插接件输入负极
				2	空调压缩机插接件输入正极

续表

部件	插接器代号	插接器	图示	端子号	连接走向（端子定义）
压缩机插接件	HV20	压缩机插接件4芯插头	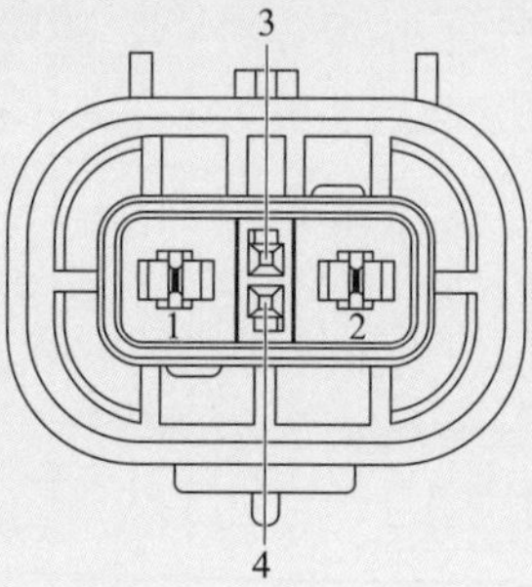	1	空调压缩机插接件输出负极
				2	空调压缩机插接件输出正极
				3	空调压缩机插接件高压互锁输入
				4	空调压缩机插接件高压互锁输出

3. 电机控制器回路故障

（1）检查回路绝缘故障　检测要点：执行车辆下电程序，即关闭启动开关；断开蓄电池负极接线柱；断开维修开关。

断开电机控制器线束连接器。按照表 7.3-3 所示检测其电路电阻情况。如果不符合应测得结果，那么应该维修或更换线束。如果绝缘没问题，那么接着检查回路断路或者断路。

表 7.3-3　检测电机控制器回路绝缘故障

检查的零部件				兆欧表/表笔探测的两端子		检测条件	状态	应测得结果/MΩ
连接器	代号		图示	黑表笔连接	红表笔连接			
电机控制器线束连接器	HV06			HV06/1	高压配电盒壳体	下电	电阻	≥20
高压电器盒	—		—	HV06/2	高压配电盒壳体	下电	电阻	≥20

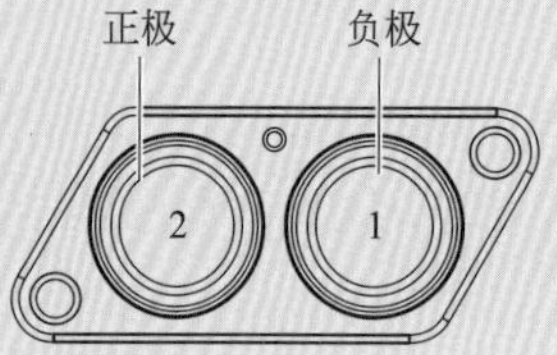

（2）检查回路断路故障　检测要点：执行车辆下电程序，即断开高压配电盒线束连接器；断开电机控制器线束连接器。按照表 7.3-4 所示检测其电路电阻情况。如果不符合应测得结果，那么应该维修或更换线束。如果没问题，那么接着检查回路相互是不是有短路情况。

表 7.3-4　检测电机控制器回路断路故障

检查的零部件			万用表/表笔探测的两端子		检测条件	状态	应测得结果/Ω
连接器	代号	图示	黑/红表笔连接	红/黑表笔连接			
高压电器盒线束连接器	HV16	见表 7.3-2	HV16/1	HV06/1	下电	电阻	<1
电机控制器线束连接器	HV06	见表 7.3-2	HV16/2	HV06/2	下电	电阻	<1

（3）检查回路相互短路故障 检测要点：执行车辆下电程序，即断开高压电器盒线束连接器；断开高压电器盒其他所有高压线束连接器。按照表7.3-5所示检测其电路电阻情况。如果不符合应测得结果，那么应该维修或更换线束。如果线路没问题，那么问题可确定在高压配电盒本身故障。

表 7.3-5　检测电机控制器回路短路故障

检查的零部件			兆欧表 / 表笔探测的两端子		检测条件	状态	应测得结果 /MΩ
连接器	代号	图示	红表笔连接	黑表笔连接	下电	电阻	≥ 20
电机控制器线束连接器	HV06	见表 7.3-2	HV06/2	HV06/1			

（4）更换高压配电盒 上述检查若逐一排除回路绝缘、回路相互短路和断路的故障，那么问题就出在高压配电盒本身。更换高压配电盒，电机控制器回路故障排除。

4. 动力电池回路故障

（1）检查回路绝缘故障 检测要点：执行车辆下电程序，即断开动力电池线束连接器。按照表7.3-6所示检测其电路电阻情况。如果不符合应测得结果，那么应该维修或更换线束。如果绝缘没问题，那么接着检查回路断路或者断路。

表 7.3-6　检测动力电池回路绝缘故障

检查的零部件			兆欧表 / 表笔探测的两端子		检测条件	状态	应测得结果 /MΩ
连接器	代号	图示	红表笔连接	黑表笔连接			
动力电池线束连接器	HV01	见表 7.3-2	HV01/1	高压配电盒壳体	下电	电阻	≥ 20
高压配电盒	—	—	HV01/2	高压配电盒壳体	下电	电阻	≥ 20

（2）检查回路断路故障 检测要点：执行车辆下电程序，即断开动力电池线束连接器；断开高压配电盒线束连接器。按照表7.3-7所示检测其电路电阻情况。如果不符合应测得结果，那么应该维修或更换线束。如果绝缘没问题，那么接着检查回路短路。

表 7.3-7　检测动力电池回路断路故障

检查的零部件			万用表 / 表笔探测的两端子		检测条件	状态	应测得结果 /Ω
连接器	代号	图示	红 / 黑表笔连接	黑 / 红表笔连接	下电	电阻	< 1
动力电池线束连接器	HV01	见表 7.3-2	HV01/1	HV15/1			
高压配电盒线束连接器	HV15	见表 7.3-2	HV01/2	HV15/2	下电	电阻	< 1

（3）检查回路相互短路故障 检测要点：执行车辆下电程序，即断开动力电池线束连接器；断开高压电器盒其他所有高压线束连接器。按照表7.3-8所示检测其电路电阻情况。如果

不符合应测得结果，那么应该维修或更换线束。如果线路没问题，那么问题可确定在高压配电盒本身故障。

表 7.3-8　检测动力电池回路短路故障

检查的零部件			兆欧表 / 表笔探测的两端子		检测条件	状态	应测得结果 /MΩ
连接器	代号	图示	红表笔连接	黑表笔连接			
动力电池线束连接器	HV01	见表 7.3-2	HV01/1	HV01/2	下电	电阻	≥ 20

5. DC/DC 转换器回路故障

（1）检查高压配电盒熔断器是否熔断　执行下电程序。拆卸高压配电盒上盖，按照表 7.3-9 所示检测其电路电阻情况。熔断器熔断，进行更换，如果熔断器完好，则需要进行回路绝缘检查。

表 7.3-9　检测高压电器盒熔断器

检查的零部件	万用表 / 表笔探测的两端子	检测条件	状态	应测得结果 /Ω
高压配电盒熔断器	熔断器两端	下电	电阻	< 1

（2）检查回路绝缘故障　检测要点：执行车辆下电程序。断开 DC/DC 变换器线束连接器。按照表 7.3-10 所示检测其电路电阻情况。如果不符合应测得结果，那么应该维修或更换线束。如果绝缘没问题，那么接着检查回路断路或者短路。

表 7.3-10　检测 DC/DC 变换器回路绝缘故障

检查的零部件			兆欧表 / 表笔探测的两端子		检测条件	状态	应测得结果 /MΩ
连接器	代号	图示	红表笔连接	黑表笔连接			
DC/DC 变换器线束连接器	HV14	见表 7.3-2	HV14/1	高压配电盒壳体	下电	电阻	≥ 20
高压配电盒	—	—	HV14/2	高压配电盒壳体	下电	电阻	≥ 20

（3）检查回路断路故障　检测要点：执行车辆下电程序，即断开高压配电盒线束连接器；断开 DC/DC 变换器线束连接器。按照表 7.3-11 所示检测其电路电阻情况。如果不符合应测得结果，那么应该维修或更换线束。如果绝缘没问题，那么接着检查回路短路。

表 7.3-11　检测 DC/DC 变换器断路故障

检查的零部件			万用表 / 表笔探测的两端子		检测条件	状态	应测得结果 /Ω
连接器	代号	图示	红 / 黑表笔连接	黑 / 红表笔连接			
DC/DC 变换器线束连接器	HV14	见表 7.3-2	HV14/1	HV17/1	下电	电阻	< 1
高压配电盒线束连接器	HV17	见表 7.3-2	HV14/2	HV17/2	下电	电阻	< 1

（4）检查回路相互短路故障　检测要点：执行车辆下电程序，即断开 DC/DC 变换器线束连接器；断开高压配电盒其他所有高压线束连接器。按照表 7.3-12 所示检测其电路是否有短路情况。如果不符合应测得结果，那么应该维修或更换线束。如果线路没问题，那么问题可确定

在高压配电盒本身故障。

表 7.3-12　检测 DC/DC 变换器短路故障

检查的零部件			兆欧表 / 表笔探测的两端子		检测条件	状态	应测得结果 /MΩ
连接器	代号	图示	红表笔连接	黑表笔连接	下电	电阻	≥ 20
DC/DC 变换器线束连接器	HV14	见表 7.3-2	HV14/1	HV14/2			

6. HVH 加热器回路故障

（1）检查高压配电盒熔断器是否熔断

❶ 将启动开关置于 OFF 位置。

❷ 断开蓄电池负极接线柱。

❸ 拆卸维修开关。

❹ 拆卸高压配电盒上盖，用万用表测量高压配电盒熔断器两端的电阻。该电阻应该小于 1Ω 左右。

❺ 确认测量值是否符合标准。如果不符合标准，则更换高压电器盒熔断器。

如果熔断器没有问题，那么可能是 HVH 加热器回路的故障。需要进一步检查 HVH 加热器回路绝缘、短路、断路，以及高压配电盒本身问题。

（2）检查回路绝缘故障　检测要点：执行车辆下电程序，即断开 HVH 加热器线束连接器。按照表 7.3-13 所示检测其电路电阻情况。如果不符合应测得结果，那么应该维修或更换线束。如果绝缘没问题，那么接着检查回路断路或者短路。

表 7.3-13　检测 HVH 加热器回路绝缘故障

检查的零部件			兆欧表 / 表笔探测的两端子		检测条件	状态	应测得结果 /MΩ
连接器	代号	图示	红表笔连接	黑表笔连接			
HVH 加热器线束连接器	HV09	见表 7.3-2	HV09/1	高压配电盒壳体	下电	电阻	≥ 20
高压配电盒	—	—	HV09/2	高压配电盒壳体	下电	电阻	≥ 20

（3）检查回路断路故障　检测要点：执行车辆下电程序，即断开高压配电盒线束连接器；断开 HVH 加热器线束连接器。按照表 7.3-14 所示检测其电路电阻情况。如果不符合应测得结果，那么应该维修或更换线束。如果绝缘没问题，那么接着检查回路短路。

表 7.3-14　检测 HVH 加热器回路断路故障

检查的零部件			万用表 / 表笔探测的两端子		检测条件	状态	应测得结果 /Ω
连接器	代号	图示	红 / 黑表笔连接	黑 / 红表笔连接			
高压配电盒线束连接器	HV18	见表 7.3-2	HV18/1	HV09/2	下电	电阻	< 1
HVH 加热器线束连接器	HV09	见表 7.3-2	HV18/2	HV09/1	下电	电阻	< 1

（4）检查回路相互短路故障　检测要点：执行车辆下电程序，即断开 HVH 加热器线束连接器；断开高压配电盒其他所有高压线束连接器。按照表 7.3-15 所示检测其电路是否有短路情

况。如果不符合应测得结果，那么应该维修或更换线束。如果线路没问题，那么问题可确定在高压配电盒本身故障。

表 7.3-15　检测 HVH 加热器短路故障

检查的零部件			兆欧表 / 表笔探测的两端子		检测条件	状态	应测得结果/MΩ
连接器	代号	图示	红表笔连接	黑表笔连接	下电	电阻	≥ 20
HVH 加热器线束连接器	HV09	见表 7.3-2	HV09/1	HV09/2			

7. 压缩机回路故障

（1）检查高压配电盒熔断器　按照前述的方法检查高压配电盒熔断器是否熔断。如果熔断器没有问题，那么可能是压缩机回路的故障。需要进一步检查压缩机回路绝缘、短路、断路，以及高压配电盒本身问题。

（2）检查回路绝缘故障　检测要点：执行车辆下电程序，即断开压缩机线束连接器。按照表 7.3-16 所示检测其电路电阻情况。如果不符合应测得结果，那么应该维修或更换线束。如果绝缘没问题，那么接着检查回路断路或者短路。

表 7.3-16　检测压缩机回路绝缘故障

检查的零部件			兆欧表 / 表笔探测的两端子		检测条件	状态	应测得结果/MΩ
连接器	代号	图示	红表笔连接	黑表笔连接	下电	电阻	≥ 20
压缩机线束连接器	HV19	见表 7.3-2	HV19/1	高压配电盒壳体			
高压配电盒	—	—	HV19/2	高压配电盒壳体	下电	电阻	≥ 20

（3）检查回路断路故障　检测要点：执行车辆下电程序，即断开高压配电盒线束连接器；断开压缩机线束连接器。按照表 7.3-17 所示检测其压缩机电路情况。如果不符合应测得结果，那么应该维修或更换线束。如果绝缘没问题，那么接着检查回路短路。

表 7.3-17　检测压缩机回路断路故障

检查的零部件			万用表 / 表笔探测的两端子		检测条件	状态	应测得结果/Ω
连接器	代号	图示	红 / 黑表笔连接	黑 / 红表笔连接	下电	电阻	< 1
高压配电盒线束连接器	HV17	见表 7.3-2	HV17/3	HV19/2			
压缩机线束连接器	HV19	见表 7.3-2	HV17/4	HV19/2	下电	电阻	< 1

（4）检查回路相互短路故障　检测要点：执行车辆下电程序，即断开压缩机线束连接器；断开高压配电盒其他所有高压线束连接器。按照表 7.3-18 所示检测压缩机电路是否有短路情况。如果不符合应测得结果，那么应该维修或更换线束。如果线路没问题，那么问题可确定在高压配电盒本身故障。

表 7.3-18　检测压缩机短路故障

检查的零部件			兆欧表 / 表笔探测的两端子		检测条件	状态	应测得结果/MΩ
连接器	代号	图示	红表笔连接	黑表笔连接	下电	电阻	≥ 20
压缩机线束连接器	HV19	见表 7.3-2	HV19/1	HV19/2			

8. PTC 加热器回路故障

（1）检查高压配电盒的熔断器　按照前述的方法检查高压配电盒熔断器是否熔断。如果熔断器没有问题，那么可能是 PTC 加热器回路的故障。需要进一步检查 PTC 加热器回路绝缘、短路、断路，以及高压配电盒本身问题。

（2）检查回路绝缘故障　检测要点：执行车辆下电程序，即断开 PTC 加热器线束连接器。按照表 7.3-19 所示检测其电路电阻情况。如果不符合应测得结果，那么应该维修或更换线束。如果 PTC 加热器回路绝缘没问题，那么接着检查回路断路或者短路。

表 7.3-19　检测 PTC 加热器回路绝缘故障

检查的零部件			兆欧表 / 表笔探测的两端子		检测条件	状态	应测得结果/MΩ
连接器	代号	图示	红表笔连接	黑表笔连接			
PTC 加热器线束连接器	HV13	见表 7.3-2	HV13/1	高压配电盒壳体	下电	电阻	≥ 20
高压配电盒	—	—	HV13/2	高压配电盒壳体	下电	电阻	≥ 20

（3）检查回路断路故障　检测要点：执行车辆下电程序，即断开高压配电盒线束连接器；断开 PTC 加热器线束连接器。按照表 7.3-20 所示检测其 PTC 加热器电路情况。如果不符合应测得结果，那么应该维修或更换线束。如果绝缘没问题，那么接着检查回路短路。

表 7.3-20　检测 PTC 加热器回路断路故障

检查的零部件			万用表 / 表笔探测的两端子		检测条件	状态	应测得结果/Ω
连接器	代号	图示	红 / 黑表笔连接	黑 / 红表笔连接			
高压配电盒线束连接器	HV18	见表 7.3-2	HV18/3	HV13/2	下电	电阻	< 1
PTC 加热器线束连接器	HV13	见表 7.3-2	HV18/4	HV13/1	下电	电阻	< 1

（4）检查回路相互短路故障　检测要点：执行车辆下电程序，即断开 PTC 加热器线束连接器；断开高压配电盒其他所有高压线束连接器。按照表 7.3-21 所示检测 PTC 加热器回路是否有短路情况。如果不符合应测得结果，那么应该维修或更换线束。如果线路没问题，那么问题可确定在高压配电盒本身故障。

表 7.3-21　检测 PTC 加热器短路故障

检查的零部件			兆欧表 / 表笔探测的两端子		检测条件	状态	应测得结果/MΩ
连接器	代号	图示	红表笔连接	黑表笔连接			
PTC 加热器线束连接器	HV13	见表 7.3-2	HV13/1	HV13/2	下电	电阻	≥ 20

（5）更换高压配电盒
❶ 关闭启动开关。
❷ 断开蓄电池负极接线柱。
❸ 断开维修开关。
❹ 更换高压配电盒。
❺ 确认故障排除。

扫一扫

视频精讲

第八章
驱动电机系统维修

第一节 驱动电机基本构造与零部件识别

一、驱动电机类型

电动汽车乘用车驱动电机（电机／电动机）使用交流永磁同步电机为主流；部分使用交流异步电机，常搭载在四轮驱动车型的前桥上（标配一般是后驱的）。但驱动电机有很多种类，不同的电动汽车搭载的电机有直流励磁电机、永磁无刷直流电机、交流异步电机、交流开关磁阻电机、永磁同步电机等。根据电源不同，电机可以分为直流电动机和交流电动机两大类，驱动电机分类见图 8.1-1。不同车型搭载的驱动电机类型见表 8.1-1。

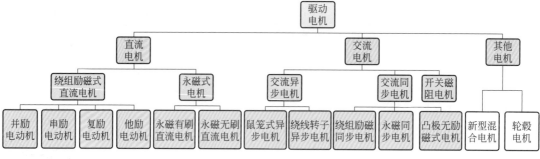

图 8.1-1 驱动电机分类

表 8.1-1　不同车型搭载的驱动电机类型

列举某款/车型		搭载的电机类型	最大总功率/kW			最大总扭矩/(N·m)			电机布局
北汽 EU5	两驱	交流永磁同步电机	160			300			两驱：前置
长安 CS55	两驱	交流永磁同步电机	160			300			两驱：前置
上汽飞凡 ER	两驱	交流永磁同步电机	135			280			两驱：前置
AION Y	两驱	交流永磁同步电机	135			225			两驱：前置
高尔夫	两驱	交流永磁同步电机	100			290			两驱：前置
奥迪/Q5e-tron	四驱	前：交流异步电机 后：交流永磁同步电机	225			460			双电机：前置+后置
大众 ID.X	四驱	前：交流异步电机 后：交流永磁同步电机	230	前	后	472	前	后	双电机：前置+后置
				80	150		162	310	
	两驱	交流永磁同步电机	150			310			两驱：后置
特斯拉 Mordl3	两驱	交流永磁同步电机	194			340			两驱：后置
	四驱	前：交流异步电机 后：交流永磁同步电机	357			659			双电机：前置+后置
小鹏 P7	两驱	交流永磁同步电机	196			390			两驱：后置
	四驱	前：交流永磁同步电机 后：交流永磁同步电机	316	前	后	655	前	后	双电机：前置+后置
				120	196		265	390	
理想 ONE （混动）	四驱	前：交流永磁同步电机 后：交流永磁同步电机	245	前	后	455	前	后	双电机：前置+后置
				100	145		240	215	
极狐 阿尔法 S	四驱	前：交流永磁异步电机 后：交流永磁同步电机	473			655			双电机：前置+后置
宝马 iX3	两驱	交流励磁同步电机	210			400			两驱：后置

二、驱动电机及驱动单元外部特征

电动汽车电动化部分由电机驱动系统、动力电池系统和整车控制系统组成，是电动汽车的核心，其中的电机驱动系统是直接将电能转换为机械能的部分，驱动电机决定了电动汽车的性能指标。驱动电机、驱动电机控制器、变速器（减速器）集成的"三合一"，组成了电动汽车的驱动系统（单元）。

（1）驱动电机和电机控制器　见图 8.1-2。

（2）混合动力汽车盘式驱动电机　见图 8.1-3。

（3）不同功率的乘用车电驱系统　见图 8.1-4 ～图 8.1-8。

图 8.1-2　驱动电机和电机控制器

图 8.1-3　混合动力汽车盘式驱动电机

图 8.1-4　乘用车驱动系统（驱动电机和驱动电机
控制器二合一）（功率 35kW/ 转速 11000r/min）

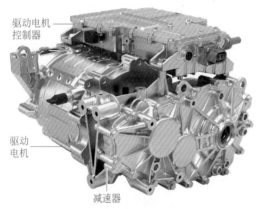

图 8.1-5　乘用车驱动系统（三合一）
（功率 55kW/ 转速 10000r/min）

图 8.1-6　乘用车驱动系统（三合一）
（功率 100kW/ 转速 14000r/min）

（4）商用车混合动力驱动单元　见图 8.1-9。

（5）48V 轻混 /BSG 系统　见图 8.1-10。

48V 轻混动中 BSG 电机主要由一个采用皮带与发动机连接，既能充当起动机又能充当发电机，必要的时候又能够对发动机助力的电机，和能够储存与释放 48V 电压的 48V 蓄电池等组成。但是当前汽车很多模块依然是 12V 电压（例如所有的 ECU 和大灯等），所以必须要有 DC/DC 将电压从 48V 转换到 12V。

图 8.1-7 乘用车驱动系统（三合一）
（功率 120kW/ 转速 12000r/min）

图 8.1-8 乘用车驱动系统（三合一）
（功率 160kW/ 转速 16000r/min）

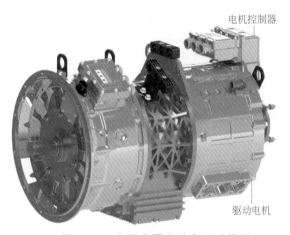

图 8.1-9 商用车混合动力驱动单元
（功率 65 ～ 100kW/ 转速 3800r/min）

图 8.1-10 48V 轻混 /BSG 系统
（功率 10kW/40N·m）

　　所以说，48V 轻混 /BSG 系统就是以 BSG 电机为基础，具有启动、发电、助力和能量回收等功能的混动系统，BSG 电机一般布置在发动机的前端，由皮带驱动（图 8.1-11），所以对于单独搭载该技术的混动车也称为 P0 结构。

图 8.1-11 皮带驱动 BSG 电机

三、驱动电机结构布局特征

1. 主流的电机结构布局特征

（1）纯电动汽车　纯电动汽车中，两驱电动汽车搭载的是一台驱动电机，前置或者后置。四驱车辆为双电机配置，前后各搭载一台驱动电机。

列举说明

如图 8.1-12 所示是大众纯电动汽车 ID.4X 驱动电机安装位置，该车后驱电机为标配，在选装四驱配置时，才有前驱电机及电机控制器。如图 8.1-13 所示是特斯拉驱动电机安装位置。

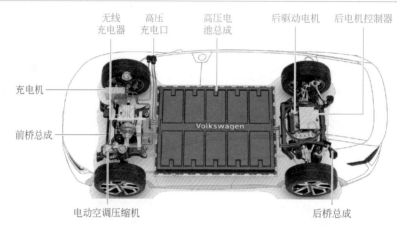

图 8.1-12　大众纯电动汽车 ID.4X 驱动电机安装位置（后置）

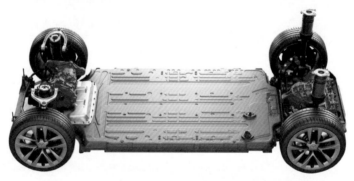

图 8.1-13　特斯拉驱动电机安装位置（前置+后置）

（2）混合动力汽车　两驱混合动力汽车和其搭载布局的发动机情况一致，通常为前置。目前，最为常见的混动车型基本还是驱动电机+传动轴的模式，也就是普通混合动力的四轮驱动。

2. 其他四驱模式电机安装布局特征

（1）发动机+后桥电机模式　这样的布局取消了中央传动轴，后桥直接搭载电机，典型的车型是沃尔沃。

（2）发动机＋驱动电机＋发电机模式（图 8.1-14）　这种典型的模式是丰田雷克萨斯电动四驱系统（双电机 4WD），但这种四驱方式不是主流，它是通过在后桥加装一台电机实现"适时四驱"功能。通常情况下，车辆默认为前驱形式，当车辆检测到路面附着力较低，如雨雪路面时，系统会启动后桥电机自动切换至四驱行驶，是系统在特定的路面条件下进行自动切换，驾驶员无法操作。

这种模式除了前后各有一台驱动电机外，还搭载了一台发电机来实现增加续航。具有纯电、串联、并联三种驱动模式。纯电和串联模式下为四轮全时驱动，当没电时，车辆会自动跳转至串联模式，通过发动机来充电，来满足纯电四驱行驶。

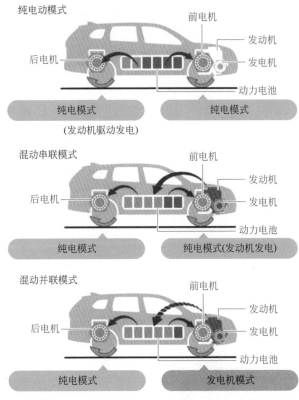

图 8.1-14　发动机＋驱动电机＋发电机模式

（3）发动机＋前驱动电机＋后驱动电机模式　这种模式是分别在前后桥各设置一台电机实现电动四驱。这种模式除了原有的一套传统燃油车系统之外，还在前后轴各加入一个驱动电机，纯电模式下可以进行全时四驱，混动模式适时四驱切换。典型的车型有比亚迪唐 DM。

（4）发动机＋电机＋轮毂电机模式　典型的模式是讴歌 SH-AWD 电四驱系统，在变速器集成一台电机，后桥布置两台轮边电机，目的为增强车辆的动力性能和弯道操控性能，并能够实现前驱、后驱、四驱的自动切换，车辆默认状态为纯电后驱，高速巡航时采用前置发动机驱动，在弯道、湿滑等特定条件的路面时，则自动切换为四轮驱动。

综上所述，电动机的不同安装位置布局，决定了拆卸和维修操作的复杂程度。在混

合动力汽车中，按电动机位置的不同可分为P0～P4和PS架构，其中P代表电机位置，不同位置的电机发挥的功能角色不同，见图8.1-15。

P0：位于发动机前端，通过皮带与曲轴连接。

P1：位于发动机曲轴上。

P2：位于发动机与变速箱中间。

P3：位于变速箱后端，与发动机分享同一根轴，同源输出。

P4：取消中央动力车轴，直接驱动车轮。

PS：也称P2.5，位于双离合变速箱内部，与发动机各分享一个离合器。

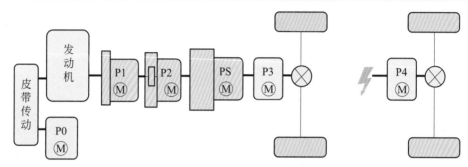

图8.1-15　混合动力汽车电动机安装位置布局

四、驱动电机内部结构

1. 电机的基本结构

电机的基本原理即两个磁场相互作用，所以电机具备静止和旋转两大部分：静止部分称为定子，作用是产生磁场和作为电机的机械支撑；旋转部分称为转子，作用是感应电势，实现能量转换（图8.1-16）。静止部分和旋转部分之间有一定大小的间隙，称为气隙。气隙的大小决定磁通量的大小。

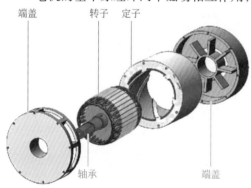

图8.1-16　电机的基本结构组成

2. 电动汽车驱动电机结构

同步电机和异步电机都是电动汽车上广泛使用的电机，异步电机又称感应电机，是由气隙旋转磁场与转子绕组感应电流相互作用产生电磁转矩，从而实现机电能量转换为机械能量的一种交流电机。所以有些电动汽车上的驱动电机，配置上会写"电感/异步"。

异步电机在总体组成结构上与同步电机基本相同，同步电机和异步电机最大的区别在于它们的转子速度与定子旋转磁场是否一致，电机的转子速度与定子旋转磁场相同，叫同步电机；反之，就叫异步电机。另外，同步电机与异步电机的定子绕组是相同的，区别在于电机的转子结构。异步电机的转子是短路的绕组，靠电磁感应产生电流。而同步电机的转子结构相对复杂，有直流励磁绕组。所以有些电动汽车上的驱动电机，配置上会写"励磁/同步"。

下述展示的驱动电机是奥迪某款车上搭载的异步电机，前桥上采用平行轴式电机来驱动车轮（图 8.1-17），后桥则采用同轴式电机来驱动车轮（图 8.1-18）。前桥和后桥上每个交流驱动电机都有一根等电位线连着车身。

维修提示

电动汽车动力电池属于高压系统。为防止因过大的电位差引起的安全事故，相关标准要求将等电位连接作为高压系统的基本防护，也常称作电位均衡要求。

等电位连接也称为接地，将高压系统的可导电部分经地线连接到车身地，形成一个等电势点。

简单来说，就是以地线、焊接、螺栓固定等方式，将可导电部分与车身（地）连接起来。

图 8.1-17　前驱动电机

图 8.1-18　后驱动电机

电机的主要部件是带有 3 个呈 120°（即三相电，通入三相交流电流相位差 120°）布置的铜绕组（U、V、W）的定子和转子（铝制笼型转子）。转子把转动传入齿轮箱。为了能达到一个较高的功率密度，静止不动的定子与转动着的转子之间的气隙非常小。电机与齿轮箱合成一个车桥驱动系统。驱动电机内部结构见图 8.1-19。

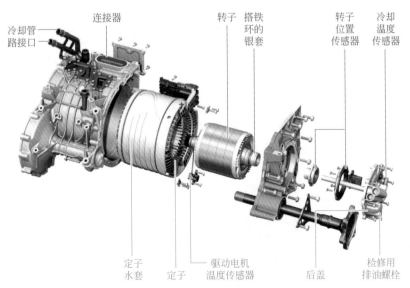

图 8.1-19　驱动电机内部结构

（1）定子和转子 定子是通过功率电子装置来获得交流电供给的。铜绕组内的电流会在定子内产生旋转的磁通量（旋转的磁场），这个旋转磁场会穿过定子。异步电机转子的转动要稍慢于定子的转动磁场（这就是异步的意思，见图 8.1-20），这个差值称为转差率。于是就在转子的铝制笼内感应出一个电流，转子内产生的磁场会形成一个切向力，使得转子转动（图 8.1-21）。叠加的磁场就产生了转矩。定子和转子见图 8.1-22。

维修提示

因为"异步"，所以就有了转差率，也叫滑差率，表示的是转子和定子内磁场之间的转速差。

异步，就是转子的转速和定子磁场的速度不同步。异步交流电动机又分为三相异步交流电动机和单相异步交流电动机两种。

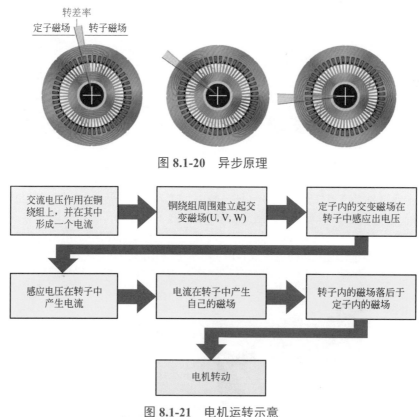

图 8.1-20 异步原理

图 8.1-21 电机运转示意

图 8.1-22 定子和转子

214

如图 8.1-23 所示，定子线圈具有 U 相、V 相和 W 相的三相构造，并且采用星形连接来连接线圈。

（2）电机冷却系统　前桥和后桥上的驱动电机及电机控制器是通过低温循环管路而进行液冷的，见图 8.1-24。定子和转子上都有冷却液流过。尤其是附带的转子内部冷却，在持续功率输出和再现峰值功率方面具有重要意义。

电机控制器（功率电子装置）和电机是彼此串联在冷却环路中的。冷却液首先流经功率电子装置，然后流经前桥上所谓的"水枪"，以便对转子内部进行冷却。之后，冷却液流经定子水套并返回到循环管路中。

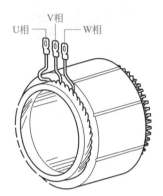
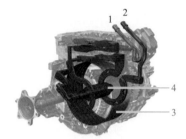

图 8.1-23　定子线圈

(a) 前驱动电机　　　　　(b) 后驱动电机

图 8.1-24　冷却方式

1—冷却液入口；2—冷却液出口；3—定子冷却水套；4—转子内部冷却

（3）电机温度传感器　驱动电机上安装两个功能相同的电机温度传感器（定子温度传感器），它们集成在定子绕组上。在前桥电机上是前部交流驱动装置冷却液温度传感器和前部驱动电机温度传感器。前部交流驱动装置冷却液温度传感器用于监控流入的冷却液的温度。前部驱动电机温度传感器用于测量定子温度，为了测量精确，其集成在定子绕组上且采用冗余设计，也就是说，尽管只需要一个传感器，但是在定子绕组上集成了两个传感器，见图 8.1-25。

划重点

如奥迪 e-tron 驱动电机的电机温度传感器：其中一个电机温度传感器损坏了，那么另一个传感器仍可执行温度监控功能。如果这两个传感器之一损坏了，不会有故障记录。如果电机上的这两传感器都损坏了，会有黄色警报灯显示并进行应急运行。

如果确认损坏失效且无法单独更换，需要更换整个电机来解决。因为不能单独更换，所以安装两个传感器，采用冗余设计。

后桥上的结构与此相同。定子内有后部驱动电机温度传感器，冷却液温度由后部交流驱动装置冷却液温度传感器来测量。

（4）转子位置传感器（旋变传感器）　转子位置传感器（图 8.1-26）是根据坐标转换原理来工作的，可以检测到转子轴最小的位置变化。该传感器由两部分构成：坐标转换器盖上的不动的传感器和安装在转子轴上的靶轮，转子位置传感器可单独更换。

电机控制器（功率电子装置）根据转子位置信号（转子每转的传感器信号有四个脉冲）计算出用于触发异步电机所需的转速信号。当前的转速值会显示在测量数据中。

图 8.1-25　电机温度传感器

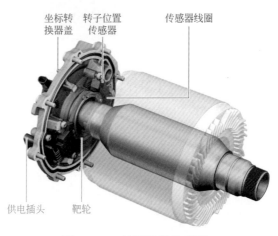

坐标转换器盖　转子位置传感器　传感器线圈

供电插头　靶轮

图 8.1-26　转子位置传感器

（5）端面密封　由于对转子轴内性能要求的原因，电机是通过所谓的转子内部冷却系统用冷却液来冷却的。要想不让电机内冷却液流渗入定子，应采用端面密封的方式来让旋转着的转子轴与不动的壳体实现密封。前驱动电机端面密封安装位置见图 8.1-27。

这种端面密封属于轴向密封，与径向密封圈相比，能承受更高的转速。受结构所限，前驱动电机采用一个端面密封，后驱动电机采用两个端面密封，见图 8.1-28。

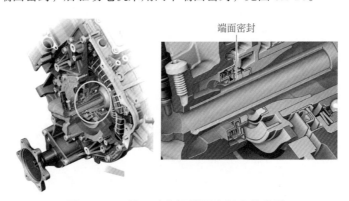

端面密封

图 8.1-27　前驱动电机端面密封安装位置

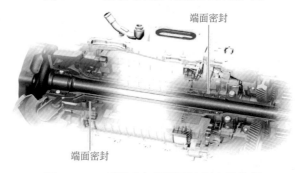

端面密封

端面密封

图 8.1-28　后驱动电机端面油封安装位置

要想实现端面密封功能，转动环之间的密封间隙必须要进行冷却和润滑。为了能在所有工作条件下都保证这个状态，密封转动环在制造时采用了激光结构（图 8.1-29）。这种激光结构还能把冷却液压回入转子轴，但是无法阻止非常小的泄漏。漏出的冷却液被收集到一个储液罐内

（图 8.1-30），储液罐是用螺栓拧在电机内的。在前桥上，坐标转换器盖有个隆起，冷却液被收集到这个隆起内，此处还有一个排放螺栓（图 8.1-30）。

维修提示

由于是采用特殊的方法生产的，因此只能是同一面密封的两个部件相匹配，不能互换。为防止端面密封损坏，只可在制冷剂循环管路内注满冷却液的情况下让车辆移动。端面密封在无冷却液时运行会造成其损坏。

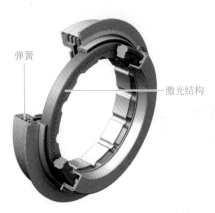

图 8.1-29 端面油封   图 8.1-30 排液螺栓和储液罐

维修提示

端面密封检查如下。

① 更换总成时要小心，总成一定是干态的。

② 如果在到达 30000km 保养周期前，泄漏储液罐满了或者溢出了，则很可能对电机内部造成损坏。

③ 务必注意冷却系统排气。

（6）搭铁环 见图 8.1-31。

搭铁环是转子轴和壳体之间的接触件，是压入驱动电机壳体内的。搭铁环的左、右侧都有织物片，用于防止脏污进入或碎屑排出。

图 8.1-31 搭铁环

划重点

搭铁环的电阻比轴承电阻小。转子轴上产生的电压由流经搭铁环的电流来消除。如果没有搭铁环，这个电流就会流经轴承，时间长了会损坏轴承。搭铁环薄片可自动进行调整，以便补偿磨损。

五、驱动电机控制器内部结构

驱动电机控制器（Power Electric Unit，PEU）是一个高功率、高电压的功率电子模块，主要是由 DC/AC 逆变器和个 DC/DC 变换器组成。驱动电机控制器是通过固定螺栓直接拧在驱动电机上的，前后驱动电机上都安装一个这样的控制器（控制器单元），是三相供电连接的。冷却液从电机控制器经冷却液管接头流入电机。驱动电机控制器内部结构见图 8.1-32。

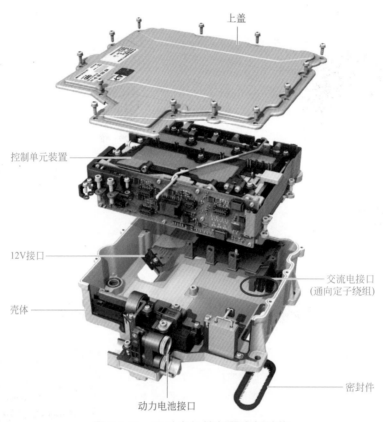

图 8.1-32　驱动电机控制器内部结构

六、驱动电机系统电路结构

驱动电机控制器是控制电池与前电机之间能量传输的装置，是电机驱动及控制系统的核心，作为整个动力系统的控制中心，控制和驱动特性决定了汽车行驶的主要性能指标。驱动电机控制器根据 CAN 信号，控制着动力电池到电机之间能量的传输转换，同时采集电机位置信号和三相电流检测信号，精确地控制驱动电机运行。

电驱系统电路结构如图 8.1-33 所示：电机控制器直流母线端连接到 PDU（高压配电盒 / 充配电单元 / 车载电源系统），三相线出线端连接到驱动电机，低压信号端接入整车低压信号线束中，接地点通过接地线束连接到车身。要是用框图来表示，则如图 8.1-34 所示，这样高压布线结构看着更清晰。

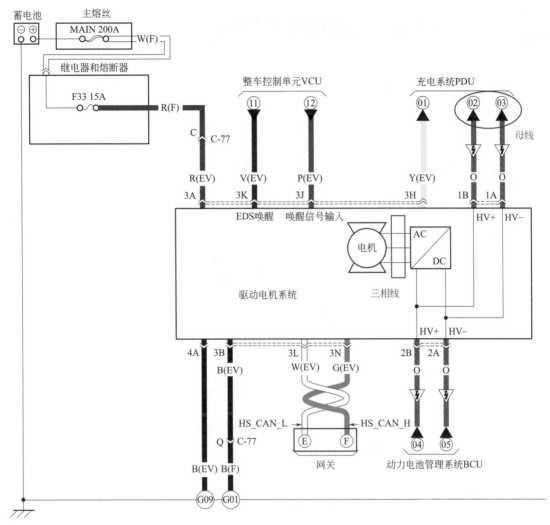

图 8.1-33　电驱系统电路结构（电路图）

如图 8.1-35 所示，电机控制器包含控制电路、驱动电路、IGBT 功率半导体模块及其关联电路等硬件部分以及电机控制算法和逻辑保护等软件部分。电机控制器根据整车控制器的模式、转矩等指令请求，通过内部控制算法运算后控制逆变器 IGBT 关断来驱动逆变器产生三相电流驱动电机运行。

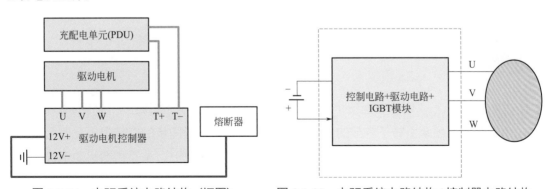

图 8.1-34　电驱系统电路结构（框图）　　　图 8.1-35　电驱系统电路结构 / 控制器电路结构

第二节	驱动电机系统维修原理与特点

一、驱动电机性能特点

1. 永磁同步电机特点

永磁同步电机的转子采用永磁材料，为永久磁体，转子的转速与定子绕组的电流频率始终保持同步一致。

❶ 功率因数高，节约成本，降低了定子电流，减少了定子铜损。

❷ 高效率、高功率密度、宽的调速范围。

永磁同步电机发挥较高的功率密度和转矩密度，相比于其他种类的电机，在相同质量与体积下，永磁同步电机能够为新能源汽车提供最大的动力输出与加速度。这也是在对空间与自重要求极高的新能源汽车行业，永磁同步电机成为首选的主要原因。

❸ 采用封闭、液冷散热设计，电机适合于高温等恶劣的工作环境。

❹ 采用内嵌式结构，可以控制磁阻转矩为正，在相同电流下可产生更大的转矩。

❺ 通过电机内置热敏电阻，能起到电机过温保护作用。

2. 交流异步电机特点

（1）封闭线圈　交流异步电机的转子不是磁体而是封闭线圈，也就是俗称的鼠笼结构，英文简称 ACIM。

（2）高转速　交流异步电机具有更高的转速极限，最高可达 15000r/min，并且有更强的过载能力，最大可达额定值的 5 倍。同时交流异步电机具有结构坚固性好、成本低和可靠性好的优点。由于有着效率高、比功率较大、适合于高速运转等优势，交流异步电机是目前大功率电动汽车上应用比较广泛的电机。

二、驱动电机扭矩的建立

1. 逆变器控制

动力电机逆变器为驱动电机提供所需的交流电，它将来自动力电池的直流电转化为交流电。根据车辆需要改变输入驱动电机的三相交流电的电流及频率，从而控制驱动电机的输出。

　　如图 8.2-1 所示，当三相交流电被接入定子线圈中，即产生了旋转的磁场，这个旋转的磁场牵引转子内部的永磁体，产生和旋转磁场同步的旋转扭矩。使用旋转变压器检测转子的位置，使用电流传感器检测线圈的电流，从而控制驱动电机的扭矩输出。

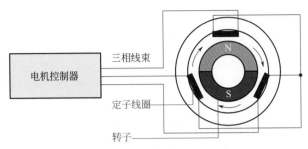

图 8.2-1　扭矩和转速的建立

这个转换是通过脉冲宽度调制来进行的。驱动电机扭矩和转速的建立分别通过改变脉冲宽度和频率来进行调节。PWM 信号的脉冲宽度导通时间越长则扭矩越大，频率越高则转速越快，见图 8.2-2 和图 8.2-3。

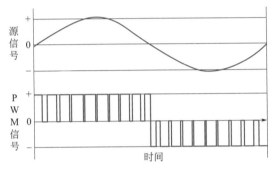

图 8.2-2　频率越高则转速越快

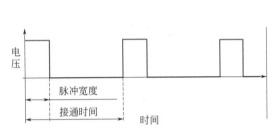

图 8.2-3　PWM 信号导通时间越长则扭矩越大

驱动时：高压直流电通过 IGBT 功率模块，转换成三相交流电，驱动电机输出动力给减速器；减速器将电机输出转速和扭矩进行降速增扭后传递到驱动轴以驱动整车运动。

如图 8.2-4 所示，逆变器利用 6 个 IGBT 或碳化硅半导体开关模块组成三相开关电路，6 个 IGBT 模块，每相 2 个，负责正负。

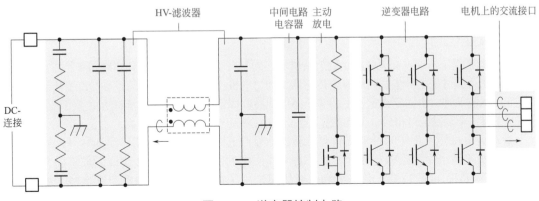

图 8.2-4　逆变器控制电路

发电时：将车轮传递到减速器的转速和扭矩，进行增速降扭后传递到驱动电机，驱动电机将电机线圈端产生的三相交流电通过 IGBT 模块，转变成高压直流电，给动力蓄电池充电。

简单来讲，逆变器实现：

（1）DC → AC，电动行驶，见图 8.2-5；

（2）AC → DC，能量回收，见图 8.2-6。

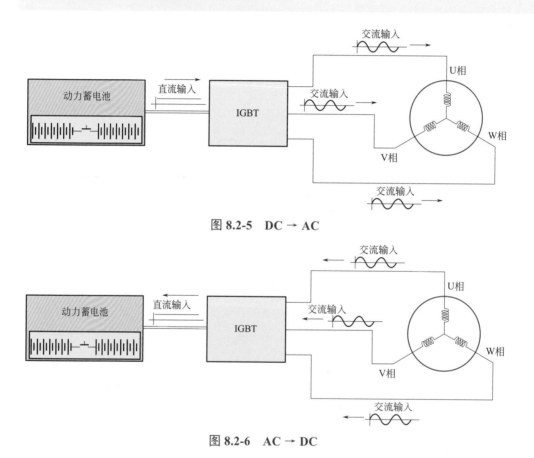

图 8.2-5　DC → AC

图 8.2-6　AC → DC

2. 旋变信号

动力电机逆变器通过交流电产生的旋转磁场必须与转子的永磁磁场达到精确同步，或者与转子的感应磁场达到可控的异步。其中旋变传感器是动力电机逆变器可靠工作的核心。旋变传感器利用旋转变压器的原理，由固定在定子上的多个感应线圈和固定在转子上的金属制凸轮盘组成。每个感应线圈中有一个励磁绕组和两个次级绕组。电驱控制系统工作原理见图 8.2-7。

当动力电机转子旋转时带动凸轮盘旋转，凸轮凸起部位从一个线圈移动到另一个线圈，这就增强了次级绕组中的磁感应强度。由于每个线圈中的次级绕组 1 和 2 绕线圈数不同，因此幅度就错开了 90°，也就是说正弦绕组和余弦绕组产生了彼此相差 90° 的电角度信号，即旋变信号，根据该信号可以计算出动力电机转子的位置和转速，算出的这个信号是模拟信号，需要转换成数字信号，通常控制器内的专用模数转换芯片完成转子位置的高精度测量。

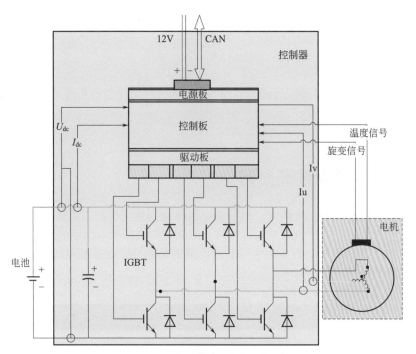

图 8.2-7　电驱控制系统工作原理

列举说明

　　旋变信号的作用是反映驱动电机转子当前的旋转相位，电机控制器再通过旋变信号计算当前的驱动电机转速。如图 8.2-8 所示，采用磁阻式旋转变压器，旋变转子与驱动电机转子同轴连接，随电机转轴旋转。旋变定子内侧有感应线圈，安装在驱动电机定子上。从图 8.2-8 可以看出，驱动电机旋转时，带动旋变转子旋转。旋变器与电机控制器中间通过 6 根低压线束连接，2 根是从电机控制器输出的励磁信号，另外 4 根分别是旋变器输出的正弦信号和余弦信号。6 根线当中任何一根线路出现故障都会导致驱动电机无法正常工作。

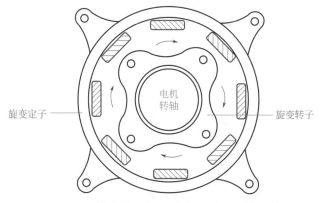

图 8.2-8　旋变转子与驱动电机转子同轴连接

扫一扫

视频精讲

223

旋变传感器利用旋转变压器的原理为逆变器提供转子位置和转速信息。根据永磁同步电机或感应异步电机的不同特性，逆变器相应控制动力电机达到相应的转速和扭矩。

三、驱动电机控制器诊断原则

当驱动电机控制系统发生故障时，软件根据故障级别使电机控制器进入安全状态或限制状态。安全状态包括主动短路或 Free Wheel 模式，限制状态包括四个级别的功率／转矩输出限制。电机控制器软件中提供基于 ISO 14229 标准的诊断通信功能，包括硬件温度诊断、电机诊断、CAN 通信诊断、DC/DC 诊断等。

维修提示

Free Wheel 模式，即自由停机，也就是将逆变器的 6 个开关器件全部关断。

这种情况下，IGBT 不会导通。这时候逆变器其实等效为三相不控整流电路，当电机转速较低时，电机的反电动势幅值比较小，电机线电压小于母线电压 U_{dc}，二极管无法导通，整个回路之间不会产生电流。

四、驱动电机系统状态参数

除特殊注明外，表 8.2-1 中参数的特定工况默认为：车辆处于 Ready 状态，挡位处于 P 挡。

表 8.2-1　驱动电机系统实时显示参数列

参数名称	说明／定义
滤波前的 DC/DC 高压端直流电压	高压 DC/DC 将电池包的高压转换成 12V 直流电给蓄电池充电，高压 DC/DC 集成在 PEB 内部，此处为未经滤波的 DC/DC 高压端输入电压
滤波后的 DC/DC 高压端直流电压	高压 DC/DC 将电池包的高压转换成 12V 直流电给蓄电池充电，高压 DC/DC 集成在 PEB 内部，此处为滤波后的 DC/DC 高压端输入电压
滤波前 TM 逆变器高压电流值	逆变器集成在 PEB 内部，将高压直流电转换成三相交流电驱动电机，此处为未经滤波的逆变器高压直流电输入电压
滤波后驱动电机逆变器高压电流值	逆变器集成在 PEB 内部，将高压直流电转换成三相交流电驱动电机，此处为滤波后的逆变器高压直流电输入电压
电机高压是否范围内	输入驱动电机的高压电电压是否在合理范围
电机是否限扭	驱动电机是否处于扭矩限制状态
电机扭矩需求	控制器发出的驱动电机扭矩需求
电机最大扭矩上升率	驱动电机最大的扭矩提升速率

参数名称	说明/定义
发自 VCU 的电机最小扭矩指令	控制器发出的驱动电机最小扭矩需求
发自 VCU 的电机最大扭矩指令	控制器发出的驱动电机最大扭矩需求
电机电磁扭矩	驱动电机内部由电流计算得的电磁扭矩
电机实际扭矩	驱动电机输出轴上实际输出扭矩
发电模式最小可用扭矩	驱动电机在发电模式（能量回收、给高压电池包充电）下的最小负扭矩
TM 电动模式最大可用扭矩	驱动电机在电驱动模式下的最大可用扭矩
发电和电动扭矩限制原因	驱动电机在发电模式下扭矩被限制的原因：①无限扭；②由于超出电机电动模式外特性限扭；③由于超出电机发电模式外特性限扭；④定子温度过高；⑤转子温度过高；⑥逆变器温度过高；⑦直流电流过高；⑧直流电流过低；⑨直流电压过高；⑩直流电压过低；⑪转速超限；⑫由于超出 HCU 发出的最大扭矩限制而限扭；⑬由于超出 HCU 发出的最小扭矩限制而限扭
电机防抖动控制标记	驱动电机是否处于防抖动（防止扭矩和转速冲击）控制
无防抖动控制时实际扭矩	驱动电机在无防抖动控制下的实际输出扭矩
电机逆变器温度	驱动电机逆变器的温度（逆变器 IGBT 温度实测值）
电机转子温度	驱动电机转子的温度（计算值）
电机目标转速	控制器发出的驱动电机目标转速
电机转速	驱动电机的实际转速
电机 W 相电流	驱动电机 W 相电流值（实测值，电机为三相交流永磁同步电机）
电机 V 相电流	驱动电机 V 相电流值（实测值，电机为三相交流永磁同步电机）
电机 U 相电流	驱动电机 U 相电流值（实测值，电机为三相交流永磁同步电机）
电机定子电流频率	驱动电机定子交流电频率
电机定子电流有效值	驱动电机定子电流的有效值（均方根值）
需求 Q 轴电流	控制器发出的需求的 Q 轴电流值 [D 轴、Q 轴电流为矢量轴电流，在转子磁场定向坐标上，将电流矢量分解成产生磁通的励磁电流分量（D 轴）和产生转矩的转矩电流分量（Q 轴），并使两个分量相互垂直和独立，三相电流转换到 d-q 坐标系上，完成输出转矩控制]
需求 D 轴电流	控制器发出的需求的 D 轴电流值
滤波后实际 Q 轴电流	滤波后的 Q 轴电流值（D 轴、Q 轴电流为矢量轴电流，内部控制的变量，用于控制电机的扭矩）
滤波后实际 D 轴电流	滤波后的 D 轴电流值
未滤波实际 D 轴电流	未经滤波的 D 轴电流值
未滤波实际 Q 轴电流	未经滤波的 Q 轴电流值
TM 电机转子偏移角标定请求	驱动电机转子偏移角度标定请求（电机转子偏移角是电机控制的必要参数，通过运行特定的标定例程来学习存储电机转子偏移角度值）

续表

参数名称	说明/定义
TM 电机三相短路标识	驱动电机是否处于三相短路状态，三相主动短路时逆变器 IGBT 下桥臂短路，有电压，无电流，用于保护 PEB
TM 电机三相开路标记	驱动电机是否处于三相开路状态，三相开路为电机 Free Wheel（自由转动）模式，IGBT 全部打开
蓄电池电压	PEB 检测到的低压蓄电池的供电电压
KL15 状态	KL15 端口的状态，点火开关状态是否为 KL15 运行挡
BMS 主继电器状态	高压电磁包内主继电器状态，控制是否输出高压电：①断开；②吸合；③不确定；④故障
VCU-TM 模式请求	控制器发出的驱动电机模式请求：①预充电；②待命；③TM 角度自学习；④转速控制；⑤扭矩控制；⑥直流电流控制；⑦直流电压控制；⑧下电过程；⑨放电
电机转子偏移角	驱动电机转子偏移角度（电机转子偏移角是电机控制的必要参数，通过运行特定的标定例程来学习存储电机转子偏移角度值）
高压电池包电压	高压电池包的高压电输出电压值
冷却泵脉宽调制（PWM）请求	TC 发出的 PWM 冷却泵需求，PWM 泵由 VCU 控制
转子偏置角状态	驱动电机转子偏移角度的状态（电机转子偏移角是电机控制的必要参数，通过运行特定的标定例程来学习存储电机转子偏移角度值）
PEB 冷却液温度	驱动电机逆变器冷却液温度，此温度值为估算值，由 U/V/W 相 DBC 温度值综合计算而得
TM 定子温度	驱动电机定子电流值（传感器实测值）
冷却泵状态反馈	PEB/EDU 冷却水泵由 PEB 控制，此信号为水泵的状态反馈，通过硬线反馈状态信号给 PEB

第三节 驱动电机系统拆装维修与诊断检测

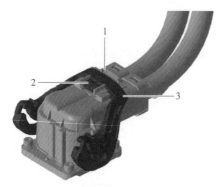

图 8.3-1　拆卸带杠杆塑料插座
的电机线束接插件

1—锁止；2—舌片；3—杠杆

一、拆装后驱动电机线束插接器

1. 拆卸电机线束接插件

❶ 关闭所有用电器，车辆下电。

❷ 断开蓄电池负极极夹

❸ 拆卸手动维修开关。

❹ 拆卸带杠杆塑料插座的电机线束接插件（图 8.3-1）。

a. 锁止 1 后退。

b. 按下舌片 2。

c. 打开杠杆 3，旋转到底。

d. 公端和母端分离。

❺ 拆卸过程中的注意事项如下。

a. 旋转锁止时，不要单手扣杠杆把手，容易造成插头和插座不同轴而自锁，无法完成拔出。可以采用双手协助拔出，并尽量保证插座和套头同轴（图 8.3-2）。

图 8.3-2　拆卸时正确操作及错误操作对比

b. 维修过程遇到带有泥土、使用了很长时间的接插件，需要先清理杠杆槽（图 8.3-3）中的泥土，再进行拆卸。

c. 如果在拆卸过程中出现卡滞，需要调整一下插头和插座的同轴度，再继续拆卸，禁止蛮力操作。

图 8.3-3　杠杆槽

图 8.3-4　安装带杠杆塑料插座的电机线束接插件

1—锁止；2—杠杆

2. 安装电机线束接插件

❶ 安装带杠杆塑料插座的电机线束接插件（图 8.3-4）。

a. 打开杠杆 2。

b. 将接插器插入插座中。

c. 旋转杠杆 2。

d. 推进锁止 1。

❷ 安装过程中的注意事项（图 8.3-5）如下。

a. 旋转锁止时，不要仅用单手扣杠杆把手，否则容易造成插头和插座不同轴而自锁，无法完成插入。可以采用单手两个着力点反向扣合接插件或者双手协助扣合，并尽量保证插座和套头同轴。

b. 维修过程中接插件在开放环境放置了很长时间，如果带有泥土会加大摩擦，安装中如果出现卡滞，需要多安装几次，不要用水清洗，不要清理灰尘，以防止水和灰尘进入接插件内部。

c. 如果在安装过程中出现卡滞，需要调整一下插头和插座的同轴度，再继续安装，禁止蛮力操作。

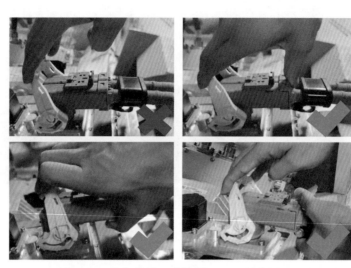

图 8.3-5　安装时正确操作及错误操作对比

二、拆装后驱动电机控制器

1. 拆卸电机控制器总成

❶ 如更换后驱动电机控制器总成，先用诊断仪进行"模块换件准备"操作程序。

❷ 关闭所有用电器，车辆下电。

❸ 断开蓄电池负极极夹。

❹ 拆卸手动维修开关。

❺ 排放冷却液。

❻ 拆卸后副车架总成及后驱动力总成。

❼ 拆卸后副车架总成。

❽ 拆卸后驱动电机控制器总成（图 8.3-6）。

a. 松开固定卡箍 A，拆下后 IPU 进水管 1。

b. 松开固定卡箍 B，脱开后电机进水管 2 与后驱动电机控制器总成连接。

c. 旋出固定螺栓，揭开后电机中下隔音垫总成侧面（图 8.3-7）。

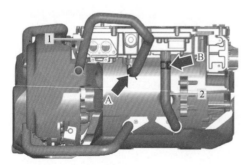

图 8.3-6　拆卸后驱动电机控制器总成

1—后 IPU 进水管；2—后电机进水管；A—固定卡箍；B—固定卡箍

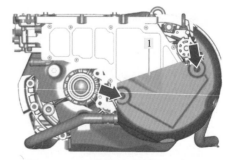

图 8.3-7　隔音垫总成侧面一角

1—后电机中下隔音垫总成侧面

d. 旋出固定螺栓，拆下后电机旋变后盖 1（图 8.3-8）。

e. 断开低压插接件连接插头 A（图 8.3-9）。

f. 旋出三相线固定螺栓 B（图 8.3-9）。

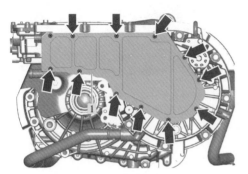 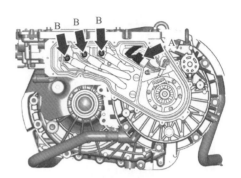

图 8.3-8　后电机旋变后盖　　　　　　　图 8.3-9　固定螺栓

1—后电机旋变后盖　　　　　　A—低压插接件连接插头；B—三相线固定螺栓

g. 旋出固定螺栓，拆下后驱动电机控制器总成 1（图 8.3-10）。

2. 安装电机控制器总成

安装程序以倒序进行，同时注意下列事项。

维修过程中不要损坏电机密封胶圈 1（图 8.3-11 和图 8.3-12）。

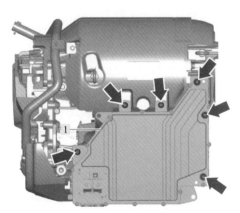 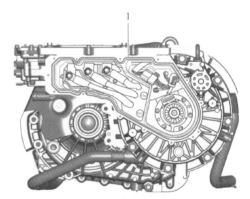

图 8.3-10　后驱动电机控制器总成　　　　图 8.3-11　电机密封胶圈（一）

1—后驱动电机控制器总成　　　　　　1—电机密封胶圈

按图 8.3-13 中 1 ～ 12 的顺序依次拧紧后电机旋变后盖固定螺栓至规定力矩。

安装完成后，需进行气密性检测。

维修提示

如果更换了后驱动电机控制器总成，需要进行"模块更换"操作程序，使用诊断仪进行旋变初始角的写入程序（旋变初始角数值在电机铭牌和端盖上有显示）。

图 8.3-12　电机密封胶圈（二）

1—电机密封胶圈

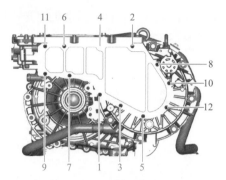

图 8.3-13　将电机旋变后盖固定螺栓拧紧至规定力矩

三、拆装后驱动电机

1. 拆卸后驱动电机总成

拆卸各冷却水管后，需将各冷却水管进行密封处理，以防杂物进入管路内造成堵塞。

❶ 关闭所有用电器，车辆下电。

❷ 断开蓄电池负极极夹。

❸ 拆卸手动维修开关。

❹ 排放冷却液。

❺ 拆卸后副车架总成及后驱动力总成。

❻ 拆卸后副车架总成。

❼ 拆卸后驱动电机控制器总成。

❽ 拆卸后电机中上隔热垫总成。

❾ 拆卸后电机中下隔热垫总成。

❿ 拆卸后驱动电机总成。

a. 脱开后电机出水管固定卡扣 A（图 8.3-14）。

b. 松开固定卡箍 B，拆下后电机出水管 1（图 8.3-14）。

c. 松开固定卡箍，拆下后电机进水管 1（图 8.3-15）。

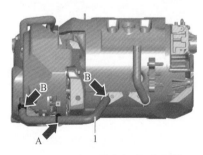

图 8.3-14　后驱动电机总成水管

1—后电机出水管；A—后电机出水管固定卡扣；B—固定卡箍

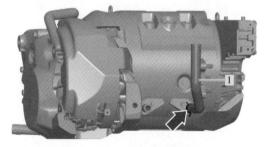

图 8.3-15　后电机进水管

1—后电机进水管

d. 脱开差减出水管固定卡扣 A（图 8.3-16）。

e. 松开固定卡箍 B，拆下差减出水管 1（图 8.3-16）。

f. 旋出后驱动电机总成与后驱减速器总成连接螺栓（图 8.3-17）。

g.旋出连接螺栓，拆下后驱动电机总成 1（图 8.3-18）。

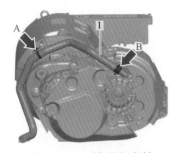

图 8.3-16　差减出水管

1—差减出水管；A—差减出水管固定卡扣；
B—固定卡箍

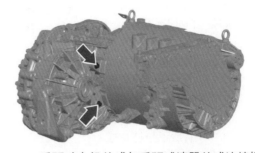

图 8.3-17　后驱动电机总成与后驱减速器总成连接螺栓

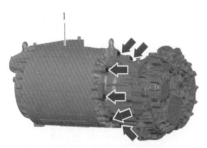

图 8.3-18　后驱动电机总成

1—后驱动电机总成

图 8.3-19　密封圈

1，2—密封圈

2. 安装驱动电机

安装程序以倒序进行，同时注意下列事项。

如密封圈损坏，则需要更换密封圈 1 和 2（图 8.3-19）。

安装完成后，需进行气密性检测。

安装完成后，加注冷却液。

安装完成后，加注后驱减速器润滑油。

安装完成后，进行四轮定位。

四、拆装后副车架及驱动力总成

 列举说明

以小鹏 P7 为例，拆装双电机型的副车架总成及后驱动力总成。

1. 拆卸程序

❶ 关闭所有用电器，车辆下电。

❷ 断开蓄电池负极极夹。

❸ 拆卸手动维修开关。

❹ 排放冷却液。

⑤ 拆卸左 / 右后车轮总成。

⑥ 拆卸左 / 右后挡泥板总成。

⑦ 拆卸备胎池护板总成。

⑧ 拆卸左 / 右后高度传感器总成。

⑨ 拆卸备胎池护板电池包安装支架总成。

⑩ 拆卸左 / 右后横向稳定杆连接杆。

⑪ 拆卸后横向稳定杆总成。

⑫ 拆卸左 / 右后下前控制臂总成。

⑬ 拆卸左 / 右后下拉杆总成。

⑭ 拆卸左后驱动轴总成。

⑮ 拆卸右后驱动轴总成。

⑯ 拆卸左 / 右后上前控制臂总成。

⑰ 拆卸左 / 右后上后控制臂总成。

⑱ 拆卸左 / 右后螺旋弹簧。

⑲ 拆卸左 / 右后减振器总成。

⑳ 拆卸左 / 右后下后控制臂总成。

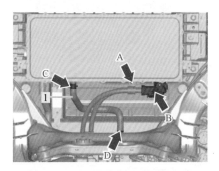

图 8.3-20　后 IPU 进水管固定卡扣

1—后 IPU 进水管；A—后电机线束固定螺栓；
B—集成式车载电源连接插头；C—固定卡箍；D—固定卡扣

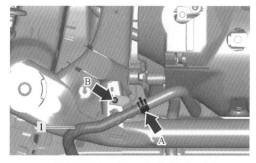

图 8.3-21　过渡胶管固定螺栓

1—过渡胶管；A—固定卡箍；B—固定螺栓

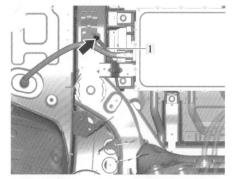

图 8.3-22　拆卸后电驱动系统 IPU 搭铁线束固定螺栓

1—后电驱动系统 IPU 搭铁线束

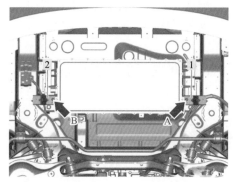

图 8.3-23　拆卸三合一车载电源支架

1—车载电源支架（右）；2—三合一车载电源
支架（左）A，B—固定螺栓

㉑ 拆卸后副车架总成及后驱动力总成。

a. 旋出后电机线束固定螺栓 A（图 8.3-20）。

b. 断开集成式车载电源连接插头 B（图 8.3-20）。

c. 松开固定卡箍 C，脱开后 IPU 进水管 1 与集成式车载电源连接（图 8.3-20）。

d. 在 D 位置脱开后 IPU 进水管 1 固定卡扣（图 8.3-20）。

e. 松开固定卡箍 A，脱开过渡胶管 1 与后差减出水管连接（图 8.3-21）。

f. 旋出过渡胶管 1 固定螺栓 B（图 8.3-21）。

g. 旋出后电驱动系统 IPU 搭铁线束 1 固定螺栓（图 8.3-22）。

h. 旋出固定螺栓 A，取出车载电源支架（右）1（图 8.3-23）。

i. 旋出固定螺栓 B，取出车载电源支架（左）2（图 8.3-23）。

j. 在电池包拆装工具 1 上放置几个塑胶软垫（图 8.3-24）。

k. 使用电池包拆装工具 1 支撑后副车架总成及后驱动力总成（图 8.3-24）。

l. 旋出地板线束分线束总成 1（后 IPU）固定螺栓（图 8.3-25）。

图 8.3-24　电池包拆装工具
1—电池包拆装工具

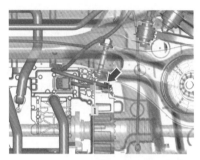

图 8.3-25　拆卸地板线束分线束总成固定螺栓
1—地板线束分线束总成

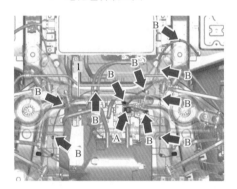

图 8.3-26　地板线束分线束总成的连接插头和固定卡扣
1—地板线束分线束总成；A—连接插头；B—固定卡扣

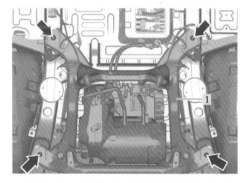

图 8.3-27　后副车架总成及后驱动力总成
1—后副车架总成及后驱动力总成

m. 断开地板线束分线束总成 1（后 IPU）的连接插头 A（图 8.3-26）。

n. 脱开地板线束分线束总成 1（后 IPU）的固定卡扣 B（图 8.3-26）。

o. 旋出后副车架总成固定螺栓。

p. 缓慢降低后副车架总成及后驱动力总成 1（图 8.3-27）。

q. 从车辆底部移出后副车架总成及后驱动力总成 1（图 8.3-28）。

维修提示

　　将后副车架总成及后驱动力总成整体拆下时，一名技师缓慢地降低后副车架总成及后驱动力总成，另一名技师仔细观察后副车架总成及后驱动力总成周边与车身的线束、管路等连接是否已全部脱开。

图 8.3-28　后副车架总成及后驱动力总成

1—后副车架总成及后驱动力总成

2. 安装程序

安装程序以倒序进行，同时注意下列事项。

❶ 必须由两名技师配合来完成安装。

❷ 安装完成后，加注冷却液和后驱减速器润滑油。

❸ 安装完成后，进行四轮定位。

3. 拆装后副车架及后驱动力总成（单电机车型）

（1）拆卸程序

❶ 拆卸外围部件。拆卸准备和拆卸外围工作与前述一致。

❷ 拆卸后副车架总成及后驱动力总成

a. 旋出后电机线束固定螺栓 A（图 8.3-29）。

b. 断开集成式车载电源连接插头 B（图 8.3-29）。

c. 松开固定卡箍 C，脱开后 IPU 进水管 1 与集成式车载电源连接（图 8.3-29）。

d. 在 D 位置脱开后 IPU 进水管 1 固定卡扣（图 8.3-29）。

e. 松开固定卡箍 A，脱开过渡胶管 1 与后差减出水管连接（图 8.3-30）。

f. 旋出过渡胶管固定螺栓 B（图 8.3-30）。

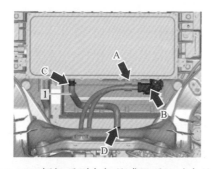

图 8.3-29　拆卸后副车架总成及后驱动力总成

1—后 IPU 进水管；A—后电机线束固定螺栓；B—集成式车载电源连接插头；C—固定卡箍；D—固定卡扣

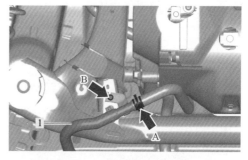

图 8.3-30　过渡胶管固定螺栓

1—过渡胶管 5；A—固定卡箍；B—固定螺栓

g. 旋出后电驱动系统 IPU 搭铁线束 1 固定螺栓（图 8.3-31）。

h. 旋出固定螺栓 A，取出车载电源支架右 1（图 8.3-32）。

i. 旋出固定螺栓 B，取出车载电源支架左 2（图 8.3-32）。

j. 在电池包拆装工具上放置几个塑胶软垫。

k. 使用电池包拆装工具 1 支撑后副车架总成及后驱动力总成（图 8.3-33）。

l. 脱开地板线束分线束总成 1（后 IPU）固定卡扣 A（图 8.3-34）。

m. 旋出地板线束分线束总成 1（后 IPU）固定螺栓 B（图 8.3-34）。

n. 断开地板线束分线束总成 1（后 IPU）连接插头 C（图 8.3-34）。

o. 旋出后副车架总成固定螺栓。

P. 缓慢降低后副车架总成及后驱动力总成 1（图 8.3-35）。

q. 从车辆底部移出后副车架总成及后驱动力总成 1（图 8.3-36）。

（2）安装程序　安装程序与前述"双电机"型一致。

图 8.3-31　后电驱动系统 IPU 搭铁线束固定螺栓

1—后电驱动系统 IPU 搭铁线束

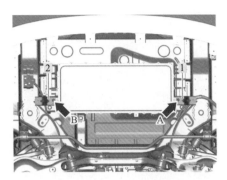

图 8.3-32　"三合一"车载电源支架

1—"三合一"车载电源支架（右）；
2—"三合一"车载电源支架（左）；A，B—固定螺栓

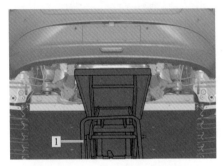

图 8.3-33　电池包拆装工具

1—电池包拆装工具

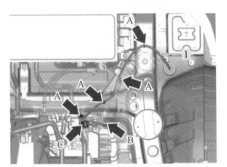

图 8.3-34　地板线束分线束总成连接插头

1—地板线束分线束总成；A—固定卡扣；B—固定螺栓；C—连接插头

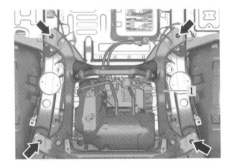

图 8.3-35　后副车架总成及后驱动力总成

1—后副车架总成及后驱动力总成

图 8.3-36　后副车架总成及后驱动力总成

1—后副车架总成及后驱动力总成

4. 拆卸后电机隔热垫总成

拆卸各冷却水管后，需将各冷却水管进行密封处理，以防杂物进入管路内造成堵塞。

❶ 旋出后电机中上隔热垫总成固定螺栓（图 8.3-37 和图 8.3-38）。

❷ 旋出固定螺栓，拆下后电机中上隔热垫总成 1（图 8.3-39）。

❸ 旋出固定螺栓，拆下后电机中下隔热垫总成 1（图 8.3-40 和图 8.3-41）。

5. 拆卸后电驱动系统 IPU 搭铁线束

❶ 关闭所有用电器，车辆下电。

❷ 断开蓄电池负极极夹。

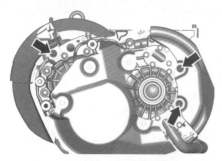

图 8.3-37　上隔热垫总成固定螺栓（一）

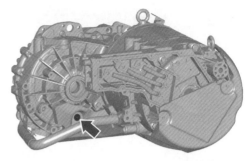

图 8.3-38　上隔热垫总成固定螺栓（二）

图 8.3-39　拆卸后电机中上隔热垫总成
1—后电机中上隔热垫总成

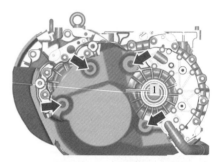

图 8.3-40　后电机中下隔热垫总成固定螺栓
1—后电机中下隔热垫总成

图 8.3-41　拆卸后电机中下隔热垫总成
1—后电机中下隔热垫总成

❸ 拆卸手动维修开关。

❹ 拆卸备胎池护板总成。

❺ 拆卸后电驱动系统 IPU 搭铁线束。

a. 旋出后电驱动系统 IPU 搭铁线束 1 固定螺栓（图 8.3-42）。

b. 脱开后电驱动系统 IPU 搭铁线束固定卡扣 A（图 8.3-43）。

c. 旋出固定螺栓 B，取出后电驱动系统 IPU 搭铁线束 1（图 8.3-43）。

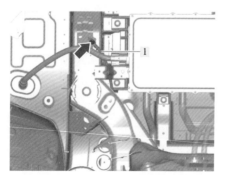

图 8.3-42　后电驱动系统 IPU 搭铁线束固定螺栓
1—后电驱动系统 IPU 搭铁线束

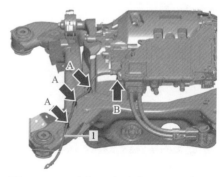

图 8.3-43　后电驱动系统 IPU 搭铁线束
1—后电驱动系统 IPU 搭铁线束；
A—后电驱动系统 IPU 搭铁线束固定卡扣；B—固定螺栓

五、检测电机密封性

电机或电机控制器拆卸后需要进行气密性检测。

❶ 拆下电控通气阀 1，并使用电控通气阀堵头堵住孔位 2（图 8.3-44）。

❷ 使用电控高压线堵头堵住电控高压线口 A（图 8.3-45）。

❸ 使用电控低压线堵头堵住电控低压线口 B（图 8.3-45）。

❹ 拆下电机通气阀 1（图 8.3-46 和图 8.3-47）。

❺ 使用气密设备充气枪插入电机通气阀孔内进行充气，测试气压 20kPa，保压 15s，测试 5s，记录测试过程中总成内气压压降值。

维修提示

观察压力下降数值，压力下降值应小于 25Pa。

❻ 测试合格后，拆卸各个堵头，如果不合格，则检查密封堵头是否到位。

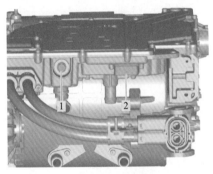

图 8.3-44　电控通气阀及孔位
1—电控通气阀；2—孔位

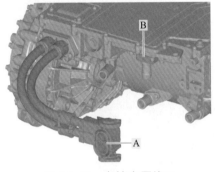

图 8.3-45　电控高压线口
A—电控高压线口；B—电控低压线口

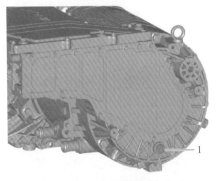

图 8.3-46　电控通气阀（一）

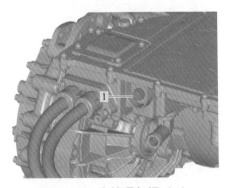

图 8.3-47　电控通气阀（二）

六、拆装前驱动电机控制器

1. 拆卸前驱动电机控制器

❶ 如更换前驱动电机控制器总成，则执行故障诊断仪的"模块换件准备"操作程序。

❷ 关闭所有用电器，车辆下电。

❸ 断开蓄电池负极极夹。

❹ 拆卸手动维修开关。

❺ 拆卸前端模块横梁总成。

❻ 拆卸前驱动电机控制器总成。

a. 旋出前电驱动系统 IPU 搭铁线束 1 固定螺栓（图 8.3-48）。

b. 旋出前电机线束 1 固定螺栓（图 8.3-49）。

c. 旋出固定螺栓，取出接线盒上盖 1（图 8.3-50）。

d. 旋出固定螺栓，脱开前电机线束 1 与前驱动电机控制器总成连接（图 8.3-51）。

e. 旋出固定螺栓 A，断开前驱动电机控制器总成连接插头 B（图 8.3-52）。

f. 松开固定卡箍，脱开前电机进水管 1 与前驱动电机控制器总成连接（图 8.3-53）。

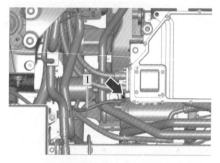

图 8.3-48　前电驱动系统 IPU 搭铁线束固定螺栓

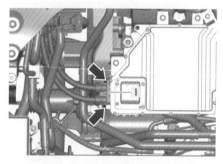

图 8.3-49　前电机线束固定螺栓

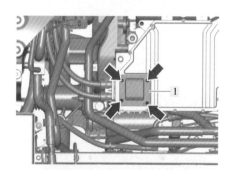

图 8.3-50　接线盒上盖

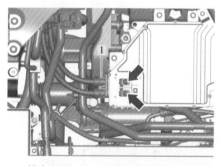

图 8.3-51　前电机线束 1 与前驱动电机控制器总成连

图 8.3-52　前驱动电机控制器总成连接插头

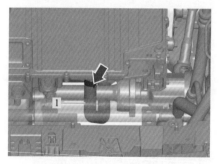

图 8.3-53　前电机进水管与前驱动电机控制器总成连接

g. 松开固定卡箍，脱开前 IPU 进水管 1 与前驱动电机控制器总成连接（图 8.3-54）。

h. 旋出连接螺栓，拆下转向下轴带防尘罩总成 1（图 8.3-55）。

i. 旋出固定螺栓，拆下前电机旋变后盖 1（图 8.3-56）。

j. 断开低压插接件连接插头 A（图 8.3-57）。

k. 旋出三相线固定螺栓 B（图 8.3-57）。

l. 旋出固定螺栓，拆下前驱动电机控制器总成 1（图 8.3-58）。

图 8.3-54　前 IPU 进水管与前驱动电机控制器总成连接

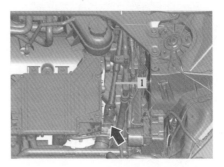

图 8.3-55　转向下轴带防尘罩总成

图 8.3-56　前电机旋变后盖

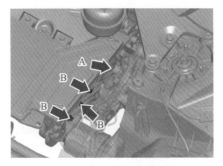

图 8.3-57　三相线固定螺栓

A—低压插接件连接插头；B—三相线固定螺栓

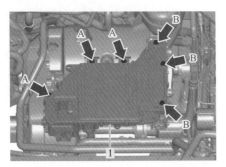

图 8.3-58　前驱动电机控制器总成

1—前驱动电机控制器总成；A，B—固定螺栓

图 8.3-59　电机密封胶垫圈

2. 安装前驱动电机控制器

安装程序以倒序进行，同时注意下列事项。

维修过程中不要损坏电机密封胶圈 1（图 8.3-59 和图 8.3-60）。

按图 8.3-61 中 1～12 的顺序依次拧紧前电机旋变后盖固定螺栓至规定力矩。

与前述后驱动电机控制器一样，安装完成后，需进行气密性检测和程序学习。

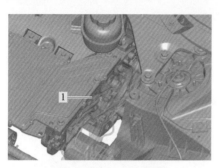

图 8.3-60 电机密封胶

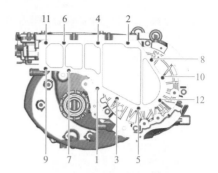

图 8.3-61 前电机旋变后盖固定螺栓至规定力矩

七、拆装前驱动电机

1. 拆卸前驱动电机

拆卸各冷却水管后，需将各冷却水管进行密封处理，以防杂物进入管路内造成堵塞。

❶ 拆卸前副车架总成及前动力总成。
❷ 拆卸前电机中上隔音垫总成。
❸ 拆卸前电机左内隔音垫总成。
❹ 拆卸前电机中下隔音垫总成。
❺ 拆卸前驱动电机总成。
a. 旋出前驱动电机总成 1 与前驱减速器总成连接螺栓（图 8.3-62）。
b. 旋出连接螺栓，拆下前驱动电机总成 1（图 8.3-63）。

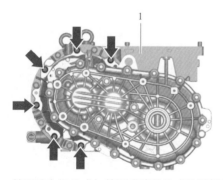

图 8.3-62 前驱动电机总成与前驱减速器总成连接螺栓

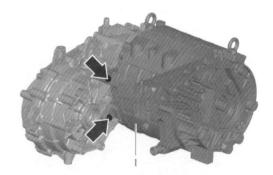

图 8.3-63 前驱动电机总成

2. 安装前驱动电机

安装程序以倒序进行，同时注意下列事项。
检查并更换密封垫圈 1（图 8.3-64 和图 8.3-65）。
与前述拆装后驱动电机一样，安装完成后，需进行气密性检测。

3. 拆装前电驱动系统 IPU 搭铁线束

❶ 旋出前电驱动系统 IPU 搭铁线束 1 固定螺栓 A、B（图 8.3-66）。
❷ 取出前电驱动系统 IPU 搭铁线束 1（图 8.3-66）。

图 8.3-64　密封垫圈（驱动电机上）

图 8.3-65　密封垫圈（减速器上）

4.拆装前副车架总成及前动力总成

（1）拆卸程序

❶ 关闭所有用电器，车辆下电。

❷ 断开蓄电池负极极夹。

❸ 拆卸手动维修开关。

❹ 排放制冷剂。

❺ 排放冷却液。

❻ 排放前驱减速器润滑油。

❼ 拆卸左 / 右前车轮总成。

❽ 拆卸左 / 右前挡泥板总成。

❾ 拆卸前舱底部护板总成（后）。

❿ 拆卸前舱底部护板总成（前）。

⓫ 拆卸前舱底部护板电池包安装支架总成。

⓬ 拆卸前横向稳定杆总成。

⓭ 拆卸左 / 右前驱动轴自锁螺母。

⓮ 拆卸前副车架总成及前动力总成。

a. 将方向盘转至正前位置，锁定方向盘。

b. 旋出固定螺栓，脱开转向下轴 1 与转向器总成连接（图 8.3-67）。

c. 按压固定卡扣，拆下熔断器盖 1（图 8.3-68）。

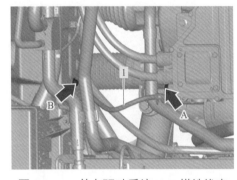

图 8.3-66　前电驱动系统 IPU 搭铁线束

1—前电驱动系统 IPU 搭铁线束；A，B—固定螺栓

维修提示

固定方向盘，防止方向盘过度转动造成时钟弹簧损坏。

d. 旋出前舱线束分线束 1 固定螺栓 A、接地螺栓 B（图 8.3-69）。

e. 脱开前舱线束分线束固定卡扣 C（图 8.3-69）。

f. 断开前舱线束分线束连接插头 D，并将前舱线束分线束 1 移至一侧（图 8.3-69）。

g. 旋出前电驱动系统 IPU 搭铁线束 1 固定螺栓（图 8.3-70）。

h. 旋出前电机线束固定螺栓。

i. 旋出固定螺栓，取出接线盒上盖。

j. 旋出固定螺栓，脱开前电机线束与前驱动电机控制器总成连接。

k. 松开固定卡箍，脱开过渡胶管与铝管总成连接。

l. 松开固定卡箍，脱开前 IPU 进水管与三通接头连接。

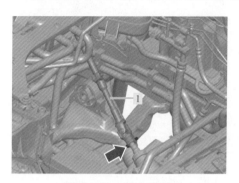

图 8.3-67　转向下轴

图 8.3-68　熔断器盖

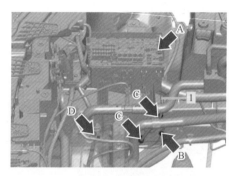

图 8.3-69　移动前舱线束分线束

1—前舱线束分线束；A—固定螺栓；B—接地螺栓；
C—前舱线束分线束固定卡扣；D—前舱线束分线束连接插头

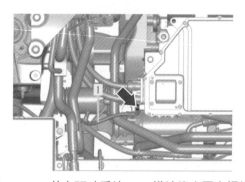

图 8.3-70　前电驱动系统 IPU 搭铁线束固定螺栓

1—前电驱动系统 IPU 搭铁线束固定螺栓

m. 脱开固定卡扣，将水管移至一侧。

n. 旋出固定螺栓 A，断开前驱动电机控制器总成连接插头 B（图 8.3-71）。

o. 断开电机冷却水泵连接插头 A（图 8.3-72）。

p. 旋出电机冷却水泵 1 的固定螺母 B，并将电机冷却水泵及其管路移至一侧（图 8.3-72）。

q. 脱开线束固定卡扣 A，断开电动压缩机总成连接插头 B（图 8.3-73）。

r. 旋出固定螺栓 A，脱开空调低压管 1 与电动压缩机总成连接（图 8.3-74）。

s. 旋出固定螺栓 B，脱开空调高压管 2 与电动压缩机总成连接（图 8.3-74）。

图 8.3-71　断开前驱动电机控制器总成连接插头

A—固定螺栓；B—前驱动电机控制器总成连接插头

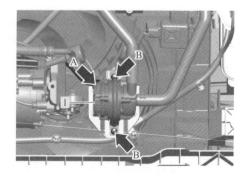

图 8.3-72　移动电机冷却水泵及其管路

1—电机冷却水泵；A—电机冷却水泵连接插头；B—固定螺母

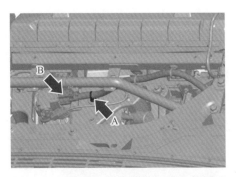

图 8.3-73　断开电动压缩机总成连接插头
A—线束固定卡扣；B—电动压缩机总成连接插头

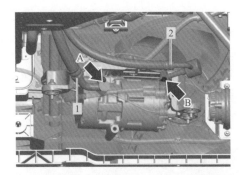

图 8.3-74　脱开空调低压管与电动压缩机总成连接
1—空调低压管；2—空调高压管；A，B—固定螺栓

维修提示

每次拆卸空调高低压管路，都需要更换 O 形密封圈。

t. 旋出压缩机接地线 1 至车身左纵梁固定螺栓（图 8.3-75）。
u. 松开固定卡箍 A，脱开电池进水管 1 与电池包连接（图 8.3-76）。
v. 松开固定卡箍 B，脱开电池出水管 2 与电池包连接（图 8.3-76）。

图 8.3-75　旋出压缩机接地线至车身左纵梁固定螺栓
1—压缩机接地线

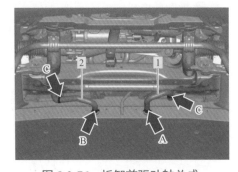

图 8.3-76　拆卸前驱动轴总成
1—电池进水管；2—电池出水管；A—固定卡箍；
B—固定卡箍；C—电池进 / 出水管固定卡扣

w. 脱开电池进 / 出水管固定卡扣 C（图 8.3-76）。
x. 拆卸左前驱动轴总成。
y. 拆卸右前驱动轴总成。
z. 旋出前端框架总成左 / 右侧固定螺栓 A
（图 8.3-77）。
⑮ 旋出电子风扇总成左 / 右侧固定螺栓 B
（图 8.3-77）。
⑯ 使用平板工作台支撑前副车架总成及前
动力总成 1（图 8.3-78）。
⑰ 旋出前副车架总成固定螺栓 A ～ C

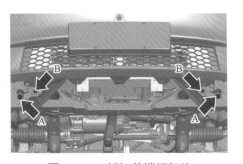

图 8.3-77　拆卸前端框架总
A—前端框架总成左 / 右侧固定螺栓；B—电子风扇
总成左 / 右侧固定螺栓

（图8.3-78）。

⑱ 缓慢举升车辆，拆下前副车架总成及前动力总成1（图8.3-78）。

将前副车架总成及前动力总成整体拆下时，一名技师缓慢地降低前副车架总成及前动力总成，另一名技师仔细观察前副车架总成及前动力总成周边与车身的线束、管路等连接是否已全部脱开。从车辆底部移出前副车架总成及前动力总成1（图8.3-79）。

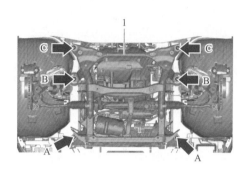

图8.3-78 拆卸前副车架总成及前动力总成
1—前动力总成；A～C—前副车架总成固定螺栓

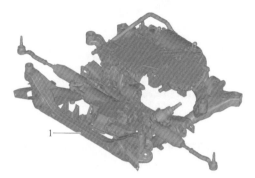

图8.3-79 前副车架总成及前动力总成

5. 从副车架上拆下驱动电机

拆卸程序如下。

❶ 拆卸前副车架总成及前动力总成。

❷ 拆卸前电机中上隔音垫总成。

a. 如图8.3-80所示，使用吊装工具稍微吊起动力总成1。

b. 旋出固定螺栓A、B，拆下动力总成前支架1（图8.3-81）。

c. 旋出固定螺栓A、B，拆下动力总成左支架1（图8.3-81）。

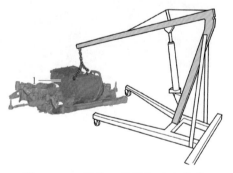

图8.3-80 吊装工具吊起动力总成

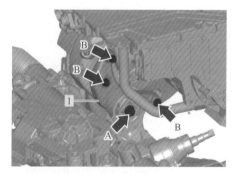

图8.3-81 拆卸动力总成前支架

维修提示

需执行二次拧紧要求，将螺栓A拧紧至130N·m后，反松180°，然后以20r/min的速度拧紧至130N·m。

需执行二次拧紧要求，将螺栓B拧紧至55N·m后，反松180°，然后以20r/min的速度拧紧至55N·m。

前动力总成支架不可重复拆装，拆卸后必须更换新的前动力总成支架。前动力总成支架螺栓拧紧顺序：先拧紧中间螺栓，再拧紧两侧螺栓。

拆换过程中，衬套和支架孔尽量同轴，固定螺栓 A 先用手或者简易工具带紧，再用力矩扳手定扭，不可用气枪或者电枪直接拧紧，以免出现固定螺栓 A 和支架干涉摩擦，损坏铝合金支架螺纹（图 8.3-82）。

前动力总成支架螺栓拧紧顺序：先拧紧中间螺栓，再拧紧两侧螺栓。

d. 旋出固定螺栓 A、B，拆下动力总成右支架（图 8.3-83）。

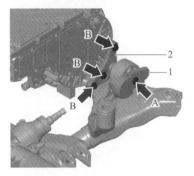

图 8.3-82　拆卸动力总成左支架

1，2—动力总成左支架；A，B—固定螺栓

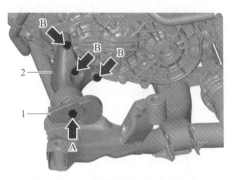

图 8.3-83　拆卸动力总成右支架

1，2—动力总成右支架；A，B—固定螺栓

e. 使用吊装工具拆下动力总成。

f. 松开固定卡箍 A，拆下前 IPU 进水管 1（图 8.3-84）。

g. 松开固定卡箍 B，拆下前电机进水管 2（图 8.3-84）。

h. 松开固定卡箍 A，脱开铝管总成中 1 与前驱动电机连接（图 8.3-85）。

i. 旋出固定螺栓 B，拆下铝管总成 1（图 8.3-85）。

j. 旋出固定螺栓，拆下前电机旋变后盖 1（图 8.3-86）。

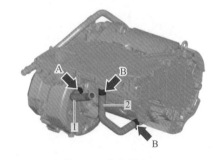

图 8.3-84　前 IPU 进水管与前电机进水管

1—前 IPU 进水管；2—前电机进水管；
A，B—固定卡箍

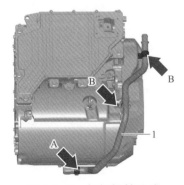

图 8.3-85　拆卸铝管总成

1—铝管总成；A—固定卡箍；B—固定螺栓

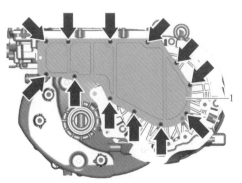

图 8.3-86　拆卸前电机旋变后盖

1—前电机旋变后盖

k. 断开低压插接件连接插头 A（图 8.3-87）。

l. 旋出三相线固定螺栓 B（图 8.3-87）。

m. 旋出固定螺栓 A、B，拆下前驱动电机控制器总成 1（图 8.3-88）。

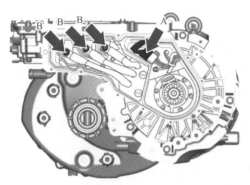

图 8.3-87　低压插接件连接插头与三相线固定螺栓

A—低压插接件连接插头；B—三相线固定螺栓

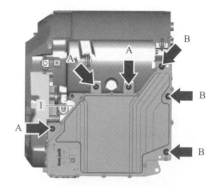

图 8.3-88　拆卸前驱动电机控制器总成

1—前驱动电机控制器总成；A，B—固定螺栓

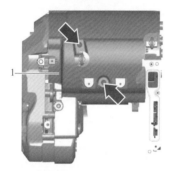

图 8.3-89　拆卸前电机中上隔音垫总成

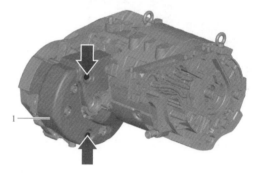

图 8.3-90　前电机左内隔音垫总成

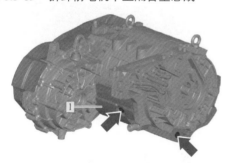

图 8.3-91　前电机中下隔音垫总成

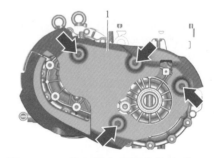

图 8.3-92　前电机中下隔音垫总成

n. 旋出固定螺栓，拆下前电机中上隔音垫总成 1（图 8.3-89）。

o. 拆卸前电机左内隔音垫 1（图 8.3-90）。

p. 拆卸前电机中下隔音垫 1（图 8.3-91 和图 8.3-92）。

八、减速器总成安装

1. 清理电机端面密封胶

❶ 使用护具将电机定子与铜线、电机转子与铜线间的缝隙罩住（图 8.3-93），防止清理的密

封胶进入电机缝隙以及刮刀误伤铜线。

❷ 使用刮刀将电机端面密封胶清理干净，清理时勿划伤电机端面。

❸ 使用气枪吹掉从电机端面上刮下的胶渣，然后取下防护罩。

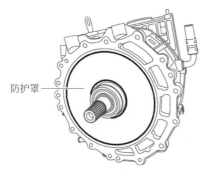

图 8.3-93　防护罩

防护罩

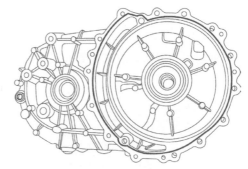

图 8.3-94　涂胶轨迹（一）

2. 涂密封胶

❶ 电机结合面涂覆密封胶，涂胶面保证清洁，无油污、杂质。

❷ 密封胶需均匀、连续，无断胶情况。

❸ 涂胶直径为（3.0±0.5）mm。

❹ 涂胶轨迹如图所示 8.3-94，轨迹偏差要求 ±0.5mm。

❺ 确保在密封胶尚未硬化前安装，涂胶后必须在 5min 内合箱，若超过 5min 应重新涂胶。

3. 减速器与电机组合安装

❶ 电机后端盖放置在平整干净的地面固定。

❷ 将电机前轴承波形弹簧放在轴承上，尽量与轴承同心，波形弹簧外边沿不能超过轴承外圈边沿，合装时避免碰撞（图 8.3-95）。

❸ 将两根定位柱螺纹端安装到上述电机螺纹孔上。

❹ 减速器装配到电机上时将两根定位柱对应的减速器孔穿入定位柱，固定后将减速器安装到电机上，防止电机转子花键碰伤输入轴油封，装配到位后将定位柱取下。

❺ 合箱后，对于合箱面外侧溢出的密封胶不做处理，避免因处理外侧密封胶而影响密封性能。

❻ 电机定子安装面与减速器止口贴合后，按规定力矩依次按对角关系将螺栓拧紧，拧紧时两人对角操作（图 8.3-96）。

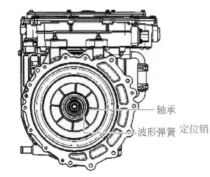

轴承

波形弹簧　定位销

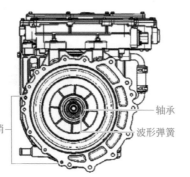

轴承

波形弹簧

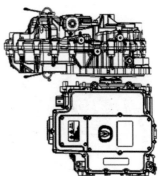

图 8.3-95　波形弹簧与轴承

图 8.3-96　电机定子安装

❼ 检查电驱系统总成外观，保证装配过程无磕碰等损伤。

九、 检查和更换电机前轴承

1. 分离减速器和驱动电机

❶ 拆卸电机与减速器的连接螺栓（图 8.3-97）。

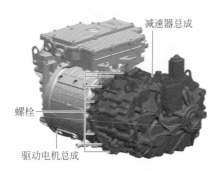

图 8.3-97　电机与减速器的连接螺栓

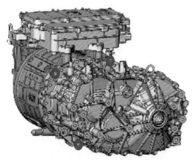

图 8.3-98　顶丝孔位置

❷ 将电驱动系统总成横置，如有顶丝孔，将螺栓拧入电机与减速器结合面的顶丝孔（图 8.3-98），将电机与减速器连接面顶起，拆卸，分开减速器与电机，注意不要划伤结合面，不磕碰电机水嘴；顶丝孔分段拧紧，每一段保证3 个顶丝都拧紧最多不超过 3 圈，直至减速器与电机完全脱落。

2. 检查和清洁机体

减速器拆下后，使用防护罩进行防护，防止清理的密封胶进入电机腔体内以及刮刀误伤铜线，检查电机止口、端面和定位销有无磕碰，若有磕碰伤可使用细砂纸打磨光滑，使用刮刀将电机端面密封胶清理干净，使用风枪吹掉从电机端面上刮下的胶渣，然后取下防护罩。

3. 检查和更换轴承

❶ 将电机放置在操作台上，用卡簧钳拆下轴用卡簧（图 8.3-99）。
❷ 使用拉具取出轴承，并检查电机轴承安装位是否有拉伤，如果有明显拉伤，则不可使用（图 8.3-100）。

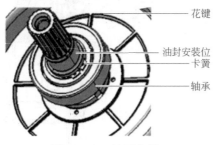

图 8.3-99　轴用卡簧

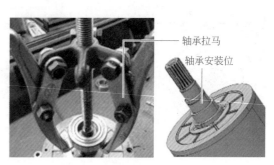

图 8.3-100　用拉具拆下轴承并检查

❸ 使用塔式或一般加热器加热新轴承的轴承内圈到（110±10）℃，保温 20 ~ 30s（图 8.3-101）。

❹ 戴隔热手套，将热轴承套到转轴轴承安装位，轴承内圈底部端面与挡肩贴合，冷却 1 ~ 2min 后用轴用挡圈钳装配卡簧到卡簧槽（图 8.3-102）。

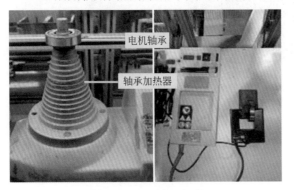

图 8.3-101　轴承加热

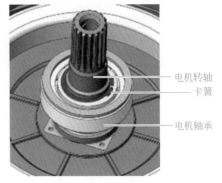

图 8.3-102　装配卡簧

4. 装配减速器总成

❶ 安装方式与拆卸方式相反。
❷ 添加冷却液并排除空气。
❸ 检查并确认任何部件无冷却液泄漏。
❹ 添加减速器油液。
❺ 检查并确认无减速器油泄漏。

十、检查和更换电机后轴承

1. 拆卸接线盒盖

拆卸电机控制器接线座固定螺栓，取下接线座（图 8.3-103）。

2. 拆卸电气件

❶ 向下拨热敏接插件和旋变接插件底部卡扣，同时向左拔出热敏插头和旋变插头。
❷ 拆卸支架的固定螺栓，取下固定支架（图 8.3-104）。
❸ 拆卸旋变定子固定螺栓，取下旋变定子，注意不要碰到旋变定子线包（图 8.3-105）。

图 8.3-103　接线座

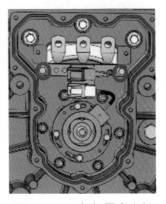

图 8.3-104　拆卸固定支架

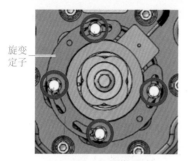

图 8.3-105　旋变定子

旋变定子

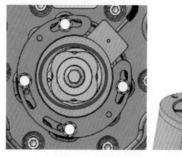

图 8.3-106　旋变转子、旋变转子压板与定位键

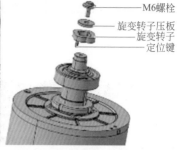

M6螺栓
旋变转子压板
旋变转子
定位键

❹ 拆卸旋变转子固定螺栓，取下旋变转子、旋变转子压板、定位键（图 8.3-106）。

3. 拆卸后盖

❶ 拆卸轴承压板固定螺栓（图 8.3-107）。

图 8.3-107　拆卸轴承压板固定螺栓

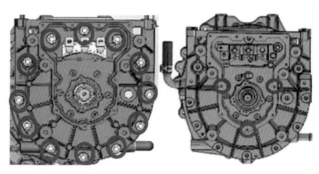

图 8.3-108　端盖螺栓

❷ 拆卸端盖螺栓，如有顶丝，使用机壳与后端盖结合面的 3 个顶丝孔，将机壳与后端盖连接面起顶，拆卸，分开机壳与后端盖，注意不要划伤结合面；顶丝孔分段拧紧，每一段保证 3 个顶丝都拧紧最多不超过 2 圈，直至机壳与后端盖完全脱落（图 8.3-108）。

图 8.3-109　拆下卡簧

轴承拉马
轴承安装位

图 8.3-110　取出轴承

4. 拆卸轴承

❶ 用轴用挡圈钳拆下轴用卡簧，取下过程中不要刮伤转轴（图 8.3-109）。
❷ 使用拉具取出轴承，拉马卡住轴承（图 8.3-110）。

5. 安装轴承

❶ 使用塔式或一般式感应加热器加热新轴承内圈到（110±10）℃，保温时间 20 ～ 30s。

❷ 戴隔热手套，将轴承热套套到转轴轴承位，轴承内圈底部端面与挡肩贴合，冷却 1 ～ 2min 后用轴用挡圈钳装配卡簧。

6. 防护和清洁机体

❶ 如图 8.3-111 所示，使用护具进行防护，防止清理的密封胶进入腔体以及刮刀误伤铜线。

❷ 使用刮刀将端盖密封胶清理干净，清理时勿划伤端面，使用气枪吹掉刮下的胶渣。检查止口、端面有无碰伤，若有磕碰伤可使用细砂纸打磨光滑。

❸ 使用刮刀将电机端面密封胶清理干净，清理时勿划伤电机端面。使用气枪吹掉从电机端面上刮下的胶渣，然后取下防护罩。

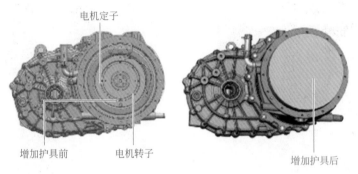

图 8.3-111　防护

7. 涂抹密封胶

端盖结合面涂覆密封胶，涂胶面保证清洁，无油污、杂质，密封胶型号 Tonsan/1951。密封胶需均匀、连续，无断胶情况；涂胶直径为（3.0±0.5）mm；涂胶轨迹如图 8.3-112 所示，轨迹偏差要求 ±0.5mm；确保在密封胶尚未硬化前安装，涂胶后必须在 5min 内合箱，若超过 5min 应重新涂胶。

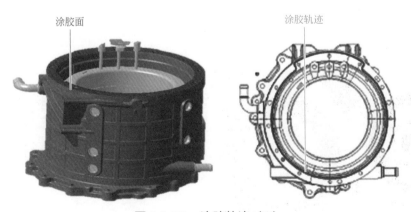

图 8.3-112　涂胶轨迹（二）

8. 安装盖板

❶ 确保在密封胶尚未硬化前安装，整理出三相引出线端子，让端子端部向上，确保能穿过

端盖孔，手动将两个导向杆对角旋入轴承压板并锁紧螺栓，将端盖装配到电机上，将三相线穿过端盖孔中。

❷ 锁紧轴承压板时，先预拧未装导杆的螺钉，然后逆时针旋转拆下导杆，再拧紧另外 2 个螺钉，最后使用扭力扳手对角拧紧。

❸ 分别将螺栓依次装入端盖螺纹孔。对角预拧并紧固。

9. 安装接线座

❶ 按装配接线座，将三相端子拉到接线座上，使用扭力扳手锁紧（图 8.3-113）。

❷ 装配固定支架，将热敏线从支架孔中穿出，使用扭力扳手拧紧（图 8.3-114）。

❸ 安装旋变转子，拿取旋变平键，装配在旋变转子与转轴的定位键槽内，轻轻敲击平键，完成平键安装，拿取电机压板，平放在旋变转子上，使用扭矩扳手拧紧（图 8.3-115）。

图 8.3-113　三相端子

图 8.3-114　装配固定支架

10. 检查传感器

❶ 取旋变定子，检查产品外观，无磕碰，铜线无断丝，信号线无损伤，旋变定子支架无明显变形，装配旋变定子，出线端位于右上方向，先用手预拧至螺栓压住支架，再使用扭力扳手拧紧，按照图 8.3-116 所示顺序锁止螺栓。

❷ 分别用胶带包扎信号线端子与信号线连接处，热敏线端子与热敏线连接处，要求包扎时完全包裹连接处，包扎均匀牢靠（图 8.3-117 和表 8.3-1）。

❸ 使用万用表测量旋变传感器插针阻值。

图 8.3-115　安装旋变转子

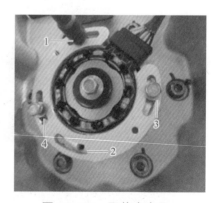

图 8.3-116　取旋变定子

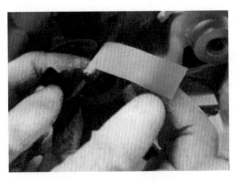

图 8.3-117　包扎接线处

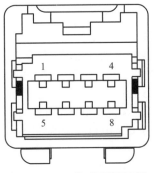

图 8.3-118　传感器插接器

 列举说明

如图 8.3-118 所示为马自达 CX30EV 传感器插接器，测量其旋变传感器数值：7-8 端子，37.8 ~ 46.0Ω；2-3 端子，13.3 ~ 16.2Ω；4-6 端子，33.3 ~ 40.7Ω。

表 8.3-1　图 8.3-118 中插接件端子定义

端子	信号	颜色	端子	信号	颜色
1	—	—	5	—	—
2	R1	绿	6	S4	蓝
3	R2	白	7	S3	黑
4	S2	黄	8	S1	红

❹ 使用绝缘耐压设备（兆欧表）测试电机是否合格。

❺ 绕组对地绝缘电阻不小于 100MΩ（1000V 兆欧表），绕组对地绝缘介电强度 AC1900V、50Hz、1min 无击穿，漏电电流 ≤ 20mA。

❻ 绕组对热敏电阻之间电阻不小于 100MΩ（1000V 兆欧表），绕组对热敏电阻之间的绝缘介电强度 AC1500V、50Hz、1min 无击穿，漏电电流 <5mA。

11. 电机后端盖

在电机后端盖与控制器接合处，安装密封圈，用沾有润滑脂的毛刷沿密封垫圈表面均匀涂抹一圈油脂（图 8.3-119）。

图 8.3-119　涂抹润滑脂

图 8.3-120　安装

12. 检查线束

❶ 检查控制器表面状态，要求无磕碰、划伤。

❷ 控制器低压信号线从电机后端盖孔中穿过。

❸ 控制器三相线线排插入电机接线座与电机三相线中间。

❹ 控制器上的两个装配定位销钉孔与端盖上安装的两个销钉配合，并使用橡胶锤轻轻敲击，保证装配良好（图 8.3-120）。

❺ 安装电机控制器固定螺栓，按对角线先预紧、后锁紧螺栓（图 8.3-121）。

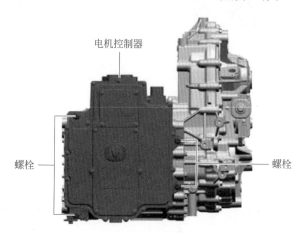

电机控制器

螺栓　　　　　　　　　　　　　　　　螺栓

图 8.3-121　锁紧螺栓

❻ 将控制器信号线固定卡扣压接在电机接线盒上左边的固定孔位中，当听到"咔"的声响时表明固定牢固。

❼ 连接控制器端与电机端的热敏端子接插件和旋变信号端子接插件，连接完成后的端子固定于接线座下方的固定板上。

❽ 在橡胶水管头上涂抹冷却液，插入电机控制器中，水管头凸台与橡胶水管接头地面完全接触，水管夹安装到"工字"线内。

❾ 安装电机控制器电极排与接线座的固定螺栓。

13. 测量电驱总成绝缘电阻

❶ 绝缘测试仪：电压 1000V DC±（3% 或 5V），显示精度 ≤ 1MΩ，测试精度 ±（7% 或 5V），参考量程 ≥ 500MΩ。

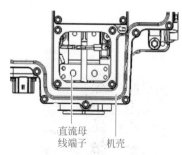

直流母
线端子　机壳

图 8.3-122　直流母线端子与机壳

进气口

进气口

图 8.3-123　进气口

❷ 高压直流母线动力端子与机壳不应直接接触，保证电气绝缘。

❸ 绝缘测试仪电压设定 1000V DC，测量高压直流母线与机壳的绝缘电阻值。测试绝缘电阻 ≥ 20MΩ 为合格（图 8.3-122）。

❹ 测量完成后高压直流母线动力端子与机壳做电气连接使其放电。

❺ 安装电机接线盒，安装时确保密封胶条平顺，无翘起、无划伤、破损。

❻ 依次安装水道，测试上下两堵头工装（图 8.3-123）。

14. 进行水道气密测试

水道气密测试要求如下。

❶ 实验介质为气体介质，气体介质可以是空气、氮气或惰性气体。

❷ 测量仪表的精度应不低于 1.5 级，量程为实验压力的 1.5 ～ 3 倍。测量仪表见图 8.3-124。

图 8.3-124　测量仪表

❸ 介质温度应与环境温度一致，向电驱总成冷却回路充入 200kPa 的实验介质，压降 ≤ 0.2kPa 为测试合格。

❹ 水道测试时间，充气 20s，等压 0.5s，平衡 5s，检测 20s。

❺ 进行气密测试，使用高压直流接插件安装孔作为抽气口，采用密封装置密封高压分线接插件、低压接插件、呼吸器密封口等影响电驱动系统内部升压的孔（图 8.3-125）。

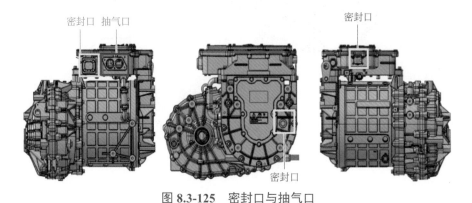

密封口　抽气口　密封口

密封口

图 8.3-125　密封口与抽气口

❻ 平缓抽取腔体内部空气至负压（22±1）kPa，泄漏量 ≤ 20mL/min（100s 抽气时间）为合格。

15. 安装电驱动系统总成

❶ 如果拆分维修时更换了电机控制器，则需要更新应用程序。

❷ 如果拆装只涉及旋变转子，可不进行旋变自学习；如果拆装涉及旋变定子，必须进行旋变自学习。

十一、更换差速器油封

1. 准备就车拆卸外围零部件

❶ 将车辆放在自动举升机上并进行准备，以使其可以举起。

❷ 确认组合仪表上的"就绪"指示灯未点亮。

如果 READY 指示灯点亮，请关闭主电源。

❸ 断开蓄电池负极，断电后静止 10min。

❹ 排放减速器油液。

图 8.3-126　拆下油封

2. 拆卸车辆左驱动轴

使用油封专用工具拆下油封（图 8.3-126）。

3. 安装油封

❶ 使用油封专用工具和锤子安装新油封（图 8.3-127）。

❷ 在装配油封前请在箱体与油封外圆配合处涂布少量润滑油。

❸ 按照与拆卸相反的顺序进行安装。

❹ 添加减速器油液。

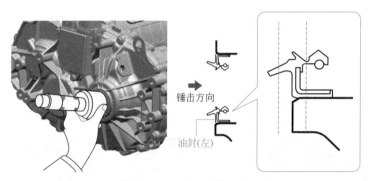

图 8.3-127　安装新油封

❺ 油封更换完成后使用清洁剂清洗传动轴与油封连接处的油污，清洗干净后试车 5km，如果无漏油现象，即表明更换合格。

❻ 右侧油封与左侧油封拆装方式一致。

十二、拆装旋转传感器

❶ 拆卸电机接线盒盖的固定螺栓，取下电机接线盒盖（图 8.3-128）。

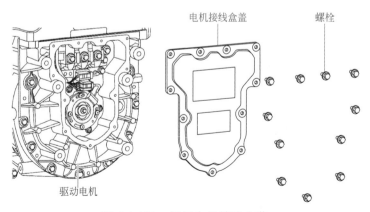

图 8.3-128　拆卸电机接线盒盖

❷ 拆卸旋变转子的固定螺栓，取下旋变转子压板，取下旋变转子平键，取下旋变转子（图 8.3-129）。

❸ 断开旋变定子插件的连接，拆卸旋变定子的固定螺钉，取下旋变定子（图 8.3-130）。

❹ 按与拆卸相反的顺序进行安装。

❺ 若通过拆分维修更换了电机控制器，则需要更新应用程序。

❻ 如果拆装只涉及旋变转子，可不进行旋变自学习；如果拆装涉及旋变定子，必须进行旋变自学习。

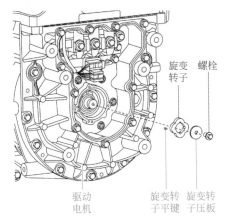

图 8.3-129　拆卸旋变转子

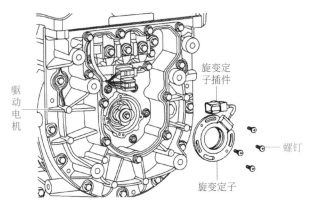

图 8.3-130　拆卸旋变定子

十三、电机驱动控制系统简明故障罗列

电机驱动控制系统简明故障罗列见表 8.3-2。

表 8.3-2　电机驱动控制系统简明故障罗列

故障 / 诊断显示	故障生成 / 故障内容	可能故障原因	故障点
诊断过压	电压大于 16V，持续时间大于 3s	供电电压过高	检查供电
诊断欠压	电压小于 9V，持续时间大于 3s	供电电压过低	检查供电
ECAN 关闭	3 次连续 Bus-off	CAN 线路故障	检查 CAN 线路
与 VCU 丢失通信	VCU 报文连续丢失 10 个周期	① VCU 故障 ② CAN 线路故障	检查 VCU 及 CAN 线路
与 CGW 丢失通信	CGW 报文连续丢失 10 个周期	① CGW 故障 ② CAN 线路故障	检查 CGW 及 CAN 线路
Checksum 错误故障	监控报文 ID：0×17C 接收节点的 Checksum 和发送节点的 Checksum 连续不一致超过 10 时记录	CAN 通信模块故障	检查 CAN 通信模块
Alive Counter 错误故障	监控报文 ID：0×17C 接收节点的 Alive Counter 和发送节点的 Alive Counter 连续不一致超过 nCounter Error（典型值为 10）时记录	CAN 通信模块故障	①检查总线是否丢帧 ②检查对应节点 Live Cnt 是否更新

故障 / 诊断显示	故障生成 / 故障内容	可能故障原因	故障点
霍尔过流故障	满足以下任意条件后报该故障 ① U 相电流峰值>过流点 ② W 相电流峰值>过流点 ③ V 相电流峰值>过流点	①输出电流过大 ②霍尔传感器或检测回路受干扰 ③霍尔掉线或异常	检查霍尔传感器状态
驱动上桥故障	满足以下全部条件后报该故障 ①控制驱动上桥的驱动芯片发生严重故障（如低压欠压、过压、过流、通信等） ②驱动芯片故障后置 Fault 信号	① IGBT 硬件受损 ②驱动上桥芯片异常 ③上桥驱动电源异常 ④ Fault_H 信号受干扰	①检查 IGBT 硬件 ②检查驱动上桥芯片 ③检查上桥驱动电源 ④检查 Fault_H 信号状态
驱动下桥故障	满足以下全部条件后报该故障 ①控制驱动下桥的驱动芯片发生严重故障（如低压欠压、过压、过流、通信等） ②驱动芯片故障后置 Fault 信号	① IGBT 硬件受损 ②驱动下桥芯片异常 ③下桥驱动电源异常 ④ Fault_H 信号受干扰	①检查 IGBT 硬件 ②检查驱动下桥芯片 ③检查下桥驱动电源 ④检查 Fault_H 信号状态
KL30 电源欠压	满足以下任意条件后报该故障 ① MCU 状态 =Run；MCU 控制电压≤ 7V（1.5ms） ② MCU 状态 =Stop；MCU 控制电电压≤ 7V（20ms）	①蓄电池电源工作异常 ②蓄电池检测回路异常	①检查蓄电池电源 ②检查蓄电池检测回路
母线过压故障	母线过压，高于 483V	①动力电池直流母线电压过高 ②回馈能量过大 ③母线电压振荡 ④电压检测回路异常	①检查动力电池直流母线电压 ②检查回馈能量状态 ③检查母线电压振荡 ④检查电压检测回路
旋变异常故障	100ms 内：旋变 LOS DOT 硬线信号错误次数大于阈值	①旋变掉线 ②未良好接地等导致旋变干扰太大 ③检测芯片电路异常	①检查旋变 ②检查旋变芯片电路
输出缺相故障	满足以下任意条件后报该故障 ①上电缺相检测阶段任意相断路 ②正常缺相检测阶段电流偏差过大	①控制器三相输出缺相 ②电流检测异常	①检查控制器三相线连接情况 ②检查电流检测电路
角度跳变故障	电机转子角度与上一周期的值差大于阈值，持续 40ms	①未良好接地等导致旋变干扰太大 ②检测芯片电路异常	①检查旋变干扰 ②检查旋变检测芯片电路
母线欠压故障	满足以下全部条件后报该故障 ① MCU 状态 =Run ② MCU 状态 = 主动放电 ③母线电压＜ 150V	①动力电池电压过低 ②母线电压振荡 ③电压检测异常	①检查动力电池电压 ②检查母线电压振荡情况 ③检查电压检测电路

续表

故障／诊断显示	故障生成／故障内容	可能故障原因	故障点
U 相电流零漂故障	U 相电流的零漂值＞临界值（0.156×1000A），持续 1280ms	①霍尔传感器异常 ②运放异常	①检查霍尔传感器 ②检查运放
V 相电流零漂故障	V 相电流的零漂值＞临界值（0.156×1000A），持续 1280ms	①霍尔传感器异常 ②运放异常	①检查霍尔传感器 ②检查运放
W 相电流零漂故障	W 相电流的零漂值＞临界值（0.156×1000A），持续 1280ms	①霍尔传感器异常 ②运放异常	①检查霍尔传感器 ②检查运放
U 相电流过大故障	U 相电流幅值大于阈值（850A），持续 50ms	U 相霍尔传感器断线或者短电源	①检查霍尔传感器 ②检查运放
U 相电流过小故障	U 相电流幅值小于阈值（-850A），持续 50ms	U 相霍尔传感器短地	①检查霍尔传感器 ②检查运放
V 相电流过大故障	V 相电流幅值大于阀值（850A），持续 50ms	V 相霍尔传感器断线或者短电源	①检查霍尔传感器 ②检查运放
V 相电流过小故障	V 相电流幅值小于阈值（-850A），持续 50ms	V 相霍尔传感器短地	①检查霍尔传感器 ②检查运放
W 相电流过大故障	W 相电流幅值大于阈值（850A），持续 50ms	W 相霍尔传感器断线或者短电源	①检查霍尔传感器 ②检查运放
W 相电流过小故障	W 相电流幅值小于阈值（-850A），持续 50ms	W 相霍尔传感器短地	①检查霍尔传感器 ②检查运放
三相电流之和不合理故障	三相电流之和大于阈值（66A）；阈值偏大的次数大于检测次数的 80%	①电流采样异常 ②输出短路 ③输出短机壳	①检查霍尔传感器 ②检查运放
硬件过压故障	检测到触发硬件过压的 IO 口的下降沿	①动力电池电压过高 ②母线电压振荡 ③电压检测异常	①检查动力电池电压 ②检查母线电压振荡情况 ③检查电压检测电路
驱动芯片初始化失败故障	驱动芯片配置次数＞5 次，仍未成功	驱动芯片故障	检查驱动芯片
EEROM 故障	满足以下任意条件后报该故障 ① EEPROM 连续读时间＞500ms，不成功 ② EEPROM 连续读时间＞1000ms，不成功 ③ EEPROM 连续读时间＞7000ms，不成功	EEPROM 故障	检查 EEPROM
主动放电故障	满足以下全部条件后报该故障 ①母线电压大于 60V ②主动放电时间超过 3s	① BMS 接触器未实际脱开 ②电压采样失效 ③出现无法放电开关故障	①检查 BMS 接触器状态 ②检查电压采样 ③检查放电情况
电机温度过低故障	满足以下全部条件后报该故障 ①电机温度≤温度曲线中的最小值（NTC/PT100/PT1000：-48℃。KTY84：-40℃） ②持续时间超过 250ms	①电机温度传感器（NTC）未接线 ②电机温度传感器（PT）短地	检查电机温度传感器

续表

故障/诊断显示	故障生成/故障内容	可能故障原因	故障点
IGBT温度过高故障	满足以下全部条件后报该故障 ①GBTNTC温度＞IGBT温度范围的最大值（120℃） ②时间持续200ms	NTC传感器短路故障	检查NTC传感器
控制器过载报警	满足以下全部条件后报该故障 ①控制器输出电流值＞控制器额定电流 ②控制器输出大电流持续时间＞硬件设定的保护时间	①过负载运行 ②电流检测异常	①无过载运行 ②检查电流检测电路
控制器过热报警（报警灯不点亮）	满足以下全部条件后报该故障 ①无IGBT温度过高或过低故障 ②控制器处于运行状态 ③控制器温度＞控制器过温点（-5℃）	①控制器温度过高 ②水泵流量不足 ③水路阻塞	①检查控制器温度 ②检查水泵流量 ③检查水路
控制器过热故障（报警灯点亮）	满足以下全部条件后报该故障 ①控制器温度＞控制器过温点（155℃） ②无IGBT温度过高或过低故障发生 ③时间持续250ms	①冷却液管路异常 ②水泵异常 ③过负载运行 ④温度检测异常	①检查冷却液管路 ②检查水泵 ③检查控制器运行状态 ④检查温度检测电路
控制器NTC过温报警	满足以下全部条件后报该故障 ①无IGBT温度过高或过低故障 ②控制器处于运行状态 ③IGBT NTC温度＞100℃	①水泵流量不足 ②水路阻塞 ③水路有空气	①检查水泵流量 ②检查水路
控制器NTC过温故障	满足以下全部条件后报该故障 ①IGBT NTC温度＞IGBT原始温度过温点（105℃） ②无IGBT温度过高或过低故障发生 ③时间持续250ms	①水泵流量不足 ②水路阻塞 ③水路有空气	①检查水泵流量 ②检查水路
电机过热报警	满足以下全部条件后报该故障 ①电机温度＞电机过温点（-10℃） ②无电机温度过高或过低故障	①电机温度过高 ②水泵流量不足 ③水路阻塞	①检查电机温度 ②检查水泵流量 ③检查水路
电机过热故障	满足以下全部条件后报该故障 ①当前不处于电机温度过高或过低检测状态 ②电机温度＞电机过温点（165℃） ③时间持续500ms	①冷却液管路异常 ②水泵异常 ③过负载运行 ④温度检测异常	①检查冷却液管路 ②检查水泵 ③检查控制器运行状态 ④检查温度检测电路

故障 / 诊断显示	故障生成 / 故障内容	可能故障原因	故障点
电机温度过高故障	满足以下全部条件后报该故障 ①电机温度传感器选择非空（BA-00） ②电机温度≥温度曲线中的最大值（NTC：192） ③掉线计数时间达到设定的判断时间（250ms）	①温度传感器（PT）掉线 ②温度传感器（NTC）短路	检查温度传感器
超速故障	满足以下条件后报该故障 ①无旋变故障 ②转矩控制电机转速＞12600r/min 或者＜-4200r/min（允许误差±30r/min） ③转速控制电机转速＞12600r/min 或者＜-12600r/min（允许误差±30r/min） ④超速时间持续 2s	电机转速过高	①检查旋变传感器 ②检查旋变芯片电路
母线欠压报警	满足以下全部条件后报该故障 ①MCU 状态 =Run ②非主动放电中 ③母线电压＜欠压点（150+30V）	控制器直流母线电压过低	检查控制器直流母线电压
母线过压报警	满足以下全部条件后报该故障 ①母线电压＞过压点（483-30V）时，开始限制最大输出电流 ②最大输出电流限制至峰值的60%	控制器直流母线电压过高	检查控制器直流母线电压
控制器 IGBT	Vce 导通电压过高或驱动 IC 发出开通信号 IGBT 没有开通	控制器 IGBT 故障	检查控制器 IGBT
IGBT 驱动正电源过压	驱动正电源电压＞19V	控制器 IGBT 故障	检查控制器 IGBT
IGBT 驱动正电源欠压	驱动正电源电压＜13V	控制器 IGBT 故障	检查控制器 IGBT
IGBT 驱动负电源过压	驱动负电源电压＜-10V	控制器 IGBT 故障	检查控制器 IGBT
IGBT 驱动负电源欠压	驱动正电源电压＞-6V	控制器 IGBT 故障	检查控制器 IGBT
IGBT 驱动芯片过温	驱动 IC 自身温度＞155℃	控制器 IGBT 故障	检查控制器 IGBT
IGBT 驱动芯片低压侧电源欠压	驱动 IC 低压侧5V电源电压＜3.8V	控制器 IGBT 故障	检查控制器 IGBT
IGBT 驱动芯片低压侧电源过压	驱动 IC 低压侧5V电源电压＞5.7V	控制器 IGBT 故障	检查控制器 IGBT
IGBT 驱动芯片 SPI 通信故障	驱动 IC 通信故障（多次尝试仍有故障）	控制器 IGBT 故障	检查控制器 IGBT
IGBT 上下桥互锁故障	驱动芯片首先会检测上下桥是否有直通可能，然后再发出 PWM 波（死区时间小于 1.2μs）	控制器 IGBT 故障	检查控制器 IGBT

续表

故障 / 诊断显示	故障生成 / 故障内容	可能故障原因	故障点
IGBT 驱动芯片退饱和故障	驱动 IC 的 DESAT 检测管脚的电压	控制器 IGBT 故障	检查控制器 IGBT
主动短路不合理故障	满足以下全部条件后报该故障 ①电流幅值小于 100A 或母线电压保持在 500V 以上 ②速度大于阈值（600r/min） ③时间大于 200ms	①霍尔传感器异常 ②驱动异常	①检查霍尔传感器 ②检查驱动
扭转输出异常故障	满足以下全部条件后报该故障 ①反馈转矩大于或小于给定转矩阈值 ②时间持续 200ms	①电流环参数不合理 ②旋变零点角度不准确	①检查电流环参数 ②检查旋变零点角度
旋变奇偶校验错误	100ms 内奇偶校验错误次数 > 阈值	①旋变异常 ②旋变受干扰	①检查旋变 ②检查旋变受扰状态
唤醒信号异常警告	满足以下全部条件后报该故障 ①高压工作模式下，IGN 异常断开 ②时间大于 100ms	KL15 异常	检查 KL15
VCU 指令超范围	满足以下条件后报该故障 ① VCU 发出的 Torque 请求值及其限制值超过 IPU 峰值转矩 ② VCU 发出的 Speed 请求值及其限制值超过 IPU 最大转速 ③持续 100ms	VCU 异常	检查 VCU 状态
模式故障	满足以下条件后报该故障 ① VCU 模式请求异常，VCU 指令未按 IPU 规定模式跳转图请求 ② VCU 模式请求值为无效值 ③持续 100ms	VCU 异常	检查 VCU 状态
非期望的转矩过大故障	满足以下全部条件后报该故障 ①转矩控制，输出转矩绝对值大于请求转矩绝对值 50N·m ②持续 200ms	MCU 异常	检查 MCU 状态
实际转矩方向反向故障	满足以下全部条件后报该故障 ①转矩控制，给定转矩和反馈转矩的方向相反 ②给定转矩和反馈转矩之差的绝对值大于 50N·m ③持续 200ms	MCU 异常	检查 MCU 状态
ASC 执行异常	满足以下条件后报该故障 ①正在执行 ASC 时 NTC 温度或电机温度达到退出 ASC 的温度阈值 3℃以内 ②需要执行 ASC 但不具备执行 ASC 的条件（电机过热故障、控制器 IGBT NTC 过温故障、控制器 IGBT 结温过温故障、上下桥均故障），持续超过 120ms	MCU 异常	检查 MCU 状态

十四、驱动电机控制系统具体故障检测

1. 驱动电机控制系统故障特点

（1）传感器故障　电流传感器、电压传感器、温度传感器、位置传感器等故障。

（2）电机故障　电流调节故障，电机性能检查，主动短路或空转条件不满足，转子偏移角等。

（3）总线故障　包括 CAN 内存检测，总线超时，报文长度、校验，收发计数器。

（4）其他硬件故障　相电流过流诊断，直流母线电压过压，高、低压供电故障，处理器监控等。

2. 驱动电机系统故障检测前的检查和准备

（1）直观检查

❶ 首先从易于接触或能够看到的系统部件进行直观检查来排除和缩小范围。

检查易于接触或能够看到的系统部件，或者易于直观判断的部件（如熔丝），以查明其是否有明显损坏或存在可能导致故障的情况。

❷ 检查高压线束连接器是否松动，内部是否有锈蚀的迹象。

❸ 排除了以上简单直观的情况，利用检测手段（如利用万用表、兆欧表检测），来确定和排除配电系统的相关回路故障。

（2）驱动电机系统电路图

1）要熟悉各驱动电机系统的插接器（连接器）　驱动电机系统线束连接器见表 8.3-3；整车控制器线束连接器见表 8.3-4。通常对维修电路进行各相关插接器端子之间的测量，来判断和确定线路障点。

2）要熟悉驱动电机系统电路的连接走向　驱动电机控制系统检测电路如图 8.3-131 和图 8.3-132 所示。

表 8.3-3　驱动电机系统线束连接器

代号	插接器	图示	端子号	连接走向（端子定义）
FB80	驱动电机控制器线束连接器	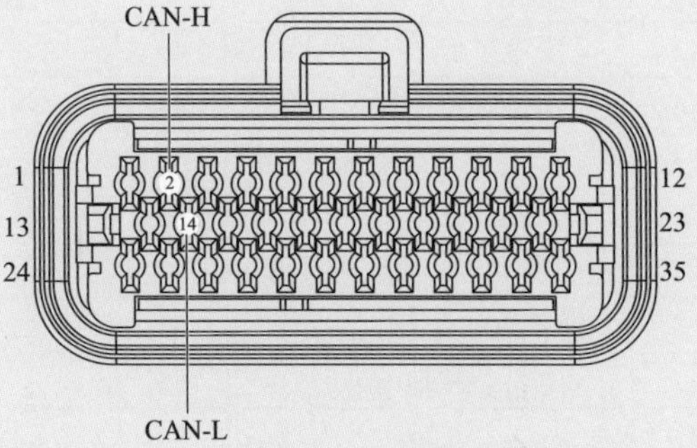	2	ECAN-H
			3	电机温度信号 1+
			4	电机温度信号 2+
			5	电机旋变信号 sin+
			6	电机旋变信号 cos+
			7	电机励磁信号 +
			11	供电
			12	供电
			14	ECAN-L
			15	电机温度信号 1-
			16	电机温度信号 2-
			17	电机旋变信号 sin-
			18	电机旋变信号 cos-
			19	电机励磁信号 -
			22	接地
			23	接地
			31	高压互锁输出信号
			32	高压互锁输入信号

续表

代号	插接器	图示	端子号	连接走向（端子定义）
FB82	驱动电机插接器		1	电机励磁信号 +
			2	电机励磁信号 −
			3	电机旋变信号 sin+
			4	电机旋变信号 sin-
			5	电机旋变信号 cos+
			6	电机旋变信号 cos-
			7	电机温度信号 1+
			8	电机温度信号 1+
			9	电机温度信号 2−
			10	电机温度信号 2−
			11	电机旋变信号 sin 屏蔽线
			12	电机旋变信号 cos 屏蔽线

表 8.3-4 整车控制器线束连接器

代号	车身控制器	端子号	线别作用（端子定义）	端子号	线别作用（端子定义）
FB51		3	低速风扇继电器控制信号	47	大气压力传感器 5V 电源
		11	大气压力传感器信号	54	D 挡信号
		12	高压互锁使能信号	59	电机温度传感器接地
		14	高速风扇继电器控制信号	60	加速踏板位置传感器接地 1
		21	大气压力传感器接地	61	制动位置传感器 5V 电源
		26	定速巡航开关信号	63	加速踏板位置传感器 5V 电源 2
		28	电机温度传感器信号	65	R 挡信号
		43	制动位置传感器接地	66	N 挡信号
		44	定速巡航开关接地	71	制动位置传感器信号
FB50		1	接地	42	制动开关常开信号
		9	充电指示灯（绿色）	43	制动开关常闭信号
		10	充电指示灯（红色）	44	P 挡信号
		11	整车控制器主继电器控制信号	45	低压辅助电源 +
		15	充电指示灯（黄色）	46	ACC 电源
		16	电子真空泵继电器控制信号	48	启动控制信号
		25	制动真空度传感器 5V 电源	49	高压使能反馈
		26	制动真空度传感器接地	56	制动真空度传感器压力信号
		27	加速踏板位置传感器 5V 电源 1	57	PCAN-H
		28	加速踏板位置传感器接地 1	60	供电
		32	接地	66	供电
		33	接地	71	ECAN-H
		35	加速踏板位置传感器信号 1	72	ECAN-L
		36	加速踏板位置传感器信号 2	73	PCAN-L
		38	充电连接确认		

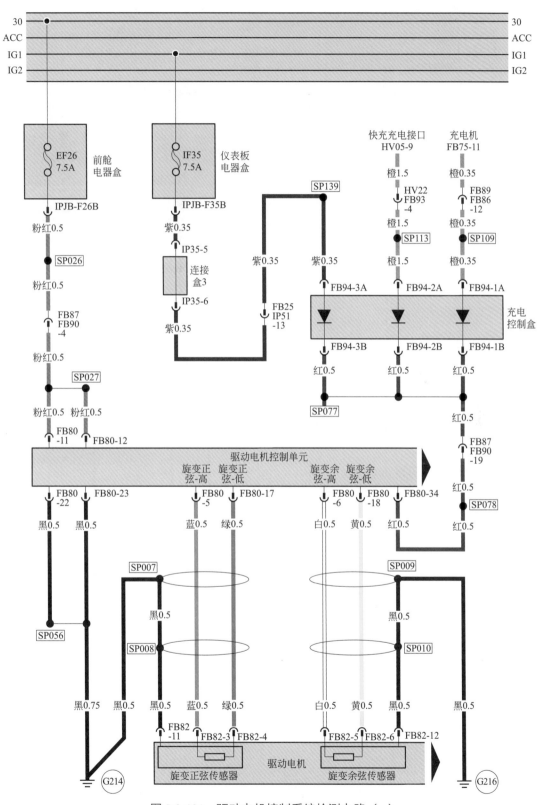

图 8.3-131 驱动电机控制系统检测电路（一）

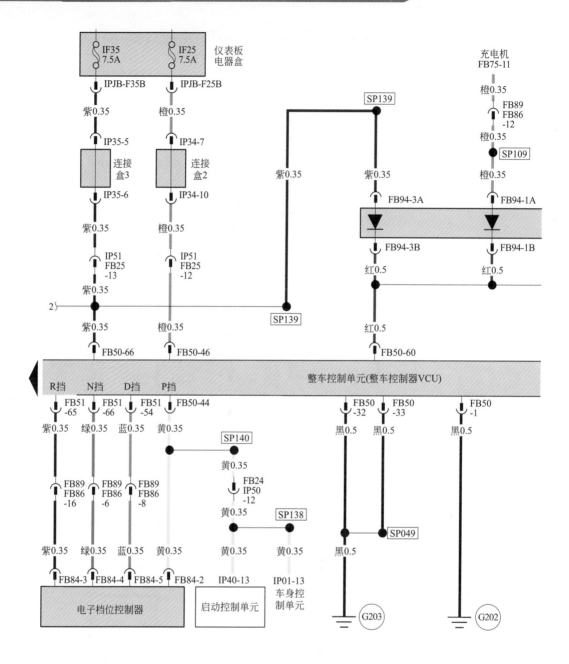

图 8.3-132 驱动电机控制

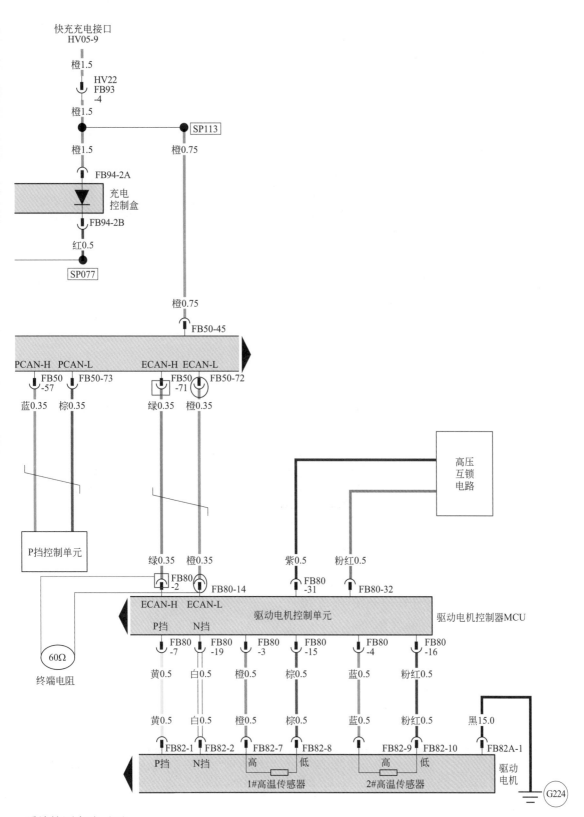

快充充电接口
HV05-9

橙1.5

HV22
FB93
-4

橙1.5

SP113

橙1.5　　橙0.75

FB94-2A

充电
控制盒

FB94-2B

红0.5

SP077

橙0.75

FB50-45

PCAN-H　PCAN-L　　ECAN-H　ECAN-L

FB50
-57　　FB50-73　　FB50
-71　　FB50-72

蓝0.35　棕0.35　　绿0.35　橙0.35

高压
互锁
电路

P挡控制单元

绿0.35　橙0.35　　紫0.5　粉红0.5

FB80
-2　　FB80-14　　FB80
-31　　FB80-32

ECAN-H　ECAN-L　　驱动电机控制单元　　　驱动电机控制器MCU

P挡　　N挡

60Ω

终端电阻

FB80
-7　　FB80
-19　　FB80
-3　　FB80
-15　　FB80
-4　　FB80
-16

黄0.5　白0.5　橙0.5　棕0.5　蓝0.5　粉红0.5

黄0.5　白0.5　橙0.5　棕0.5　蓝0.5　粉红0.5　黑15.0

FB82-1　FB82-2　FB82-7　FB82-8　FB82-9　FB82-10　FB82A-1

P挡　　N挡　　高　　低　　高　　低　　驱动
电机

1#高温传感器　　2#高温传感器

G224

系统检测电路（二）

3. VCU 报文超时故障

电机控制器将来自动力电池的高压直流电转化为高压三相交流电，输出至驱动电机，通过控制高压三相交流电的变化，控制驱动电机的输出转矩。

在控制过程中，电机控制器的基本功能如下。

① 控制驱动电机驱动机械负载，执行来自 VCU 的目标转矩命令。

② 通过高速 CAN 总线和其他节点进行数据交换。

③ 系统实现自我保护，保护自身不被损坏，如过温保护、过压 / 欠压保护和过流保护等。

④ 控制高压系统的电压和电流。

⑤ 在 VCU 命令下对高压母线进行紧急放电和常规放电。

⑥ 估算电机输出转矩。

⑦ 估算电机转子温度。

对于整车控制器 VCU 报文超时故障，需要重点检查电机控制器与整车控制器之间的 CAN 总线。

检测要点：关闭启动开关；断开电机控制器线束连接器；断开整车控制器线束连接器。按照表 8.3-5 所示，结合图 8.3-132，检测其电路电阻情况。如果不符合应测得结果，那么应该维修或更换线束。如果检测线束没有问题，检查整车控制器的供电接地电路也正常，那么就问题就出在整车控制器上。

表 8.3-5 检测电机控制器与整车控制器之间的 CAN 通信

检查的零部件			万用表 / 表笔探测的两端子		检测条件	状态	应测得结果 / Ω
连接器	代号	图示	黑 / 红表笔连接	红 / 黑表笔连接			
电机控制器线束连接器	FB80	见表 8.3-3	FB80/2	FB50/71	下电	电阻	< 1
整车控制器线束连接器	FB50	见表 8.3-4	FB50/14	FB80/72	下电	电阻	< 1

4. 整车 CNA 关闭故障

对于整车 CNA（CAN1）关闭故障，需要重点检查终端电阻。

检测要点：关闭启动开关；断开电机控制器线束连接器。按照表 8.3-6 所示，结合图 8.3-132，检测终端电阻。如果不符合应测得结果，那么应该维修或更换线束。如果检测线束没有问题，检查驱动电机控制器的供电接地电路也正常，那么就可以判断问题出在驱动电机控制器上。

表 8.3-6 检查终端电阻

检查的零部件			万用表 / 表笔探测的两端子		检测条件	状态	应测得结果
连接器	代号	图示	黑 / 红表笔连接	红 / 黑表笔连接			
电机控制器线束连接器	FB80	见表 8.3-3	FB80/2	FB80/14	下电	电阻	60Ω 左右

5. 低压电池欠压 / 过压故障

（1）检查蓄电池电压　检查和排除以下问题导致的欠压 / 过压障。

❶ 蓄电池电压。

❷ 蓄电池充电或检查充电系统。

❸ 检查电机控制器熔丝。本例中，熔丝在图 8.3-131 中的 EF26，位于前机舱熔断器内的 7.5A 熔丝。

若以上情况都没有问题，那么需要检查电机控制器电源电路。

（2）检查电机控制器电源电路　检测要点：关闭启动开关，断开电机控制器线束连接器，然后打开启动开关。按照表 8.3-7 所示，结合图 8.3-131，检测其电压。如果不符合应测得结果，那么应该维修或更换线束。如果检测线束没有问题，则需要检查电机控制器接地电路。

表 8.3-7　检测电机控制器电源电路

检查的零部件			万用表 / 表笔探测的两端子		检测条件	状态	应测得结果
连接器	代号	图示	黑 / 红表笔连接	红 / 黑表笔连接	上电	电压	14V 左右
电机控制器线束连接器	FB80	见表 8.3-3	FB80/11	FB80/12			

（3）检查电机控制器接地电路　检测要点：关闭启动开关。按照表 8.3-8 所示，结合图 8.3-131，检测其电阻。如果不符合应测得结果，那么应该维修或更换线束。如果线束正常，则更换电机控制器。

表 8.3-8　检测电机控制器接地电路

检查的零部件			万用表 / 表笔探测的两端子		检测条件	状态	应测得结果 /Ω
连接器	代号	图示	红表笔连接	黑表笔连接	下电	电阻	< 1
电机控制器线束连接器	FB80	见表 8.3-3	FB80/22	车身			
	FB80	见表 8.3-3	FB80/23	车身	下电	电阻	< 1

6. 电机绕组温度采样信号故障

电机绕组温度采样信号故障有：电机绕组温度采样欠温；电机绕组温度采样过温；电机绕组温度采样信号对地短路和电机绕组温度采样信号对正极短路。

（1）检查电机绕组温度采样信号电路是否断路　检测要点：关闭启动开关；断开驱动电机线束连接器；断开驱动电机控制器线束连接器。按照表 8.3-9 所示，结合图 8.3-132，检测其电阻。应符合应测得结果，否则维修或更换线束。如果线束正常，则按照表 8.3-10 检测电机绕组温度采样信号电路是否短路问题。

表 8.3-9　检测电机绕组温度采样信号电路断路

检查的零部件			万用表 / 表笔探测的两端子			检测条件	状态	应测得结果 /Ω
连接器	代号	图示		黑 / 红表笔连接	红 / 黑表笔连接			
驱动电机线束连接器	FB82	见表 8.3-3	1 号温度传感器	FB82/7	FB80/3	下电	电阻	< 1
				FB82/8	FB80/15			
电机控制器线束连接器	FB80	见表 8.3-3	2 号温度传感器	FB82/10	FB80/16	下电	电阻	< 1
				FB82/9	FB80/4			

269

（2）检查电机绕组温度采样信号电路是否对地短路

（3）检查电机绕组温度采样信号电路是否对电源短路　使用万用表探测的端子与表 8.3-10 连接的端子一样，但测量改为电压，正常应该 0V。

表 8.3-10　检测电机绕组温度采样信号电路对地短路

检查的零部件			万用表 / 表笔探测的两端子		检测条件	状态	应测得结果 /kΩ
连接器	代号	图示	红表笔连接	黑表笔连接			
驱动电机线束连接器	FB82	见表 8.3-4	1 号温度传感器	FB82/7	车身	下电	电阻	≥ 10
				FB82/8	车身			
电机控制器线束连接器	FB80	见表 8.3-4	2 号温度传感器	FB82/9	车身	下电	电阻	≥ 10
				FB82/10	车身			

如果不符合应测得结果，那么应该维修或更换线束。如果线束正常，则维修或更换驱动电机（温度传感器是集成在驱动电机定子上的，不可单独更换，通常通过更换驱动电机来解决）。

7. 旋转变压器（旋变传感器）激励信号异常

（1）检查旋转变压器激励信号电路是否断路　检测要点：关闭启动开关；断开驱动电机线束连接器；断开驱动电机控制器线束连接器。按照表 8.3-11 所示，结合图 8.3-131，检测其电阻。应符合应测得结果，否则维修或更换线束。如果线束正常，则需检查旋转变压器激励信号电路是否短路问题。

表 8.3-11　检查旋转变压器激励信号电路断路

检查的零部件			万用表 / 表笔探测的两端子		检测条件	状态	应测得结果 /Ω
连接器	代号	图示	红 / 黑表笔连接	黑 / 红表笔连接			
电机控制器线束连接器	FB80	见表 8.3-4	FB80/7	FB82/1	下电	电阻	＜ 1
驱动电机线束连接器	FB82	见表 8.3-4	FB82/2	FB80/19	下电	电阻	＜ 1

（2）检查旋转变压器激励信号电路是否对地短路　见表 8.3-12。

表 8.3-12　检查旋转变压器激励信号电路短路

检查的零部件			万用表 / 表笔探测的两端子		检测条件	状态	应测得结果 /kΩ
连接器	代号	图示	红表笔连接	黑表笔连接			
电机控制器线束连接器	FB80	见表 8.3-4	FB80/1	车身	下电	电阻	≥ 10
驱动电机线束连接器	FB82	见表 8.3-4	FB82/2	车身	下电	电阻	≥ 10

（3）检查旋转变压器激励信号电路是否对电源短路　使用万用表探测的端子与表 8.3-12 所示的端子一样，打开启动开关，测量改为电压，正常应该 0V。

如果不符合应测得结果，那么应该维修或更换线束。如果线束正常，则维修或更换驱动电机。

8. 旋转变压器（旋变传感器）正／余弦信号异常

旋转变压器（旋变传感器）出现正／余弦信号异常故障，通常系统会报以下故障信息：

❶ 旋转变压器 cos（余弦）异常；

❷ 旋转变压器 cos 信号采样信号对 VCC（电源／正极）短路（电机电角度位置模块计算值）；

❸ 旋转变压器 cos 信号采样信号对 VCC 短路（安全层电角度位置模块计算值）；

❹ 旋转变压器 cos 信号对 GND（接地）短路（电机电角度位置模块计算值）；

❺ 旋转变压器 cos 信号对 GND 短路（安全层电角度位置模块计算值）；

❻ 旋转变压器 sin（正玄）异常；

❼ 旋转变压器 sin/cos（牵引层模块计算值）不一致；

❽ 旋转变压器 sin/cos（安全层模块计算值）不一致；

❾ 旋转变压器 sin 信号采样信号对 VCC 短路（电机电角度位置模块计算值）；

❿ 旋转变压器 sin 信号采样信号对 VCC 短路（安全层电角度位置模块计算值）；

⓫ 旋转变压器 sin 信号对 GND 短路（电机电角度位置模块计算值）；

⓬ 旋转变压器 sin 信号对 GND 短路（安全层电角度位置模块计算值）。

（1）检查旋转变压器正／余弦接地电路 检测要点：关闭启动开关；断开驱动电机线束连接器；断开驱动电机控制器线束连接器。按照表 8.3-13 所示，结合图 8.3-131，检测其电阻。应符合应测得结果，否则维修或更换线束。如果线束正常，则需检查旋转变压器正弦信号电路是否存在断路和短路问题。

表 8.3-13 检查旋转变压器正／余弦接地电路

检查的零部件			万用表／表笔探测的两端子		检测条件	状态	应测得结果/Ω
连接器	代号	图示	红表笔连接	黑表笔连接	下电	电阻	＜1
驱动电机线束连接器	FB82	见表 8.3-3	正弦 FB82/11	车身			
驱动电机线束连接器	FB82	见表 8.3-3	余弦 FB82/12	车身	下电	电阻	＜1

（2）检查旋转变压器正／余弦信号电路是否断路 检测要点：关闭启动开关；断开驱动电机线束连接器；断开驱动电机控制器线束连接器。按照表 8.3-14 所示，结合图 8.3-131，检测其电阻。应符合应测得结果，否则维修或更换线束。如果线束正常，则检查短路情况。

表 8.3-14 检查旋转变压器正／余弦信号电路是否断路

检查的零部件			万用表／表笔探测的两端子			检测条件	状态	应测得结果/Ω
连接器	代号	图示		红表笔连接	黑表笔连接	下电	电阻	＜1
驱动电机线束连接器	FB82	见表 8.3-3	正弦	FB82/11	FB80/5			
				FB82/4	FB80/17	下电	电阻	
电机控制器线束连接器	FB80	见表 8.3-3	余弦	FB82/5	FB80/6	下电	电阻	＜1
				FB82/6	FB80/18	下电	电阻	

（3）检查旋转变压器正/余弦信号电路是否对地短路　检测要点：关闭启动开关；断开驱动电机线束连接器；断开驱动电机控制器线束连接器。按照表8.3-15所示，结合图8.3-131，检测其电阻。应符合应测得结果，否则维修或更换线束。如果线束正常，则检查对电源是否短路。

表8.3-15　检查旋转变压器正弦/余信号电路对地短路

检查的零部件			万用表/表笔探测的两端子		检测条件	状态	应测得结果/kΩ
连接器	代号	图示	红表笔连接	黑表笔连接	下电	电阻	≥10
驱动电机线束连接器	FB82	见表8.3-3	正弦 FB82/3	车身			
			FB82/4	车身	下电	电阻	
电机控制器线束连接器	FB80	见表8.3-3	余弦 FB82/5	车身	下电	电阻	≥10
			FB82/6	车身	下电	电阻	

（4）检查旋转变压器正/余弦信号电路是否对电源短路　检测要点：关闭启动开关；断开驱动电机线束连接器；断开驱动电机控制器线束连接器。然后打开启动开关，按照表8.3-16所示，结合图8.3-131，检测其电压。应符合应测得结果，否则维修或更换线束。如果线束正常，则维修或更换驱动电机。

表8.3-16　检查旋转变压器正/余弦信号电路对电源短路

检查的零部件			万用表/表笔探测的两端子		检测条件	状态	应测得结果
连接器	代号	图示	红表笔连接	黑表笔连接	下电	电压	
驱动电机线束连接器	FB82	见表8.3-3	正弦 FB82/3	车身			0
			FB82/4	车身	下电	电压	
电机控制器线束连接器	FB80	见表8.3-3	余弦 FB82/5	车身	下电	电压	0
			FB82/6	车身	下电	电压	

十五、驱动电机控制系统标定

若维修中单独更换驱动电机控制器或驱动电机，更换后需要用故障诊断仪进行电机零位标定。

列举说明

下述以比亚迪汉EV电动汽车更换驱动电机控制器或驱动电机后标定为例，来介绍具体的标定操作程序。

使用故障诊断仪（VDS）执行零位标定流程。

❶ 记录电机上的电机零位条码，总成装配完成后用 VDS（VDS 版本更新到最新版本）进行电机电控零位标定，如图 8.3-133 所示的红框。

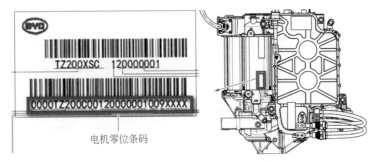

图 8.3-133　驱动电机上的电机零位条码

❷ 整车上 ON 挡电，保持原地 P 挡，连接并启动 VDS，选择"汽车诊断系统"。

❸ 选择→乘用车→ EV 系。

❹ 选择"HCE"→按照实际车型选择→进入 VIN 读取。

❺ 选择"ECU 模块"进入扫描（图 8.3-134）。

❻ 扫描结束后，选择"前驱动电机控制器"，点击右侧箭头进入诊断页面（图 8.3-135）。

❼ 选择"数据流"进行查看数据流，并记录原前驱动电机零位值（图 8.3-136）。例如，当前电机零位为 07BC（图 8.3-137）。

图 8.3-134　选择 ECU 模块

图 8.3-135　选择前驱动电机控制器

图 8.3-136　选择数据流

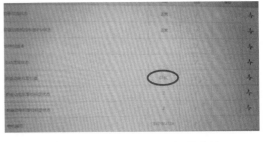

图 8.3-137　原前驱动电机零位值

❽ 点击停止键，数据流读取，退回到前电机控制器页面，点击"电机零位标定"（图 8.3-138）。

❾ 输入装车驱动电机的电机零位条码（注意要区分大小写），然后点击下翻键，如果条码输入正确，提示"操作成功"，到此说明零位标定成功（图 8.3-139）。

维修提示

如输入条码有误，则提示"消极应答"，零位值会变为默认的 07BC。

图 8.3-138　选择驱动电机零位标定

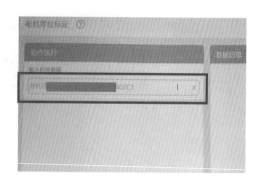

图 8.3-139　执行标定

❿ 车辆断电重启，故障诊断仪（VDS）页面操作：退回到前驱动电机控制器页面，重复❼操作，读取数据流，确认零位是否标定成功，以及零位值是否正确，即最新的零位值是否与当前驱动电机条码的零位值一致。

 维修提示

① 零位标定后需在车辆断电重启后才可以读取标定后零位值。

② 如果驱动电机零位条码输入无误，标定时提示"消极应答"，可多次尝试，如果依然提示"消极应答"，需要记录驱动电机控制器条码和整车 VIN 码，并及时反馈厂家处理。

③ 驱动电机上零位条码的最后四位是零位值（图 8.3-140），VDS 数据流中显示的零位值与电机条码上的零位值进行核对。

图 8.3-140　驱动电机零位

扫一扫

视频精讲

274

第九章
高度集成智能驱动系统维修

第一节 "三合一"集成智能电驱系统

一、独立布局电动化系统结构特征

早期电动汽车的各个系统及各模块结构布局都是独立的，还没有集成式设计，其驱动电机、逆变器（DC/AC）、减速器、充配电系统等部件均单独布置，各部件间靠线束连接（图9.1-1）。

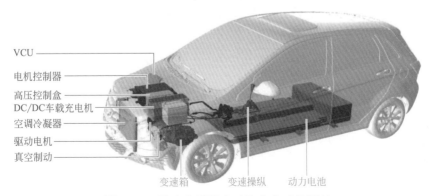

图 9.1-1　独立布局的电动汽车电动化系统

275

二、"三合一"集成电驱动总成结构特征

1. "三合一"布局

早些时候的集成方式主要基于车载电源层面，把车载充电机、DC/DC 直流变换器以及逆变器，"三合一"集成在一起。前边讲过，现在主流的基本是变换器（直流 DC/DC）、车载充电机（OBC）和高压配电盒（PDU）集成一起的高压系统的高压电源系统"三合一"。也就是说，后来逆变器从车载电源中被剥离出来，与电驱系统集成在一起，即驱动电机、减速器和电机控制器（逆变器）组成的电驱总成"三合一"，这也是现在主流的集成方式。有些电驱"三合一"更是把它们集成到了一个整体的外壳中。

列举说明

如图 9.1-2 所示是高度集成的"三合一"电驱单元，它是由驱动电机、驱动电机控制单元（电子伺控系统 EME）以及变速器以高度集成的方式汇总到一个集中的外壳中。和所提供的功率相比，可以显著降低驱动技术在安装空间和质量方面的要求。这样一来，和过去的电驱动装置相比，功率密度提高了大约 30%。如图 9.1-3 所示是电驱单元的内部结构。

电机控制器

驱动电机和变速器

图 9.1-2　高度集成的"三合一"电驱单元

2. 各系统/部件

（1）冷却系统　电驱单元集成在车辆的冷却液循环回路中。冷却液会首先流入电机电子伺控系统（EME）。从电机电子伺控系统（EME）出发，冷却液会流入油水热交换器，然后流入集中外壳中，以便冷却电动机。还会额外用油对电驱单元进行冷却。

（2）油模块　油模块最重要的功能就是根据需要提供确定的油量，以便润滑和冷却变速箱，并且冷却电动机。同时，还会润滑电动机的滚珠轴承。

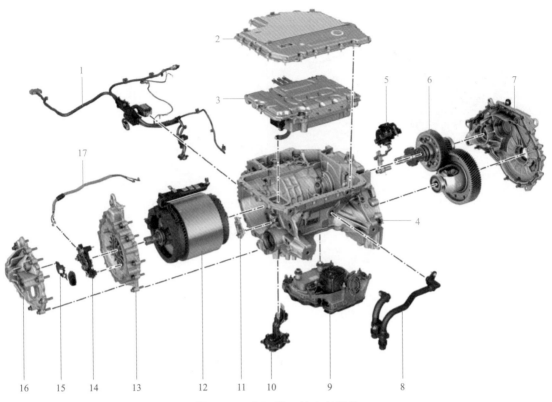

图 9.1-3　电驱单元的内部结构

1—低压电缆束；2—壳体盖；3—驱动电机控制器（电机电子装置 EME）；4—发动机壳体；5—驻车锁止模块；6—变速器（单挡）；7—变速器壳体盖；8—冷却液管；9—机油模块；10—高压电接口；11—壳体盖（高压插头连接 /EME 的螺栓连接）；12—驱动电机；13—轴承盖；14—碳刷模块；15—转子位置传感器；16—壳体盖；17—励磁导线

调控电动油泵的转速所需的促动值（标准体积流量）会由 EME 通过不同的计算模型加以确定。标准转速通过一个 LIN 总线传输至电动油泵。电动油泵（12V）会在此基础上产生所需的体积流量。油量会等分给变速箱和电动机。接下来，润滑油会回流至储油腔。

在油循环回路中，在油模块的油水热交换器前有一个由温度控制的旁通阀。它在最高大约 50℃的情况下会保持打开状态，并且润滑油不会流过油水热交换器。从大约 50℃开始，旁通阀开始关闭，并且润滑油会流过油水热交换器。

EME 会借助两个油温传感器和一个油压传感器监控油模块的正常功能。一个油温传感器会监控储油腔中的油温；另外一个则会监控油水热交换器后的油温。油压传感器会监控电动油泵所产生的油压。油压传感器会通过一个 SENT 信号，将信息返回给 EME。

（3）变速器和驻车锁止模块　变速器的作用是将电动机产生的功率传递到后桥以及需要驱动的车轮上。在此过程中，会通过一个圆柱齿轮减速机（倾斜啮合），将电动机的转速和转矩传递到输出轴上。变速箱的总传动比为 11：1。也就是说，变速箱输入端上的转速大于变速箱输出端 11 倍。在变速箱中，集成了差速器（不能锁止）以及驻车锁止模块。

驻车锁止模块由 EME 负责促动。在驻车锁止模块中有一台电机，用于促动电机的末级为一个由大功率晶体管构成的电桥电路。电桥电路能够用所需的大约 6A 的电流在操作过程中为电机供电。电桥电路本身的设计，可以确保在输出端短路的情况下自身不会损坏（电流限制功能）。为了保护电机和导线防止过载，电机电子伺控系统会监控末级的电流强度，并且在必要时额外加以限制。

图 9.1-4　驻车锁止模块
1—驻车锁止模块；2—连至车辆电缆束

电机在驻车锁止模块中的位置通过霍尔传感器加以分析。电机电子伺控系统负责为霍尔传感器供电。除此以外，EME 会读取霍尔传感器按脉冲宽度调制的信号，检查它们的可信度并且进行分析评价。在霍尔传感器信号的基础上，电机电子伺控系统会确定驻车锁止器的状态（挂入或者脱出）。电机电子伺控系统（EME）以总线信号的形式提供驻车锁止器的状态。驻车锁止模块见图 9.1-4。

（4）电机电子装置 EME

1）电机电子装置 EME 功能　如图 9.1-5 所示的电机电子伺控系统 EME 接口有以下功能。

❶ 与车辆的车载网络通信。

❷ 促动驱动电机、变速器电动油泵以及驻车锁止器。

在 EME 上，有一个 58 芯插头连接。通过这个插头连接，在 EME 上还连接了其他一些电气化驱动单元的部件。通过一个 15 芯插头连接建立与车辆电缆束的连接。EME 是 CAN FD 上与总线相连的控制单元。

维修提示

可以说 CAN FD 是 CAN 的升级版。CAN 总线上的设备数量、数据量都大大增加，这样给 CAN 总线带来了不小的挑战，为了满足效率更高、更快、更可靠的数据传输，开发出了 CAN FD（CAN with Flexible Data-Rate）。

高压接口（至高压蓄电池单元的连接）位于电驱单元的外壳上。在可以单独更新的高压接口上，会通过相应的传感器进行温度监控。在电气化驱动单元内，通过相应的导电轨传输高压电压。

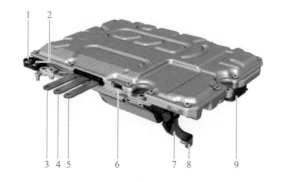

图 9.1-5　电机电子伺控系统 EME 接口
1，2—励磁导线接口；3—W 相；4—V 相；
5—U 相；6—6 芯插头连接；7—通过导电轨
的直流高压接口负极；8—通过导电轨的直流
高压接口正极；9—线束连接器

2）驱动电机的促动　在电机电子伺控系统 EME（驱动电机控制器）的内部有促动电动机所必需的组件，即整流器、逆变器和 DC/DC 变换器。电机电子伺控系统 EME 见图 9.1-6。

逆变器是负责驱动车辆的他励同步电机的 3 个相位的电子控制装置。转子的磁场通过一个带有励磁电路 DC/DC 变换器产生。通过一个转子位置传感器测量电动机的旋转角。

在此过程中，整流器和逆变器负责将来自高压蓄电池单元的直流电转换为三相交流电，以便促动作为发动机的电动机；反过来，如果需要将电动机用作发电机，则整流器和逆变器会将电动机的三相交流电转换为直流电，从而可以为高压蓄电池单元充电。这一过程会在制动能量回收时进行。对于这两种运行模式，需要一个双向 AC/DC 变换器，它可以用作逆变器和整流器。

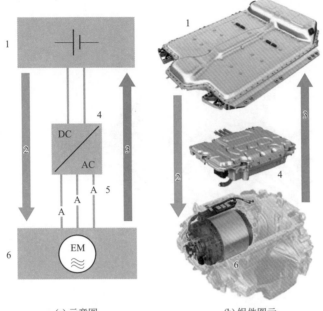

(a) 示意图	(b) 组件图示

图 9.1-6　电机电子伺控系统 EME（双向整流器和逆变器的运行模式）

1—高压电蓄电池单元；2—作为逆变器的运行模式，电动机用作发动机；3—作为整流器的运行模式，
电动机用作发电机；4—EME 中的双向整流器和逆变器；5—电流传感器；6—驱动电机（电动机）

如果使用他励同步电机，除了整流器和逆变器以外，还需要一台 DC/DC 变换器。这个 DC/DC 变换器会为转子的线圈提供产生磁场所需的电流。通过 2 根从 DC/DC 变换器连至碳刷模块的励磁导线，实现所需电流的传输。接下来，碳刷会将电流通过滑环传输到电动机的转子线圈上。和永磁电机不同，可以改变磁场的强度。这样一来，在调控方面就可以获得更多的自由度。电动机可以完美地匹配所要求的负荷状况，实现非常高的效率，尤其是在部分负荷情况下。除此以外，电动机还具有非常稳定的功率，包括非常高的转速。碳刷模块同样也负责承载转子位置传感器的磁铁。

（5）转子位置传感器　转子位置传感器负责采集电动机转子的精确位置。转子位置传感器采用角度传感器的工作原理。在和变速箱输入轴固定连接的转子上的一个线圈中，会馈入定义的交流电。传感器定子上的线圈绕着传感器转子，也就是绕着变速器输入轴铺设，并且分别错位 90°。转子位置传感器见图 9.1-7。

对于通过转子的旋转在定子的绕组中激励的电压，EME 会对其加以分析，并且计算出转子的位置角。对于电动机以磁场为导向的精确调控，必须得出转子的位置角，以便根据转子的位置在电动机定子的绕组上产生电压。

图 9.1-7　转子位置传感器

1—带有支架的低压电缆束；2—连至高压蓄电池单元
的高压接口；3—线束连接器；4—转子位置传感器

（6）外围部件和接口　该电气化驱动单元用4个带有橡胶支座的定位件固定在后桥架梁上。对于电位补偿功能，通过电气化驱动单元的外壳实现EME和车身接地之间的连接。通过两根等势导线确保电气化驱动单元和车身接地之间的低电阻连接。外围部件和接口见图9.1-8。

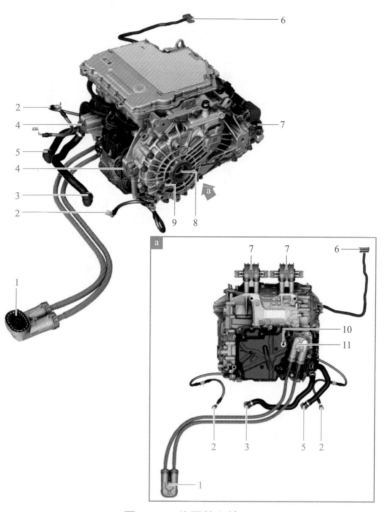

图9.1-8　外围件和接口

1—动力电池（高压蓄电池）上的高压插头；2—等电势导线；3—冷却液进流管路；4—后桥架梁上的固定装置；
5—冷却液回流管路；6—12V蓄电池车载网络的控制单元插头；7—用于固定在后桥架梁上的发动机支座；
8—输出轴定位件；9—注油螺栓；10—机油模块；11—电气化驱动单元上的高压接口

第二节　"多合一"集成智能电驱系统

一、结构特征

对于电动汽车电动化系统，无论是"三合一""四合一"，还是更多地合在一起的"多合一"集成总成，本质上都是电驱集成化。随着电动汽车和智能网联汽车技术的快速发展，电动汽车越来越优化的结构和更加个性化、人性化的功能，提高了乘驾的舒适度和其他性能。

"多合一"集成总成有的是由车载充电机、直流变换器、高压配电盒、整车控制器、电池管理器组成的电驱控制总成，有的是把驱动电机、减速器、电机控制器、高压配电盒、DC/DC、DC/AC、充电机等零部件都会集成为一个电驱动总成（图9.2-1）。

图 9.2-1　"多合一"电驱动总成（机舱）

列举说明

　　如图9.2-2 ~ 图9.2-5所示的是比亚迪e3.0平台海豚的"八合一"电动驱动系统，集成了驱动电机控制器 、双向车载充电机、DC/DC变换器、高压配电盒（PDU）、驱动电机、变速器、整车控制器、动力电池管理器八个大块系统（分总成）/部件。其中整车控制器和电池管理器共同组成了动力域控制器（VBM）。

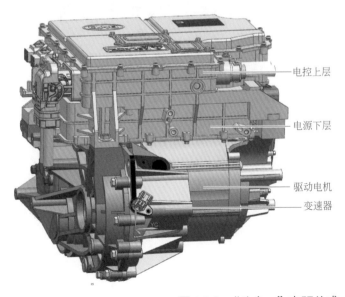

电控上层

电源下层

驱动电机

变速器

图 9.2-2　"八合一"电驱总成

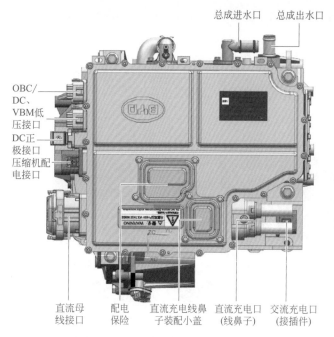

OBC/DC、VBM低压接口

DC正极接口

压缩机配电接口

总成进水口　总成出水口

直流母线接口　配电保险　直流充电线鼻子装配小盖　直流充电口（线鼻子）　交流充电口（接插件）

图 9.2-3　"八合一"电驱总成（俯视）

图 9.2-4　"八合一"电驱总成（VBM）

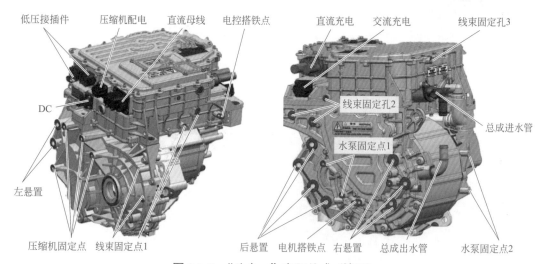

低压接插件　压缩机配电　直流母线　电控搭铁点

DC

左悬置

压缩机固定点　线束固定点1

直流充电　交流充电　线束固定孔3

线束固定孔2

水泵固定点1

总成进水管

后悬置　电机搭铁点　右悬置　总成出水管　水泵固定点2

图 9.2-5　"八合一"电驱总成（接口）

二、集成电驱控制系统换后标定

前边讲过，驱动电机控制系统更换后，需要标定，集成电驱系统也是一样。由于电控部分集成了动力域控制器和驱动电机控制器，所以在单独更换动力域控制器或驱动电机总成后需要进行相关的编程和标定。

1. 防盗编程

❶ 使用诊断仪执行操作防盗编程（图 9.2-6）。

列举说明

　　以上述比亚迪车型为例，如图 9.2-1 所示，进入车型→选择"特殊功能"→选择"防盗匹配"→选择整车控制器密码清除或编程（防盗编程）。

❷ 需进行倾角标定。
❸ 需进行整车 VIN 写入与读取。
❹ 需进行巡航配置标定。

2. 驱动电机系统零标定

❶ 记录驱动电机零位条码。

维修提示

驱动电机零位条码需要区分大小写。

❷ 使用诊断仪，进入前驱电机控制器诊断界面，选择"电机零位标定"（图 9.2-7）。

图 9.2-6　诊断仪执行操作

图 9.2-7　电机零位标定

　　❸ 正确输入电机零位条码后进行确认，如果确认成功，提示"操作成功"；如果输入有误，则显示"消极应答"。驱动电机上零位条码的最后四位是零位值，诊断仪数据流中显示的零位值与驱动电机条码上的零位值要进行核对。

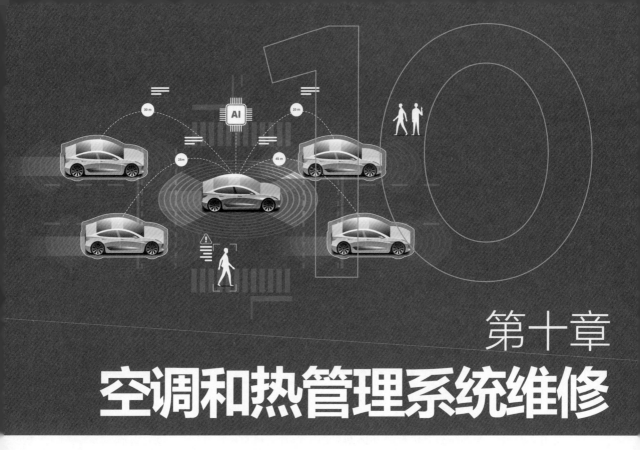

第十章
空调和热管理系统维修

一、电动压缩机外部特征

纯电动汽车和混合动力汽车通常都使用电动涡旋压缩机，也叫电动螺旋压缩机，电动压缩机装车布局见图 10.1-1。如图 10.1-2 和图 10.1-3 所示，电动压缩机集电子控制单元电动机和压缩机为一体，压缩机外部有高压接口，电动制冷剂压缩机使用高电压，使空调系统在所有行驶状况下均可运行，不仅是车内空间的冷却系统，动力电池也间接通过制冷剂循环回路冷却。

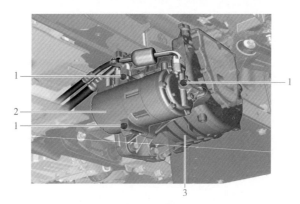

图 10.1-1　电动压缩机外部特征 / 电动压缩机装车布局

1—螺栓；2—电动制冷剂压缩机；3—驱动电机壳体

图 10.1-2　电动压缩机外部特征（一）

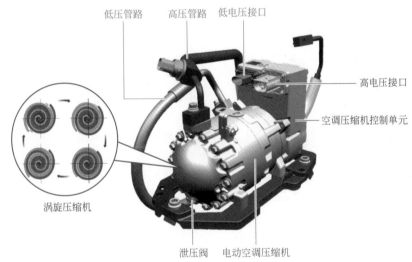

图 10.1-3　电动压缩机外部特征（二）

二、电动压缩机内部结构

　　涡旋式内盘由三相交流同步电机通过一个轴驱动并进行偏心旋转。通过固定式螺旋型外盘上的两个开口吸入低温低压气态制冷剂，然后通过两个螺旋型外盘的移动使制冷剂压缩、变热。空调压缩机涡旋式内部结构见图 10.1-4。

　　如图 10.1-5 所示，转动三圈后，吸入的制冷剂压缩、变热，可通过外盘中部的开口以气态形式释放。高温高压气态制冷剂从此处经油气分离器向冷凝器方向流至空调压缩机接口。

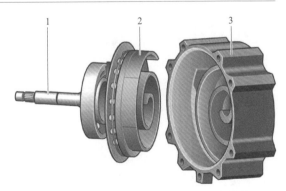

图 10.1-4　空调压缩机涡旋式内部结构
1—轴；2—涡旋式内盘；3—涡旋式外盘

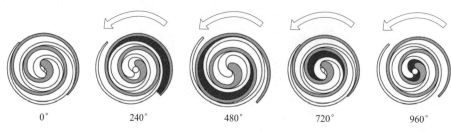

图 10.1-5　涡旋原理

三、电动压缩机电气及电路结构

1. 压缩机控制单元

电动压缩机控制单元位于制冷剂压缩机的壳体内，并通过 LIN 总线与空调系统控制单元（主控单元）相连。在低压插头内带有用于 LIN 总线、接地和 12V 供电（总线端 30）的接口（图 10.1-6）。电动空调压缩机电路结构见图 10.1-7。

在制冷剂压缩机的壳体上除了有电控单元外还有逆变器，两者均被流过的制冷剂冷却。暖风和空调系统控制单元的请求在电子控制装置中予以分析。

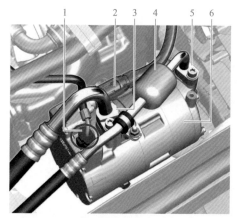

图 10.1-6　电动压缩机内部结构 / 插头和接口
1—低电压插头（LIN 总线，用于压缩机控制单元的 12V 电压）；2—高电压插头；3—抽吸管路接口；4—消音器（用于隔绝噪声）；5—压力管路接口；6—电动制冷剂压缩机

2. 电动压缩机内交流同步电机

电动压缩机使用的是一个三相交流同步电机作为电动制冷剂压缩机的驱动装置，使用交流电压运行。逆变器将直流电压转换为交流电压。制冷剂压缩机中的电子控制装置根据主控单元的请求调节三相同步电动机的转速。三相同步电动机在一定的转速区间内运行（例如 2000～8600r/min），转速可以无级调节。

3. 交流电整流器

交流电整流器（DC/AC 变换器）将直流电压转换为用于驱动三相交流同步电机所需的三相交流电压。电动空调压缩机控制单元和 DC/AC 变换器集成在整个制冷剂压缩机的铝合金壳体内，通过流经的气态制冷剂进行冷却，压缩机控制单元根据其温度进行停机和启动运行。

 列举说明

例如宝马 EViX3（G08EV）DC/AC 变换器温度超过 125℃时，电动空调压缩机控制单元就会关闭高电压供电。通过提高转速用于自身冷却等各种措施可有效防止达到如此高的温度。在此由电动空调压缩机控制单元进行温度监控。温度降至 112℃以下时，电动空调压缩机就会重新运行。

在 200 ～ 410V 的电压范围内为压缩机供电，高于和低于该电压范围时就会降低功率或关闭。

电动压缩机内的电容量小于 100μF，该电容量通过压缩机内的被动电阻放电。电动压缩机关闭后，电压在 5s 内降至 60V 以下。

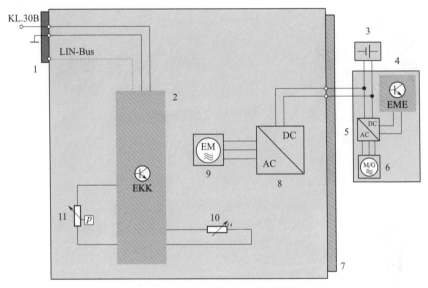

图 10.1-7　电动压缩机电路结构

1—低电压插头；2—电动制冷剂压缩机（控制单元）；3—动力电池（高电压蓄电池）；

4—电机控制单元；5—驱动电机控制器内的双向 AC/DC 变换器；6—驱动电机；

7—电动制冷剂压缩机上的高电压插头；8—电动压缩机内的单向逆变器 DC/AC

变换器；9—三相交流同步电机；10—温度传感器；11—压力传感器

第二节　高压电加热器基本构造与零部件识别

一、高压电加热器外部特征

高压电加热器属于电动汽车热管理系统的重要部件。如图 10.2-1 所示，电动汽车上通常采用两种电子暖风装置，即车厢内部的电子暖风装置加热器和动力电池的电加热器，并且采用了相同的结构，连接在高压车载网络上。两款不同外形的高压电加热器见图 10.2-2。

图 10.2-1　高压电加热器布局

A—用于高压蓄电池单元的加热器；B—用于车内
空间的加热器（电子暖风装置）

二、高压电加热器内部结构

如图 10.2-3 所示，高压电加热器通过内部加热线圈实现电加热功能。内部的几根加热线圈具有相同的功率，并且以相错位的方式通过脉冲宽度调制 PWM 实现时序控制，使得加热功率在一定范围内无级调节。

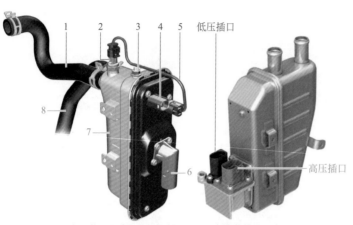

(a) 宝马某款电动汽车加热器   (b) 奥迪某款电动汽车加热器

图 10.2-2   两款不同外形的高压电加热器

1—冷却液回流管路接口；2—电气加热装置输出端冷却液温度传感器；3—电位补偿导线接口；4—信号插头（低电压插头）；5—传感器接口；6—高电压插头接口；7—加热器壳体；8—冷却液供给管路接口

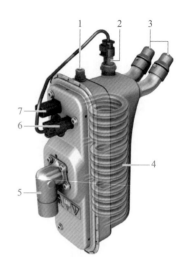

图 10.2-3   高压加热器的加热线圈

1—电位补偿导线接口；2—冷却液温度传感器；3—冷却液管路接口；4—加热线圈；5—高压电接口；6—冷却液温度传感器接口；7—低压电接口

 列举说明

例如宝马纯电动汽车 iX3（G08EV）热管理系统的高压电加热器，通过相错位的脉冲宽度调制，使得加热功率可以在 550W（相当于 10%）至最高 5.5kW（相当于 100%）之间无级调节。

三、高压电加热器电气及电路结构

❶ 在高压电加热器内部，加热线圈的开关通过电子开关进行，会测量各条线路上的电流，并且通过控制单元实现控制。

❷ 通过两个高压加热器的 LIN 总线连接发出加热请求。暖风和空调系统的控制单元与车辆内部空间的高压加热器进行通信，而动力电池的电加热器则与集成式车载充电单元相连。电加热器出口处的电流消耗以及冷却液温度通过 LIN 总线传输（图 10.2-4）。

❸ 高压电加热器共用一个集成式车载充电高压电接口，它随着高压电导线分线，分别为两个高电加热器单独供电。

❹ 在电加热器内，高压电车载网络与低压电车载网络之间实现了电气分离。

❺ 低压电插头上有 LIN 总线和供电（总线端 30B 和总线端 31）接口。

❻ 电加热器和车身接地的壳体之间通过电位补偿导线实现电气连接。

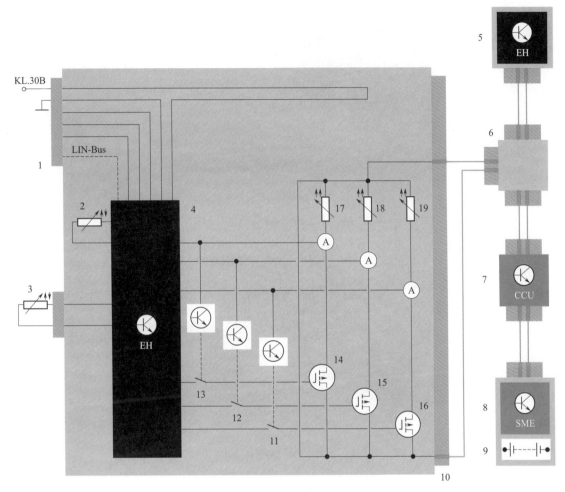

图 10.2-4　高压电加热器电路结构

1—低压电插头；2—温度传感器（控制单元的电路板）；3—冷却液温度传感器；4—高压加热器（控制单元）；
5—高压加热器；6—高压加热器的高压电分配器；7—集成式车载电源单元；8—动力电池管理器；
9—动力电池；10—高压加热器的高压电接口；11—当加热线圈 3 内电流过高时硬件关闭；
12—当加热线圈 2 内电流过高时硬件关闭；13—当加热线圈 1 内电流过高时硬件关闭；
14 ～ 16—加热线圈 1 ～ 3 的电子开关；17 ～ 19—加热线圈 1 ～ 3

第三节　热泵阀门单元构造与零部件识别

一、热泵阀门单元外部特征

热泵阀门单元是热泵热管理系统的重要部件。在使用热泵热管理系统之前，电动汽车的热管理系统没有设计配置热泵阀门单元，而只是利用上述高压加热器来实施加热（图 10.3-1 和图 10.3-2）。现在装车使用的热管理系统，一种是普通的热管理系统，另一种就是热泵热管理系统，目前前者比较普遍，后者典型的有比亚迪 e3.0 平台（例如海豚，图 10.3-3）、大众新能源 ID.4 X 车型（图 10.3-4）。

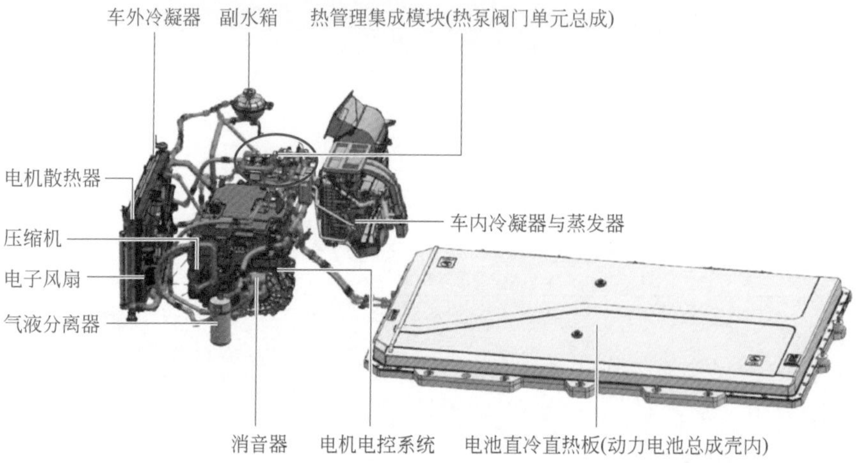

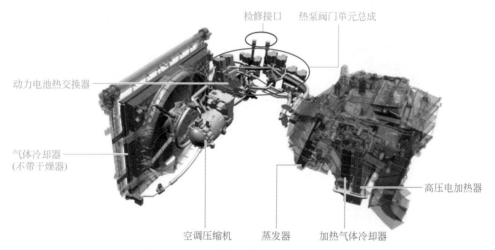

车外冷凝器　副水箱　热管理集成模块(热泵阀门单元总成)

电机散热器

压缩机

电子风扇

气液分离器

车内冷凝器与蒸发器

消音器　电机电控系统　电池直冷直热板(动力电池总成壳内)

图 10.3-1　热泵热管理系统部件（一）

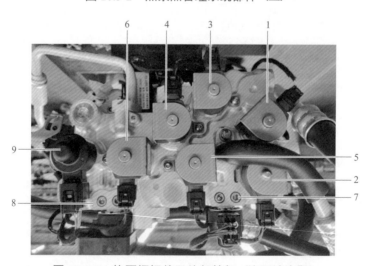

检修接口　热泵阀门单元总成

动力电池热交换器

气体冷却器
(不带干燥器)

高压电加热器

空调压缩机　蒸发器　加热气体冷却器

图 10.3-2　热泵热管理系统部件（二）

图 10.3-3　热泵阀门单元外部特征（比亚迪海豚）

1—电池加热电磁阀；2—电池冷却电磁阀；3—空气换热电磁阀；4—水源换热电磁阀；5—空调采暖电磁阀；
6—空调制冷电磁阀；7—制冷电子膨胀阀；8—采暖电子膨胀阀；9—电池双向电子膨胀阀

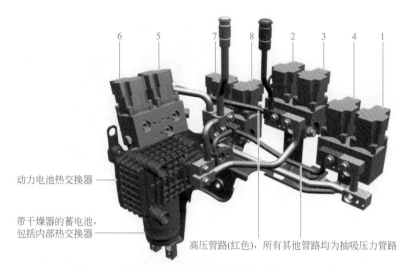

图 10.3-4　热泵阀门单元外部特征（大众 ID.4X）

1—制冷剂膨胀阀 1；2—制冷剂膨胀阀 2；3—制冷剂膨胀阀 3；4—制冷剂断流阀 1；
5—制冷剂断流阀 2；6—制冷剂断流阀 3；7—制冷剂断流阀 4；8—制冷剂断流阀 5

二、热泵阀门内部结构

1. 制冷剂截止阀（断流阀）

制冷系统截止阀具有圆柱形针阀，它只有两种状态，即打开或关闭。

2. 电动膨胀阀

制冷系统电动膨胀阀则具有圆锥形针阀。针阀从阀座中移出距离越远，进入膨胀区的横截面就越大（图 10.3-5 ～图 10.3-7）。

步进电机通过阀门中的螺杆转动电枢，针阀的高度通过其内螺纹由旋转的螺杆进行调节。

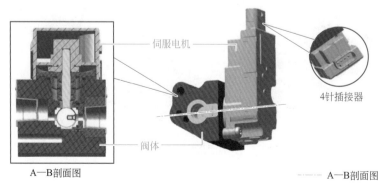

图 10.3-5　电动膨胀阀（一）

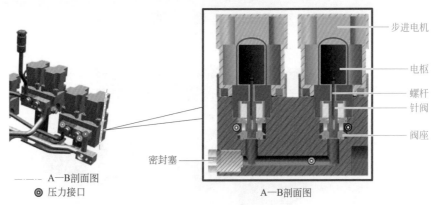

---·- A—B剖面图
◎ 压力接口

A—B剖面图

图 10.3-6　电动膨胀阀（二）

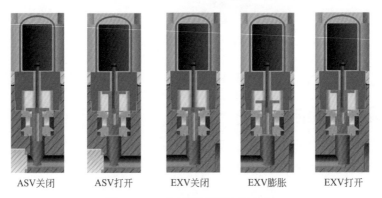

ASV关闭　　ASV打开　　EXV关闭　　EXV膨胀　　EXV打开

图 10.3-7　电动膨胀阀和截止阀

ASV—截止阀（断流阀）；EXV—膨胀阀

3. 泄压阀

（1）安装位置　热泵系统中有三个泄压阀（图 10.3-8），分布在位于：

❶ 高压侧的压缩机上；

❷ 用于蒸发器，位于低压侧的阀体上；

❸ 用于带干燥器的储液罐，同样位于低压侧的阀体上。

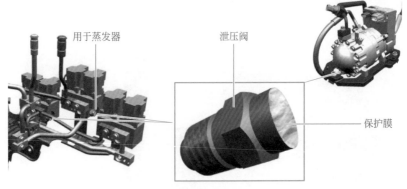

图 10.3-8　泄压阀

（2）压力

❶ 高压侧的泄压阀在大约 160bar（最大 170bar，1bar=10^5Pa，下同）的压力下打开，并在

压力降低（大约 150bar）时再次关闭。

❷ 低压侧的泄压阀在大约 120bar（最大 130bar）的压力下打开，并在压力降低（大约 110bar）时再次关闭。

维修提示

为了避免混淆泄压阀，它们具有不同的螺纹尺寸。

① 高压侧的阀门具有 M12×1mm 的左旋螺纹。

② 低压侧则具有 M14×1mm 的左旋螺纹。

保护膜可以保护泄压阀免受污染和免受潮。如果保护膜损坏，则必须更换泄压阀。

第四节　空调和热泵系统其他部件构造与识别

一、热交换器外部特征

在电动汽车中，动力电池热交换器通常叫"冷却器"（图 10.4-1）。它安装在车身前部纵梁附件位置。热交换是在高电压组件的制冷剂循环回路和冷却液循环回路之间进行的。

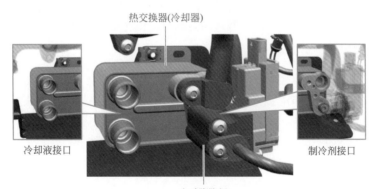

热交换器(冷却器)

冷却液接口　　　　　制冷剂接口

电动膨胀阀

图 10.4-1　热交换器

通过将动力电池热交换器与电动膨胀阀组合使用，可以主动冷却高电压组件，例如牵引蓄电池、电驱动装置牵引电机、功率电子系统等。

维修提示

在不同运行模式下必须对蓄电池进行冷却，例如，大众 ID.4X。

① 在充电且蓄电池温度高于 30℃时，会通过冷却器主动冷却。

② 在行驶模式下，如果蓄电池温度高于 35℃，会通过冷却器主动冷却。

二、制冷剂压力传感器电气结构

制冷剂压力传感器（图 10.4-2）与其他空调循环回路中的一样。正极和负极位于 3 针插接器上。LIN 总线导线则位于中间，制冷剂压力传感器通过汽车内部空间的右下连接位置与加热和空调装置控制单元相连。

3针插接器

至制冷剂管路
的螺栓连接

带压力传感器的电路板

图 10.4-2　制冷剂压力传感器

三、制冷剂压力和温度传感器电气结构

采用 R134a 作为制冷剂的 ID.4X 具有一个截止阀、一个电动膨胀阀和一个高电压蓄电池热交换器。因此制冷剂流量可以在汽车内部空间冷却系统和蓄电池冷却系统之间分配。为了能够通过高电压蓄电池热交换器满足高电压组件的所有冷却要求，必须将吸入侧的压力和温度作为调节系统的输入参数。因此，具有温度测量功能的第二压力传感器必不可少。

列举说明

制冷剂压力和温度传感器见图 10.4-3 和图 10.4-4 所示。例如，如图 10.4-5 所示，大众 ID.4X 空调和热泵系统中装有五个（压力和温度）传感器，其功能和内部结构都相同，但有三种不同的插头代码。

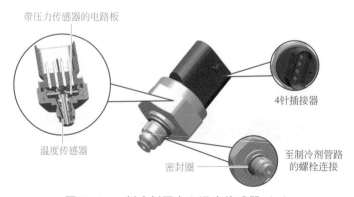

带压力传感器的电路板

温度传感器

密封圈

4针插接器

至制冷剂管路
的螺栓连接

图 10.4-3　制冷剂压力和温度传感器（一）

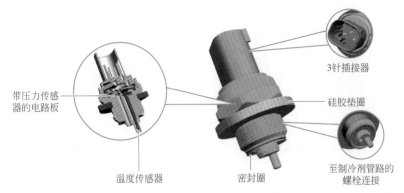

图 10.4-4　制冷剂压力和温度传感器（二）

❶ 图 10.4-5 中传感器 1：在冷却、加热和再加热的所有运行阶段都会直接探测压缩机出口处的压力和温度。

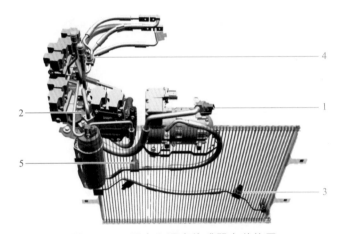

图 10.4-5　压力和温度传感器安装位置

❷ 图 10.4-5 中传感器 2：在所有运行阶段都会直接探测带干燥器的部件（收集盘）入口处的压力和温度。

❸ 图 10.4-5 中传感器 3：在冷却和再加热运行阶段会探测前部气体冷却器出口处的温度。在热泵运行阶段，该传感器会探测前部气体冷却器入口前面的测量值。在不同的运行模式下，制冷剂的流动方向会发生变化。

❹ 图 10.4-5 中传感器 4：在冷却和再加热运行阶段会探测空调装置中蒸发器入口处的压力和温度。在热泵运行间，流动方向再次切换，因此传感器会提供蒸发器出口处的相关数值。

❺ 图 10.4-5 中传感器 5：在所有运行阶段都会探测压缩机入口处的压力和温度。

四、二氧化碳传感器电气结构

1. 安装位置

如图 10.4-6 所示，二氧化碳传感器夹紧在加热和空调装置的下部区域中，在拆下通道盖板后可以用拆卸楔卸下。

图 10.4-6　车内二氧化碳传感器

维修提示

红外线入射辐射强度越低，汽车内部空间的二氧化碳浓度越高。

二氧化碳传感器采用 NDIR（非色散红外）吸收法进行工作（图 10.4-7）。

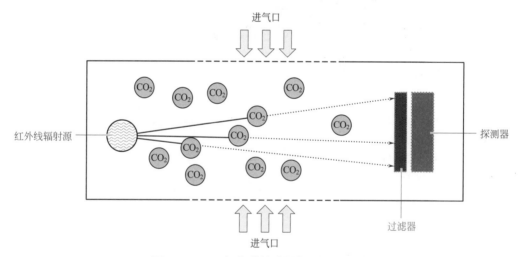

图 10.4-7　二氧化碳传感器探测原理示意

红外线辐射在测量通道中从 IR 源射向过滤器和探测器。每个气体分子都具有吸收特定波长的特性。对于二氧化碳，波长为 4.3μm，光学过滤器对探测器的测量信号进行清晰化处理，从而使其可以更有针对性地测量特定波长的辐射强度。入射辐射强度越低，汽车内部空间的二氧化碳浓度越高。

2. 电路结构

二氧化碳传感器的三个连接触点被分配给接线端 30/31，中间被分配给 LIN 总线 2（图 10.4-8）。信息从传感器传输到空调控制单元，然后再传输到车载应用服务器。

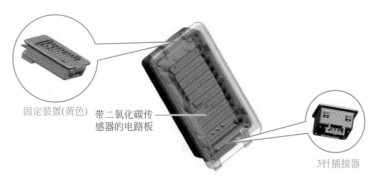

图 10.4-8　二氧化碳传感器电路结构

五、热气管路的金属波纹管类型和特征

热气管路的金属波纹管见图 10.4-9。热气管路的金属波纹柔性软管的结构分为两种。

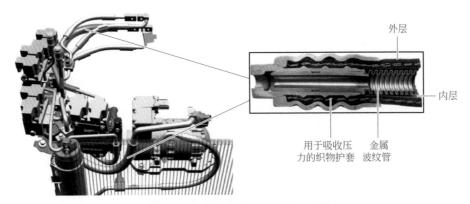

图 10.4-9　热气管路的金属波纹管

1. 简单型软管

简单型软管由不会渗透且可耐受制冷剂和雪种油的内层（例如内置在低压软管中）组成。它被织物护套覆盖，这样可使软管压力稳定。然后是可以看到的外层。

2. 高压侧的软管

高压侧的软管结构有一点不同之处。由于热气体会产生高热负荷，这些软管中还有一根内置金属波纹管。

 维修提示

这些软管的弯曲半径受到限制，不得弯折或扭转。

六、传感器和阀的电路结构

在制冷回路中，电路结构如图 10.4-10 所示。温度压力传感器、截止阀、膨胀阀电路结构比较简单清晰，采用并联方式的电路连接。

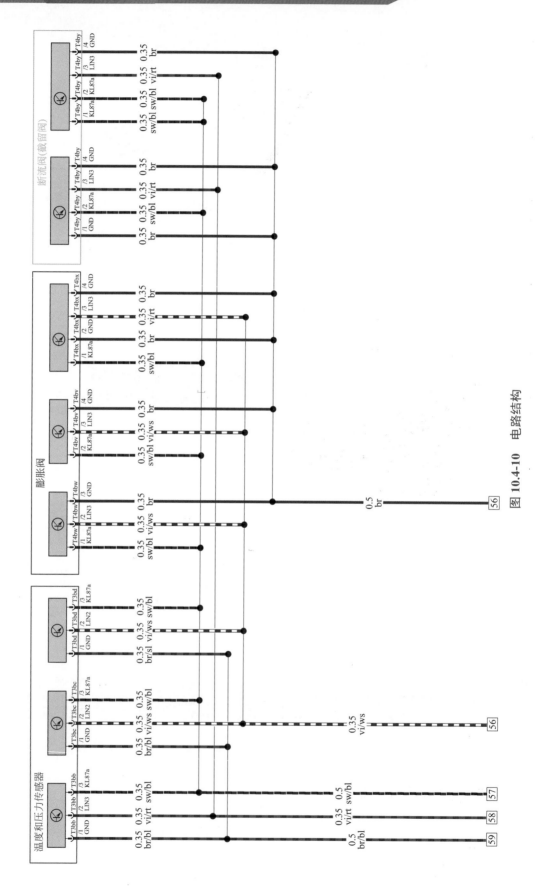

图 10.4-10 电路结构

第五节　空调和热管理系统维修原理与特点

一、热泵特点

1. 提升续航里程

在热泵热管理系统中，热泵比普通电动空调的高压加热器（PTC）能耗更低，可提升电动汽车续航里程。普通电动空调加热采用 PTC 加热丝将电力转化为热量，再由鼓风机将热风送进乘员舱，其在低温环境下虽然制热效果相对较好，但电能消耗高，大幅削弱了续航里程。热泵加热通过冷媒在车外通过换热器吸热，并将热量送入车内的方式给车内供暖，相比于 PTC 加热方式，电能消耗要低，能大幅提高电动汽车续航里程。在配备热泵的车辆中，高压电加热器充当辅助加热器。热泵转换原理特点如图 10.5-1 所示。

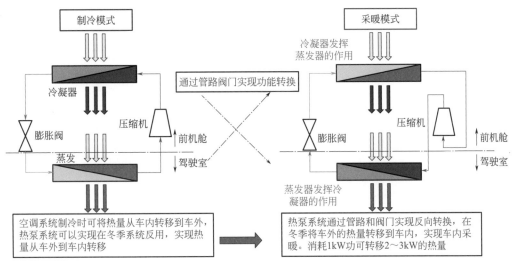

图 10.5-1　热泵转换原理特点

2. 二氧化碳制冷剂 R744

二氧化碳热泵制冷剂使用的是 R744，非常环保，单位制冷量是 R1234yf 型制冷剂（美式标准的一种环保制冷剂）的数倍之多，可大幅提高热泵的换热效率。二氧化碳热泵低温制热效果更佳，可提高车辆冬季行驶里程。二氧化碳热泵空调在低温下比 R1234yf 型热泵能源利用率更高，以更少的耗电量达到相同的制热效果，进而增加新能源汽车的行驶里程。二氧化碳制冷剂 R744 与 R134a 的比较见表 10.5-1。

表 10.5-1　二氧化碳制冷剂 R744 与 R134a 的比较

特征	R744	R134a
化学分子式	CO_2	$C_3H_2F_4$
化学名称	二氧化碳	四氟丙烯
沸点（在 1bar 的绝对压力下）/℃	-78.7	-29.5

特征	R744	R134a
临界点	30.98℃ / 73.75bar	94.7℃ /33.82bar
温室效应（GWP 值）	系数 1	比二氧化碳约高 4 倍
制冷剂类型	自燃	合成
易燃性	不易燃	易燃
颜色	无色	无色
气味	无固有气味	有微弱的固有气味

二、普通电动空调运行机理

1. 制冷运行

和传统的发动机汽车一样，电动汽车在压缩机和节流装置的作用下，通过从车内吸热并向环境放热进行制冷。压缩机作为制冷回路的泵，在系统中起吸入、压缩和排出制冷剂，使制冷剂循环流动的作用。

（1）压缩过程　压缩机将蒸发器低压侧的低温、低压气态制冷剂压缩成高温、高压的气态制冷剂，送往冷凝器冷却降温。

（2）冷凝过程　送往冷凝器的过热气态制冷剂与外界空气进行热交换，制冷剂被冷凝成中温、高压的过冷液态制冷剂。

（3）膨胀过程　冷凝后的液态制冷剂经过膨胀阀节流，其压力和温度急剧下降，变成低温、低压的饱和湿蒸气，以便进入蒸发器中迅速吸热蒸发。

（4）蒸发过程　液态制冷剂通过膨胀阀变为低温、低压的湿蒸气，流经蒸发器不断吸热气化转变成低温、低压的气态制冷剂。从蒸发器流出的过热气态制冷剂又被吸入压缩机，增压后泵入冷凝器冷凝，进行制冷循环。

2. 采暖运行

电加热采暖是由一个高压电加热器，通过加注冷却液的暖风循环回路对车内进行加热。

通过电动冷却液泵将冷却液从补液罐内抽出并泵送至电气加热装置（高压电加热器）。在电气加热装置内通过电气方式将冷却液加热至车内所需温度，并传输至车内的暖风热交换器。安装在暖风和空调系统内的暖风热交换器将流经冷却液的热量传递给流过的空气。随后冷却液重新流回补液罐内，冷却液循环回路关闭（图 10.5-2）。

图 10.5-2　普通电动空调运行机理 / 电加热采暖运行

1—车内的暖风热交换器；2—电气加热装置；3—电动冷却液泵（12V）；4—冷却液补液罐

三、整车热管理运行机理

1. 整车热管理子系统

整车热管理系统包括空调热舒适性系统、动力电池加热冷却系统、电驱冷却系统、智能控制器和大屏主机冷却系统、补水排气系统、空气质量管理系统等子系统。如图 10.5-3 所示为整车热管理系统。

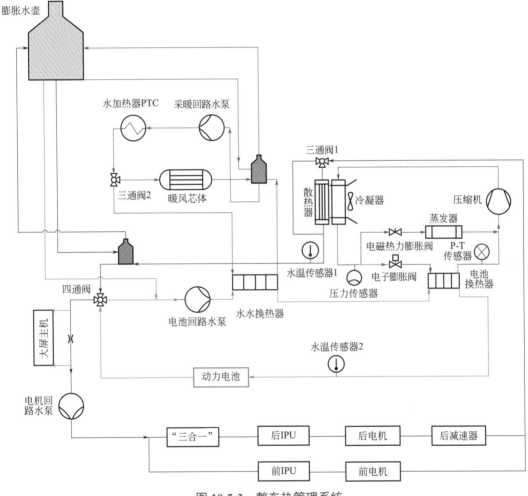

图 10.5-3 整车热管理系统

（1）空调热舒适性系统 智能调节驾驶室内的温度，夏季降温、冬季升温，春秋季除湿。依靠防雾传感器，热管理控制器智能切换内外循环，防止起雾，降低能耗。

（2）动力电池加热冷却系统 使用 1 个四通换向阀，2 个三通比例阀，实现电池和电机回路的串并联，从而实现余热回收和电池中温散热功能。高温时，依靠电池换热器，靠制冷剂给电池强制冷却。中温时，依靠四通换向阀将电池回路与电驱回路串联，通过前端低温散热器散热，可以节省电动压缩机功耗。低温时，依靠三通比例阀将低温散热器短路，电池和电机回路串联，回收电机余热给电池保温。超低温时，依靠三通比例阀，通过水水换热器将电池回路加热，实现给电池快速升温。

（3）电驱冷却系统　依靠电动水泵驱动，通过低温散热器，依次给"三合一"、电机控制器、电机进行散热。

（4）智能控制器和大屏主机冷却系统　通过温度及温升速率判断开启电机水泵，从电机回路分流一部分流量到智能控制器、大屏主机水冷板进行冷却，通过散热器或旁通进行散热。

（5）补水排气系统　通过膨胀水壶与电池、电机、暖风回路连接，分别为三个回路补水，电池回路和电驱回路共用一个分水箱排气，暖风回路用一个分水箱排气。

（6）空气质量管理系统　依靠 PM2.5 传感器，时时监测、大屏显示，智能开启空调过滤空气；依靠等离子发生器，杀菌除尘、净化空气；依靠二氧化碳传感器，进行尾气防护。

2. 冷却控制路径

整个热管理系统的水路是相连通的，由电机系统、动力电池系统、暖风系统组成，其中暖风系统主要包含 PTC、暖风水泵、三通比例水阀、管路、膨胀水壶（三个系统共用）。

三个系统通过"三合一"集成式膨胀水壶连通，三个系统的排气及加注均通过其完成。其中电机冷却系统与动力电池温控系统有串联和并联模式，通过四通阀实现。如下情况采用串联模式：①电机余热回收模式；②LTR 冷却电池模式；③人工加注排气模式。其余情况下，电机冷却系统与电池温控系统为并联模式。

驱动电机、电控及电池热管理运行见图 10.5-4。

① 四通阀处于 1-4 和 2-3 连通状态时，电机电控热管理系统与电池热管理系统独立运行。

② 四通阀处于 1-2 和 3-4 连通状态时，电机电控热管理系统与电池热管理系统串联运行。

③ 独立运行时，电池热管理系统通过电池换热器获得低温冷却液，冷却动力电池；通过水－水换热器获得高温冷却液，加热动力电池。

④ 独立运行时，电机电控热管理系统通过散热器散热，实现电机电控系统和大屏主机的冷却。

⑤ 串联运行，三通阀 1 处于 1-2 导通状态时，电机电控系统产生的热水导入电池热管理系统，加热动力电池；三通阀 1 处于 1-3 导通状态时，动力电池和电机电控系统的热量均通过散热器实现散热冷却。

（1）驱动电机冷却系统　驱动电机冷却系统主要包含电机水泵、三通阀 1、低温散热器、水温传感器、管路。

VCU 判断驱动电机回路中某一器件温度过高时则进入电机冷却，调节电机回路水泵转速、电子风扇转速，HVAC 调整三通阀 1 位置到散热器。开启温度值：当电机温度高于 75℃，IPU 高于 45℃，DC/DC 高于 60℃，OBC 高于 50℃时开启电机冷却系统和三通阀通散热器。驱动电机冷却运行回路见图 10.5-5。

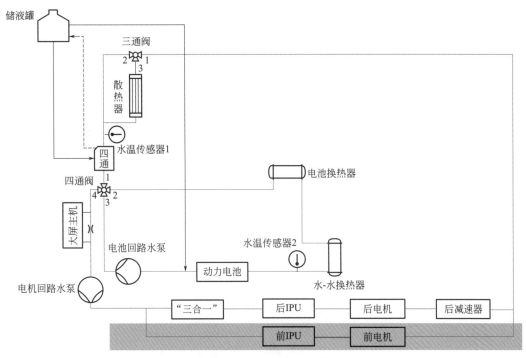

图 10.5-4　驱动电机、电控及电池热管理运行

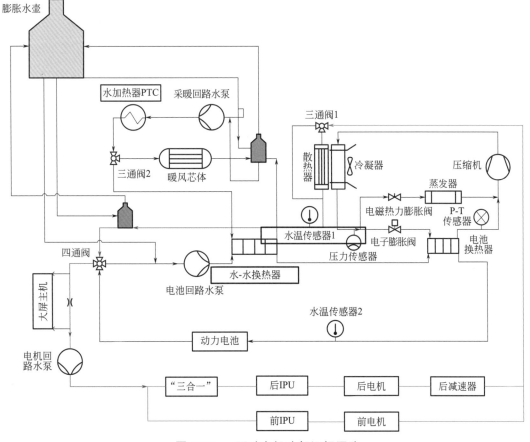

图 10.5-5　驱动电机冷却运行回路

冷却回路为：电机回路水泵→电机系统→三通阀1→散热器/旁通→四通换向水阀→电机回路水泵。

（2）动力电池温控系统 动力电池温控系统主要包含电池水泵、四通换向水阀（与电机冷却系统共用）、水温传感器、水-水换热器、动力电池冷却器、管路。动力电池冷却控制原理见图10.5-6。

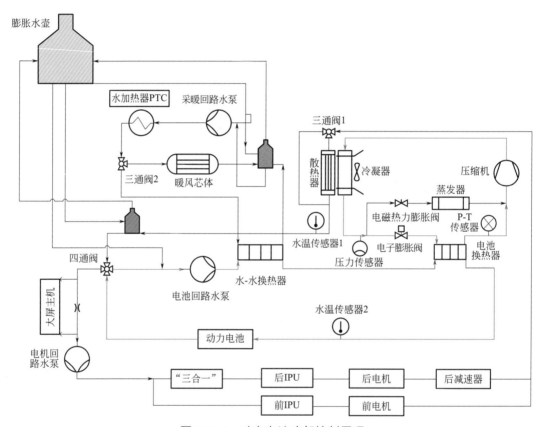

图10.5-6 动力电池冷却控制原理

1）充电模式下的电池冷却控制原理 BMS判断电池冷却需求，VCU判断是否满足电池冷却的条件，HVAC综合判断环境温度、电池回路水温、电机回路水温，使用压缩机冷却，并驱动水阀、压缩机，发出水泵、风扇运转请求。

充电模式下的电池冷却冷却回路为：压缩机→冷凝器→电子膨胀阀→电池换热器→压缩机。

2）行车模式下的电池冷却控制原理　VCU 判断是否满足电池冷却的条件，HVAC 综合判断环境温度、电池回路水温、电机回路水温，使用压缩机冷却，并驱动水阀、压缩机，发出水泵、风扇运转请求。

行车模式的动力电池冷却回路为：水泵→动力电池→水水换热器→电池换热器。

3）充电模式下的电池加热控制原理　BMS 根据电池状态判断是否有加热需求，VCU 根据整车状态发送高压系统状态，HVAC 计算电池需求水温，开启 PTC、水泵进行加热。充电模式下的电池加热控制原理见图 10.5-7。

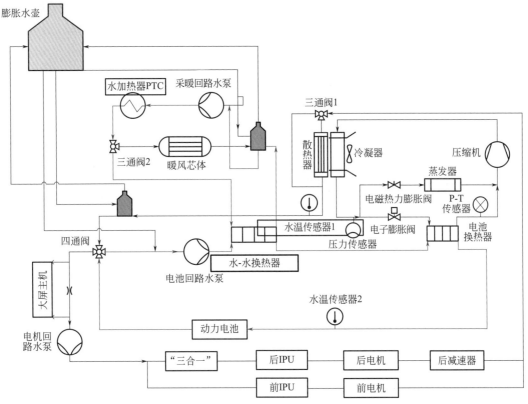

图 10.5-7　充电模式下的电池加热控制原理

充电模式下的电池加热控制冷却回路如下。

① 回路 1：电池回路水泵→水 - 水换热器→电池换热器→动力电池→四通换向水阀→电池回路水泵。

② 回路 2：采暖回路水泵→水加热 PTC →三通阀 2 → 水 - 水换热器→采暖回路水泵。

热量交换在水水换热器中完成。

4）动力电池热平衡控制原理　电池电芯最高温度和最低温度之间差值过大，或电池回路水温与电池最高、最低温度差值过大，从而出现冷热冲击时，开启电池水泵进行电池热平衡。电池热平衡控制原理见图 10.5-8。

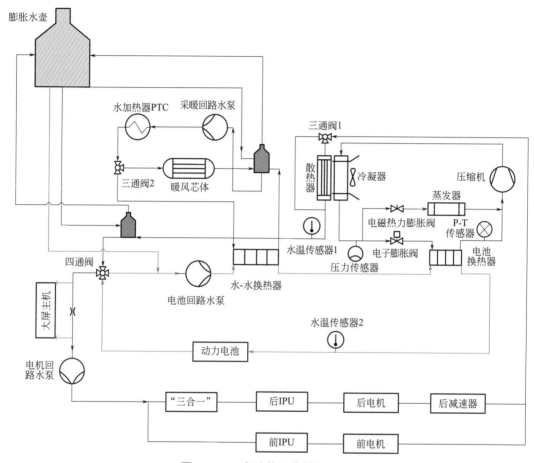

图 10.5-8　电池热平衡控制原理

> 电池热平衡控制冷却回路为：电池回路水泵→动力电池→水－水换热器→电池换热器→电池回路水泵。

5）电池 LTR 冷却和余热回收控制原理　电池 LTR 冷却和余热回收控制原理见图 10.5-9。

❶ 电池 LTR 冷却：环境温度 25℃以下，电池温度较高时，切换四通阀位置，将电池回路和电机回路串联，利用散热器给电池散热，达到节能的目的。

❷ 电池预冷：电池温度即将达到冷却需求温度时，利用散热器预先对电池进行冷却。

❸ 余热回收：电池温度较低、电机回路水温高于电池回路水温一定值时，将电池和电机回路串联，利用电机回路温度给电池加热，使电池处于适宜的工作温度，达到节能的目的。

冷却回路为：四通阀→电机回路水泵→电机系统→三通阀 1 →散热器 / 旁通→四通阀→电池回路水泵→水－水换热器→电池换热器→动力电池→四通阀。

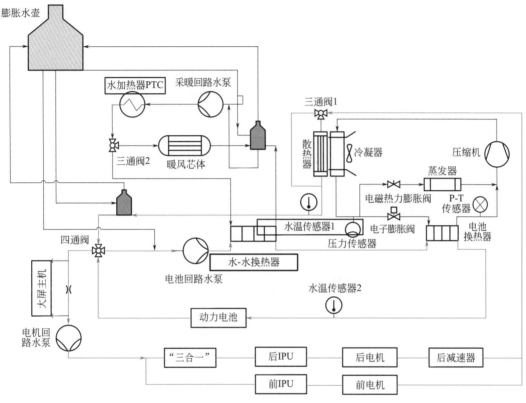

图 10.5-9　电池 LTR 冷却和余热回收控制原理

四、热泵空调系统运行机理

热泵空调系统有三个工作运行模式（阶段），分别为冷却运行阶段、再加热阶段和热泵加热运行阶段。

以下列举的是大众 MEB 平台 ID.4X 热管理系统的空调和热泵控制模式分析。

1. 空调冷却运行阶段

热泵的工作原理类似于标准版空调装置，通过蒸发器冷却汽车内部空间和 / 或通过"冷却器"冷却高电压蓄电池。

（1）车内空调运行模式

❶ 车内空调冷却运行模式冷（图 10.5-10），这种模式是只冷却车内，在涡旋压缩机中，气态制冷剂被压缩并在高压和高温下通过截止阀 2（ASV2）进入车头的 AC 气体冷却器。在这里，只要散热器卷帘处于打开状态，就会与流经的环境空气交换热量。

❷ 制冷剂流过内部热交换器中的盘管并流向电动膨胀阀 2（EXV2），然后经过膨胀进入蒸发器。在这里，流入的汽车内部空间空气被有效地调温并在汽车内部空间分配。

❸ 接着，制冷剂通过截止阀 4（ASV4）和带干燥器的储液罐在低压和相应温度下被吸回到压缩机中。由此，制冷剂循环回路闭合。

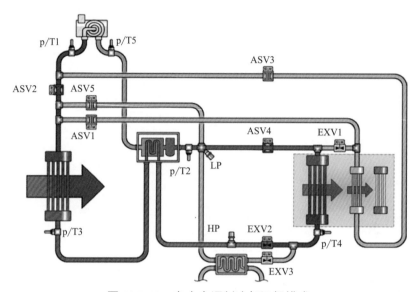

图 10.5-10　车内空调制冷却运行模式

ASV—截止阀；EXV—电动膨胀阀；p/T—压力和温度传感器；HP—高压保养接口；LP—低压保养接口

（2）冷却车内和动力电池　见图 10.5-11。

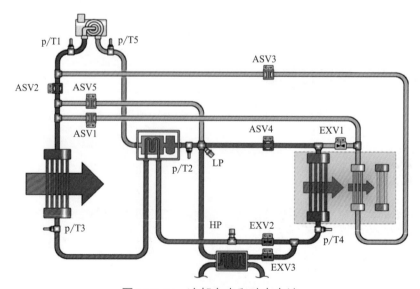

图 10.5-11　冷却车内和动力电池

ASV—截止阀；EXV—电动膨胀阀；p/T—压力和温度传感器；HP—高压保养接口；LP—低压保养接口

　　根据冷却汽车内部空间的模式，在电动膨胀阀 2（EXV2）后经过膨胀的制冷剂会自动进行分配。一部分流入空调装置的蒸发器，另一部分则通过主动式电动膨胀阀 3（EXV3）经过膨胀进入高电压蓄电池热交换器（冷却器）中。在这里会进行高电压蓄电池（动力电池）冷却液循环回路的热量交换。制冷剂还会通过带干燥器的储液罐由压缩机从冷却器中以气态形式抽吸。

　　（3）冷却动力电池　见图 10.5-12。

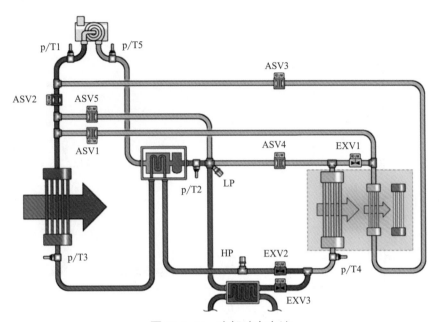

图 10.5-12　冷却动力电池

ASV—截止阀；EXV—电动膨胀阀；p/T—压力和温度传感器；HP—高压保养接口；LP—低压保养接口

　　冷却动力电池运行阶段只是冷却动力电池，这时制冷剂自然也会再次流过电动膨胀阀 2 和膨胀阀 3，以便在高电压蓄电池热交换器（冷却器）中进行热量交换。空调装置中的蒸发器保持被动状态，因为截止阀 4（ASV4）关闭且制冷剂在该区域停止流动。

维修提示

　　例如，当温度高于 30℃时，在高电压蓄电池充电过程中，也可以激活"仅冷却高压蓄电池"运行阶段。

　　在行驶过程中，当温度高于 35℃时，会对高电压蓄电池进行主动冷却。

2. 空调再加热阶段

　　在空调再加热阶段，冷却流入汽车内部空间的空气并由此干燥。然后再次对空气进行调温，以适合汽车内部空间。为了节能省电，无需使用 PTC 空气加热器即可完成。再加热阶段运行模式见图 10.5-13。

　❶ 由于在该运行阶段截止阀 2（ASV2）关闭且截止阀 3（ASV3）打开，因此经过压缩的热制冷剂会被直接送入空调装置的气体冷却器中。在这里，经过干燥的空气被重新加热。

　❷ 热制冷剂通过截止阀 1（ASV1）流入车头的气体冷却器中，在这里会与行车风进行热

量交换。

❸ 接着，制冷剂流过内部热交换器并流向电动膨胀阀2（EXV2），在此处经过膨胀并进入空调装置的蒸发器中。在这里，流入的汽车内部空间空气通过热量交换得到冷却并由此干燥。

❹ 压缩机再次通过截止阀4（ASV4）和带干燥器的收集盘从此处抽吸制冷剂。

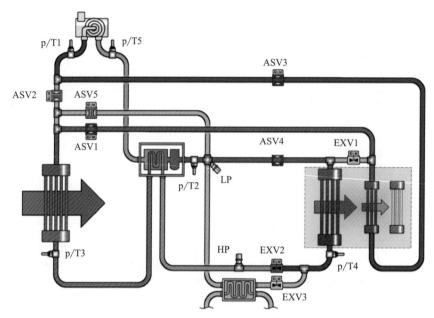

图 10.5-13　再加热运行模式

ASV—截止阀；EXV—电动膨胀阀；p/T—压力和温度传感器；HP—高压保养接口；LP—低压保养接口

 维修提示

例如，当前窗玻璃外表面容易起雾或车外空气湿度极高时，就会使用该运行阶段。

3. 热泵模式

相比使用PTC空气加热元件的纯加热模式，热泵更加节能，因此也增加了行驶模式下的续驶里程。

压缩机产生的压缩热通过冷媒被直接传递到空调装置中所进入的车外冷空气。在冷却液运行模式下，高电压区域产生的热量也会通过"冷却器"交换到冷媒中，再通过冷媒循环进行相应调温。

（1）刚开始加热阶段　见图10.5-14。

在热泵运行阶段，刚开始加热阶段比较迟缓，因此会借助PTC空气加热器来优化舒适度。高电压蓄电池和牵引机的冷却液循环回路中产生的热量也可能尚未使用。

与"再加热阶段"一样，压缩机将热的气态制冷剂通过打开的截止阀3（ASV3）泵入空调装置的气体冷却器中。流入的汽车内部空间空气被加热。

气态制冷剂被引导通过主动式电动膨胀阀1（EXV1）和已关闭的截止阀4（ASV4）进入蒸发器并流向电动膨胀阀2（EXV2）。由于在空调装置的蒸发器中会进行第二次热量交换，因此这种绕行方式提高了系统效率。

压缩机的吸入侧从此处开始。制冷剂逆着之前的流动方向流过内部热交换器并流经车头的气体冷却器。

截止阀 1 和 2 均关闭，截止阀 5（ASV5）打开。因此，制冷剂可以通过带干燥器的储液罐由压缩机再次抽吸。循环回路闭合。

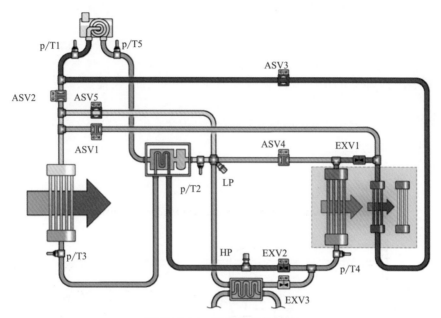

图 10.5-14 刚开始加热阶段

ASV—截止阀；EXV—电动膨胀阀；p/T—压力和温度传感器；HP—高压保养接口；LP—低压保养接口

（2）空气/冷却液热泵 见图 10.5-15。

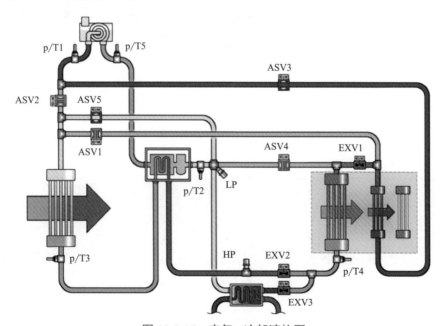

图 10.5-15 空气 - 冷却液热泵

ASV—截止阀；EXV—电动膨胀阀；p/T—压力和温度传感器；HP—高压保养接口；LP—低压保养接口

在空气/冷却液热泵运行阶段，电动膨胀阀3（EXV3）也会被激活，部分制冷剂经过膨胀进入高电压蓄电池热交换器（冷却器）中。在这里会在热泵制冷剂与高电压蓄电池和牵引机冷却液之间进行热量交换。

制冷剂也会通过带干燥器的储液罐由压缩机从冷却器中抽吸。

该运行阶段在一定程度上是混合型的，而且会一直使用，除非高电压蓄电池和牵引机充没有分加热冷却液循环回路或优先高电压蓄电池热交换器需要冷却散热循环。

（3）冷却液热泵　见图10.5-16。

与另外两种热泵运行阶段不同的是，在冷却液热泵运行阶段，电动膨胀阀2（EXV2）处于关闭状态。所有制冷剂都流经电动膨胀阀3（EXV3）并经过膨胀进入高电压蓄电池热交换器（冷却器）中。制冷剂再次通过带干燥器的收集盘由压缩机从此处直接抽吸。

在该运行阶段中，高电压蓄电池和牵引机的冷却液在整个制冷剂流中被主动冷却。

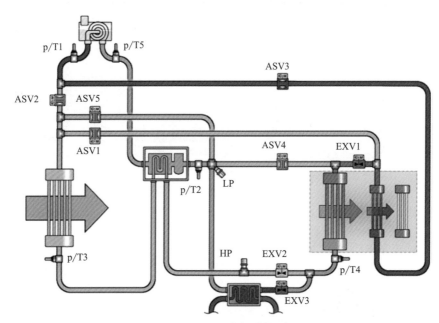

图 10.5-16　冷却液热泵

ASV—截止阀；EXV—电动膨胀阀；p/T—压力和温度传感器；HP—高压保养接口；LP—低压保养接口

4. 截止阀和膨胀阀的开关工况（表10.5-2）

表 10.5-2　截止阀和电动膨胀阀的开关工况

阀类	阀门	冷却运行阶段				加热运行阶段		
		冷却汽车内部空间	汽车内部空间＋蓄电池	仅蓄电池	再加热阶段	空气热泵	空气/水	水热泵
截止阀	ASV1	关闭	关闭	关闭	打开	关闭	关闭	关闭
	ASV2	打开	打开	打开	关闭	关闭	关闭	关闭
	ASV3	关闭	关闭	关闭	打开	打开	打开	打开

续表

阀类	阀门	冷却运行阶段				加热运行阶段		
		冷却汽车内部空间	汽车内部空间+蓄电池	仅蓄电池	再加热阶段	空气热泵	空气/水	水热泵
截止阀	ASV4	打开	打开	关闭	打开	关闭	关闭	关闭
	ASV5	关闭	关闭	关闭	关闭	打开	打开	关闭
膨胀阀	EXV1	关闭	关闭	关闭	关闭	×	×	×
	EXV2	×	×	×	×	×	×	关闭
	EXV3	关闭	×	×	关闭	关闭	×	×

注：× 表示膨胀阀开度大小根据压力和温度值电动调节。

五、水泵控制策略

1. 驱动电机回路水泵

（1）控制方式 驱动电机回路水泵为 PWM 控制。
（2）控制策略
❶ 电驱系统有散热请求时水泵开启。
❷ 热管理回路串联，进行热回收时水泵开启，此时转速和电池水泵转速相同。
❸ 电池有 LTR 冷却请求时水泵开启。

2. 动力电回路水泵

（1）控制方式 动力电池回路水泵为 PWM 控制。
（2）控制策略
❶ 当动力电池有加热或制冷请求时水泵开启。
❷ 当动力电池内部温差较大，需要热平衡时水泵开启。

3. 暖风回路水泵

（1）控制方式 暖风回路水泵为 PWM 控制。PWM 电压范围为 $-5 \sim +5$V。
（2）功能 驱动采暖回路冷却液，将热量输送到暖风芯体或水水换热器。
（3）控制策略
❶ 当有空调加热请求时水泵开启。
❷ 当有电池加热请求时水泵开启。
❸ 当同时有空调加热请求和电池加热请求时水泵开启。
❹ 当打开左右双温区时，水泵开启。
❺ 在除雾模式下，如 PTC 需开启，则水泵开启。

六、空调系统状态参数

除特殊注明外，表 10.5-3 参数的特定工况默认为车辆静止并上电。

表 10.5-3　空调系统实时显示参数列表

参数名称	说明 / 定义
蓄电池电压	空调控制器电源端 PIN 脚的电压
设定温度	用户的需求问题。对应控制面板上的设置温度
前左温度风门执行器电压（起始位置）	该参数为执行器自学习后的记录值。其是由执行器电路中分压电路反馈给控制器的电压值。该自学习的原因有：①避免因装配误差和制造公差产生的漏风；②风门在运作到末端时产生过大的转矩
前左温度风门执行器电压（末端位置）	该参数为执行器自学习后的记录值。其是由执行器电路中分压电路反馈给控制器的电压值。该自学习的原因有：①避免因装配误差和制造公差产生的漏风；②风门在运作到末端时产生过大的转矩
前左温度风门执行器电压（当前位置）	执行器电路中分压电路反馈给控制器的电压值。当前电压值随着执行器的转动而变换，但不会超过自学习后的起始位置电压值和末端位置电压值
前右温度风门执行器电压（起始位置）	该参数为执行器自学习后的记录值。其是由执行器电路中分压电路反馈给控制器的电压值。该自学习的原因有：①避免因装配误差和制造公差产生的漏风；②风门在运作到末端时产生过大的转矩
前右温度风门执行器电压（末端位置）	该参数为执行器自学习后的记录值。其是由执行器电路中分压电路反馈给控制器的电压值。该自学习的原因有：①避免因装配误差和制造公差产生的漏风；②风门在运作到末端时产生过大的转矩
前右温度风门执行器电压（当前位置）	执行器电路中分压电路反馈给控制器的电压值。当前电压值随着执行器的转动而变换，但不会超过自学习后的起始位置电压值和末端位置电压值
前左模式风门执行器电压（起始位置）	该参数为执行器自学习后的记录值。其是由执行器电路中分压电路反馈给控制器的电压值。该自学习的原因有：①避免因装配误差和制造公差产生的漏风；②风门在运作到末端时产生过大的转矩
前左模式风门执行器电压（末端位置）	该参数为执行器自学习后的记录值。其是由执行器电路中分压电路反馈给控制器的电压值。该自学习的原因有：①避免因装配误差和制造公差产生的漏风；②风门在运作到末端时产生过大的转矩
前左模式风门执行器电压（当前位置）	执行器电路中分压电路反馈给控制器的电压值。当前电压值随着执行器的转动而变换，但不会超过自学习后的起始位置电压值和末端位置电压值
5V 供应电压	控制器内部给传感器或风门执行器的供电电压
前鼓风机反馈电压	该电压值由鼓风机控制电路中分压电路测得。用于前鼓风机的闭环控制。不同的电压值由控制内部输出不同的转速、转速比例以及出风等级
新鲜 / 循环风门执行器	控制器实际采集的是执行器位置电压值。经过控制器内部计算，可以得到执行器角度比值
前左模式风门执行器	控制器实际采集的是执行器位置电压值。经过控制器内部计算，可以得到执行器角度比值
前左温度风门执行器	控制器实际采集的是执行器位置电压值。经过控制器内部计算，可以得到执行器角度比值

续表

参数名称	说明／定义
前右温度风门执行器	控制器实际采集的是执行器位置电压值。经过控制器内部计算，可以得到执行器角度比值
前鼓风机出风比例	该电压值由鼓风机控制电路中分压电路测得。用于前鼓风机的闭环控制。不同的电压值由控制内部输出不同的转速、转速比例以及出风等级
车内温度	该传感器是热敏电阻，控制器接收到传感器端的电压值，由控制器内部转换为温度值。用于监测车外环境温度值，辅助空调运作。该部件安装在车内仪表板上
蒸发器温度传感器温度	该传感器是热敏电阻，控制器接收到传感器端的电压值，由控制器内部转换为温度值。用于监测车内蒸发器表面温度，防止蒸发器表面结霜，保护压缩机工作和辅助自动空调运作。该部件安装在空调箱内部蒸发器附件上
前左吹面出风温度传感器温度	该传感器是热敏电阻，控制器接收到传感器端的电压值，由控制器内部转换为温度值。用于监测空调的出风温度值，辅助自动空调运作。该部件安装在空调箱壳体上或风道上
前左吹足出风温度传感器温度	该传感器是热敏电阻，控制器接收到传感器端的电压值，由控制器内部转换为温度值。用于监测空调的出风温度值，辅助自动空调运作。该部件安装在空调箱壳体上或风道上
前右吹面出风温度传感器温度	该传感器是热敏电阻，控制器接收到传感器端的电压值，由控制器内部转换为温度值。用于监测空调的出风温度值，辅助自动空调运作。该部件安装在空调箱壳体上或风道上
阳光强度	该传感器是光敏传感器。内部有个光敏二极管，感受到不同的光线强度后改变电流值。该传感器集成了左右两个光敏传感器，用于自动空调双区的自动温度调节。该部件安装在仪表板中央，靠近前挡风玻璃
ECM 的压力传感器信号	该信号由空调压力传感器监测。从 ECM 发送到 CAN 网络上。该传感器安装在空调高压管路端。当系统压力过低时，切断压缩机，防止压缩机回油润滑差导致卡死；当系统压力过高时，切断压缩机，防止压缩机排气压及温度过高，润滑油黏度下降，压缩机内部抱死；同时可以反馈信号回 ECU，可以及时调整散热风扇的转速
车外温度传感器温度	该传感器是热敏电阻，控制器接收到传感器端的电压值，由控制器内部转换为温度值。用于监测车外环境温度值，辅助空调运作。该部件安装在前保险杠上
电加热器（PTC）温度	该传感器检查 PTC 的温度，用于空调温度的控制
SCS 的车速信号	由 SCS 发送到 CAN 上的车速信号。该信号由轮速计算所得。该传感器为霍尔电磁传感器
电动压缩机目标转速	压缩机内部霍尔传感器监测到压缩机转速，用于压缩机的闭环控制
电压缩机驱动请求	电压缩机的请求信号
电加热器（PTC）PWM 输出	空调控制器通过改变电加热器的输出等级，满足客户采暖的不同温度需求

<table><tr><td>第六节</td><td>空调和热管理系统拆装维修与诊断检测</td></tr></table>

一、拆装电动水泵

1. 拆卸事项

❶ 准备工作。

a. 将车辆驶入举升机举升位置，启用驻车制动，整车电源处于 OFF 状态。

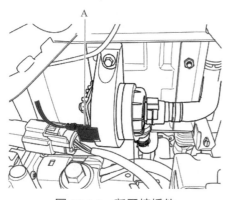

图 10.6-1　断开接插件

b. 断开蓄电池负极。

c. 举升车辆。

❷ 拆卸发动机舱前下护板总成。

❸ 拆卸左前车轮总成。

❹ 排放暖风系统冷却液。

❺ 拆卸电动水泵总成。

a. 断开接插件 A（图 10.6-1）。

b. 断开水管 A、B 与电动水泵总成 C 的连接（图 10.6-2）。

c. 拆卸 2 个固定螺栓 1，取下电动水泵总成 A（图 10.6-3）。

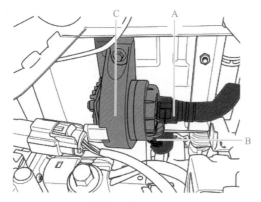

图 10.6-2　断开水管与电动水泵的连接

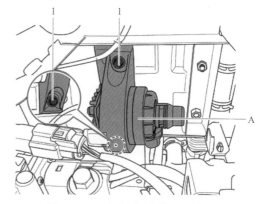

图 10.6-3　拆卸电动水泵总成

2. 安装事项

❶ 安装电动水泵。

a. 放置并调整电动水泵到安装位置，安装固定螺栓并紧固。

b. 连接水管到电动水泵总成。

c. 连接接插件。

❷ 加注暖风系统冷却液。

❸ 安装左前车轮总成；安装发动机舱前下护板总成。降落车辆，连接蓄电池负极，启动车辆，检查暖风系统，应正常工作。

二、拆装电动压缩机

1. 拆卸事项

❶ 准备工作。

a. 将车辆驶入举升机举升位置，启用驻车制动，整车电源处于"OFF"状态。

b. 断开蓄电池负极。

c. 举升车辆。

❷ 回收制冷剂。

❸ 拆卸左前车轮总成。

❹ 拆卸空调压缩机总成。

a. 拆卸固定螺栓 1，断开空调管路 A、B 与空调压缩机总成的连接（图 10.6-4）。

维修提示

注意：断开空调管路后应及时密封或堵塞管路接口，避免异物进入。

b. 断开接插件 A、B，拆卸 4 个固定螺栓 1，取下空调压缩机总成 C（图 10.6-5）。

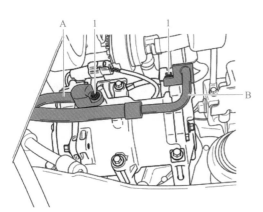 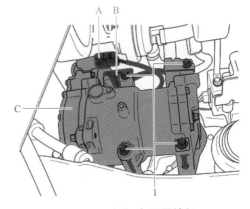

图 10.6-4　断开空调管路与空调压缩机的连接
1—固定螺栓；A—空调管路；B—空调管路

图 10.6-5　拆卸空调压缩机
A—接插件；B—接插件；C—空调压缩机总成；1—固定螺栓

2. 安装事项

❶ 安装空调压缩机总成。

a. 放置并调整空调压缩机总成到安装位置，安装固定螺栓并紧固，连接接插件。

b. 连接空调管路到空调压缩机总成，安装固定螺栓并紧固。

维修提示

空调管路 O 形圈为一次性部件，每次安装都需要更新。

❷ 安装左前车轮总成。

③ 加注制冷剂。

④ 降落车辆，连接蓄电池负极，启动车辆，检查空调制冷系统应正常工作。

三、拆卸采暖水加热器

❶ 关闭所有用电器，车辆下电。

❷ 断开蓄电池负极极夹。

❸ 拆卸手动维修开关。

❹ 排放冷却液。

❺ 拆卸三角梁总成。

❻ 拆卸采暖水加热器。

a. 断开线束插头 A、B（图 10.6-6）。

b. 脱开线束固定卡扣 C（图 10.6-6）。

c. 松开固定卡箍 D，脱开 PTC 出水管 1 与采暖水加热器连接（图 10.6-6）。

d. 松开固定卡箍 E，脱开 PTC 进水管 2 与采暖水加热器连接（图 10.6-6）。

e. 旋出固定螺母 F，取出采暖水加热器带支架总成 3（图 10.6-6）。

f. 旋出固定螺栓，取出采暖水加热器 1（图 10.6-7）。

g. 旋出固定螺栓，取出水加热器支架（图 10.6-7）。

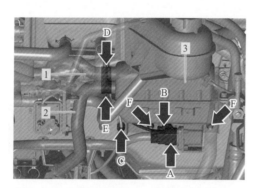

图 10.6-6　取出采暖水加热器带支架总成

1—PTC 出水管；2—PTC 进水管；3—采暖水加热器带支架总成；A,B—线束插头；C—线束固定卡扣；D,E—固定卡箍；F—固定螺母

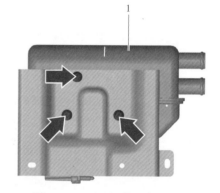

图 10.6-7　取出采暖水加热器

1—采暖水加热器

四、拆卸三通阀

❶ 关闭所有用电器，车辆下电。

❷ 断开蓄电池负极极夹。

❸ 排放冷却液。

❹ 拆卸三角梁总成。

❺ 拆卸三通阀。

a. 断开三通阀 4 连接插头 A（图 10.6-8）。

b. 松开固定卡箍 B，脱开水换热器进水管 1 与三通阀 4 连接（图 10.6-8）。

c. 松开固定卡箍 C，脱开 PTC 出水管 2 与三通阀 4 连接（图 10.6-8）。

d. 松开固定卡箍 D，脱开暖风进水管 3 与三通阀 4 连接（图 10.6-8）。

e.旋出固定螺栓 E，取出三通阀 4（图 10.6-8）。

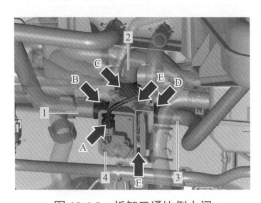

图 10.6-8　拆卸三通比例水阀
1—水换热器进水管；2—PTC 出水管；3—暖风进水管；4—三通阀；
A—连接插头；B ~ D—固定卡箍；E—固定螺栓

五、电动空调控制系统简明故障罗列

电动空调控制系统简明故障罗列见表 10.6-1。

表 10.6-1　电动空调控制系统简明故障罗列

故障 / 诊断显示	故障生成 / 故障内容	可能故障原因	故障点
系统过压 / 欠压	电压大于 16V 或小于 9V，持续时间大于 3s	供电电压过高	检查供电
ECAN 关闭	3 次连续 Bus-off	CAN 线路故障	检查 CAN 线路
与 VCU 丢失通信	VCU 报文连续丢失 10 个周期	① VCU 故障 ② CAN 线路故障	检查 VCU 及 CAN 线路
与 BMS 丢失通信	BMS 报文连续丢失 10 个周期	① BMS 故障 ② CAN 线路故障	检查 BMS 及 CAN 线路
与 CGW 丢失通信	CGW 报文连续丢失 10 个周期	① CGW 故障 ② CAN 线路故障	检查 CGW 及 CAN 线路
左吹面温度传感器对地短路	ADC 输入电压 =0V，持续时间大于 3s	传感器故障，对地短路	检查传感器和线束
左吹面温度传感器断路、对电源短路	ADC 输入电压 ≥ 5V，持续时间大于 3s	传感器故障，对电源短路	检查传感器和线束
右吹面温度传感器对地短路	ADC 输入电压 =0V，持续时间大于 3s	传感器故障，对地短路	检查传感器和线束
右吹面温度传感器断路、对电源短路	ADC 输入电压 ≥ 5V，持续时间大于 3s	传感器故障，对电源短路	检查传感器和线束
左吹脚温度传感器对地短路	ADC 输入电压 =0V，持续时间大于 3s	传感器故障，对地短路	检查传感器和线束

续表

故障 / 诊断显示	故障生成 / 故障内容	可能故障原因	故障点
左吹脚温度传感器断路、对电源短路	ADC 输入电压 ≥ 5V，持续时间大于 3s	传感器故障，对电源短路	检查传感器和线束
右吹脚温度传感器对地短路	ADC 输入电压 =0V，持续时间大于 3s	传感器故障，对地短路	检查传感器和线束
右吹脚温度传感器断路、对电源短路	ADC 输入电压 ≥ 5V，持续时间大于 3s	传感器故障，对电源短路	检查传感器和线束
蒸发器温度传感器对地短路	ADC 输入电压 =0V，持续时间大于 3s	传感器故障，对地短路	检查传感器和线束
蒸发器温度传感器断路、对电源短路	ADC 输入电压 ≥ 5V，持续时间大于 3s	传感器故障，对电源短路	检查传感器和线束
模式风门反馈对地短路	ADC 输入电压 =0V，持续时间大于 3s	电机故障，线束故障	检查电机和线束
模式风门反馈断路、对电源短路	ADC 输入电压 ≥ 5V，持续时间大于 3s	电机故障，线束故障	检查电机和线束
左温度风门反馈对地短路	ADC 输入电压 =0V，持续时间大于 3s	电机故障，线束故障	检查电机和线束
左温度风门反馈断路、对电源短路	ADC 输入电压 ≥ 5V，持续时间大于 3s	电机故障，线束故障	检查电机和线束
右温度风门反馈对地短路	ADC 输入电压 =0V，持续时间大于 3s	电机故障，线束故障	检查电机和线束
右温度风门反馈断路、对电源短路	ADC 输入电压 ≥ 5V，持续时间大于 3s	电机故障，线束故障	检查电机和线束
新回风风门反馈对地短路	ADC 输入电压 =0V，持续时间大于 3s	电机故障，线束故障	检查电机和线束
新回风风门反馈断路、对电源短路	ADC 输入电压 ≥ 5V，持续时间大于 3s	电机故障，线束故障	检查电机和线束
模式风门控制回路开路	风门电机控制开路	电机故障，线束断路	检查电机和线束
模式风门控制回路过流	风门电机控制短路	电机故障，线束短路	检查电机和线束
模式风门控制故障	风门位置与命令偏差大于 10%，持续时间大于 10s	电机故障，风门堵住	检查电机和空调箱
左温度风门控制回路开路	风门电机控制开路	电机故障，线束断路	检查电机和线束
左温度风门控制回路过流	风门电机控制短路	电机故障，线束短路	检查电机和线束

续表

故障 / 诊断显示	故障生成 / 故障内容	可能故障原因	故障点
左温度风门控制故障	风门位置与命令偏差大于10%，持续时间大于10s	电机故障，风门堵住	检查电机和空调箱
右温度风门控制回路开路	风门电机控制开路	电机故障，线束断路	检查电机和线束
右温度风门控制回路过流	风门电机控制短路	电机故障，线束短路	检查电机和线束
右温度风门控制故障	风门位置与命令偏差大于10%，持续时间大于10s	电机故障，风门堵住	检查电机和空调箱
新回风风门控制回路开路	风门电机控制开路	电机故障，线束断路	检查电机和线束
新回风风门控制回路过流	风门电机控制短路	电机故障，线束短路	检查电机和线束
新回风风门控制故障	风门位置与命令偏差大于10%，持续时间大于10s	电机故障，风门堵住	检查电机和空调箱
鼓风机电压反馈对地短路	ADC 输入电压 =0V，持续时间大于 3s	鼓风机故障，FET调速模块故障	检查传感器和线束
鼓风机电压反馈断路、对电源短路	ADC 输入电压 ≥ 5V，持续时间大于 3s	鼓风机故障，FET调速模块故障	检查传感器和线束
鼓风机电压反馈不匹配	控制与反馈不匹配 >10%，持续时间超过 3s	鼓风机故障，FET调速模块故障	检查 FET 调速模块和鼓风机
车内温度传感器对地短路	ADC 输入电压 =0V，持续时间大于 3s	传感器故障，对地短路	检查传感器和线束
车内传感器断路、对电源短路	ADC 输入电压 ≥ 5V，持续时间大于 3s	传感器故障，对电源短路	检查传感器和线束
环境温度传感器对地短路	ADC 输入电压 =0V，持续时间大于 3s	传感器故障，对地短路	检查传感器和线束
环境温度传感器断路、对电源短路	ADC 输入电压 ≥ 5V，持续时间大于 3s	传感器故障，对电源短路	检查传感器和线束
PM2.5 传感器故障	PWM 反馈不在范围，持续时间大于 10s	传感器故障	检查传感器和线束
左阳光传感器对地短路	ADC 输入电压 =0V，持续时间大于 3s	传感器故障	检查传感器和线束
右阳光传感器对地短路	ADC 输入电压 =0V，持续时间大于 3s	传感器故障	检查传感器和线束
等离子发生器故障	等离子反馈与控制不匹配，持续时间大于 10s	传感器故障	检查传感器和线束

续表

故障 / 诊断显示	故障生成 / 故障内容	可能故障原因	故障点
1 号出风口电机过温	电机过温	电机故障	检查电机
1 号出风口电机电气故障	电机电气故障	电机故障	检查电机
1 号出风口电机电压故障	电机电压过压、欠压	电机故障	检查电机
1 号出风口电机控制故障	电机连续异常堵转超过 3 次	出风口堵住	检查风道
1 号出风口电机通信错误	LIN 从节点无反馈或反馈通信错误,大于 3s	电机故障,LIN 通信故障	检查电机和线束
2 号出风口电机过温	电机过温	电机故障	检查电机
2 号出风口电机电气故障	电机电气故障	电机故障	检查电机
2 号出风口电机电压故障	电机电压过压、欠压	电机故障	检查电机
2 号出风口电机控制故障	电机连续异常堵转超过 3 次	出风口堵住	检查风道
2 号出风口电机通信错误	LIN 从节点无反馈或反馈通信错误,大于 3s	电机故障,LIN 通信故障	检查电机和线束
3 号出风口电机过温	电机过温	电机故障	检查电机
3 号出风口电机电气故障	电机电气故障	电机故障	检查电机
3 号出风口电机电压故障	电机电压过压、欠压	电机故障	检查电机
3 号出风口电机控制故障	电机连续异常堵转超过 3 次	出风口堵住	检查风道
3 号出风口电机通信错误	LIN 从节点无反馈或反馈通信错误,大于 3s	电机故障,LIN 通信故障	检查电机和线束
4 号出风口电机过温	电机过温	电机故障	检查电机
4 号出风口电机电气故障	电机电气故障	电机故障	检查电机
4 号出风口电机电压故障	电机电压过压、欠压	电机故障	检查电机
4 号出风口电机控制故障	电机连续异常堵转超过 3 次	出风口堵住	检查风道
4 号出风口电机通信错误	LIN 从节点无反馈或反馈通信错误,大于 3s	电机故障,LIN 通信故障	检查电机和线束

续表

故障 / 诊断显示	故障生成 / 故障内容	可能故障原因	故障点
5 号出风口电机过温	电机过温	电机故障	检查电机
5 号出风口电机电气故障	电机电气故障	电机故障	检查电机
5 号出风口电机电压故障	电机电压过压、欠压	电机故障	检查电机
5 号出风口电机控制故障	电机连续异常堵转超过 3 次	出风口堵住	检查风道
5 号出风口电机通信错误	LIN 从节点无反馈或反馈通信错误，大于 3s	电机故障，LIN 通信故障	检查电机和线束
6 号出风口电机过温	电机过温	电机故障	检查电机
6 号出风口电机电气故障	电机电气故障	电机故障	检查电机
6 号出风口电机电压故障	电机电压过压、欠压	电机故障	检查电机
6 号出风口电机控制故障	电机连续异常堵转超过 3 次	出风口堵住	检查风道
6 号出风口电机通信错误	LIN 从节点无反馈或反馈通信错误，大于 3s	电机故障，LIN 通信故障	检查电机和线束
7 号出风口电机过温	电机过温	电机故障	检查电机
7 号出风口电机电气故障	电机电气故障	电机故障	检查电机
7 号出风口电机电压故障	电机电压过压、欠压	电机故障	检查电机
7 号出风口电机控制故障	电机连续异常堵转超过 3 次	出风口堵住	检查风道
7 号出风口电机通信错误	LIN 从节点无反馈或反馈通信错误，大于 3s	电机故障，LIN 通信故障	检查电机和线束
8 号出风口电机过温	电机过温	电机故障	检查电机
8 号出风口电机电气故障	电机电气故障	电机故障	检查电机
8 号出风口电机电压故障	电机电压过压、欠压	电机故障	检查电机
8 号出风口电机控制故障	电机连续异常堵转超过 3 次	出风口堵住	检查风道
8 号出风口电机通信错误	LIN 从节点无反馈或反馈通信错误，大于 3s	电机故障，LIN 通信故障	检查电机和线束

续表

故障 / 诊断显示	故障生成 / 故障内容	可能故障原因	故障点
AQS 通信错误	LIN 从节点无反馈或反馈通信错误，大于 3s	传感器故障，LIN 通信故障	检查传感器和线束
四通阀（C4WV1）位置丢失故障	水阀报错	阀件故障	检查阀件
四通阀（C4WV1）位置控制超时	水阀报错	阀件故障	检查阀件
四通阀（C4WV1）堵转错误	水阀报错	阀件故障	检查阀件
四通阀（C4WV1）命令错误	水阀报错	阀件故障	检查阀件
四通阀（C4WV1）自学习故障	水阀报错	阀件故障	检查阀件
四通阀（C4WV1）电机短路	水阀报错	阀件故障	检查阀件
四通阀（C4WV1）电机断路	水阀报错	阀件故障	检查阀件
四通阀（C4WV1）电机驱动过温	水阀报错	阀件故障	检查阀件
四通阀（C4WV1）通信错误	LIN 从节点无反馈或反馈通信错误，大于 3s	阀件故障，LIN 通信故障	检查阀件和线束
三通阀（CDV1）位置丢失故障	水阀报错	阀件故障	检查阀件
三通阀（CDV1）位置控制超时	水阀报错	阀件故障	检查阀件
三通阀（CDV1）堵转错误	水阀报错	阀件故障	检查阀件
三通阀（CDV1）命令错误	水阀报错	阀件故障	检查阀件
三通阀（CDV1）自学习故障	水阀报错	阀件故障	检查阀件
三通阀（CDV1）电机短路	水阀报错	阀件故障	检查阀件
三通阀（CDV1）电机断路	水阀报错	阀件故障	检查阀件
三通阀（CDV1）电机驱动过温	水阀报错	阀件故障	检查阀件

续表

故障 / 诊断显示	故障生成 / 故障内容	可能故障原因	故障点
三通阀（CDV1）通信错误	LIN 从节点无反馈或反馈通信错误，大于 3s	阀件故障，LIN 通信故障	检查阀件和线束
三通阀（CDV2）位置丢失故障	水阀报错	阀件故障	检查阀件
三通阀（CDV2）位置控制超时	水阀报错	阀件故障	检查阀件
三通阀（CDV2）堵转错误	水阀报错	阀件故障	检查阀件
三通阀（CDV2）命令错误	水阀报错	阀件故障	检查阀件
三通阀（CDV2）自学习故障	水阀报错	阀件故障	检查阀件
三通阀（CDV2）电机短路	水阀报错	阀件故障	检查阀件
三通阀（CDV2）电机断路	水阀报错	阀件故障	检查阀件
三通阀（CDV2）电机驱动过温	水阀报错	阀件故障	检查阀件
三通阀（CDV2）通信错误	LIN 从节点无反馈或反馈通信错误，大于 3s	阀件故障，LIN 通信故障	检查阀件和线束
电加热器内部故障	读取到错误	电加热器故障，LIN 通信故障	检查 PTC
电加热器外部故障	读取到错误	电加热器故障，LIN 通信故障	检查 PTC
电加热器通信丢失	LIN 从节点无反馈或反馈通信错误，大于 3s	电加热器故障，LIN 通信故障	检查 PTC 和线束
PT 传感器压力反馈对地短路	ADC 输入电压 =0V，持续时间大于 3s	传感器故障，对地短路	检查传感器和线束
PT 传感器压力反馈对电源短路	ADC 输入电压 ≥ 5V，持续时间大于 3s	传感器故障，对电源短路	检查传感器和线束
PT 传感器温度反馈对地短路	ADC 输入电压 =0V，持续时间大于 3s	传感器故障，对地短路	检查传感器和线束
PT 传感器温度反馈对电源短路	ADC 输入电压 ≥ 5V，持续时间大于 3s	传感器故障，对电源短路	检查传感器和线束
PT 传感器断路	ADC 输入电压 =0V，持续时间大于 3s	传感器故障，对地短路	检查传感器和线束

续表

故障 / 诊断显示	故障生成 / 故障内容	可能故障原因	故障点
EXV 开路故障	EXV 电机线圈开路故障	电子膨胀阀驱动故障，开路	检查电子膨胀阀和线束
EXV 堵转	EXV 堵转故障	电子膨胀阀驱动故障	检查电子膨胀阀
TXV 开路故障	TXV 线圈开路	热力膨胀阀故障，开路	检查热力膨胀阀和线束
TXV 驱动故障	TXV 过流故障	热力膨胀阀故障	检查热力膨胀阀
电动压缩机通信错误	电动压缩机通信超过 3s 无反馈	压缩机故障	检查压缩机和系统状态
电动压缩机高压过压	读取到高压过压故障	压缩机故障，高压供电故障	检查压缩机和系统状态
电动压缩机高压欠压	读取到高压欠压故障	压缩机故障，高压供电故障	检查压缩机和系统状态
电动压缩机逆变器过温	读取到过高温故障	压缩机故障	检查压缩机和系统状态
电动压缩机逆变器过低温	读取到过低温故障	压缩机故障	检查压缩机和系统状态
电动压缩机短路故障	读取到压缩机短路故障	压缩机故障	检查压缩机和系统状态
电动压缩机过流	读取到压缩机过流故障	压缩机故障	检查压缩机和系统状态
电动压缩机电流传感器故障	读取到压缩机电流传感器故障	压缩机故障	检查压缩机和系统状态
电动压缩机启动故障	读取到压缩机启动故障	压缩机故障	检查压缩机和系统状态
SBC 故障	读取到错误标志位或者 SPI 通信无响应	SBC 芯片故障	检查、更换控制盒
EXV 驱动芯片故障	读取到错误标志位或者 SPI 通信无响应	电子膨胀阀驱动故障	检查、更换控制盒
风门电机驱动芯片故障	读取到错误标志位或者 SPI 通信无响应	电机驱动芯片故障	检查、更换控制盒
除雾传感器湿度反馈对地短路	ADC 输入电压 =0V，持续时间大于 3s	传感器故障，对地短路	检查传感器和线束
除雾传感器湿度反馈开路 / 对电源短路	ADC 输入电压 ≥ 5V，持续时间大于 3s	传感器故障，对电源短路	检查传感器和线束
除雾传感器玻璃温度反馈对地短路	ADC 输入电压 =0V，持续时间大于 3s	传感器故障，对地短路	检查传感器和线束

续表

故障 / 诊断显示	故障生成 / 故障内容	可能故障原因	故障点
除雾传感器玻璃温度反馈开路 / 对电源短路	ADC 输入电压 ≥ 5V，持续时间大于 3s	传感器故障，对电源短路	检查传感器和线束
除雾传感器温度反馈对地短路	ADC 输入电压 =0V，持续时间大于 3s	传感器故障，对地短路	检查传感器和线束
除雾传感器温度反馈开路 / 对电源短路	ADC 输入电压 ≥ 5V，持续时间大于 3s	传感器故障，对电源短路	检查传感器和线束
采暖水泵无反馈	没有检测到 PWM 输入信号，持续时间大于 3s	水泵故障，线束故障	检查水泵和线束
采暖水泵干转	检测到水泵干转，持续时间大于 3s	冷却液不足	检查冷却液液位
采暖水泵堵转或过流	检测到水泵堵转或过流，持续时间大于 3s	水泵故障	检查水泵状态
采暖水泵过温	检测到过温，持续时间大于 3S	水泵故障	检查水泵状态
采暖水泵转速过低	检测到水泵转速过低，持续时间大于 3s	水泵故障	检查水泵状态

六、电动空调控制系统具体故障检测

1. 电动空调控制系统检测前的检查和准备

（1）直观检查 检测前的检查和准备要点，在前述的故障检测中都讲过要点。

（2）空调系统电路图

❶ 要熟悉各驱动电机系统的插接器（连接器）。电动空调控制器线束连接器见表 10.6-2，维修电路时通常进行各相关插接器端子之间的测量，来判断和确定线路障点。

❷ 要熟悉电动空调系统电路的连接走向。

表 10.6-2 电动空调控制器线束连接器

代号	插接器	图示	端子号	连接走向（端子定义）
IP02	空调控制器线束连接器	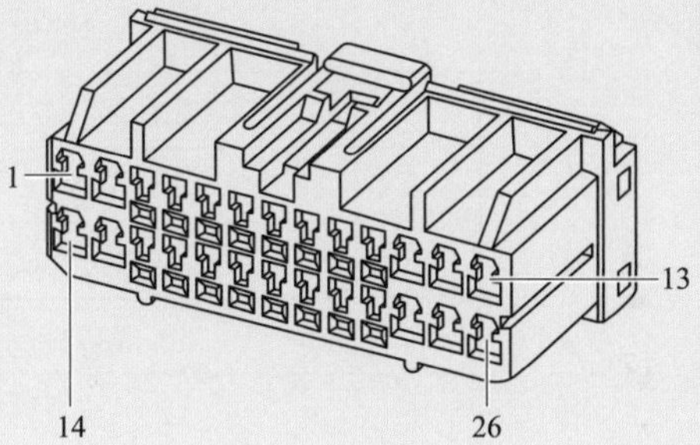	1	电子膨胀阀 EXV-OAP
			2	电子膨胀阀 EXV-OAM
			3	ECAN-H
			4	ECAN-L
			5	与空调压缩机 CAN-H 通信
			6	与空调压缩机 CAN-L 通信
			7	LIN 通信

代号	插接器	图示	端子号	连接走向（端子定义）
IP02	空调控制器线束连接器		8	LIN 通信
			9	温度传感器输入
			10	压力传感器输入
			11	KL87 电源
			12	电源
			13	电源
			14	电子膨胀阀 EXV-OBP
			15	电子膨胀阀 EXV-OBM
			19	传感器接地
			20	传感器压力输入
			21	传感器电源
			22	PM2.5 风扇电源输出
			23	LIN 通信
			24	电磁热力膨胀阀电源输出
			25	接地
			26	接地
IP03	空调控制器线束连接器		1	传感器接地
			2	车内温度传感器输入
			3	车外温度传感器输入
			4	除雾传感器湿度输入
			5	除雾传感器温度输入
			6	除雾传感器玻璃温度输入
			7	PM2.5 传感器浓度 PWM 输入
			8	阳光传感器信号（左）
			9	传感器电源
			10	阳光传感器信号（右）
			11	等离子发生器高边输出 1
			12	等离子发生器诊断输出
			13	等离子发生器高边输出 2
			14	鼓风机控制输出
			15	鼓风机反馈信号
			16	鼓风机继电器低边控制

2. 低压欠压 / 过压故障

（1）检查蓄电池电压　检查蓄电池电压，检查和排除以下问题导致的欠压 / 过压障。

❶ 蓄电池电压。

❷ 蓄电池充电或检查充电系统。

❸ 检查电机控制器熔丝。本例中，列举的是图 10.6-9 中的 IF18 和 IF10，分别表示是 10A 和 5A 的熔丝。

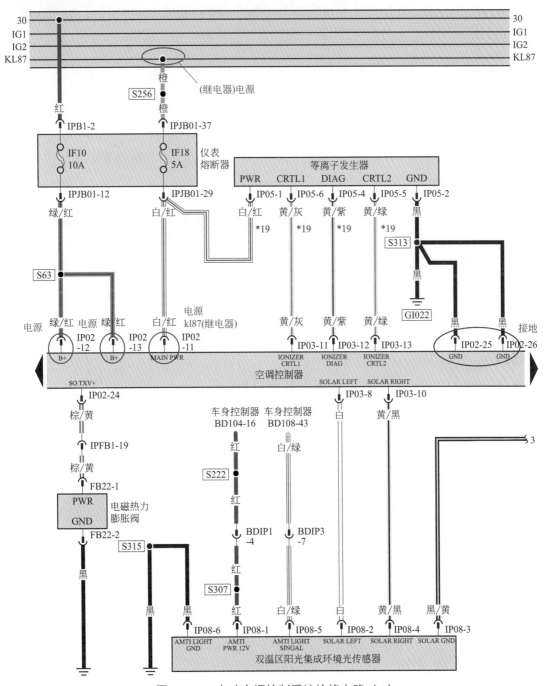

图 10.6-9　电动空调控制系统检修电路（一）

如果以上情况都没有问题，那么需要检查空调控制器电源电路。

（2）检查空调控制器电源电路　检测要点：关闭启动开关；断开空调控制器线束连接器；然后打开启动开关。按照表10.6-3所示，结合图10.6-9，检测其电压。如果不符合应测得结果，那么应该维修或更换线束。如果检测线束没有问题，则需要检查电机控制器接地电路。

表10.6-3　检测空调控制器电源电路

检查的零部件			万用表/表笔探测的两端子		检测条件	状态	应测得结果/V
连接器	代号	图示	红表笔连接	黑表笔连接	上电	电压	约14
空调控制器线束连接器	IP02	见表10.6-1	IP02/11	车身			
			IP02/12	车身	上电	电压	约14
			IP02/13	车身	上电	电压	约14

（3）检查空调控制器接地电路　检测要点：关闭启动开关。按照表10.6-4所示，结合图10.6-9，检测其电阻。如果不符合应测得结果，那么应该维修或更换线束。如果线束正常，则更换电机控制器。

表10.6-4　检测空调控制器接地电路

检查的零部件			万用表/表笔探测的两端子		检测条件	状态	应测得结果/Ω
连接器	代号	图示	红表笔连接	黑表笔连接	下电	电阻	< 1
空调控制器线束连接器	IP02	见表10.6-1	IP02/25	车身			
空调控制器线束连接器	IP02	见表10.6-1	IP02/26	车身	下电	电阻	< 1

3. AQS 传感器通信错误

（1）检查 AQS 与空调控制器之间的 LIN 通信电路　检测要点：关闭启动开关；断开 AQS 集成环境温度传感器（集成环境温度传感器/二氧化碳传感器）线束连接器；断开空调控制器线束连接器。按照表10.6-5所示，结合图10.6-10，检测其电阻。如果不符合应测得结果，那么应该维修或更换线束。如果线束正常，则还需检查 AQS 电源电路。

表10.6-5　检测 AQS 与空调控制器之间的 LIN 通信电路

检查的零部件			万用表/表笔探测的两端子		检测条件	状态	应测得结果/Ω
连接器	代号	图示	红/黑表笔连接	黑/红表笔连接			
AQS 传感器线束连接器	FP10	LIN通信信号	FP10/3	IP02/8	下电	电阻	< 1
空调控制器线束连接器	FP02	见表10.6-1					

（2）检查 AQS 集成环境温度传感器的电源电路　检测要点：关闭启动开关；断开 AQS 集成环境温度传感器线束连接器；然后执行上电程序。按照表 10.6-6 所示，结合图 10.6-10，检测其电压。如果不符合应测得结果，那么应该维修或更换线束。如果线束正常，则还需检查 AQS 接地电路。

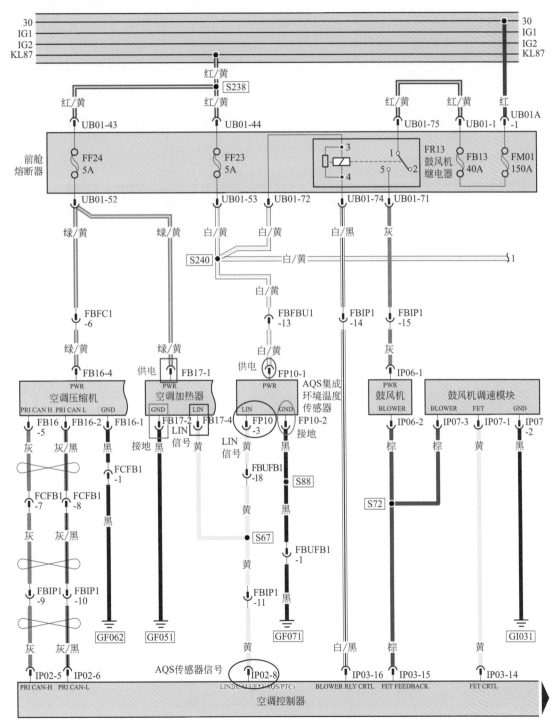

图 10.6-10　电动空调控制系统检修电路（二）

331

表10.6-6 检测 AQS 集成环境温度传感器的电源电路

检查的零部件			万用表/表笔探测的两端子		检测条件	状态	应测得结果/V
连接器	代号	图示	红表笔连接	黑表笔连接	上电	电压	14
AQS 传感器线束连接器	FP10	见表 10.6-5	FP10/1	车身			

（3）检查 AQS 集成环境温度传感器的接地电路　检测要点：关闭启动开关；断开 AQS 集成环境温度传感器线束连接器。按照表 10.6-7 所示，结合图 10.6-10，检测其电阻。如果不符合应测得结果，那么应该维修或更换线束。如果线束正常，则表明 AQS 传感器本身失效。假如更换 AQS 传感器还没有解决 AQS 传感器通信错误的故障，则需要更换空调控制器并对其进行配置写入和标定操作。

表10.6-7 检测 AQS 集成环境温度传感器的接地电路

检查的零部件			万用表/表笔探测的两端子		检测条件	状态	应测得结果/Ω
连接器	代号	图示	红表笔连接	黑表笔连接	上电	电阻	< 1
AQS 传感器线束连接器	FP10	见表 10.6-5	FP10/2	车身			

4. 空调电加热器故障

排除其他机械原因，就电路检查而言，空调加热器故障常见的也无非是加热器本身故障和 LIN 通信故障。

（1）检查空调加热器与空调控制器之间的 LIN 通信　检测要点：执行车辆下电程序；断开空调加热器线束连接器；断开空调控制器线束连接器；按照表 10.6-8，参考图 10.6-10 来检查空调加热器与空调控制器线束连接器之间的 LIN 通信电路，如果不符合应测得结果，那么应该维修或更换线束。如果线束正常，则检查空调加热器的电源电路。

表10.6-8 检测空调加热器与空调控制器线束连接器之间的 LIN 通信电路

检查的零部件			万用表/表笔探测的两端子		检测条件	状态	应测得结果/Ω
连接器	代号	图示	红/黑表笔连接	黑/红表笔连接			
空调加热器线束连接器	FP17	LIN通信信号	FP17/4	FP02/8	上电	电阻	< 1
空调控制器线束连接器	IP02	见表 10.6-1					

（2）检查空调加热器的电源电路　检测要点：执行车辆下电程序；断开空调加热器线束连接器；然后再执行车辆上电程序。按照表 10.6-9，参考图 10.6-10 来检查空调加热器电源电路，

如果不符合应测得结果，那么应该维修或更换线束。如果线束正常，则检查空调加热器的接地电路。

表 10.6-9　检测空调加热器的电源电路

检查的零部件			万用表 / 表笔探测的两端子		检测条件	状态	应测得结果 /V
连接器	代号	图示	红表笔连接	黑表笔连接	上电	电压	14
空调加热器线束连接器	FP17	见表 10.6-8	FP17/1	车身			

（3）检查空调加热器的接地电路　检测要点：执行车辆下电程序；断开空调加热器线束连接器。按照表 10.6-10，结合图 10.6-10 来检查空调加热器接地电路，如果不符合应测得结果，那么应该维修或更换线束。如果线束正常，则更换空调加热器。

表 10.6-10　检测空调加热器的接地电路

检查的零部件			万用表 / 表笔探测的两端子		检测条件	状态	应测得结果 /Ω
连接器	代号	图示	红 / 黑表笔连接	黑 / 红表笔连接	上电	电阻	< 1
空调加热器线束连接器	FP17	见表 10.6-8	FP17/2	车身			

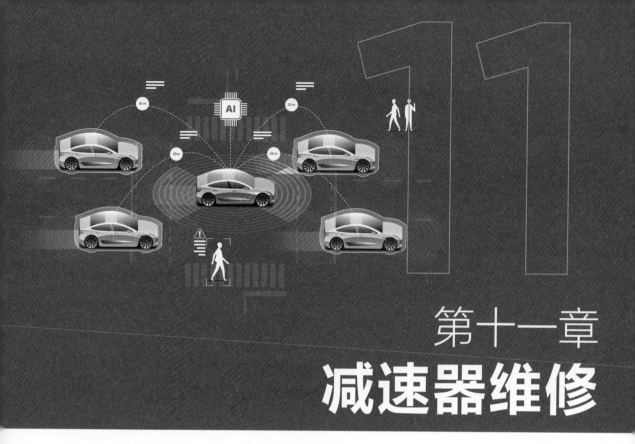

第十一章

减速器维修

一、减速器外部特征

增程式插电混合动力汽车和纯电动汽车使用的都是减速器，因为它们都是由驱动电机直接驱动车轮。减速器在整车上的布局见图 11.1-1 和图 11.1-2。

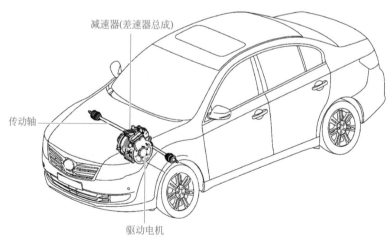

图 11.1-1　减速器结构布局

前边讲过，增程式混合动力汽车的发动机是用于驱动发电机给动力电池进行充电的设备，因为发动机并不直接驱动车轮，因此也不需要像传统燃油车那样的多速变速器。

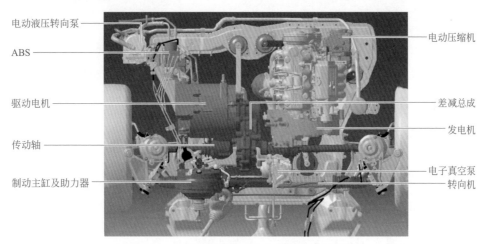

图 11.1-2　增程式混合动力减速器布局位置

电动机的速度 - 转矩特性非常适合纯电动汽车驱动的需求，纯电动汽车的驱动系统不再需要多挡位的变速器，驱动系统结构得以大幅简化，可使用单速变速器（减速器，见图 11.1-3）。

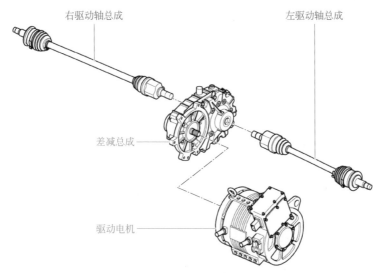

图 11.1-3　减速器

减速器介于驱动电机和驱动半轴之间，驱动电机的动力输出轴通过花键直接与减速器输入轴齿轮连接（图 11.1-4 和图 11.1-5）。一方面减速器将驱动电机的动力传给驱动半轴，起到降低转速、增大转矩的作用；另一方面满足汽车转弯及在不平路面上行驶时，左右驱动轮以不同的转速旋转，保证车辆的平稳运行。当车辆处在驻车挡时减速器会通过一套锁止装置，锁止减速器。

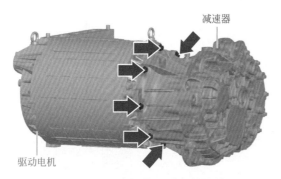

图 11.1-4　减速器与驱动电机连接

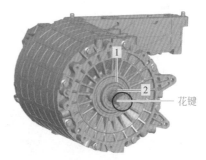

图 11.1-5　驱动电机输出轴上的花键

二、减速器内部结构

1. 减速器总成外围部件

减速器齿轮箱通常采用单挡常啮合传动齿轮，不具备物理空挡功能，主要实现降低转速、增加转矩的功能，并把驱动电机的转矩传递到驱动半轴和车轮。齿轮箱内部有润滑油，用于润滑传动齿轮。所以减速器有油封等密封件以及其他外围部件，见图 11.1-6。

 列举说明

例如，蔚来电动汽车某款减速器齿轮箱采用传动比为 9.57。前电驱系统齿轮箱中齿轮油容量为 1.3L，后电驱系统齿轮箱中齿轮油容量为 1.1L。

2. 减速器齿轮箱内部结构

（1）2 挡减速器

1）结构　如图 11.1-7 所示为电动机械式 2 挡减速器（齿轮结构即为手动变速器原理），驾驶员只能通过选择驾驶模式间接影响换挡过程。为此控制单元控制换挡执行机构使其挂挡。变速器没有离合器或驻车锁功能。自动变速器执行驻车锁功能。

电机产生的转矩通过结构连接方式传输至减速器输入轴。在此通过一个换挡啮合套接通第一或第二挡。随后通过相应齿轮组和一个中间轴将转矩传输至差速器。差速器将转矩分配给两个输出端并在两个驱动轮之间进行转速补偿。

2）换挡过程　由换挡执行机构在两个挡位间进行切换。它由一个 12V 直流电机和一个螺杆传动装置构成。螺杆传动装置将发动机的圆周运动转化为直线运行，从而移动换挡拨叉。

始终以无负荷状态进行换挡，为此在换挡前减小电机负荷。换挡执行机构脱开挡位后，根据切换的挡位调节电机转速。由控制单元调节转速和控制电机。随后换挡执行机构挂入新的挡位。只有 PLCD 传感器确认挂挡且控制单元调节过电机转速后，才会重新提高电机负荷。通常情况下，驾驶员都不会对整个换挡过程有所察觉。换挡执行机构或控制单元失灵时，换挡拨叉保持在当前位置处。

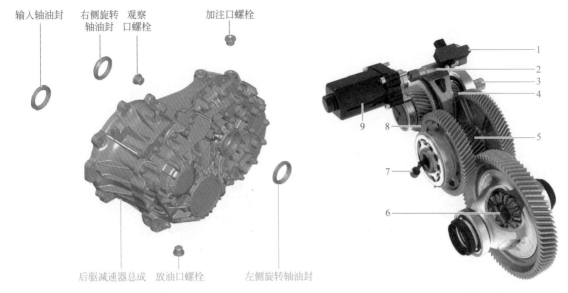

图 11.1-6 在减速器上的安装部位

图 11.1-7 电动机械式 2 挡减速器

1—PLCD 传感器；2—换挡拨叉；3—变速箱输入轴；
4—1 挡齿轮组；5—中间轴；6—差速器；7—通风装置；
8—2 挡齿轮组；9—换挡执行机构

齿轮箱内部通过一个 PLCD 传感器（永磁线性非接触式位移）探测换挡拨叉的位置。PLCD 传感器主要由一个由软磁材料制成的特殊磁芯构成。整个磁芯上缠有一个线圈（初级线圈），磁芯两端各有一个较短的分析线圈，其结构原理见图 11.1-8。

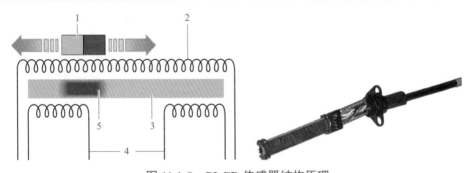

图 11.1-8 PLCD 传感器结构原理

1—永久磁铁（固定在换挡拨叉上）；2—初级线圈；3—磁芯；4—分析线圈；5—饱和区域

换挡拨叉上的永久磁铁造成局部磁饱和，从而对磁芯进行虚拟分隔。

如果为初级线圈提供适当交流电，分析线圈内就会根据饱和区域的位置产生相应电压。通过这种方式可确定磁芯虚拟部分的长度以及饱和区域的位置。由控制单元为传感器供电以及处理信号。由 PLCD 传感器为初级线圈提供所需交流电压。

（2）单挡位减速器 如图 11.1-9 和图 11.1-10 所示分别是四轮驱动电动汽车上的前后单挡减速器。

采用单挡减速器时，纯电动乘用车的动力性能完全取决于驱动电机，对驱动电机性能的要求较高，即要求驱动电机既能在恒转矩区提供较高的驱动转矩，又能在恒功率区提供较高的转速，以满足车辆加速、爬坡与高速行驶的要求。

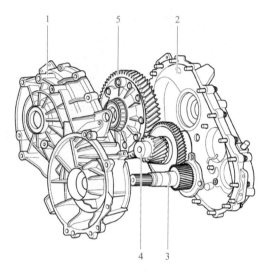

图 11.1-9 单挡减速器（前）

1—电机端壳体总成；2—变速器壳体总成；3—输入轴总成；4—输出轴总成；5—差速器总成

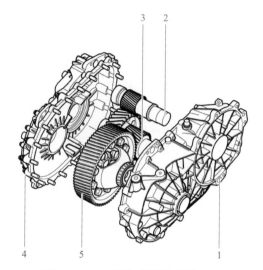

图 11.1-10 单挡减速器（后）

1—电机端壳体总成；2—输入轴总成；3—输出轴总成；4—减速器壳体总成；5—差速器总成

在电动汽车上应用单速的变速器（减速器）有很多弊端，但由于技术等原因，适配于电动汽车高速电机的变速器不是那么容易就能生产出来。

单级变速器使得电动机产生的转矩输出可以说是一步到位，不间断的动力输出对起步加速有利，但却不利于车辆的经济性与舒适性。目前市场上主流的依然还是采用单挡减速器，其主要是原因驱动电机的特性与内燃机不同，驱动电机一般具有低速恒转矩和高速恒功率的特性，在很低的转速下就能产生很大的转矩，不像内燃机车需要减速增扭来起步。

第二节　减速器维修原理与特点

一、减速器机械运行机理

减速器的作用就是降低转速，增大输出转矩。

电动汽车减速器中传动系统通过电机调速、电机反转原理来驱动输入轴，改变转动的速度和方向，从而产生不同速比的行车挡和倒挡。当换挡操纵机构处于行车挡时，转矩由驱动电机直接传送到减速器输入轴，然后通过输入轴齿轮传送到中间轴小齿轮和主减速从动齿轮，再传送到驱动轴。在汽车启动后和行驶过程中，通过改变电机转速来改变汽车速度。

减速器将后驱动电机的驱动力通过齿轮机构传输到两侧后轮端，当汽车转弯行驶或在不平路面上行驶时，通过减速器使左右车轮以不同转速转动，即保证两侧驱动车轮做纯滚动运动。电动汽车减速器运行示意见图 11.2-1。

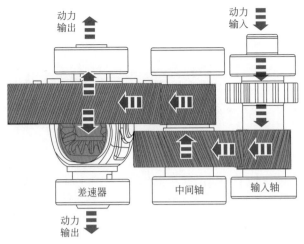

图 11.2-1　电动汽车减速器运行示意

二、减速器电气控制策略

1. 减速器控制

　　驾驶员操作电子换挡器进入 P 挡，电子换挡器将驻车请求信号发送到整车控制器（VCU），VCU 结合当前驱动电机转速及轮速情况判断是否符合驻车条件。当符合条件时，VCU 发送驻车指令到 TCU，TCU 控制驻车电机进入 P 挡，锁止减速器。驻车完成后 TCU 将收到减速器发出的 P 挡位置信号，并将此信号反馈给 VCU，完成换挡过程。

　　驾驶员操作电子换挡器退出 P 挡，电子换挡器将解除驻车请求信号发送给整车控制器（VCU），VCU 结合当前驱动电机转速及转速情况判断是否满足解除驻车条件，当符合条件时，VCU 发送解除驻车指令到 TCU，TCU 控制电机解除 P 挡锁止减速器。解除驻车完成后 TCU 将收到减速器发出的挡位位置信号，并将此信号反馈给 VCU，完成换挡过程。减速器控制示意见图 11.2-2。

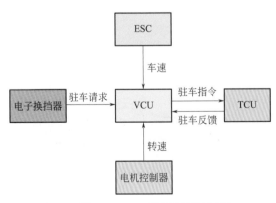

图 11.2-2　减速器控制示意

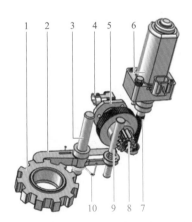

图 11.2-3　驻车机构

1—驻车棘轮；2—棘爪；3—棘爪销；4—角度传感器总成；
5—角度传感器法兰盘；6—驻车电机总成；7—电机蜗杆；
8—电机蜗轮组件；9—齿条组件；10—棘爪回位弹簧

单速比减速器只有一个前进挡、一个空挡和一个驻车挡，无倒挡（倒挡靠驱动电机反转实现）。当车辆处在驻车挡时减速器会通过一套锁止装置锁止减速器，见图 11.2-3。

2. 控制器内部原理

TCU 控制减速器上的换挡电动机。驻车电机有一个编码器，输出一个代码用来确定驻车电机位置。TCU 接口通过汽车 CAN 总线接收来自其他车辆系统的信息（驱动电机转速、车速、停车请求等）。TCU 接收相关的换挡条件和换挡请求，直接控制驻车电机驱动棘爪扣入或松开，达到驻车或解除驻车的目的。减速器控制器控制原理示意见图 11.2-4。

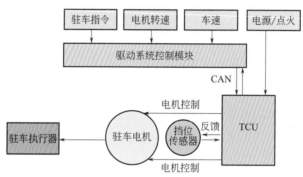

图 11.2-4　减速器控制器控制原理示意

第三节　减速器拆装维修与诊断检测

一、分解减速器

❶ 拆卸后盖总成固定螺栓，取下吊耳和支架（图 11.3-1）。
❷ 拆卸后盖总成（图 11.3-2）。
❸ 拆卸换挡轴总成（图 11.3-3）。

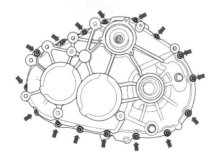

图 11.3-1　后盖总成固定螺栓

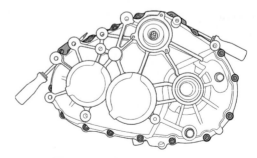

图 11.3-2　拆卸后盖总成

❹ 拆卸驻车棘爪（图 11.3-4）。

❺ 拆卸回位弹簧（图 11.3-5）。

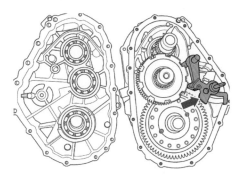

图 11.3-3　拆卸挡轴总成

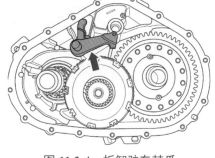

图 11.3-4　拆卸驻车棘爪

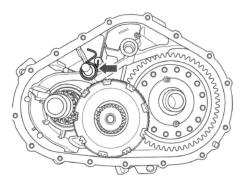

图 11.3-5　拆卸回位弹簧

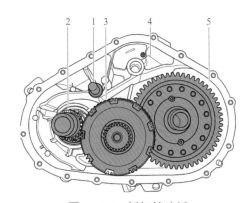

图 11.3-6　拆卸挡油板

1—驻车棘爪回转轴；2—输入轴；3—中间轴总成；
4—挡油板固定螺栓；5—差速器总成

❻ 取下驻车棘爪回转轴 1（图 11.3-6）。

❼ 拆卸输入轴 2（图 11.3-6）。

❽ 拆卸中间轴总成 3（图 11.3-6）。

❾ 拆卸差速器总成 5（图 11.3-6）。

❿ 拆卸挡油板固定螺栓 4，并取下挡油板（图 11.3-6）。

⓫ 拆卸通气塞（图 11.3-7），并取出。

⓬ 拆卸壳体总成（图 11.3-8）。

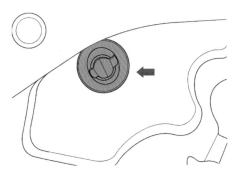

图 11.3-7　拆卸通气塞

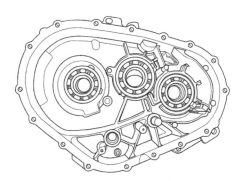

图 11.3-8　拆卸壳体总成

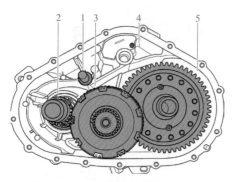

图 11.3-9　安装驻车棘爪回转轴

1—驻车棘爪回转轴；2—输入轴；3—中间轴总成；
4—挡油板固定螺栓；5—差速器总成

二、装配减速器

❶ 将通气塞安装并卡入壳体总成上。
❷ 安装挡油板固定螺栓 4（图 11.3-9）。
❸ 安装差速器总成 5（图 11.3-9）。
❹ 安装中间轴总成 3（图 11.3-9）。
❺ 安装输入轴 2（图 11.3-9）。
❻ 安装驻车棘爪回转轴 1（图 11.3-9）。
❼ 安装回位弹簧。
❽ 安装驻车棘爪。
❾ 安装换挡轴总成。
❿ 安装后盖总成，紧固后盖总成固定螺栓，并装入吊耳和支架。

 维修提示

安装后盖时，在后盖总成与壳体总成接触面上均匀涂抹一层密封胶。

三、换挡电机故障

1. 减速器换挡条件

（1）驻车换挡驻车条件
❶ 无普通编码器故障。
❷ 无电机开路、对地短路、对电源短路故障。
❸ 供电电压在 14V 左右。
❹ 上一次换挡过程已完成。
❺ 接收到 VCU 的锁止请求。
❻ 车速小于 5km/h。
（2）驻车换挡解除驻车条件
❶ 无普通编码器故障。
❷ 无电机开路、对地短路、对电源短路故障。
❸ 供电电压在 14V 左右。
❹ 上一次换挡过程已完成。
❺ 接收到 VCU 的解锁请求。
❻ 车轮未发生滑移。

2. 换挡电机故障检测

 列举说明

换挡电机存在故障，执行故障诊断时，通常会显示编码器位置无效、编码器对地短路、换挡电机开路、换挡电机对电源短路、换挡电机对地短路等故障信息。需要结合该电路图解决问题。

（1）检测减速器控制器（TCU）电源电路　检测要点：执行车辆下电程序，即断开 TCU 线束连接器，然后再执行车辆上电程序。按照表 11.3-1 和图 11.3-10 检测其电路，如果不符合应测得结果，那么应该维修或更换线束。如果线束正常，则检查控制电路。

表 11.3-1　检测减速器控制器（TCU）电源电路

检查的零部件			万用表 / 表笔探测的两端子		检测条件	状态	应测得结果 /V
连接器	代号	图示	红表笔连接	黑表笔连接			
减速器控制器 TCU 线束连接器	BV15		VB15/23	VB15/7	上电	电压	约 14
			VB15/24	VB15/8	上电	电压	约 14

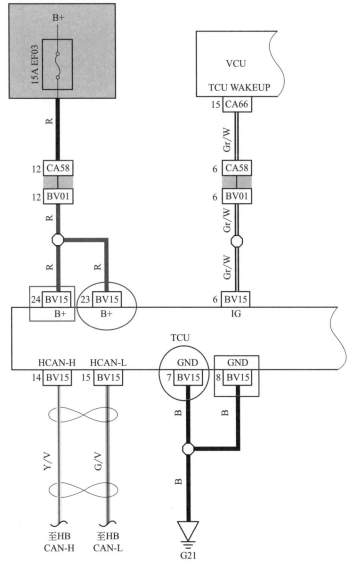

图 11.3-10　减速器检修电路（一）

（2）检查换挡电机控制线路　检测要点：执行车辆下电程序，即断开 TCU 线束连接器和驻车电机线束连接器，然后再执行车辆上电程序。按照表 11.3-2 和图 11.3-11 检其电路，如果不符合应测得结果，那么应该维修或更换线束。如果依然存在故障，按照表 11.3-3 检查挡位电机位置信号电路。如果信号线路正常，那么问题就出在换挡电机或控制器上，优先更换电机，如果更换电机后故障依然存在，那么更换控制器 TCU。

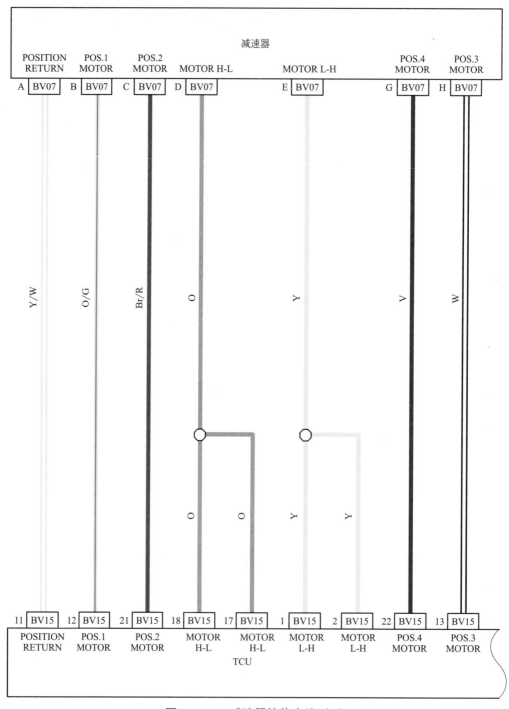

图 11.3-11　减速器检修电路（二）

表 11.3-2 检查换挡电机控制线路

检查的零部件			万用表 / 表笔探测的两端子		检测条件	状态	应测得结果
连接器	代号	图示	红 / 黑表笔连接	黑 / 红表笔连接			
减速器控制器 TCU 线束连接器	BV15	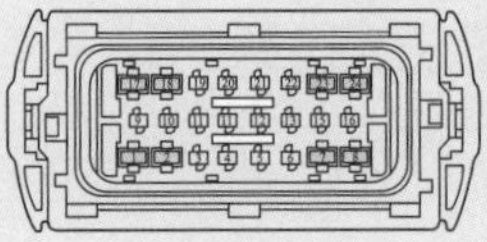	VB15/11	VB07/A	上电	电阻	小于 1Ω
			VB15/18	VB07/D			
			VB15/17				
			VB15/1	VB07/E			
			VB15/2				
驻车电机 线束连接器	BV07		VB15/11	车身接地	上电	电阻	≥ 10kΩ
			VB15/17	车身接地			
			VB15/18	车身接地			
			VB15/1	车身接地			
			VB15/2	车身接地			
			VB15/11	车身接地	上电	电压	0V
			VB15/17	车身接地			
			VB15/18	车身接地			
			VB15/1	车身接地			
			VB15/2	车身接地			

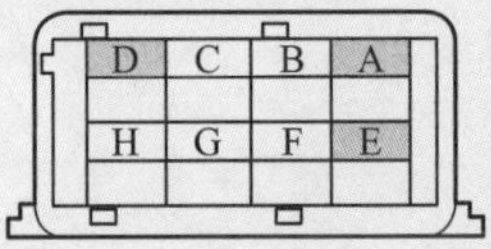

表 11.3-3 挡位电机位置信号电路

检查的零部件			万用表 / 表笔探测的两端子		检测条件	状态	应测得结果
连接器	代号	图示	红 / 黑表笔连接	黑 / 红表笔连接			
减速器控制器 TCU 线束连接器	BV15	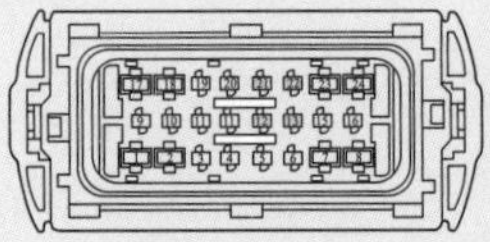	VB15/12	VB07/A	上电	电阻	小于 1Ω
			VB15/21	VB07/C			
			VB15/22	VB07/G			
			VB15/13	VB07/H			
驻车电机 线束连接器	BV07	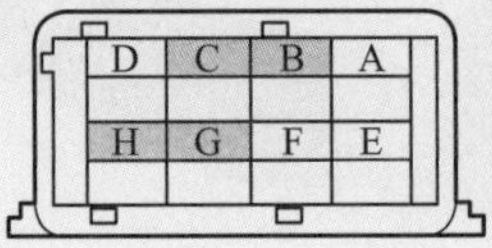	VB15/12	车身接地	上电	电阻	≥ 10kΩ
			VB15/21	车身接地			
			VB15/22	车身接地			
			VB15/13	车身接地			

第十二章

电动化整车控制系统维修

整车控制器基本构造与零部件识别

一、整车控制器外部特征

整车控制系统由整车控制器（图12.1-1）和各关联系统组成，例如高低压系统、网络系统，具体的如换挡操作机构、加速踏板等。整车控制器是电动汽车电动化整车控制系统的控制单元，类似传统发动机电脑，混合动力汽车中简称 HCU，纯电动汽车中简称 VCU。其硬件主要由外金属壳体和内部 PCB 电路板组成。

图 12.1-1　整车控制器

二、整车控制器内部及电路结构

车辆控制器主要由控制器主芯片、Flash 存储器和 RAM 存储器、CAN（控制器局域网）通信模块、串口通信模块、电源及保护电路模块等组成。车辆控制器（电路板）见图 12.1-2。

具体包括主控制芯片及其周围的时钟电路、复位电路、电源模块；以及数字信号处理电路，模拟信号处理电路，频率信号处理电路，通信接口电路；VCU 采集的开关信号包括钥匙信号、挡位信号、充电开关信号、制动信号等；VCU 采集的模拟量信号有加速踏板信号、制动踏板信号、动力电池电压信号等。这些信号电路，通常在维修电路图中也能体现出来，与 VCU 插接器的引脚端子对应。整车控制器内部及电路结构见

主控制芯片

图 12.1-2 电路板

检修电路图 12.1-3 和图 12.1-4，整车控制器线束连接器见表 12.1-1。

表 12.1-1 整车控制器线束连接器

车身控制器	端子号	线别作用（端子定义）	端子号	线别作用（端子定义）
	1	电子锁 +	39	12V 电源
	2	接地	44	真空压力信号
	3	电子锁 −	47	LIN2
	6	互锁信号反馈	48	PCAN-L
	8	制动深度信号	49	PCAN-H
	9	5V 电源 +	50	电子锁状态 2+
	10	I-PEDAL 信号	51	保护继电器反馈
	12	5V 电源 +	52	接地
	17	传感器接地	53	接地
	18	传感器接地	54	接地
	19	碰撞信号	56	ACAN-H
	20	水温信号	57	ACAN-L
	21	进水温度信号	59	ECAN-L
	22	L1 温度 +	60	ECAN-H
	24	IG1 电源	61	CRANK 信号
	25	主继电器控制	62	P 挡信号
	26	12V 电源	63	R 挡信号
	30	出水温度信号	64	蓄电池电源
	31	传感器接地	65	蓄电池电源
	5	电子风扇调速	44	电动真空泵反馈
	8	热管理阀控制	45	加速踏板信号 2
	12	电子锁状态 1+	46	加速踏板信号 1
	14	紧急下电信号	49	DC+ 温度信号
	16	电池电动水泵调速	50	DC− 温度信号
	19	制动信号常开	56	保护继电器控制
	22	D 挡信号	57	互锁信号输出
	23	N 挡信号	59	5V 电源 −
	30	电机电动水泵调速	60	5V 电源 −
	32	5V 电源 +	62	N 温度 +
	35	制动信号常闭	64	接地
	36	5V 电源 −	65	5V 电源 +
	42	电动真空泵控制		

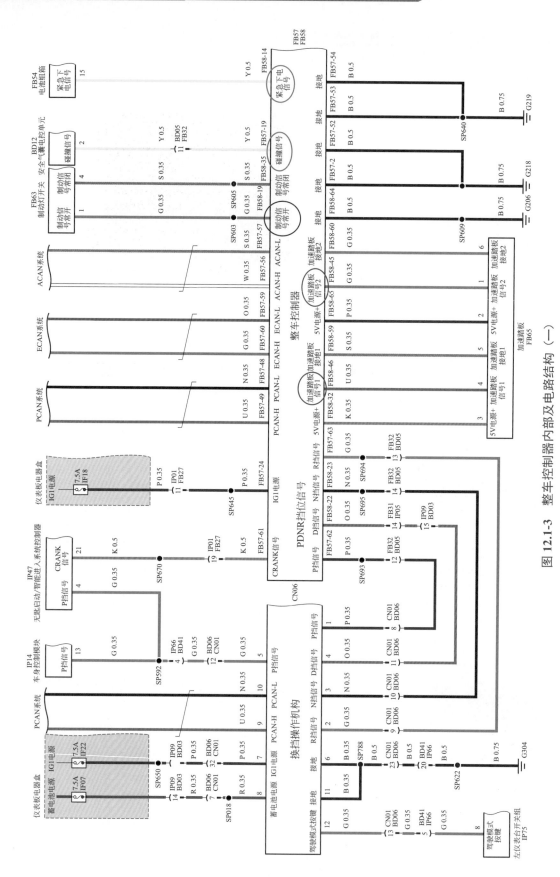

图 12.1-3　整车控制器内部及电路结构（一）

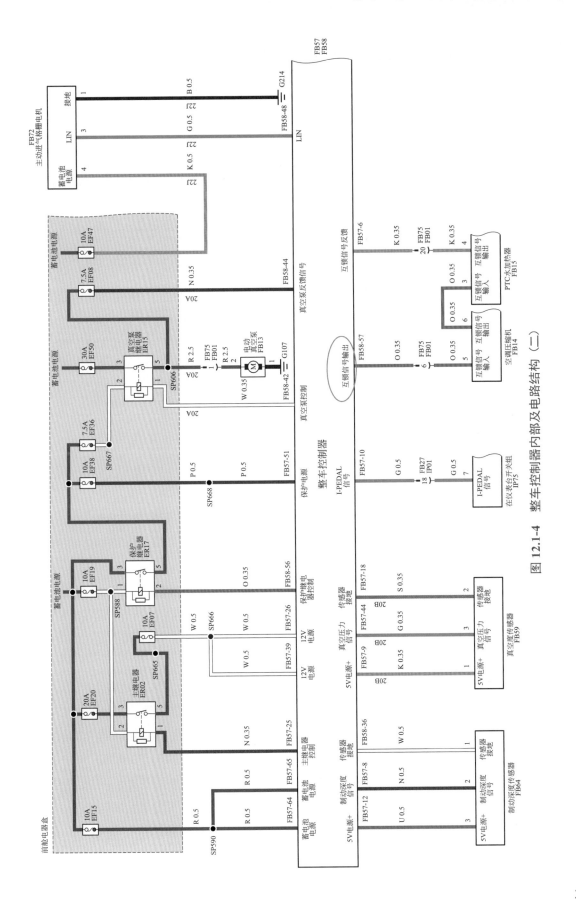

图 12.1-4 整车控制器内部及电路结构（二）

一、整车控制器性能特点

整车控制器（VCU）作为电动汽车电动化系统的"大脑"，其性能好坏直接影响着各系统性能的发挥，是电动汽车整车性能好坏的决定因素之一。VCU防水防尘等级为IP6K9K。工作温度为-40～85℃。暗电流小于2mA。乘用车工作电压范围为9～16V；商用车工作电压为18～32V。对整车控制器的湿度、热冲击、盐雾、溶液性，尤其是防浸湿性、电磁干扰、机械冲击、振动等都有非常高的要求。

二、整车控制系统控制策略

整车控制系统是电动汽车车辆控制系统的核心，它负责协调各控制系统的协同工作，为车辆的良好运行提供完善的控制逻辑。整车控制系统通过采集加速踏板信号、制动踏板信号及其他部件信号，监测车辆信息及驾驶员意图，并根据转矩模型等算法做出相应判断后，控制各部件控制器及执行器的动作，驱动汽车正常行驶。

整车控制器（VCU）接收电动化系统各部件的信息，综合判断整车状态，实现多系统的协调控制。整车控制器关联控制示意见图12.2-1。

VCU通过CAN将控制信号传输给仪表，当启动开关置于ON时，唤醒VCU控制M/C继电器给电机控制器和动力电池控制器供电，VCU通过CAN发送相关的控制命令完成整车系统启动。

整车控制器接到上电开关直流充电桩或是车载充电机等这些唤醒信号后，会直接控制高压继电器吸合或者断开，从而完成高压系统的接通或断开。VCU基于加速踏板、自动踏板、挡位信号和车速信号等来计算车辆的目标转矩，并通过CAN通信发送转矩需求指令给功率控制单元PCU。

车辆在滑行或制动时，VCU会根据ABS状态、动力电池状态和制动踏板的位置信号，来计算出能量回收转矩并发送指令给电机控制器MCU，启动能量回收。

车辆在行驶状态下，VCU根据驱动电机的温度、PCU的温度、电机控制器（IGBT）的温度、冷却液的温度以及车速信号，发送PWM信号控制电子冷却水泵的转速。

在交流充电状态下，VCU根据冷却液的温度和车载充电机的温度发送PWF信号，控制电子冷却水泵的转速。在直流充电状态下，VCU根据冷却液的温度发送PWM控制信号，控制电子冷却水泵的转速。当车辆发生碰撞或者是严重故障时，如绝缘故障、动力电池过温或是过压、驱动电机过温等故障时VCU会切断高压回路上的继电器。

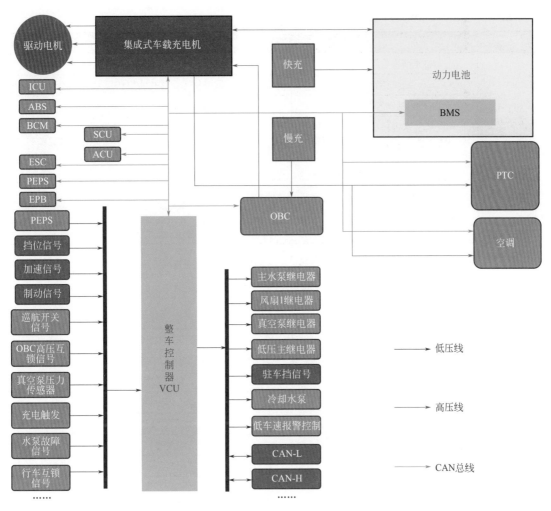

图 12.2-1 整车控制器关联控制示意

1. 整车控制系统主要部件

电动汽车电动化系统根据电压等级分类，可分为低压电气件和高压电气件；根据控制方式区分，可分为 IO 控制器件和 CAN 控制器件。整车控制器主要部件见表 12.2-1。

（1）低压电气件 低压电气件分为低压传感器和低压执行器。

❶ 低压传感器。低压传感器有加速踏板位置传感器、挡位传感器、制动开关、水温传感器、充电口温度传感器、蓄电池电流传感器（EBS）。

❷ 低压执行器。低压执行器有水泵、散热风扇、充口电指示灯、倒车灯、刹车灯、主动进气格栅（AGS）。

维修提示

主动进气格栅（AGS）可通过改变进气格栅的开启和关闭来控制进气量及风阻。

① 冷车状态时，格栅关闭，有利于驱动模块迅速进入较佳温度状态。

② 格栅开启后，在散热的同时，能在一定程度上降低空气阻力。

表 12.2-1　整车控制系统主要部件说明

部件	低压传感器	功能
低压传感器	加速踏板位置传感器	将加速踏板深度转化为电压信号
	挡位传感器	将挡位操作转化为电压信号变化
	制动开关	将是否刹车转化为高低电平信号
	水温传感器	将冷却水温度转化为电压信号
	充电口温度传感器	将充电口温度转化为电压信号
	蓄电池电流传感器（EBS）	监控蓄电池电压、电流、电量等信息
低压执行器	水泵	循环防冻液
	散热风扇	对冷凝器进行散热
	充电指示灯和对外供电状态指示灯	显示充电和对外供电状态
	倒车灯	显示车辆处于倒车状态
	刹车灯	显示车辆处于刹车状态及菜单功能
	主动进气格栅（AGS）	控制进气与散热
高压器件	电池包总成	高压电源
	配电盒	进行电源供电分配，保险防护
	车载电源	充电机：实现220V交流充电功能
		直流转换器：为低压器件供电，蓄电池充电
	电机控制器	将高压直流电转化为可供电机旋转的三相电
	电机	驱动车辆行驶
	压缩机	空调制冷，电池冷却
	PTC	空调制热和电池加热

（2）高压电气件　高压电气件有动力电池、高压配电盒、车载电源、驱动电机控制器、驱动电机、压缩机、PTC 加热器。

2. 功能策略

整车控制系统主要功能包括：对汽车行驶进行控制、整车的网络化管理、制动能量回馈控制、整车能量管理和优化、车辆状态的监测和显示、故障诊断与处理、外接充电管理等，它起着控制车辆运行的作用。

（1）对汽车行驶进行控制　新能源汽车的驱动电机必须按照驾驶员意图输出驱动或制动转矩。当驾驶员踩下加速踏板或制动踏板时，动力电机要输出一定的驱动功率或再生制动功率。踏板开度越大，动力电机的输出功率越大。因此，整车控制器要合理解释驾驶员操作；接收整车各子系统的反馈信息，为驾驶员提供决策反馈；对整车各子系统发送控制指令，以实现车辆的正常行驶。

例如，当挂倒挡（R 挡）时，倒车信号就发送给整车控制器 VCU，再通过 CAN 线传递给电机控制器 MCU，驱动电机控制器通过控制它内部的 6 个 IGBT 的开关顺序，改变输出的三相交流电（U、V、W）的相序，从而控制驱动电机反转，实现倒车。

（2）整车的网络化管理　在整车网络管理中，整车控制器是信息控制的中心，负责信息的组织与传输、网络状态的监控、网络节点的管理以及网络故障的诊断与处理。

列举说明

例如，AVAS 通过 CAN 总线，从整车控制器获取相应的车速、挡位等信息，并回传给电机控制器（MCU），MCU 根据获取到的相应信息，通过音频处理将信号输入功放模块，功放输入信号经功放模块将信号放大输出后，驱动扬声器，发出相应模拟音。

（3）制动能量回馈控制　新能源汽车以电动机作为驱动转矩的输出机构。电动机具有回馈制动的性能，此时电动机作为发电机，利用电动汽车的制动能量发电，同时将此能量存储在储能装置中，当满足充电条件时，将能量反充给动力电池。在这一过程中，整车控制器根据加速踏板和制动踏板的深度以及动力电池的 SOC 值来判断某一时刻能否进行制动能量回馈，如果可以进行，整车控制器向电机控制器发出制动指令，回收部分能量。

（4）整车能量管理和优化　在纯电动汽车中，动力电池除了给动力电机供电以外，还要给电动附件供电，因此，为了获得最大的续驶里程，整车控制器将负责整车的能量管理，以提高能量的利用率。在电池的 SOC 值比较低的时候，整车控制器将对某些电动附件发出指令，限制电动附件的输出功率，来增加续驶里程。

划重点

整车控制系统的热管理控制如下。

（1）动力电池加热控制　动力电池在极冷环境中的充放电性能显著降低，影响了驾驶性能，整车控制系统控制模块通过在极低温度下控制动力电池加热器，将动力电池加热到适当的温度，保证动力电池在极低温度下的充放电性能。

（2）动力电池冷却控制

① 动力电池在充电和放电时产生热量，如果高温状况持续，动力蓄电池将在很大程度上退化。

② 当动力电池很热时，整车控制器（VCU）使用气候控制系统所用的制冷剂，请求热管理系统进行冷却，直到动力电池温度降至适当水平。

（3）电动水泵控制　在运行过程中，电动汽车系统的高压部分，由于高压充放电产生热量，整车控制器通过驱动电动水泵，使冷却液循环到高压部件，从而保持高压部件的适当工作温度。

（4）冷却风扇控制　整车控制器依据车辆状况控制冷却风扇的运转速度，以提高电动汽车系统的可靠性和冷却/加热性能。

（5）车辆状态的监测和显示　整车控制器应该对车辆的状态进行实时检测，并且将各个子系统的信息发送给车载信息显示系统，其过程是通过传感器和 CAN 总线，检测车辆状态及其各子系统状态信息，驱动显示仪表，将状态信息和故障诊断信息经过仪表显示出来。显示内容包括电机的转速、车速、电池的电量、故障信息等。电量表显示车辆动力电池剩余电量，并估算剩余电量的续航里程。组合仪表见图 12.2-2。仪表显示指示灯见表 12.2-2。

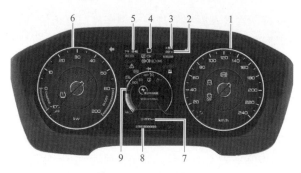

图 12.2-2　组合仪表

1—功率表；2—时间；3—挡位；4—方位；5—车外温度；6—车速表；7—续航里程；8—总里程；9—电量表

表 12.2-2　仪表显示指示灯

名称	符号		说明
放电指示灯		绿色	正常放电
READY 指示灯	READY	绿色	绿色点亮表示车辆启动成功
经济模式指示灯	ECO	蓝色	蓝色点亮表示 ECO 模式启用成功
运动模式指示灯	SPORT	红色	红色点亮表示 SPORT 模式启用成功
12V 蓄电池充电系统指示灯		红色	红色点亮表示 12V 蓄电池系统存在故障 ①当系统检测到 12V 蓄电池电压过低时，红色点亮，同时仪表板会显示"低压蓄电池电压过低"信息提示驾驶员 ②当系统检测到 12V 蓄电池有故障时，红色点亮，同时仪表板会显示"低压蓄电池故障"信息提示驾驶员
充电枪已连接指示灯		红色	红色点亮表示充电枪已连接成功 当连接充电枪给车辆充电时，红色点亮，同时仪表板会显示"充电枪已连接"信息提示
电动系统故障指示灯		红色	红色点亮表示车辆电动系统有故障 当车辆电动系统有故障时，红色点亮，同时仪表板会显示"电池过温，远离车辆，请联系维修""车辆跛行，请联系维修""车辆失去动力，安全停车，请联系维修"等信息及蜂鸣器鸣叫提示驾驶员，此时驾驶员应根据提示操作
电机及控制器过热指示灯		红色	红色点亮表示电机及控制器温度过高
动力电池过热指示灯		红色	红色点亮表示动力电池温度过高
动力电池故障警告灯		红色	（1）当整车电源挡位处于"OK"挡电时，此灯点亮。如果动力电池系统工作正常，则几秒钟后此灯熄灭。如果系统发生故障，则此灯将再次点亮 （2）如果发生任何一种下列情况，则表示由警告灯系统监控的部件中发生故障 ①当整车电源挡位处于"OK"挡电时，此灯持续点亮 ②驾驶中此灯持续或偶然点亮

续表

名称	符号		说明
电机冷却液温度过高指示灯		红色	此警告灯长亮时表示电机冷却液温度过高，请停车冷却车辆
电池低电量提示灯		黄色	黄色点亮表示动力电池电量过低，同时仪表板会显示"续航里程低，请及时充电"提示驾驶员及时充电
驱动功率限制警告灯		黄色	当动力电池电量低，电机功率受到限制时，此警告灯点亮

（6）故障诊断与处理　连续监视整车电控系统，进行故障诊断。故障指示灯指示出故障类别和部分故障码。根据故障内容，例如碰撞动力电池过温等，及时进行相应安全保护处理。对于不太严重的故障，能做到低速行驶到附近维修站进行检修。

划重点

> 如图 12.2-3 所示为碰撞原理示意。当整车发生碰撞事故后，安全气囊控制器通过硬线和 CAN 线，将碰撞信号发给整车控制器和电池管理器，整车控制器接收到碰撞信号（碰撞 CAN 信号优先级高于碰撞硬线信号）后，发送紧急下电指令和高压下电指令，电池管理器控制高压继电器动作，断开高压回路，整车控制器通知电机控制器进行主动放电。

❶ 安全气囊控制器收到碰撞传感器的碰撞信号后，分别输出碰撞硬线信号（PWM 形式，高低电平与正常状态相反）和 CAN 信号并发给整车控制器及电池管理器，同时碰撞硬线信号也发给整车控制器和电池管理器；碰撞硬线的形式为 PWM 信号，正常工况下，200ms 高电平，40ms 低电平；故障情况下，200ms 低电平，40ms 高电平，三个周期确认。

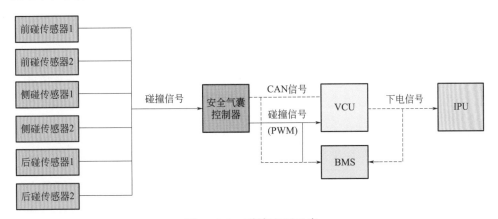

图 12.2-3　碰撞原理示意

碰撞硬线和 CAN 线诊断满足以下需求。

a. CAN 信号：整车控制器在收到 IG ON 报文后 1.5s 开始诊断安全气囊控制器发来的碰撞 CAN 信号；电池管理器在收到 IG ON 报文后 1.5s 开始诊断安全气囊控制器发来的碰撞 CAN 信号。

b. 硬线：整车控制器在收到 IG ON 报文后 1.5s 开始诊断安全气囊控制器发来的碰撞信号，

电池管理器在收到 IG ON 报文后 1.5s 开始诊断安全气囊控制器发来的碰撞信号。

❷ 整车控制器接收碰撞 CAN 信号和硬线信号，两种信号有一个为真，则认为碰撞发生；整车控制器同时收不到安全气囊控制器发来的 CAN 信号和硬线信号，则走正常高压下电流程。

❸ 整车控制器接收到碰撞信号为真，给 DC/DC、HVAC、IPU 等高压控制器使能指令和电机转矩指令置 0，同时发送紧急高压下电指令，并且将该故障储存，需要 UDS 清除，否则不允许再次上电。

❹ 电池管理器接收如下碰撞信号：安全气囊控制器碰撞硬线、CAN 信号、整车控制器的下高压指令、紧急下电 CAN 指令。对碰撞信号的处理方式如下。

a. 整车控制器下高压指令和紧急下电标志，走紧急下电流程，在 100ms 内断开高压回路。

b. 如果 BMS 收到碰撞 CAN 信号或者碰撞硬线，两种信号有一个为真，电池管理器最长等待 100ms，然后在 100ms 内主动断开高压回路；且电池管理器记录故障，需要 UDS 清除，否则不允许再次闭合继电器。

❺ 碰撞发生后，需要在 1min 内将电机控制器电容电压降到 60V 以下。

（7）外接充电管理　实现充电的连接，监控充电过程，报告充电状态，充电结束。

三、整车控制器状态参数

除特殊注明外，表 12.2-3 中参数的特定工况默认为车辆处于 READY 状态，挡位处于 P 挡。

表 12.2-3　实时参数

参数名称	定义 / 说明
动力系统就绪	动力系统是否就绪
动力系统状态	由于是纯电系统，动力系统正常工作模式下，一般为 TM 驱动
车辆严重故障状态	车辆是否发生了严重故障，需要维修
动力系统最大可用转矩	通过综合动力系统各项输入，计算得出的动力系统最大可用转矩值
驾驶员对转矩的需求	根据驾驶员的油门踏板等输入信息，计算驾驶员对转矩的需求
最大再生制动转矩值	制动能量回收的转矩值
动力系统功率	动力系统当前的功率值
系统复位原因	VCU 复位的原因：①未复位；②初始化低压；③预备状态低压；④巡航模式低压；⑤"跛行回家"模式低压；⑥保持模式低压；⑦通信复位；⑧PFC 复位；⑨内核监视器复位；⑩SFRAM 监视器复位；⑪RTOS 复位；⑫其他内部原因；⑬用户复位
加速踏板位置	加速踏板位置
加速踏板位置 1 传感器电压	加速踏板有 2 个位置传感器，2 个值之间如果偏差过大，用于双重确认驾驶员的实际需求，该参数表示加速踏板位置 1 传感器输入电压值
加速踏板位置 2 传感器电压	加速踏板有 2 个位置传感器，2 个值之间如果偏差过大，用于双重确认驾驶员的实际需求，该参数表示加速踏板位置 2 传感器输入电压值
加速踏板传感器 1 供电电压	加速踏板有 2 个位置传感器，2 个值之间如果偏差过大，用于双重确认驾驶员的实际需求，该参数表示加速踏板位置 1 传感器供电电压
加速踏板传感器 2 供电电压	加速踏板有 2 个位置传感器，2 个值之间如果偏差过大，用于双重确认驾驶员的实际需求，该参数表示加速踏板位置 2 传感器供电电压

续表

参数名称	定义 / 说明
制动踏板位置	制动踏板的位置
制动开关状态	制动开关的状态信号：①错误；②正确
制动开关 1 状态	制动开关 1 状态：①错误；②正确
制动开关 2 状态	制动开关 2 状态：①错误；②正确
蓄电池电压	蓄电池电压
巡航状态	表示巡航系统的状态信号：①关闭；②待命；③激活
巡航控制开关故障状态	表示巡航开关是否有故障，如有，故障的形式为：①无故障；②无效；③检测到故障；④无效范围
点火开关状态	点火开关状态：①关闭；②点火状态（附件）；③点火状态（运行）；④点火状态（启动）
能量回收模式（KERS）	表示能量回收模式：弱、中或者强
车辆驾驶模式	车辆驾驶模式：①默认；②经济模式；③常规模式；④山地模式
冷却风扇请求占空比	表示对空调系统冷却风扇请求的占空比
输入轴转速	表示 VCU 系统对 TM 电机的需求的输入轴转速
输出轴速度	表示采集到的输出轴转速
PEB 冷却液温度	表示 PEB 冷却液温度信息
TM 电机的实际模式	表示 TM 电机的实际工作模式：①初始化；②预充电；③待命；④离线标定；⑤外部控制；⑥内部控制；⑦转矩控制；⑧电流控制；⑨电压控制；⑩下电过程；⑪预失效；⑫故障；⑬放电
实际 TM 电机转矩	表示 TM 电机反馈的实际转矩
TM 电机转速	表示 TM 电机转速
TM 电机实际可达到的最小转矩	表示 TM 电机实际可达到的最小转矩
TM 电机实际可达到的最大转矩	表示 TM 电机实际可达到的最大转矩
TM 电机过温状态	表示 TM 电机是否过温
TM 电机交流三相短路就绪状态	表示 TM 电机是否经过三相电短路测试
TM 电机故障灯点亮状态	表示 TM 电机故障等状态
请求 TM 电机模式	表示 VCU 请求 TM 电机的工作模式：①待命；②离线标定；③转速外部控制；④转速内部控制；⑤转矩控制；⑥电流控制；⑦电压控制；⑧放电
请求 TM 电机转矩	表示 VCU 请求 TM 电机的转矩
请求 TM 电机转速	表示 VCU 请求 TM 电机的转速
实际 DC/DC 工作模式	实际 DC/DC 工作模式：①待命；②推进；③工作；④放电；⑤故障
实际 DC/DC 高压电流	实际 DC/DC 高压电流
实际 DC/DC 高压电压	实际 DC/DC 高压电压
实际 DC/DC 低压电流	实际 DC/DC 低压电流
实际 DC/DC 低压电压	实际 DC/DC 低压电压
直流 / 直流转换器温度	表示 HV DC/DC 的内部温度
DC/DC 模式请求	表示 VCU 请求的 DC/DC 工作模式：①待命；②推进；③工作；④放电；⑤故障

参数名称	定义/说明
高压绝缘电阻值	表示 BMS 测到的高压系统绝缘电阻值
高压电池剩余电量	表示高压电池包的 SOC
BMS 运行状态	表示高压电池包当前的运行状态：①上电；②行驶准备就绪；③行驶预充电；④行驶；⑤充电准备就绪；⑥充电中；⑦充电完成；⑧预充电；⑨碰撞；⑩充电平衡；⑪故障
高压电池主继电器状态	表示高压电池包主继电器是否吸合：①全开；②全闭；③数据处理中；④故障
高压电池电压	高压电池包的电压值
高压电池电流	表示高压电池包当前的电流值大小
高压电池包最大充/放电电流	表示高压电池包的充放电能力的参数
BMS 充/放电缓冲能力	表示高压电池包的充放电能力的参数
BMS 峰值充/放电功率	表示高压电池包的充放电能力的参数
高压电池可用的充/放电功率	表示高压电池包的充放电能力的参数
高压电池包快充充电插头插入状态	表示检测到的快充口充电插头的状态
紧急下电请求	表示 VCU 判断动力系统是否出现故障，要求紧急下电
高压电池主继电器请求状态	表示 VCU 对高压电池包主继电器请求状态：打开或关闭
挡位	表示 SCU 反馈的挡位信号
巡航控制目标车速	表示巡航控制目标车速
车速	表示 SCS 反馈的车速信号
EPB 状态	表示 EPB 状态：①制动释放；②制动被应用；③故障
EPB 开关状态	表示 EPB 开关状态：①无；②释放状态；③拉起状态；④错误
空调压缩机实际功率	表示空调压缩机当前的实际功率
空调打开	表示空调当前的开启状态：①无；②1级；③2级；④3级
环境温度	表示当前的环境温度
前舱打开状态	表示 BCM 反馈的前舱盖打开状态
空调压力	表示空调压力信号
空调压缩机功率限制	表示空调压缩机的功率限制
空调实际的制热功率	纯电动汽车发热采用发热电阻方式，该参数表示当前的空调制热功率
TM 电机冷却泵继电器控制电路状态	TM 电机冷却泵：①关闭；②打开；③故障
冷却风扇驱动电路状态	VCU 直接驱动冷却风扇的打开或关闭：①关闭；②打开；③延时关闭
点火状态	表示点火开关是否打开
启动状态	表示是否正在启动中
动力系统故障灯请求状态	表示是否需要点亮动力系统故障灯
BMS 车载充电插头插上	表示是否车载充电器插头插上
动力系统最大拖拽转矩	动力系统最大的拖拽转矩值
快充口正极温度	快充口正负极上各有一个温度传感器，用于监控快充时充电口的温度，当检测到温度过高时，系统会自动充电一段时间后关闭

续表

参数名称	定义 / 说明
快充口负极温度	快充口正负极上各有一个温度传感器,用于监控快充时充电口的温度,当检测到温度过高时,系统会自动充电一段时间后关闭
TM 定子温度	表示 TM 反馈的定子温度
TM 逆变器温度	表示 TM 反馈的逆变器温度
远程启动请求	表示远程启动请求的状态
制动压力	表示 SCS 反馈的制动压力信号
车载充电器电子锁状态	车载充电器电子锁状态
重启详细原因	表示对 VCU 重启的详细原因解释,每个数字代表不同的原因
电机冷却泵控制 PWM 占空比	电机冷却泵受 VCU 控制,并通过控制端 PWM 波形变化反馈当前冷却泵状态

第三节　整车控制系统拆装维修与诊断检测

一、拆装整车控制器

1. 拆卸程序

（1）准备和外围部件拆卸　整车控制器拆卸很简单,这里不用太多讲解。如更换整车控制器,先用诊断仪进行模块换件准备工作。

❶ 关闭所有用电器,车辆下电。

❷ 断开蓄电池负极极夹。

❸ 如果 VCU 安装在座椅下边,则要拆卸坐垫。

（2）拆卸整车控制器　见图 12.3-1 和图 12.3-2。

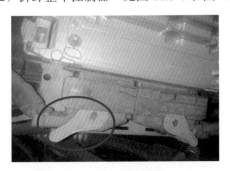
图 12.3-1　VCU 连接器

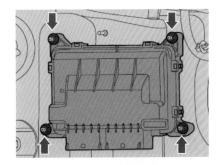
图 12.3-2　拆卸螺母

❶ 断开整车控制器连接器,要注意连接器形式（图 12.3-1）。

❷ 旋出整车控制器固定螺母。

❸ 取出整车控制器。

2. 安装程序

安装程序以倒序进行,同时注意:如果更换了整车控制器,需要进行整车控制器防盗认证。

二、拆卸加速踏板

（1）准备和外围部件拆卸

❶ 关闭所有用电器，车辆下电。

❷ 断开蓄电池负极极夹。

（2）拆卸加速踏板总成

❶ 旋出加速踏板总成固定螺栓。

❷ 使用平头螺丝刀，在图 12.3-3 的 B 位置按压并脱开固定卡扣，拆下加速踏板总成。

❸ 断开连接插头，取出加速踏板总成。

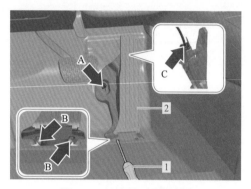

图 12.3-3　拆卸加速踏板

1—螺丝刀；2—加速踏板总成；A—固定螺栓；B—卡扣

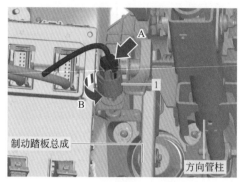

图 12.3-4　拆卸制动灯开关

1—制动灯开关；A—插头；B—拆卸转向方向

三、拆卸制动灯开关

（1）准备和外围部件拆卸

❶ 关闭所有用电器，车辆下电。

❷ 断开蓄电池负极极夹。

❸ 拆卸左下静音板总成。

❹ 拆卸左下饰板总成。

（2）拆卸制动灯开关

❶ 断开制动灯开关连接插头。

❷ 沿着图 12.3-4 所示箭头 B 方向将制动灯开关旋转至卡槽位置。

❸ 取出制动灯开关。

四、整车控制系统简明故障罗列

整车控制系统简明故障罗列见表 12.3-1。

表 12.3-1　整车控制系统简明故障罗列

故障 / 诊断显示	故障生成 / 故障内容	可能故障原因	故障点
系统过压或欠压	电压大于 16V 或小于 9V，持续时间大于 3s，生产故障	供电电压过高 / 低	检查供电

续表

故障 / 诊断显示	故障生成 / 故障内容	可能故障原因	故障点
ECAN 关闭	3 次连续 Bus-off	CAN 线路故障	检查 CAN 线路
CCAN 关闭	3 次连续 Bus-off	CAN 线路故障	检查 CAN 线路
ADCAN 关闭	3 次连续 Bus-off	CAN 线路故障	检查 CAN 线路
ADCAN 跛行	进入"跛行回家"状态 2000ms	CAN 线路故障	检查 CAN 线路
与 BMS 丢失通信	任何一条被监测报文连续丢失 10 个周期	BMS 故障，CAN 线路故障	检查 BMS 及 CAN 线路
与 IPUR 丢失通信	任何一条被监测报文连续丢失 10 个周期	IPUR 故障，CAN 线路故障	检查 IPUR 及 CAN 线路
与 DC/DC 丢失通信	任何一条被监测报文连续丢失 10 个周期	DC/DC 故障，CAN 线路故障	检查 DC/DC 及 CAN 线路
与 OBC 丢失通信	任何一条被监测报文连续丢失 10 个周期	OBC 故障，CAN 线路故障	检查 OBC 及 CAN 线路
与 HVAC 丢失通信	任何一条被监测报文连续丢失 10 个周期	HVAC 故障，CAN 线路故障	检查 HVAC 及 CAN 线路
与 IPUF 丢失通信	任何一条被监测报文连续丢失 10 个周期	IPUF 故障，CAN 线路故障	检查 IPUF 及 CAN 线路
与 ESP 丢失通信	任何一条被监测报文连续丢失 10 个周期	ESP 故障，CAN 线路故障	检查 ESP 及 CAN 线路
与 EPS 丢失通信	任何一条被监测报文连续丢失 10 个周期	EPS 故障，CAN 线路故障	检查 EPS 及 CAN 线路
与 IBT 丢失通信	任何一条被监测报文连续丢失 10 个周期	IBT 故障，CAN 线路故障	检查 IBT 及 CAN 线路
与 XPU 丢失通信	任何一条被监测报文连续丢失 10 个周期	XPU 故障，CAN 线路故障	检查 XPU 及 CAN 线路
与 SCU 丢失通信	任何一条被监测报文连续丢失 10 个周期	SCU 故障，CAN 线路故障	检查 SCU 及 CAN 线路
与 IMU 丢失通信	任何一条被监测报文连续丢失 10 个周期	IMU 故障，CAN 线路故障	检查 IMU 及 CAN 线路
与 CGW 丢失通信	任何一条被监测报文连续丢失 10 个周期	CGW 故障，CAN 线路故障	检查 CGW 及 CAN 线路
通信过压	电压大于 18.5V，持续时间大于 3s	供电电压过高	检查供电
通信欠压	电压小于 6.5V，持续时间大于 3s	供电电压过低	检查供电
与 EBS 丢失通信	任何一条被监测报文连续丢失 10 个周期	EBS 故障，LIN 线路故障	检查 EBS 及 LIN 线路
与 AGS 丢失通信	任何一条被监测报文连续丢失 10 个周期	AGS 故障，LIN 线路故障	检查 AGS 及 LIN 线路
蓄电池过压	电压大于 17V，持续时间大于 3s	供电电压过高	检查供电
蓄电池欠压	电压小于 6.5V，持续时间大于 3s	供电电压过低	检查供电

故障 / 诊断显示	故障生成 / 故障内容	可能故障原因	故障点
VCU 下电故障	1s 超时未下电	发下电指令后，仍然有唤醒源未关断，如 CAN、LIN 仍然有	检查 VCU 的唤醒源
VCU 供电电源管理芯片 L9788 过温故障	L9788 温度大于 130℃，持续时间大于 120ms	VCU 芯片故障	更换 VCU
VCU 供电电源管理芯片 L9788 预供电过压	VCU 芯片故障	VCU 芯片故障	更换 VCU
VCU 供电电源管理芯片 L9788 预供电欠压	VCU 芯片故障	VCU 芯片故障	更换 VCU
加速踏板 1 传感器供电对电源短路	Track1 对电源短路持续 120ms	加速踏板 1 传感器供电对电源短路故障	检查加速踏板 1 传感器供电回路
加速踏板 1 传感器供电过流或对地短路	Track1 过流或对地短路故障持续 120ms	加速踏板 1 传感器供电对地短路故障或者过流故障	检查加速踏板 1 传感器供电回路
加速踏板 1 传感器供电过压	Track1 供电电压过高故障持续 120ms	加速踏板 1 传感器供电回路故障	检查加速踏板 1 传感器供电回路
加速踏板 1 传感器供电欠压	Track1 供电电压过低故障持续 120ms	加速踏板 1 传感器供电回路故障	检查加速踏板 1 传感器供电回路
加速踏板 2 传感器供电对电源短路	Track2 对电源短路持续 120ms	加速踏板 2 传感器供电对电源短路故障	检查加速踏板 2 传感器供电回路
加速踏板 2 传感器供电过流或对地短路	Track2 过流或对地短路故障持续 120ms	加速踏板 2 传感器供电对地短路故障或者过流故障	检查加速踏板 2 传感器供电回路
加速踏板 2 传感器供电过压	Track2 供电电压过高故障持续 120ms	加速踏板 2 传感器供电回路故障	检查加速踏板 2 传感器供电回路
加速踏板 2 传感器供电欠压	Track2 供电电压过低故障持续 120ms	加速踏板 2 传感器供电回路故障	检查加速踏板 2 传感器供电回路
挡位传感器供电对电源短路	Track3 对电源短路持续 120ms	挡位传感器供电对电源短路故障	检查挡位传感器供电回路
挡位传感器供电过流或对地短路	Track3 过流或对地短路故障持续 120ms	挡位传感器供电对地短路故障或者过流故障	检查挡位传感器供电回路
挡位传感器供电过压	Track3 供电电压过高故障持续 120ms	挡位传感器供电回路故障	检查挡位传感器供电回路
挡位传感器供电欠压	Track3 供电电压过低故障持续 120ms	挡位传感器供电回路故障	检查挡位传感器供电回路
主继电器驱动对地短路或开路	主继电器驱动对地短路或开路持续 120ms	VCU 主继电器短路到地或开路	检查 VCU 主继电器电路
主继电器驱动对地短路	主继电器驱动对地短路持续 120ms	VCU 主继电器短路到地	检查 VCU 主继电器电路
主继电器驱动对电源短路或过流	主继电器驱动对电源短路或过流持续 120ms	VCU 主继电器短路到电源	检查 VCU 主继电器电路
主继电器驱动故障（驱动与控制命令不一致）	驱动与控制命令不一致持续 120ms	VCU 主继电器短路到电源	检查 VCU 主继电器电路

故障 / 诊断显示	故障生成 / 故障内容	可能故障原因	故障点
水泵电源驱动对地短路	水泵电源驱动对地短路持续 120ms	VCU 水泵电源驱动对地短路	检查 VCU 水泵电源控制回路
水泵电源对电源短路或过流	水泵电源对电源短路或过流持续 120ms	VCU 水泵电源对电源短路或过流	检查 VCU 水泵电源控制回路
水泵电源驱动开路	水泵电源驱动开路持续 120ms	VCU 水泵电源驱动开路	检查 VCU 水泵电源控制回路
水泵电源驱动故障（驱动与控制命令不一致）	水泵驱动与控制命令不一致持续 120ms	VCU 水泵控制器驱动电路故障	检查 VCU 水泵电源控制回路
风扇转速控制对电源短路或过流	风扇转速控制对电源短路或过流持续 11s	风扇转速请求电路短路到电源	检查风扇转速请求电路
风扇转速控制对地短路	风扇转速控制对地短路持续 11s	风扇转速请求电路短路到地	检查风扇转速请求电路
风扇转速控制开路	风扇转速控制开路持续 11s	风扇转速请求电路开路	检查风扇转速请求电路
风扇转速控制故障（驱动与控制命令不一致）	风扇驱动与控制命令不一致持续 11s	风扇转速请求电路驱动故障	检查风扇转速请求电路
风扇供电控制继电器对地短路	风扇供电控制继电器对地短路持续 120ms	风扇供电电路短路到地	检查风扇继电器控制电路
风扇供电控制继电器对电源短路或过流	风扇供电控制继电器对电源短路或过流持续 120ms	风扇供电电路短路到电源或过流	检查风扇继电器控制电路
风扇供电控制继电器开路	风扇供电控制继电器开路持续 120ms	风扇供电电路开路	检查风扇继电器控制电路
风扇供电控制继电器故障（驱动与控制命令不一致）	风扇供电控制继电器驱动与控制命令不一致持续 120ms	风扇供电驱动故障	检查风扇继电器控制电路
电驱回路水泵转速请求控制电路对电源短路或过流	电池回路水泵转速请求控制电路对电源短路或过流持续 5s	电驱回路水泵转速请求控制电路对电源短路或过流	检查电池回路水泵转速请求控制回路
电驱回路水泵转速请求控制电路对地短路	电池回路水泵转速请求控制电路对地短路持续 5s	电驱回路水泵转速请求控制短路到地短路	检查电驱回路水泵转速请求控制回路
电驱回路水泵转速请求控制电路开路	电驱回路水泵转速请求控制电路对开路持续 5s	电驱回路水泵转速请求控制电路开路	检查电驱回路水泵转速请求控制回路
电驱回路水泵转速控制故障（驱动与控制命令不一致）	电驱回路水泵与控制命令不一致持续 5s	电驱回路水泵转速请求电路驱动故障	检查电驱回路水泵转速请求控制回路
电池回路水泵转速请求控制电路对电源短路或过流	电池回路水泵转速请求控制电路对电源短路或过流持续 5s	电池回路水泵转速请求控制电路对电源短路或过流	检查电池回路水泵转速请求控制回路
电池回路水泵转速请求控制电路对地短路	电池回路水泵转速请求控制电路对地短路或者开路持续 5s	电池回路水泵转速请求控制电路对地短路	检查电池回路水泵转速请求控制回路

续表

故障 / 诊断显示	故障生成 / 故障内容	可能故障原因	故障点
电池回路水泵转速请求控制电路开路	电池回路水泵转速请求控制电路开路持续 5s	电池回路水泵转速请求控制电路开路	检查电池回路水泵转速请求控制回路
电池回路水泵转速控制故障（驱动与控制命令不一致）	电池回路水泵与控制命令不一致持续 5s	电池回路水泵转速请求电路短路到地	检查电池回路水泵转速请求控制回路
充电灯信号线 2 对地短路	充电灯 2 对地短路持续 120ms	充电灯 2 对地短路	检查充电灯信号电路
充电灯信号线 2 开路	充电灯 2 开路持续 120ms	充电灯 2 开路	检查充电灯信号电路
充电灯信号线 2 对电源短路或过流	充电灯 2 对电源短路或过流持续 120ms	充电灯 2 对电源短路或过流	检查充电灯信号电路
充电灯信号线 2 驱动故障（驱动与控制命令不一致）	充电灯 2 驱动与控制命令不一致持续 120ms	充电灯 2 驱动故障	检查充电灯信号电路
充电灯信号线 3 对地短路	充电灯 3 对地短路持续 120ms	充电灯 3 对地短路	检查充电灯信号电路
充电灯信号线 3 开路	充电灯 3 开路持续 120ms	充电灯 3 开路	检查充电灯信号电路
充电灯 3 对电源短路或过流	充电灯 3 对电源短路或过流持续 120ms	充电灯 3 对电源短路或过流	检查充电灯信号电路
充电灯信号线 3 故障（驱动与控制命令不一致）	充电灯 3 驱动与控制命令不一致持续 120ms	充电灯 3 驱动故障	检查充电灯信号电路
充电灯信号线 4 对地短路	充电灯 4 对地短路持续 120ms	充电灯 4 对地短路	检查充电灯信号电路
充电灯信号线 4 开路	充电灯 4 开路持续 120ms	充电灯 4 开路	检查充电灯信号电路
充电灯信号线 4 对电源短路或过流	充电灯 4 对电源短路或过流持续 120ms	充电灯 4 对电源短路或过流	检查充电灯信号电路
充电灯信号线 4 故障（驱动与控制命令不一致）	驱动与控制命令不一致持续 120ms	充电灯 4 驱动故障	检查充电灯信号电路
倒车灯驱动开路	倒车灯驱动开路持续 120ms	倒车灯驱动开路	检查倒车灯驱动电路
倒车灯驱动短路到地或过流	倒车灯驱动过流或短路到地持续 120ms	倒车灯驱动过流或短路到地	检查倒车灯驱动电路
倒车灯驱动对电源短路	倒车灯驱动对电源短路持续 120ms	倒车灯驱动对电源短路	检查倒车灯驱动电路
倒车灯驱动故障（驱动与控制命令不一致）	倒车灯驱动与控制命令不一致持续 120ms	倒车灯驱动故障	检查倒车灯驱动电路
制动灯继电器驱动对地短路	制动灯继电器驱动对地短路持续 120ms	制动灯继电器驱动对地短路	检查制动灯驱动回路
制动灯继电器驱动开路	制动灯继电器驱动开路持续 120m	制动灯继电器驱动开路	检查制动灯驱动回路
制动灯继电器驱动对电源短路或过流	制动灯继电器驱动对电源短路或过流持续 120ms	制动灯继电器驱动对电源短路或过流	检查制动灯驱动回路

续表

故障 / 诊断显示	故障生成 / 故障内容	可能故障原因	故障点
制动灯继电器驱动故障（驱动与控制命令不一致）	制动灯继电器驱动与控制命令不一致持续 120ms	制动灯继电器驱动故障	检查制动灯驱动回路
驱动互锁输出对电源短路	驱动互锁输出对电源短路持续 120ms	驱动互锁输出对电源短路	检查驱动高压互锁输出回路
驱动互锁输出对地短路	驱动互锁输出对地短路持续 120ms	驱动互锁输出对地短路	检查驱动高压互锁输出回路
驱动互锁输出频率超范围	控制频率＜ 90Hz 或者＞ 110Hz	高压互锁输出回路短路至其他信号线导致	检查线束
驱动互锁输出占空比超范围	采集占空比＜ 40% 或者＞ 60%	高压互锁输出回路短路至其他信号线导致	检查线束
L9788_MSC 通信故障	连续 3 次通信失败	VCU 内部故障	换 VCU
L9788 配置数据错误	检测到 L9788 配置数据错误	VCU 内部故障	换 VCU
EEPROM 读写数据故障	EEPROM 读写数据超时	VCU 内部故障	换 VCU
L9788 定时唤醒功能，提前唤醒	未达到计时时间，VCU 被唤醒	VCU 内部故障	换 VCU
加速踏板位置传感器 1 电压过高	加速踏板位置传感器 1 电压高于 4.7V 持续 100ms	加速踏板位置传感器短路到电源	检查加速踏板位置传感器电路或更换踏板
加速踏板位置传感器 1 电压过低	加速踏板位置传感器 1 电压低于 0.3V 持续 100ms	加速踏板位置传感器短路到地或开路	检查加速踏板位置传感器电路或更换踏板
加速踏板位置传感器 2 电压过高	加速踏板位置传感器 2 电压 ×2 高于 4.7V 持续 100ms	加速踏板位置传感器短路到电源	检查加速踏板位置传感器电路或更换踏板
加速踏板位置传感器 2 电压过低	加速踏板位置传感器 2 电压 ×2 低于 0.3 持续 100ms	加速踏板位置传感器短路到地或开路	检查加速踏板位置传感器电路或更换踏板
两路加速踏板同步故障	两路加速踏板同步故障，偏差大于 4%	线路故障或传感器损坏	检查加速踏板位置传感器电路或更换踏板
选挡信号线 D 电压过高	选挡信号线电压高于 4.5V 持续 100ms	挡位信号短路到电源	检查换挡杆传感器电路，更换换挡拨杆
选挡信号线 D 电压过低	选挡信号线电压低于 0.5V 持续 100ms	挡位信号短路到地或开路	检查换挡杆传感器电路，更换换挡拨杆
选挡信号线 N 电压过高	选挡信号线电压高于 4.5V 持续 100ms	挡位信号短路到电源	检查换挡杆传感器电路，更换换挡拨杆
选挡信号线 N 电压过低	选挡信号线电压低于 0.5V 持续 100ms	挡位信号短路到地或开路	检查换挡杆传感器电路，更换换挡拨杆
选挡信号线 R 电压过高	选挡信号线电压高于 4.5V 持续 100ms	挡位信号短路到电源	检查换挡杆传感器电路，更换换挡拨杆
选挡信号线 R 电压过低	选挡信号线电压低于 0.5V 持续 100ms	挡位信号短路到地或开路	检查换挡杆传感器电路，更换换挡拨杆

故障 / 诊断显示	故障生成 / 故障内容	可能故障原因	故障点
选挡信号线 P 电压过高	选挡信号线电压高于 4.9V 持续 100ms	挡位信号短路到电源	检查换挡拨杆信号，或更换新件
选挡信号线 P 电压过低	选挡信号线电压低于 0.1V 持续 100ms	挡位信号短路到地或开路	检查换挡拨杆信号，或更换新件
BMS 故障级别	BMS 发送故障级别	BMS 故障级别（1～5）	读取 BMS 的故障码
制动系统失效	ESP 发送液压制动器助力系统和机电伺服助力系统都失效故障	液压制动器助力系统和机电伺服助力系统都失效	读取 ESP 的故障码
接收到来自 ESP 的无效报文 ESP_Accel	接收无效报文连续 10 个周期	ESP 故障，CAN 线路故障	检查 ESP 及 CAN 线路
DC 充电口温度传感器 1 电压过低	DC 充电口温度传感器 1 电路电压低于 0.1V 持续 100ms	DC 充电口温度传感器 No.1 电路短路到地或开路	检修 DC 充电口温度传感器电路
DC 充电口温度传感器 1 电压过高	DC 充电口温度传感器 1 电路电压超过 4.95 持续 100ms	DC 充电口温度传感器 No.1 短路到电源	检修 DC 充电口温度传感器电路
DC 充电口温度传感器 2 电压过低	DC 充电口温度传感器 2 电路电压低于 0.1V 持续 100ms	DC 充电口温度传感器 No.2 电路短路到地或开路	检修 DC 充电口温度传感器电路
DC 充电口温度传感器 2 电压过高	DC 充电口温度传感器 2 电路电压超过 4.95 持续 100ms	DC 充电口温度传感器 No.2 短路到电源	检修 DC 充电口温度传感器电路
AC 充电口温度传感器 1 电压过低	AD 充电口温度传感器电路 1 电压低于 0.1V 持续 100ms	AC 充电口温度传感器 No.1 电路短路到地或开路	检修 AC 充电口温度传感器电路
AC 充电温度传感器 1 电压过高	AD 充电口温度传感器电路 1 电压超过 4.95V 持续 100ms	AC 充电口温度传感器 No.1 短路到电源	检修 AC 充电口温度传感器电路
AC 充电口温度传感器 2 电压过低	AD 充电口温度传感器电路 2 电压低于 0.1V 持续 100ms	AC 充电口温度传感器 No.2 电路短路到地或开路	检修 AC 充电口温度传感器电路
AC 充电温度传感器 2 电压过高	AD 充电口温度传感器电路 2 电压超过 4.95V 持续 100ms	AC 充电口温度传感器 No.2 短路到电源	检修 AC 充电口温度传感器电路
AC 充电口温度传感器 3 电压过低	AD 充电口温度传感器电路 3 电压低于 0.1V 持续 100ms	AC 充电口温度传感器 No.3 电路短路到地或开路	检修 AC 充电口温度传感器电路
AC 充电温度传感器 3 电压过高	AD 充电口温度传感器电路 3 电压超过 4.95V 持续 100ms	AC 充电口温度传感器 No.3 短路到电源	检修 AC 充电口温度传感器电路
DC 充电口 1 温度过高	DC 充电接口温度过高（110℃）持续 100ms	充电枪接触不良或充电电流过大	检查充电连接器是否被氧化

续表

故障 / 诊断显示	故障生成 / 故障内容	可能故障原因	故障点
DC 充电口 2 温度过高	DC 充电接口温度过高（110℃）持续 100ms	充电枪接触不良或充电电流过	检查充电连接器是否被氧化
AC 充电口 1 温度过高	AC 充电接口 1 温度过高（110℃）持续 100m	充电枪接触不良或充电电流过大	检查充电连接器是否被氧化
AC 充电口 2 温度过高	AC 充电接口 2 温度过高（110℃）持续 100ms	充电枪接触不良或充电电流过大	检查充电连接器是否被氧化
AC 充电口 3 温度过高	AC 充电接口 3 温度过高（110℃）持续 100ms	充电枪接触不良或充电电流过大	检查充电连接器是否被氧化
DC/DC 故障	DC/DC 发送故障级别 #0	DC/DC 发送故障级别 ≠0	读取 DC/DC 的故障码
EBS 电流状态故障	EBS 电流状态故障持续 100ms	蓄电池传感器线路接触不良	更换传感器
EBS 电压状态故障	EBS 电压状态故障持续 100ms	蓄电池传感器线路接触不良	更换传感器
EBS 温度状态故障	EBS 温度状态故障持续 100ms	蓄电池传感器线路接触不良	更换传感器
EBS 标定数据故障	EBS 标定数据故障 100ms	蓄电池传感器故障	更换传感器
EBS ECU 故障	EBS ECU 故障 100ms	蓄电池传感器故障	更换传感器
EBS LIN 故障	LIN 故障 100ms	蓄电池传感器故障或 LIN 线路故障	更换传感器
驱动回路 HVIL 故障	检测到驱动回路 PWM 硬线信号异常持续 100ms	驱动 HVIL 回路上的 HVIL 接插件或硬线断开	测量此高压互锁回路各个高压部件的互锁线是否导通、接插件是否松动
电池回路 HVIL 故障	接收到 BMS 的高压互锁故障信号持续 100ms	电池 HVIL 回路上的 HVIL 接插件或硬线断开	测量此高压互锁回路各个高压部件的互锁线是否导通、接插件是否松动
充电回路 HVIL 故障	接收到 OBC 的高压互锁故障信号持续 100ms	充电 HVIL 回路上的 HVIL 接插件或硬线断开	测量此高压互锁回路各个高压部件的互锁线是否导通、接插件是否松动
碰撞硬线无效	碰撞故障	线路短路、断路或安全气囊控制器故障	检查线路，检查安全气囊控制器
电池系统水泵干转	电池系统水泵反馈干转持续 10s	冷却回路冷却液位低	检修冷却回路
电池系统水泵堵转	电池系统水泵反馈堵转持续 10s	冷却回路堵塞	检修冷却回路
电池系统水泵过温关机	电池系统水泵反馈过温关机持续 10s	水泵系统反馈过温	冷却回路堵塞
电池系统水泵转速过低	电池系统水泵转速过低持续 10s	水泵系统反馈转速过低	冷却回路堵塞
驱动系统水泵干转	驱动系统水泵反馈干转 10s	冷却回路冷却液位低	检修冷却回路

续表

故障/诊断显示	故障生成/故障内容	可能故障原因	故障点
驱动系统水泵堵转	驱动系统水泵反馈堵转10s	冷却回路堵塞	检修冷却回路
驱动系统水泵过温关机	驱动系统水泵系统反馈过温关机10s	水泵系统反馈过温	检修冷却回路
驱动系统水泵转速过低	驱动系统水泵反馈过温转速过低10s	水泵系统反馈转速过低	检修冷却回路
风扇过温故障	风扇反馈过温故障持续10s	风扇过温故障	检查风扇系统
风扇堵转故障	风扇反馈堵转故障持续10s	风扇反馈堵转故障	检查风扇系统
风扇内部线束短路、开路故障	风扇反馈短路、开路故障持续10s	风扇内部线束短路、开路故障	检查风扇系统
风扇内部错误故障	风扇反馈内部错误故障持续10s	风扇电子故障、处理器故障、无KL.30	检查风扇系统
驱动电机冷却液温度传感器电压过低	驱动电机冷却液温度传感器电压低于0.1V持续100ms	驱动电机冷却液温度传感器短路到地或开路	检查驱动电机冷却液温度传感器电路
驱动电机冷却液温度传感器电压过高	驱动电机冷却液温度传感器电压高于4.95V持续100ms	驱动电机冷却液温度传感器短路到电源	检查驱动电机冷却液温度传感器电路
动力电池冷却液温度传感器电压过低	动力电池冷却液温度传感器电压低于0.1V持续100m	动力电池冷却液温度传感器短路到地或开路	检查驱动电池冷却液温度传感器电路
动力电池冷却液温度传感器电压过高	动力电池冷却液温度传感器电压高于4.95V持续100ms	动力电池却液温度传感器短路到电源	检查驱动电池冷却液温度传感器电路
ODP快充接插件温度过高	ODP快充接插件正极或负极温度≥110℃，持续100ms	ODP快充接插件接触电阻高或温度传感器故障	检查ODP快充接插件或温度传感器
直流充电口温度校验合理性故障	条件1：拔充电枪60s（TBD）后 条件2：直流充电口温度传感器1和直流充电口温度传感器2的温差≥10℃（TBD） 条件1且条件2成立，持续10s	直流充电口温度传感器故障	检查直流充电口温度传感器及传感器线路
钥匙信号不匹配合理性故障	钥匙的CAN信号与硬线信号不一致，持续100ms	钥匙CAN信号或硬线信号故障	检查钥匙信号CAN网络、网关或硬线电路
钥匙防盗请求超时或防盗校验失败合理性故障	条件1：keyon后收到防盗状态超时 条件2：keyon后收到防盗状态或防盗校验失败 条件1或条件2成立	钥匙认证超时或失败	检查PEPS、VCU硬件及CAN网络
主继电器回采信号开路合理性故障	条件1：主继电器闭合指令或主继电器回采状态，超过50ms 条件2：接收到BMS和IPU报文 条件1且条件2成立	主继电器指令芯片故障或指令控制线故障或主继电器回采信号线断路	检查主继电器指令芯片或指令控制线故障或主继电器回采信号线

续表

故障 / 诊断显示	故障生成 / 故障内容	可能故障原因	故障点
VCU 休眠超时合理性故障	应用层发送休眠指令后，VCU 超过 60s 不休眠	VCU 底层代码故障或硬件故障	检查 VCU 底层代码或硬件
IPU 休眠超时合理性故障	断开 MainPowerRelay 后，IPU 超过 2s 不停发报文	IPU 故障或 CAN 网络故障	检查 IPU 或 CAN 网络
OBC 休眠超时合理性故障	断开 Main Power Relay 后，OBC 超过 2s 不停发报文	OBC 故障或 CAN 网络故障	检查 OBC 或 CAN 网络
BMS 休眠超时合理性故障	断开 Main Power Relay 后，BMS 超过 2s 不停发报文	BMS 故障或 CAN 网络故障	检查 BMS 或 CAN 网络
快速放电超时合理性故障	IPU 快速放电超时（≥ 5s）	IPU 故障或 CAN 网络故障	检查 IPU 或 CAN 网络
上低压电后，IPU 状态处于初始化状态超时	IPU 状态停留在默认值或者初始化状态持续 2s	IPU 软件故障或 CAN 网络故障	检查 IPU 软件或 CAN 总线
BMS 充电电流合理性故障	—	BMS 软件故障或充电机 / 桩故障	检查 BMS 软件或充电机 / 桩
DC/DC 未按 VCU 指令使能合理性故障	—	DC/DC 软件故障或 CAN 网络故障	检查 DC/DC 软件或 CAN 总线
DC/DC 输出电流异常合理性故障	—	DC/DC 低压输出端线路故障	检查 DC/DC 低压输出端连接线束
PEPS 请求退出 Ready 合理性故障	车速 > 3km/h 或挡位处于 D 挡或 R 挡，且 PEPS 发送退出 Ready 激活报文	PEPS 软件故障	检查 PEPS 软件
恒压或恒流模式下，PTC 不响应 VCU 加热请求	—	HVAC 软件故障或空调系统故障	检查 HVAC 软件或空调系统
恒压模式下，ACP 不响应 VCU 冷却请求	—	HVAC 软件故障或空调系统故障	检查 HVAC 软件或空调系统
四通阀故障	—	四通阀故障	检查四通阀
P 挡开关 S2 接触不良（S1 闭合时 S2 断开）	P 挡信号电压在 2.27 ～ 2.56V 区间内，持续 10s	P 挡开关线路故障	检查 P 挡开关部件及线束
P 挡开关 S1 接触不良（S2 闭合时 S1 断开）	P 挡信号电压在 3.04 ～ 3.33V 区间内，持续 10s	P 挡开关线路故障	检查 P 挡开关部件及线束
VCU 接收到 iBCM_SysSt1（CCAN）无效报文	接收无效报文连续 10 个周期	iBCM 或 CGW 故障，CAN 线路故障	检查 iBCM 或 CGW 及 CAN 线路
VCU 接收到 DM_SRS_SysSt（ECAN）无效报文	接收无效报文连续 10 个周期	SRS 或 CGW 故障，CAN 线路故障	检查 SRS 或 CGW 及 CAN 线路
VCU 接收到 SRS_SysSt（CCAN）无效报文	接收无效报文连续 10 个周期	SRS 或 CGW 故障，CAN 线路故障	检查 SRS 或 CGW 及 CAN 线路
VCU 接收到 IBT_SysSt2 无效报文	接收无效报文连续 10 个周期	IBT 故障，CAN 线路故障	检查 IBT 及 CAN 线路
与 CDC 丢失通信	任何一条被监测报文连续丢失 10 个周期	CDC 故障，CAN 线路故障	检查 CDC 及 CAN 线路
需求机械功率与实际电功率差异大	—	IGBT 烧坏或电机控制器失控或其他附件出现短路	检查 IGBT 或电机控制器或其他附件

故障／诊断显示	故障生成／故障内容	可能故障原因	故障点
Task 异常	Task 运行周期不稳定	VCU 芯片故障	换 VCU
"看门狗"复位次数 ≥4 次	Reset_CNT ≥ 4	VCU 芯片故障	换 VCU
BMS_BattSysCode 报文丢失	BMS_BattSysCode（0× 1DB）报文丢失	BMS 故障，CAN 线路故障	检查 BMS 及 CAN 线路
VCU 未绑定电池编码	VCU 未绑定电池编码	VCU 未绑定电池编码	绑定电池编码
电池编码内容无效	接收无效电池编码内容	BMS 故障，CAN 线路故障	检查 BMS 及 CAN 线路
电池编码匹配失败	电池编码匹配失败	电池编码匹配失败	①确认电池包更换流程 ②检查 BMS 是否正确发出编码

五、整车控制系统具体故障检测

1. 检查加速踏板电气故障

（1）检查加速踏板位置传感器 1 与整车控制器之间的电路是否断路　检测要点：执行车辆下电程序；断开加速踏板位置传感器线束连接器和整车控制器线束连接器。

以图 12.3-5 为例，按照表 12.3-2 所示，检测其电路电阻。如果不符合应测得结果，那么应该维修或更换线束。如果线束正常，则需要按照表 12.3-3 所示，检查加速踏板位置传感器 2 与整车控制器之间的电路是否断路。如果不符合应测得结果，那么应该维修或更换线束。如果线束正常，则需要按照表 12.3-4 检查加速踏板位置传感器是否对地短路。

表 12.3-2　检测加速踏板位置传感器 1 与整车控制器之间的电路是否断路

检查的零部件				万用表／表笔探测的两端子		检测条件	状态	应测得结果 /Ω
连接器	代号	图示		红／黑表笔连接	黑／红表笔连接			
加速踏板位置传感器线束连接器	BD05			BD05/2	BD56/50	下电	电阻	< 1
				BD05/3	BD56/15	下电	电阻	< 1
整车控制器线束连接器	BD56			BD05/5	BD56/26	下电	电阻	< 1

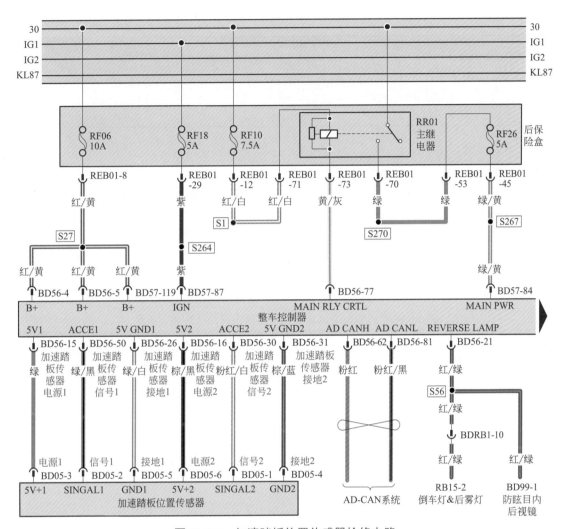

图 12.3-5　加速踏板位置传感器检修电路

表 12.3-3　检测加速踏板位置传感器 2 与整车控制器之间的电路是否断路

检查的零部件			万用表 / 表笔探测的两端子		检测条件	状态	应测得结果 /Ω
连接器	代号	图示	红 / 黑表笔连接	黑 / 红表笔连接			
加速踏板位置传感器线束连接器	BD05	见表 12.3-2	BD05/1	BD56/30	下电	电阻	＜1
			BD05/4	BD56/31	下电	电阻	＜1
整车控制器线束连接器	BD56	见表 12.3-2	BD05/6	BD56/16	下电	电阻	＜1

表 12.3-4　检测加速踏板位置传感器电路是否短路到接地

检查的零部件			万用表 / 表笔探测的两端子		检测条件	状态	应测得结果 /kΩ
连接器	代号	图示	红表笔连接	黑表笔连接			
加速踏板位置传感器线束连接器	BD05	见表 12.3-4	BD05/2	车身	下电	电阻	≥10
			BD05/3	车身			
			BD05/4	车身			

续表

检查的零部件			万用表/表笔探测的两端子		检测条件	状态	应测得结果/kΩ
整车控制器线束连接器	BD56	见表12.3-4	BD05/1	车身	下电	电阻	≥ 10
			BD05/2	车身			
			BD05/3	车身			

（2）检查加速踏板位置传感器电路是否短路到接地 如果线束正常，则需要检查加速踏板位置传感器电路是否短路到电源。

（3）检查加速踏板位置传感器电路是否短路到电源 检查要点：执行车辆下电程序；断开加速踏板位置传感器线束连接器和整车控制器线束连接器；然后再执行车辆上电程序。按照表12.3-5以及图12.3-5，检查加速踏板位置传感器电路是否对电源短路。如果线路正常，则更换加速踏板传感器；假如更换了加速踏板传感器后还存在加速踏板传感器供电对电源短路，加速踏板传感器供电过流或对地短路，加速踏板位置传感器电压过高或过低，以及两路加速踏板同步故障的故障信息，那么问题应该确定在控制器。

表12.3-5 检测加速踏板位置传感器电路是否短路到电源

检查的零部件			万用表/表笔探测的两端子		检测条件	状态	应测得结果
连接器	代号	图示	红表笔连接	黑表笔连接			
加速踏板位置传感器线束连接器	BD05	见表12.3-4	BD05/2	车身	上电	电压	0
			BD05/3	车身			
			BD05/5	车身			
整车控制器线束连接器	BD56	见表12.3-4	BD05/1	车身	上电	电压	0
			BD05/4	车身			
			BD05/6	车身			

2. 检查制动踏板电气故障

（1）检查制动踏板开关 检查要点：执行车辆下电程序；断开制动踏板开关线束连接器。按照表12.3-6以及图12.3-6检测其电路，如果不符合应测得结果，那么更换制动踏板开关。如果测得正常，那么需要检查制动踏板开关与整车控制器之间的电路情况。

表12.3-6 检测制动踏板开关

检查的零部件			万用表/表笔探测的两端子		检测条件	状态	应测得结果/Ω
连接器	代号	图示	红/黑表笔连接	黑/红表笔连接			
制动踏板开关线束连接器	BD06	常电、常闭信号、常开信号、IG1电源	BD06/1	BD06/2	踩下制动踏板	电阻	< 1
			BD06/3	BD06/4	松开制动踏板	电阻	< 1

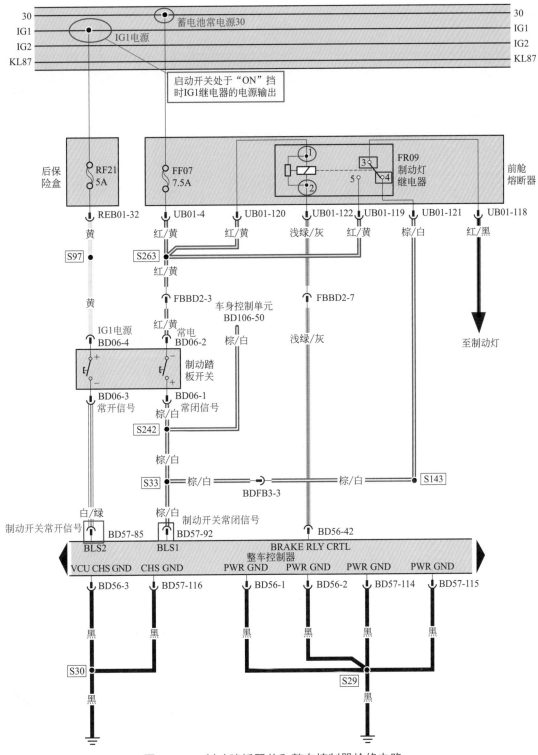

图 12.3-6　制动踏板开关和整车控制器检修电路

（2）检查制动踏板开关与整车控制器之间的电路　检查要点：执行车辆下电程序；断开制动踏板开关线束连接器和整车控制器线束连接器。按照表 12.3-7 以及图 12.3-6 检测其电路，如果不符合应测得结果，那么应该维修或更换线束。如果线束正常，则需要按照表 12.3-8 检查制动踏板开关电路有短路情况。

表 12.3-7　检测制动踏板开关与整车控制器之间的电路

检查的零部件				万用表/表笔探测的两端子		检测条件	状态	应测得结果 /Ω
连接器	代号	图示		红/黑表笔连接	黑/红表笔连接			
制动踏板开关线束连接器	BD06	见表 12.3-6		BD06/1	BD57/92	下电	电阻	<1
整车控制器线束连接器	BD57	制动开关信号1 制动开关信号2		BD06/3	BD57/85	下电	电阻	<1

表 12.3-8　检测制动踏板开关电路是否对地短路

检查的零部件			万用表/表笔探测的两端子		检测条件	状态	应测得结果 /kΩ
连接器	代号	图示	红表笔连接	黑表笔连接			
加速踏板位置传感器线束连接器	BD06	见表 12.3-6	BD06/1	车身	下电	电阻	≥10
			BD06/3	车身			

（3）检查制动踏板开关电路是否短路到电源　检查要点：执行车辆下电程序；断开制动踏板开关线束连接器和整车控制器线束连接器；然后再执行车辆上电程序。按照表 12.3-9 和图 12.3-6 检查其电路是否对正极短路。如果不符合应测得结果，那么维修或更换线束。如果线束正常，那么故障就出在整车控制器上。

表 12.3-9　检测制动踏板开关电路是否对正极短路

检查的零部件			万用表/表笔探测的两端子		检测条件	状态	应测得结果
连接器	代号	图示	红表笔连接	黑表笔连接			
加速踏板位置传感器线束连接器	BD06	见表 12.3-6	BD06/1	车身	上电	电阻	0
			BD06/3	车身			